北京城史记
明代卷

李宝臣　著

清华大学出版社
北　京

内 容 简 介

北京成为一统华夏之都始于元初。这是一座由元、明两朝决策、投资，利用金中都东北城外的宫苑遗产而统一规划营建的都城。元创其制，明因之改建，至嘉靖朝形成了中轴线为主干两翼张开的平面凸形布局。本书就永乐迁都北京以后的城建历史轨迹，分九章四十七专题叙述：永乐营建北京，嘉靖增筑外城，宫城、皇城、坛庙、胡同街区，以及都城管理系统与宫廷太监等详情。

图书在版编目(CIP)数据

北京城史记. 明代卷 / 李宝臣著. -- 北京：清华大学出版社，2025.8.
ISBN 978-7-302-68091-8
Ⅰ. K291
中国国家版本馆 CIP 数据核字第 2025VW0492 号

责任编辑：陈立静
装帧设计：傅进雯
责任校对：徐彩虹
责任印制：杨 艳
出版发行：清华大学出版社
　　　　　网　　　址：https://www.tup.com.cn, https://www.wqxuetang.com
　　　　　地　　　址：北京清华大学学研大厦 A 座　　邮　　编：100084
　　　　　社 总 机：010-83470000　　　　　　邮　　购：010-62786544
　　　　　投稿与读者服务：010-62776969, c-service@tup.tsinghua.edu.cn
　　　　　质量反馈：010-62772015, zhiliang@tup.tsinghua.edu.cn
印 装 者：三河市东方印刷有限公司
经　　销：全国新华书店
开　　本：170mm×240mm　　印 张：31　　插 页：3　　字　数：398 千字
版　　次：2025 年 9 月第 1 版　　　　　　印　次：2025 年 9 月第 1 次印刷
定　　价：138.00 元

产品编号：103272-01

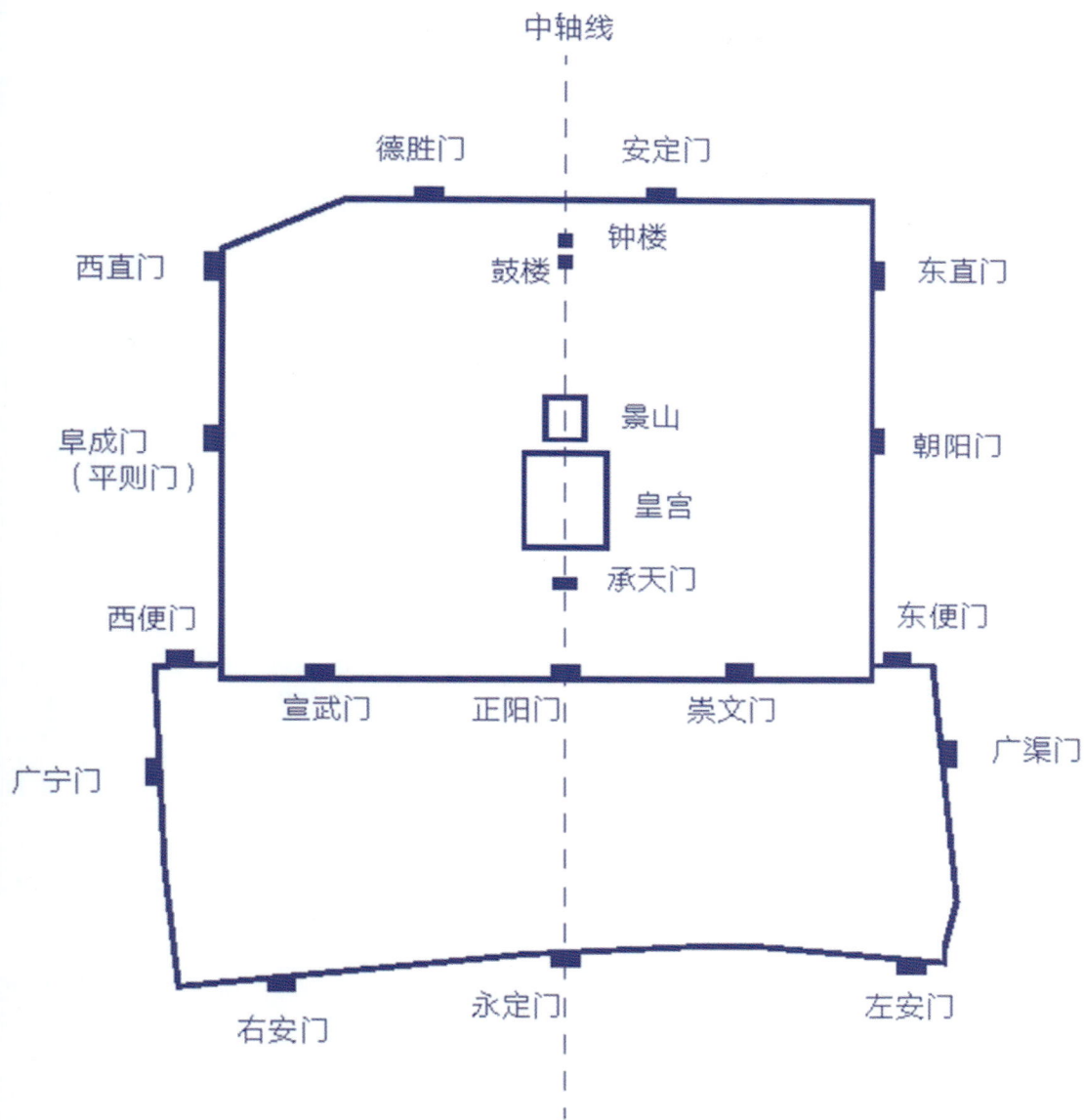

中轴线

德胜门　　　　安定门

钟楼

鼓楼

西直门　　　　　　　　　东直门

景山

阜成门
（平则门）　　　　　皇宫

朝阳门

承天门

西便门　　　　　　　　　东便门

宣武门　　正阳门　　崇文门

广宁门

广渠门

右安门　　永定门　　　　左安门

北京城皇城布局示意图（出自《中华文明地图》，中国地图出版社）

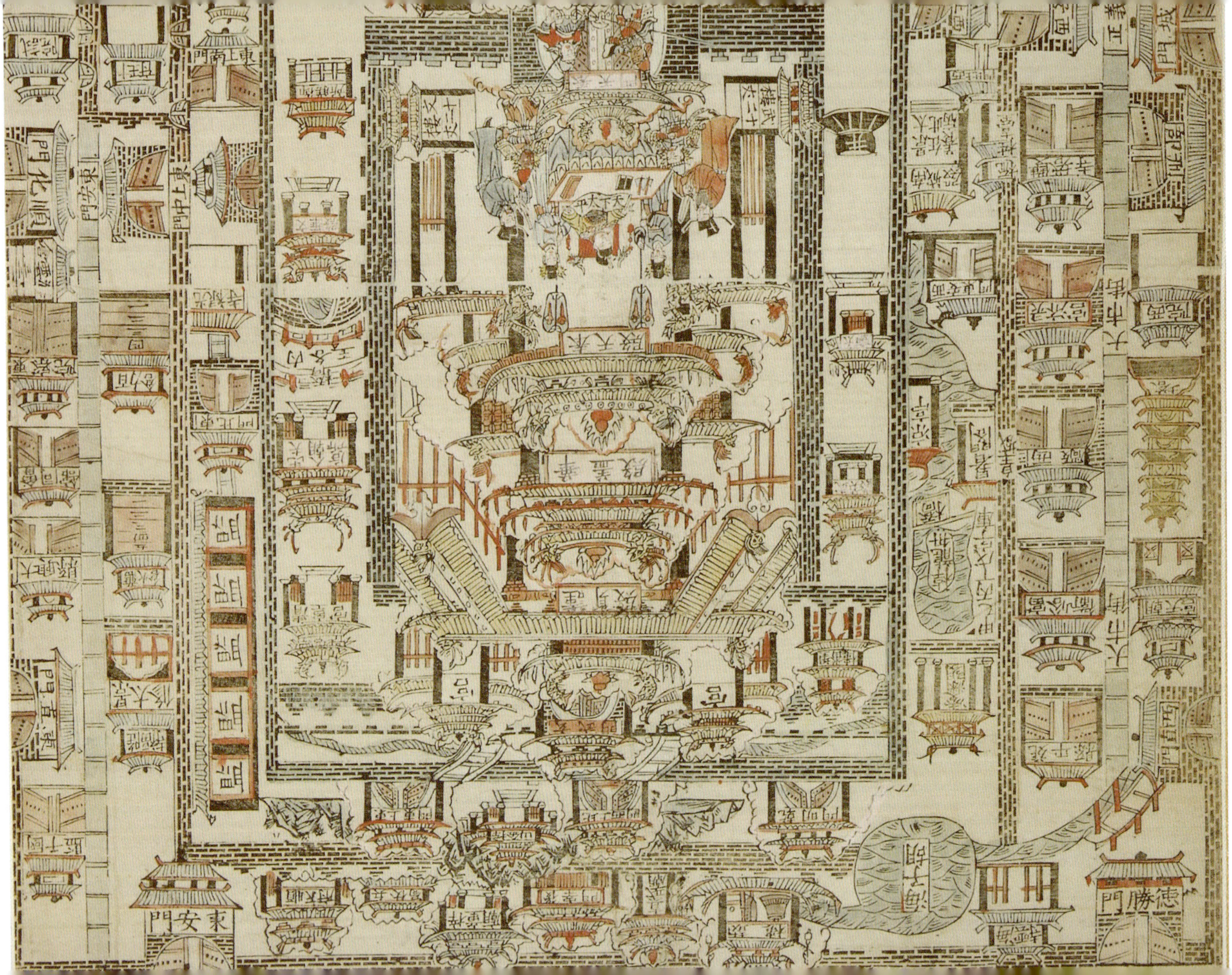

東安門
德勝門
監
監
監
監
監
大市街
大市街
奉天殿
華蓋殿
謹身殿
海子

《北京城内图》局部　明万历年间刻本（日本东北大学图书馆藏）

前 言

皇朝直控区十字扩充与都城东移北上

北京成为一统华夏之都始于元初。这是一座由元、明两朝政府决策、投资，利用了金中都东北城外的宫苑遗产而统一规划营建的都城，元创其规模，明因之改建，至嘉靖朝终于形成平面凸形城市布局。

北京地处蒙古高原、黄土高原两大高原与松辽平原、华北平原、长江中下游平原三大平原的中心，政治战略地理优势不言自明。中国古代的"形胜"观念，其实就是早期的政治地缘学说，对于地理与政治、地理与军事、地理与人文、地理与文化、地理与经济之间的互动关系，认识得很透彻。政治战略上的形胜观念，就是要在宏观的山川形势之中，选择要冲城市，投资经营重点驻守，从而充分掌控山川网络之纲，始终把握战略主动，促进皇朝长治久安。都城是皇朝第一城，因之必须要争得地理区位的最大优势，这样才能占尽先机高屋建瓴顺势而为，哪怕区位本身存在明显缺陷。

从地理的、气候的、资源的等等综合条件上考察，北京在物资供应上依赖外部支援，经济补给线一旦发生梗阻，必引起政治危机与社会恐慌；在战略位置上逼近北方诸游牧民族区域，易受搔扰与攻击。面对这两大缺陷，永乐帝雄才大略、高瞻远瞩，选择继承元大都遗产，毅然迁都北京，同时建立可靠的大运河补给体系，调拨江南的粮食等战略物资，用作控制北部周边区的军费与朝廷的行政开支。这一经久不衰的国家行为填补缺陷的历史过程，构筑了南北交流一体化的人文活动繁荣昌盛、硕果累累，从而使皇朝控制领土与社会的能力增强。

中华疆土地势上西北向东南梯级倾斜的地形地貌与早已发生的中原文明吸引力，促成民族内聚的顽强趋势。但是，民族认同运动与皇朝一统并非单纯倚靠这一惯性。一统皇朝实行的行政区域划分贯彻反自然主义的作用亦功不可没。顾炎武指出：河南、河北必不以(黄)河为界，湖南、湖北必不以（洞庭）湖为界。行政区划克服自然地理山水分界的阻隔，有意地把山两侧、水两岸居民置于同一政区内管理。这一行政措施行之有年，的确给动荡分裂期间企图据险而守、划江而治的独立王国增添了意想不到的麻烦。原属同一政区的民众不能忍受割裂带来的生活障碍，早已养成山两侧水两岸浑然一体的观念与习惯。

在技术、通信、交通落后的年代，如果没有区域之间的相互依赖性，就很难铸就异地之间的文化同一性；如果没有公共工程与社会流动，就不能维系一个领土广袤的庞大帝国。北京由元以前的区域中心城市上升为华夏一统的帝都，是历史上来自不同方向的军政力量交汇冲突合成演化的结果。

中国历史上城市政治等级化现象，同样充分展示出地理与社会、地理与历史、地理与政治、地理与文化之间的复杂关系。任何城市，特别是那些中心城市的形成，从来都是区域间物流、人文交汇积淀的产物。山川格局、气候、水系网络、物产、物流等对城市依赖的内外交流、防御、物资供应起着至关重要作用。城市无论大小，起初一定是自然眷属赐予福地与人类趋利避害天性的结合而选定的城址。不过，城市一旦形成，就会继续扩张，历史作用就要超过地理作用。尤其是着眼于政治军事控制功能的政府投资维护的城市，更让自然作用大大缩小。

人文地理学的"可能论"与"挑战论"可以移来解释中国历史都城位移的运动轨迹。莫里斯·迪韦尔热归纳了"可能论"的要点："自然提供各种程度的可能性，人在其中挑选。地理提供一块底布，人在上面绘制自己的图画。"①挑选与绘制是人类有意识的选择与创造。英国历史学家阿诺德·约瑟夫·汤因比的"挑战论"则认为："人与环境的关系不仅是顺着环境的自然趋势，而且可以逆流而上。一帆风顺于文明有百弊而无一利，反之，逆境却能推动文明发展。"②

"可能论"与"挑战论"都强调了人类生存发展过程中的适应性与创造力。没有适应，没有择优而居的智慧，人类不可能获得发展支点；反之，没有创造，没有征服险阻的勇气，人类也要丧失逃脱险境、战胜灾难的能力。事实上，天遂人愿、完全依赖自然供应的生活是不存在的。那些历史上光照人间、千秋百代的城市历史，无不是经历了自然灾害破坏的血泪与战火考验，无不是先民奋斗与智慧的沉积。

追溯中华一统都城迁移史，也许能让问题变得更清晰。自秦始皇统一中国以后，只有西安、洛阳、开封、北京、南京五座历史名城是华夏一统意义上的都城。今天列名于历史著名都城的其他城市，建都历史或是时代久远，或是偏安，或是割据方国之都，均不在所论之列。

一统都城迁移史，自秦都咸阳、汉都长安起，循东移(东汉、西晋都洛阳)——西归(隋唐都长安)——东移(宋都开封)——北上(元都北京)——南下(明初都南京)——北上(永乐迁都北京，清因之)的

---

① ② [法]莫里斯·迪韦尔热：《政治社会学》44页，华夏出版社1987年版。

往复十字交叉的运行轨迹。这一迁移轨迹就是一部生动的中国古代皇朝控制社会、团聚社会、实现大一统的历史。

从古代政府规模、财政状况与技术、物力等条件上看，皇朝不具备对每一地方局部皆实现实质控制的能力。一般来说，依据里程远近、物产状况、人口稠稀、人文水准、交通网络、气候条件、外部战争压力等综合因素观察，朝廷控制地方能力可划分四级：以都城为中心的直控区、次控区、疏控区与周边区。随着历史发展、经济技术进步，必然促使直控区扩充，直控区一扩大，其他三区必随之而重新组合层层递进。都城是皇朝政治地理的灵魂，朝廷居重御轻，引领社会朝向君主集中，撑起大一统天地。

导致一统都城最终舍弃关中而迁至大运河沿线并从此在运河流域南北移动的历史原因，不外是直控区扩充与周边区战争冲突压力方向改变促成的。隋以前，江南是次控区。关中直控区养育了长安，并可以支持它的繁荣。待到大运河开通以后，江南便上升为直控区，皇朝愈来愈依赖它的财富，进而依赖它的人才。兼之，西北周边区战争压力减弱与中欧陆路交通的衰微，以及东北周边区战争压力一再增强，使得皇朝不得不改变传统模式，最终放弃了在关中建都。宋太祖都开封便是这一历史变化的结果。

华夏一统皇朝的中心控制区，早期诸朝处于关中至山东一线，渭水自西向东注入黄河东去入海。西东走向的控制轴线，凝聚了中原一统文化。通过政府行为，中原文化加快了向南北传播与辐射，同时也吸引、激发了南北诸民族尤其北方周边区民族奢羡之心。在华夏文化扩延与民族一体化的进程中，北方是周边区民族南下的趋同战争与中原文化北传的历史；南方则是中原移民开发与文化一体的过程。南北向的拓展延伸，促使皇朝的中心控制区扩充与都城的东移北上。

中国历史上的都城迁徙过程，呈现为趋向冲突焦点区域模式。由于区域间经济成长与文化差异、利益博弈、战争冲突，促使作为社会平衡力量的政府必须设在便于控制四方的要害区内，即使被选中的城市存在着诸多不利，也在所不惜，政府决不能仅考虑自身安全便利而放弃应尽的职责。都城选址逼近冲突焦点区让朝廷战略储备从容充足，并有效地克服了交通、通信带来的困难，增强了政府快速应变反应能力，通过政府行动保持区域间的均势与稳定。

永乐迁都北京是中国古代都城东移北上的终点，随之北京的政治、经济、文化、军事、社会生活、价值观都发生了巨变。朝廷挟北京"地势雄伟，山川巩固，四方万国，道里适均"形胜优势①，实现"天地清宁，衍宗社万年之福；山河绥靖，隆古今全盛之基"的政治一统梦想②。因此，京师建设，务必追求建置恢弘气势磅礴、宫殿雄伟壮丽、城墙厚重巍峨，帝王于此居重御轻，展皇仪而控四方。

永乐迁都历史评价褒贬不一。黄宗羲认为，有明都燕不过二百年，历遭侵扰事变，让朝廷疲于奔命，"江南之民命竭于输挽，大府之金钱靡于河道，皆都燕之为害也"③。顾炎武就此论曾致信黄宗羲，同意都燕弊端之见，但认为金陵"仅足偏方之业"，建都理想之地是关中。④

谁也不能否认都燕带来的种种麻烦，然而，世间没有不付出代

---

① 孙承泽：《春明梦余录》卷一，北京古籍出版社 1992 年版。
② 丘浚：《建都议》，见《明经世文编》第一册 598 页，中华书局 1962 年版。
③ 黄宗羲：《明夷待访录》"建都"，中华书局 1981 年版。
④ 黄宗羲：《南雷文定》附录，中华书局四部备要本。

价的收益。正是这种种麻烦衍生的无限契机，激起中华民族迎难而上务求一统的伟大精神。

永乐迁都北京后，南京成为陪都，从此明朝两京体制确立。两京乃至多京体制历史悠久。西周以关中的镐为都城。成王时周公旦摄政，在嵩山东，洛水北岸修建了王城与成周城，史称成王"初迁宅于成周"，"定鼎于郏鄏"。周平王元年（公元前 770 年），东迁洛邑，史称东周，从此到唐朝，历代的两京基本上是长安与洛阳东西移动互换。宋都开封号东京，以洛阳为西京，虽仍在东西一线，但政治版图悄然发生变化。辽宋对峙，金宋争战促使两京地理方位转向南北。

元创建大都，不忘草原龙兴之地，以上都（内蒙古自治区多伦县西北闪电河畔）为夏都。

明代南北两京通过大运河连在一起。留都衙门皆加"南京"二字，编制规模较小，职权只限于南直隶有关事务。在多数情况下行文朝廷须经北京对应衙门转呈皇上。南京地方事务由南京守备、协同守备、守备太监等官员会同管理。宣德年间始设南直隶与应天府两巡抚：一称总理漕运兼提督军务巡抚凤阳等处兼管河道，驻淮安，管辖凤阳、淮安、扬州、庐州四府及滁州、徐州、和州；一称总理粮储提督军务兼巡抚应天等府地方，驻苏州，管辖应天、苏州、松江、宁国、徽州、池州、镇江、安庆、太平和常州。

两京体制构筑了朝廷直控区轴线。将华北平原、黄淮流域、长江流域浑成一体，促进了南北经济、文化交流。区域之间的联络需要稳定畅通的交通作为支柱，体制一经确定，南北直隶人流物流量增大。畅通的大运河不但保障了京师物资物流需求，而且直接带动地理空间上的结构性社会流动。这一朝向京师的流动，促成运河沿岸城镇、乡村星罗棋布，人烟稠密，商贸繁荣，官私工商业如造船、瓷器、酿造、纺织、编织、印刷、造纸等难以尽数的行业蓬勃发展，以及社会关系的微妙变化。繁忙的运河是明朝人所共依的命脉，凝聚了皇朝人力、智力与财富，托起了朝廷大一统局面。

两京体制顺应了元明更替后防御态势的变化。

两京体制延伸了朝廷直控力。南京是太祖创业的政治遗产，作为运河南端的中枢城市，对东南富庶区与南疆海防的安全尤具战略意义。

目　录

明

第一章

永乐迁都

一、从元大都到北平府

元末经历了十余年战争，最终朱元璋脱颖而出，洪武元年(1368年)正月初四日在应天登上皇位，国号大明。以应天(今江苏南京)为南京，大梁(今河南开封)为北京。时大都未下，元统仍存。

洪武元年(1368年)闰七月二日，大将军徐达率师由汴梁出发北伐。二十八日，大军到达通州城，指挥华云龙率兵来会。元顺帝闻明军兵临城下，率后妃、太子于是夜三鼓开健德门北走。八月二日，徐达军由通州西进攻打大都。由于元顺帝已先遁，所以大都之役，并未发生激烈的攻坚战，此事关乎都城易属，尤当叙之：

师至齐化门，命将士填壕登城而入。(徐)达登齐化门楼，执其监国宗室淮王贴木儿不花及太尉中书左丞相庆童、平章迭儿必朴赛因不花、右丞相张康柏、御史中丞满川等，戮之。并获宣让、镇南、威顺诸王子六人及玉印二、成宗王玺一。封其府库及图籍、宝物等；又封故宫殿门，令指挥张焕以千人守之。宫人、妃主，令其宦寺护视，号令士卒，无得侵暴。人民皆按堵。明日，顺德守将吉右丞、胡参政、郑参政皆自西山来降。武德卫军校获前乐安逃将俞胜及高参政、张郎中等。达遣指挥邓晖赴京献捷。仍命右丞薛显、参政傅友德、平章曹良臣、都督副使顾时将兵侦逻古北诸隘口。①

捷报十一日后送达御前。八月十四日，诏改元大都路为北平府。徐达率军攻占元大都，捷表送出之后，即对大都城垣进行了改造，一方面，出于城防便利，使城区变得紧凑，有必要舍弃北边空疏区，

---

① 《太祖实录》洪武元年八月庚午条，台湾"中研院"史语所1962年影印版。

这样能够降低守卫与管理成本；另一方面，可能是出于传统思维模式，要彻底破除元朝王气，使大都无法与南京相颉颃。如果不是事先得到太祖认可，徐达决没有胆量私自对元故都进行拆改。因为攻克大都捷报八月十三日才抵达御前，而徐达缩城工程于八月九日已经开始。缩城工程与稍后开始的毁元故宫工程，出自同样的政治立意。当新朝皇帝不再选择旧都作为都城之际，先朝都城就要让它失去往日风采，即使浪费人力物力，新朝也在所不惜。

古代中国城市的诸种功能中，政治功能极为突出。驻城政府的等级基本决定了城市规模。城市繁荣程度建筑在政府与官僚集团的购买力与该城辖区富裕程度的基础上，而非单纯的经济因素决定的。因之，一座城市丧失了原有政治行政等级，必然损害它的繁荣，反之，一座城市提高了政治行政等级，必然增强它的活力。都城尤其如此，不管先朝旧都多么恢宏壮丽，只要新朝不再沿用，就必然急剧走向没落。明以前的长安、洛阳、开封等历史都城，都没有逃脱如此厄运。当人们故都重游，回首往事，已很难体会这些名城昔日的雄伟与气魄。所以如此，一方面，出于皇权独尊的政治原因，皇朝不能容忍逼近乃至超过都城规模的城市存在；另一方面，旧都经济基础随着朝廷转移，失去了经常性的政府投资与旺盛的政府、仕宦集团、涌向都城的流动人群的购买力支撑，从而导致该城经济迅速萎缩。

徐达改建元大都工程主要是缩小城区面积，废弃北城墙，在其南面五里一线另筑新城墙。缩城结果就是将大都东西城墙北边的光熙、肃清两门，同北城墙一道置于新城之外。元大都原为土城，周六十里，设门十一。徐达指定指挥华云龙主持缩建工程。新筑的城垣，南北取径直，东西长 1890 丈，周城四十里，除了北面是新筑外，东西南三面仍沿用大都旧城，只不过陆续增添了墙体外侧的砖包。外侧墙体砖包工程大约经历二三年时间方才完成。

缩建后的北平城，除了保留原有的城门以外，在北面新筑城垣建造两门，东边称"安定门"，西面称"德胜门"。史称"改元都安贞门为安定门，健德门为德胜门"①殊令人费解，既是新筑城垣，辟两门可以移用旧称，也可以重新命名，无所谓改称。史籍既谓改称，那么即应确认徐达一攻占元大都，在新筑城垣完工以前就把大都的健德门与安贞门改成了德胜门与安定门，《太祖实录》谓改称事在洪武元年九月初一日，其时新筑城垣不可能完工，故改称只能是旧城门。及至新城垣完工，两门名称南移，旧有城门废置，然而从防御北来之敌的安全性上考虑，两重城墙的防护，总比一道的保护性能更强，因之，新城垣筑好后，北部旧城，并没有被放弃。那么总不能地处不同地点的新旧两城门共用同一名称，因此，称新建城门改为安定门、德胜门殊不合理。从逻辑上看，应是新城门建成后用新名，旧城门仍沿用旧名。这也可以从北平城垣其他七门沿用元大都旧名中得到证实。

明朝的北平府城平面呈近似正方形，新筑北城墙自德胜门起向西南稍斜与西城墙相接。设城门九座：南面三门，中为丽正门，左为文明门，右为顺承门；北面新建两门，左为安定门，右为德胜门；东面两门，南为齐化门，北为崇仁门；西边两门，南为平则门，北为和义门。各门仍建月城。城高，东、南、西三面各高三丈有余，顶收三丈，北面高四丈有余，顶收五丈。城外绕以护城河，深浅宽

---

① 周家楣 缪荃孙：《光绪顺天府志》京师志一，城池，北京古籍出版社 1987年版。

窄不同，最深处达一丈有余，最宽处十八丈有余。①

先朝的大都城降为新朝行省中心城市。北平府城在洪武朝显示了巨大的政治军事功能，也为日后再次升为都城奠定了雄厚基础。自徐达率军占领该城之后，这里立即成为明朝经略北方，防御蒙古族军队卷土重来的军事中心，其后，太祖又封燕王朱棣之藩于此。

北平战略地位至关重要，驻扎了大量部队，这些部队保障了北平的城防，也为日后燕王朱棣起兵，提供了军事方便。朝廷军队一旦不能为朝廷所用，转而变成朝廷的异己力量。徐达攻占元大都之初，朝廷于八月十四日置燕山等六卫，以守御北平②。不久又在北平设置大都督府分府，以都督副使孙兴祖领府事，升指挥华云龙为分府都督佥事。其后陆续又置密云卫(洪武二年三月)、燕山前后二卫(洪武二年八月)、永平卫(三年正月)，改设彭城、济阳、济州三卫于北平(洪武三年八月)。洪武九年(1376 年)八月，"敕燕山前、后，永清左、右，蓟州、永平、密云、彭城、济阳、济州、大兴十一卫分兵守北边关隘。时关隘之要者有四：曰古北口、曰居庸关、曰喜峰口、曰松亭关。而烽堠相望者一百九十六处，徼巡将士六千三百八十四人。初俱用北军，至是始选江淮军士参之"③。诸卫将士达九万九千四百余人。洪武十七年(1384 年)魏国公徐达离开北平以前，北平诸卫将校士卒之数为十七卫，十万五千四百七十一人④。五年过后，洪武二十二年(1389 年)四月，"兵部核实北平都指挥使司并行都司，燕山左护等卫编伍军士，凡十三万九千八百人"⑤。

---

① 《光绪顺天府志》京师志一，城池。
② 《太祖实录》洪武元年八月癸未条。
③ 《太祖实录》洪武九年八月丁亥条。
④ 《太祖实录》洪武十七年十月壬申条。
⑤ 《太祖实录》洪武二十二年四月甲辰条。

中书右丞相魏国公徐达经常奉诏驻扎北平，秣马厉兵。他作为明朝开国功臣，晚年与北平结下了不解之缘，数度坐镇北平，经略北方，"每岁春出，冬暮召还，以为常"[①]。最后一次坐镇北平，生背疽之病，遂奉诏抱病返应天，第二年(洪武十八年，1385年)逝世，享年54岁。

北平除了作为明初朝廷经略北方的军事中心之外，同时也是皇朝的一个行政区。既然不再是都城，那么城市及其辖区管理就要按照皇朝行政体系的统属等级与地方行政管理方式来对待。元大都改为北平府之初，曾隶属山东行省。[②]北平虽然重要，但民政统辖，不可能直属朝廷，故必须在府与朝廷之间，增加行省一级的统属机构来代管。山东行省代管北平府的时间很短，大约只有五个月。洪武二年(1369年)三月十九日，单独设置北平行省，以山东参政盛原辅为北平参政。领府八、州三十七、县一百三十六。[③]同年八月，设立燕山都卫，与行省政府同治于北平城内。八年十月，改都卫为都指挥使司。洪武九年六月，改北平行中书省为北平承宣布政使司。

北平府作为北平行省的首府，既是皇朝区域政治行政与军事中心，同时又有自身的管理系统。北平府的辖区与后来的顺天府略有不同，改称顺天府后，辖区有所扩大，领五州二十二县。据天文分野书载"北平府支郡四：涿州、通州、霸州、蓟州。亲领县十一：大兴、宛平、良乡、永清、昌平、密云、东安、固安、顺义、香河、怀柔。涿州亲领县一：房山。旧有范阳县，附郭，后裁。通州亲领县四：三河、武清、宝坻、漷县，旧有潞县，附郭，后裁。霸州亲

---

① 《明史》卷一二五，《徐达传》，中华书局标点本。
② 《太祖实录》洪武元年十月庚寅条。
③ 《明史》卷四十，《地理志》。

领县三：文安、大城、保定，旧有益津县，附郭，后裁。蓟州亲领县四：遵化、丰润、平谷、玉田，旧有渔阳县，附郭，后裁"[①]。显然，北平府的辖区比今天的北京市政区要大，其东南区域的州县，今天大都隶属天津市或河北省。

太祖登极后，即确立四级行政统辖制度，并垂法于后世，至清相沿不改。朝廷—行省(布政使司)—府—州县。州则较为变通，有直隶州与府属州之分。据洪武三年(1370年)成书的《大明志》统计，当时全国行省十二，府一百二十，州一百八，县八百八十七，安抚司三，长官司一。[②]北平府是皇朝120府中的一个，同时也是除开京师所在的应天府之外，皇朝最为关注的府。

北平府治在北平城内的东北部，沿用元大都路总治旧署。[③]下辖宛平、大兴两县，管理城中民政事务。两县同为赤县，但在元朝时县治不在城内，城内事务，以左、右警巡院"分领京师民事"[④]。两院分治城内五十坊居民区，又以南警巡院治南城(即原金中都旧城)六十二坊居民区。北平府城缩建之时，已将元大都城内北部的怀远坊、乾宁坊、清远坊、可封坊、平在坊、泰亨坊、善俗坊、永福坊、里仁坊、招贤坊、丹桂坊弃之城外。而城内的街道、民舍、坊区基本维持了原样，只不过行政管理方式有所改变。在城内分别修建了大兴、宛平两县衙署，负责管理城内民事。

宛平县政区，东至大兴县界靖恭坊二里，自界首到大兴县衙二里，共计四里。东南至大兴县丽正关十里，其西、南、北外辖区分

---

① 孙承泽：《春明梦余录》卷四。
② 《太祖实录》洪武三年十二月辛酉条。
③ 《春明梦余录》卷四。
④ 《春明梦余录》卷五。

别与漷州、固安、良乡、昌平、顺义等县相邻。因本县与大兴县不是纯粹的城内县，辖区只有很小一部分在城内，两县在城内相邻的部分即旧朝的皇城故宫的中心线。以此为界两县分治东西城事务。至于两县延伸城外的里程与相临县界，因无关主题，故不细述。

宛平县衙署在府城内西北丰储坊。洪武三年(1370 年)依式盖造。①县下辖巡检司四。官盐局在顺承关，洪武六年(1373 年)设立。顺承关、彰义关、义井、芦沟等十铺，谓之急递铺，每铺置烟墩一座。又有养济院以收孤老，院在阜财坊。明朝仍崇奉儒学，建文庙崇祀孔子，团聚生徒。文庙在日中坊，海子桥西北，洪武二年(1369 年)，因旧都水监改建，历时六年，至八年完工。文昌祠在发祥坊，沿用其旧。县学在日中坊海子桥西北，洪武三年(1370 年)修盖。似应与文庙一处。射圃在县学后，洪武八年(1375 年)创筑。分教学舍在咸宜坊，洪武八年(1375 年)八月设立。社学 17 所，在城中及其附近的有顺承关、日中坊、安富坊、太平坊、咸宜坊、积庆坊、时雍坊、发祥坊、阜财坊、丰储坊、金城坊等 11 所。

大兴县政区，西至宛平县界日中坊二里，自界首到宛平县衙署二里，共计四里，西北至宛平县界积庆坊二里。其东、南、北城外辖区分别与通州、武清、良乡、昌平、顺义等州县相邻。

大兴县衙署在府城内都忠坊，洪武三年(1370 年)依式创盖。官盐局在丽正关，洪武六年(1373 年)设立。丽正关、齐化关等急递铺七处，每铺设烟墩一座。养济院在靖恭坊(按：在原文为"左"，依文义应是"在"之误)，洪武七年(1374 年)修建。文庙、县学在教忠坊，洪武三年修盖。射圃在县学东北，洪武七年(1374 年)创筑。分教学舍两处，一在南薰坊，一在明照坊。社学 14 所，在城中及

---

① 缪荃孙抄永乐大典本《顺天府志》，300 页，北京大学出版社 1982 年影印本。

其附近的有澄清坊二所，金台坊、居贤坊、明时坊、仁寿坊、皇华坊、丽正关、靖恭坊、保大坊、湛露坊各一所，共 11 所。

北平城内的人口比之元大都时锐减。锐减的原因主要有四：其一，元朝旧官被大量送往南京，为新朝录用，留在北平府城内的官员、宦官以及朝廷服务人员，迅速减少，相关的服务、商业系统亦随之萎缩；其二，战乱使人口的自然增长变缓乃至下降；其三，出于安全与避乱的原因，城内居民自动离散；其四，相当一部分蒙古族贵族、官员在徐达攻城之前，就随元顺帝离开了大都。

北平府城内究竟有多少坊，尚难确定。元大都旧有 50 坊，缩城之后，将原城内北部 11 坊废弃，如果接管政府未对坊区作出调整，那么城中还应该保留 39 坊。但是明朝接管以后，面对人口锐减，为管理方便，坊区整理合并，在所难免。洪武九年的《北平图经志书》记北平府城 33 坊，比徐达缩城之后自然保留的 39 坊已经减少 6 坊，可见，城内的坊并非完全沿元朝旧貌，曾做过更改合并。

众所周知，坊是以一定户数为主要依据划定区域范围的，面积相同的地区，人口稠密必然分坊多，反之，则分坊少。缪抄《顺天府志》乃是《永乐大典》《顺天府》子目下残存的八卷内容，该子目撰写时引用《北平图经志书》甚多，检索归纳其零散记录，可以得知，宛平县至少存在丰储坊、鸣玉坊、阜财政坊、日中坊、发祥坊、咸宜坊、安富坊、太平坊、积庆坊、时雍坊、金城坊等 11 坊；大兴县则至少存在都忠坊、明照坊、昭回坊、教忠坊、南薰坊、澄清坊、金台坊、居贤坊、仁寿坊、皇华坊、靖恭坊、保大坊、湛露坊等 13 坊。两县合计共 24 坊，基本囊括全城的坊区。沿用旧名的 20 坊。新命名的 4 坊，为宛平的日中坊与大兴的都忠坊、教忠坊、湛露坊。可见，明初城内坊区确实做过合并。

明初北平城内已知的 24 坊比之后来的京师内外两城 36 坊，只少 12 坊。但是，嘉靖朝后期的 36 坊，则包括正阳、崇文、宣武三门外的 8 坊。如果不计此数，内城也只有 28 坊，对照《京师五城坊巷胡同集》开具的坊区，可以看出，嘉靖朝晚期京师内城只比可知的北平府城时期的坊多出 4 坊的详细情况：一是将原有的时雍坊分为大、小时雍两坊与原有的居贤坊分成南、北居贤两坊，从而多出 2 坊；二是北平府志无河漕西与朝天宫西两坊的记录，因府志缺记叙坊志专章，本文只是依据其书分散涉及之文的统计为 24 坊，因而不能视为确数，两坊也可能是漏记或所叙之事未能涉及，再可能就是原无而后增之；三是原坊名随时代推进亦有所变化，循其踪，能辨别名称变化的轨迹。

府城内的街道、胡同基本上一仍大都之旧，只不过人口已无昔日之众，坊数减少即是绝好证明。但城内居民究竟有多少，史料缺乏，无从确定。据洪武二十四年(1391 年)十二月编辑的"天下郡县更造赋役黄册"记载：北平布政使司，户三十四万五百二十三，口一百九十八万八百九十五[1]。府城内区只不过是北平布政司所辖的一极小区域，但人口相对集中，倘能占其总人口的百分之四五，则人口当在八九万人。时北平布政司所辖：府八、州三十七、县一百三十六。百分之四五的估算比例已经很高了。

北平府城之内，不但设有诸卫衙门，而且驻军亦众。建文初，以谢贵为北平都指挥使，张昺为布政使，二人奉命监视燕王府，并伺机行事，"谢贵等以在城七卫并屯田军士布于城内"[2]，一声令

---

① 《太祖实录》洪武二十五年十二月终记。
② 黄佐：《革除遗事》一，见邓士龙辑《国朝典故》卷二十，北京大学出版社1981 年版。

下，部队迅速集结，团围燕王城，达到"填溢街巷"的地步。足证城内将士之多。

二、元故宫与燕王府

洪武三年(1370年)四月七日，太祖封建诸子，"以燕旧京，择可以镇服者"，遂封第四子朱棣为燕王。[①]洪武十三年(1380年)三月十一日之国，时年21岁。这一分封改变了明朝皇室历史，成就了一位藩王帝业，进而带给北京城市发展无限契机。

早在燕王分封之前，朝廷就已着手修整元故宫的部分建筑，以备封藩之用。洪武三年(1370年)七月修建燕王府，"用元旧内殿"，[②]既称"内殿"，当属元故宫内廷起居部分，而不包括前朝行政典礼之区。元故宫在徐达攻克大都后不久，就应该被拆毁了。当然这种破坏，并非全部毁坏，重点应是前朝部分。既然新朝不在此建都，又非龙潜之地，因而，那些主宰先朝一统事务的建筑象征，就决不能存在下去。元故宫前朝的皇权象征性建筑，乃是新朝大忌，毁坏前朝的政治输出之所，意义远远超出拆毁宫殿本身，其所要彰显的是新朝统治的合法性与唯一性。

燕王府利用元内殿改造成王府，大约用了十年时间，亦可反映出元故宫被毁程度。倘若像当代有些人认为的那样元宫未毁，燕王府总不至于要改造十年才能完工。今人立论，往往忽略历史现实中

---

① 谢贲：《后鉴录》卷下，《燕王起兵》，《明史资料丛刊》第一册，江苏人民出版社1981年版。

② 《太祖实录》洪武三年七月辛卯条。

人的价值模式，只看到了元宫的宏伟富丽与修建的艰难，却看不到这种宏伟富丽对一位新朝之君统治心态的影响与由此可能发生的对新朝统治唯一性的危害。因之，新朝一定会不惜工本彻底毁坏那些极易唤起人们对旧朝政治记忆的宫廷主体建筑。新朝宗室王公可以利用其园囿起居之所，却不能继承皇权标志的殿堂。

燕王府利用的是元故宫太液池西岸的后苑故地，由光天门、光天殿、隆福宫等建筑群改造而来。洪武三年(1370年)开工，到洪武六年(1373年)三月，三年之中，工程进展缓慢。燕相府言：先尝奉诏，以土木之工，劳民动众，除修城池外，其余王府公廨造作可暂停罢。今社稷、山川坛、望殿未覆，王城门未甓，恐为雨所坏，乞以保定等府宥罪输作之人完之。上以社稷、山川、望殿严洁之地，用工匠为之。命输作之人但甓城门。①

可见工程浩繁，所建者甚多，决非仅依元宫内殿稍饰而已，征用北平布政司各府的工匠及宥罪输作之人甚众。直至洪武十二年(1379年)十一月，始告完工，燕相绘图上报燕王府形制：

社稷、山川二坛在三城南之右。王城四门，东曰体仁，西曰遵义，南曰端礼，北曰广智。门楼、廊庑二百七十二间。中曰承运殿，十一间。后为圆殿，次曰存心殿，各九间。承运殿之两庑为左右二殿。自存心殿、承运(殿)周回两庑至承运门，为屋百三十八间。殿之后为前、中、后三宫，各九间。宫门两厢等室九十九间。王城之外，周垣四门，其南曰灵星，余三门同三城门名。周垣之内，堂库等室一百三十八间。凡为宫殿室屋八百一十一间。②

燕王府拥有房屋811间，规模远远逊于昔日元朝皇宫的规模。

---

① 《太祖实录》洪武六年三月己未条。
② 《太祖实录》洪武十二年十一月甲寅条。

《故宫遗录》描述元故宫太液池西岸建置搭配时说:

光天门,仍辟左右掖门,而绕长庑,中为光天殿。殿后主廊如前,廊后高起为隆福宫,四壁冒以绢素,上下画飞龙舞凤,极为明旷,左、右、后三向皆为寝宫,大略亦如前制。宫东有沈香殿,西有宝殿,长庑四抱,与别殿重闌曲折掩映,尚多莫名。又后为兴圣宫,丹墀皆万年枝,殿制比大明差小,殿东西分道为阁门,出绕白石龙凤闌楯,闌楯上每柱皆饰翡翠,而置黄金鹏鸟狮座。中建小直殿,引金水绕其下,甃以白石。东西翼为仙桥,四起雕窗,中抱彩楼,皆为凤翅飞檐,鹿顶层出,极尽巧奇,楼下东西起日月宫,金碧点缀,欲像扶桑沧海之势,壁间来往多便门出入,有莫能穷。[1]

燕王府与之对照,改造踪迹清晰可寻。燕王府三大主体建筑似是由光天殿、隆福宫改建而来。燕王府虽然被允许占用元故宫的一部分,但这并不意味着就可以抛开王府应该遵守的制度。燕王府是朝廷主持的工程,而非燕王自己的工程,十年当中,未之国的燕王丝毫不能参预其事。

洪武四年(1371年)颁布王府规模定制:

王城高二丈九尺,下阔六丈,上阔二丈。女墙高五尺五寸。城河阔十五丈,深三丈。正殿基高六尺九寸,月台高五尺九寸。正门台高四尺九寸五分。廊房地高二尺五寸。王宫门地高三尺二寸五分。后宫地高三尺二寸五分。王门前后殿四门城楼各一座。立社稷、山川坛于王宫内之西南,王宗庙于王城内之东南。前殿曰承运殿,中曰圆殿,后曰存心殿。城门南曰端礼,北曰广智,东曰体仁,西曰遵义。宫殿门庑及城门楼,皆覆以青色琉璃瓦。宫城周围三里三百九步五寸,东西一百五十丈二寸五分,南北一百九十七丈二寸五分。

---

① 萧洵:《故宫遗录》,76页,北京古籍出版社1980年版。

宫殿廊庑库厅等共七百九十六间。墙门七十八处。周围砖径墙通长一千八十九丈。里外蜈蚣木筑土墙，共长一千三百一十五丈。[1]

王府宫城东西 150.025 丈，南北 197.025 丈，合计 694.1 丈。明代以 1 步等于 5 尺，两步为 1 丈，360 步即 180 丈方合一里。[2]宫城周围三里三百零九步五寸，将近四里。

用朝廷定制来衡量燕王府，其规制一如程式，只是房屋 811 间比定制 796 间多出 15 间。房屋间数确定之后，基本可以划定占地面积。按照定制以承运殿、圆殿、存心殿为中轴线的宫城建设是紧凑的，不可能过于松散。因之，可以推定燕王府的宫城周长当在定制之内，没有超过四里。燕王府与元皇城故址无关，位于元萧墙内太液池西岸。砖径墙的正门棂星门大致位于今天西城灵境胡同北侧，进门不远即宫城正门端礼门。王府平面呈近似方形，南北略长。北门位于今天的西安门大街，西面临近元代萧墙，东面靠近太液池，面积不足旧日元皇城(宫城)面积的一半。[3]

至于王府宫城外的砖径墙与蜈蚣木筑土墙，则是出于王府安全护卫的军事需要。这一定制设想，在现实分封建藩的过程中，究竟能否完全实现，还要看诸王之藩城市的现状。假如之藩城市人口稠密，房屋、街巷拥挤，这一制度设想就不可能完全依照定制执行。大量的拆迁王府外的居民，毁坏民居，极易激起民变，似乎也不是皇朝财政所能担负的。任何时代的当政者，一般不会因为所谓的定

---

[1] 傅维鳞：《明书》卷八十四，《营建志》，商务印书馆国学基本丛书本。

[2] 梁方仲：《中国历代户口、田地、田赋统计》540、546 页，上海人民出版社1980 年版。

[3] 关于燕王府与元皇城，砖径墙与元萧墙之间折算比率的理由，将放到第三章第三节叙述明代皇城专题中详细讨论，概因元明之间使用的丈里折算有所不同。

制而丝毫不向现实妥协，况且，王府安全的外屏障也不是非要搞得那样巨大不可、周长非要达到宫城的两倍不可。

不过燕王府的情况有所不同，拥有可资利用现成资源，而不必大动干戈搬迁拆改。如果按照定制，燕王府宫城外的砖径墙长为1089丈，以180丈折合1里计算则为6.05里，外蜈蚣木筑墙长为1315丈，折为7.31里。那么，正好在定制内使用元代萧墙南北西三面的遗产，只需在其东面再造一段城墙即可。将砖径墙与外蜈蚣木筑墙合二为一，达到制度允许的里程上限。事实上，燕王府在建造过程中并没有特意构筑木筑墙，这可以从成祖靖难起兵守卫王府的情况，得到证实。王府砖径墙的南北西三面可能沿用元代萧墙之旧，东面靠近太液池，需要新筑，大致位于今天府右街以东。砖径墙内外主要驻扎护卫王府部队。洪武十年(1377年)正月，以羽林等卫军士益秦、晋、燕三府护卫，"燕府燕山护卫旧军一千三百六十四人，益以金吾左等卫军二千二百六十三人"[①]。

燕王府是洪武朝北平府城内最大的城市建设，因其利用元故宫内殿，似乎存在超越王府定制可能，然而依明太祖训令："凡诸王宫室，并依已定规格起造，不许犯分。燕府因元旧有，若子孙繁盛，小院宫室任从起造。"[②]而规制框架决不容许丝毫更动。历史也没有等到燕府子孙繁盛添造王府小院的那一天，很快燕王就发兵靖难登上了皇位。

燕王府从朱棣称帝那一刻起，世间再无"燕王府"之称。按照皇宫规制大规模拆改扩建王府需要时间，而立即可以做到的，莫过于改称与装饰用具的升级。在营建工程完工以前，永乐帝只要来北

---

① 《太祖实录》洪武十年正月辛卯条。
② 单士元：《元宫毁于何时》，《京华古迹寻踪》11页，燕山出版社1996年。

第一章　永乐迁都

15

京，仍驻跸于昔日的王府，毕竟燕王府是当时北京城内最辉煌壮丽的建筑。行在一准京师的体制观念，使昔日王城的四座城门，南面的端礼门要改称午门，北面的广智门要改称玄武门，东面的体仁门、西面的遵义门分别要改称东华门与西华门。王府正殿承运殿要改称奉天殿。宫殿门庑及城门楼，原来覆盖青色琉璃瓦，将会更换为黄琉璃瓦。名从主人的视点，对于研究永乐朝北京史极其重要，不然，容易引起混乱，往往发生把同一建筑分为两处叙述的错误。

燕王府改扩建工程始自永乐十四年(1416年)八月，永乐十五年(1417年)四月下旬完工。当时称"西宫"工程。这是永乐皇帝正式下令营建北京的第一期工程，所谓"西宫"，是针对计划中的二期城市中央区的皇宫工程而言的，其地处皇宫之西，故冠以"西宫"之称。

建文朝的北平府是燕王朱棣据此对抗朝廷、南征夺取皇位的发祥地，经过四年靖难之役终于取得了胜利。随后，北平府迎来了再次走向京师的春天。

三、永乐迁都历程

洪武三十一年(1398年)闰五月初十日，太祖在金陵逝世。皇太孙朱允炆继位，以明年为建文元年。建文帝一即位就采纳谋臣齐泰、黄子澄的削藩建议，首先选择几个势力相对较弱的藩王下手，第一位是周王朱橚，紧接着就是代王朱桂、湘王朱柏、齐王朱榑与岷王朱楩等四位。一年之内废掉五位亲王藩号。北平城内的燕王闻之，兔死狐悲、内心纠结不安之状可想而知，他必须找到逃脱厄运的良策。

藩权与君权冲突一直是个古老的政治命题。明太祖与先朝开国之君一样，为了皇室利益、皇朝利益与树立君主权威的政治需要，采用大封自己儿孙，以削弱从龙重臣的权力侵害或权力超额分享。一般而论，在诸姓结成的政治军事集团获得成功之际，奠定一家独尊局面就要靠牺牲布衣之交共同起事的将相利益实现，必要时甚至要牺牲这些人的性命。这一特定时期的政治现象，不一定都能从开国帝王人格、个性上获得圆满解释，而是一位开国之君成长为神必须经历的，无论皇帝个人是否愿意都要如此。距离产生敬畏，年龄、经历、地位、历史背景差别越大，对于制造君主神圣形象的作用就越强。因之，抛开共同起事的布衣之交的人文环境，对于树立新君权威极其重要。大封自己儿孙，布列全国要津，在短期内能够获得家族统治优势，使全国朝向新君集中。然而历史总是变动的，一旦统治趋于稳定，随着开国之君带着满意而离去，承嗣之君便要承受分封的政治恶果。承嗣之君碰到的只是藩王权力膨胀的威胁，而决不能体会昔日分封促进一家一统皇朝统治合法化的作用。

太祖五位嫡子，除长子立为太子外，二子秦王封西安，三子晋王封太原，四子燕王封北平①，五子周王封开封。四座城市中除太原为区域性中心城市外，其余三座都曾是一统皇朝的都城。任何新生皇朝都不可能完全摆脱历史传统实现统治，那些曾经是全国政治文化中心的都城，凝重深厚的文化沉积所展现的吸引力，不仅仅是地理区位的优势，同时也是沉积人文活动的历史载体。城市历史创造城市价值，历史越悠久，蓄积的能量越大，越能为朝廷控制四方提供便利。因之，新朝即使不再定都于此，也要另眼相待，关注度

---

① 关于明成祖的身世，有多种说法，本文从官方记载。

超出一般城市。

回首太祖定鼎金陵之初，就曾产生迁都意愿。"国家定都金陵，本兴王之地，然江南形势，终不能控制西北。故高皇帝已有都汴(开封)、都关中(西安)之意。"[①]迁都意愿之所以未能实行，在于太祖起兵于江淮，成事于江淮，因之，舍江淮而迁都西安或开封或大都，多少不够现实，总不能刚一建国，就立即舍地缘政治文化优势而就一完全陌生的环境。即使太祖出于战略控制政治目的，产生过迁都意愿，也未必能得到从龙集团的一致拥护。况且战争刚刚结束，经济凋敝，社会亟需休养生息，不易马上启动迁都工程。为"广一视同仁之心"，遂以金陵为南京，大梁(开封)为北京。不久又诏建凤阳为中都。凤阳是太祖故乡，只因个人成功，由普通县城骤然升为皇朝中都。

凤阳政治地位上升，证明了政府关注与投资对于城市发展的巨大作用。但是，凤阳成为中都后发展迟缓，在清代迅速没落，又证明仅凭政治眷属与政府投资，而自身缺乏历史文化、资源、区位优势价值，亦不能快速成长与历史悠久的名城颉颃。城市之间经济文化发展的悬殊，终究离不开区位、资源、物产、气候、交通、文化积累厚度与城市历史影响力等因素的交叉作用。凤阳即便获得了朝廷特殊照顾，号称中都，但有明一代，也没有真正上升为皇朝政治、文化的副中心，就连区域中心城市的功能也未完备。凤阳除了营建了明祖陵之外，更多的是用来关押犯罪的藩王宗室以及安置流放的高级太监。南明福王监国南京时，"释凤阳高墙罪宗七十五案三百四十一人"[②]，这里真可谓宗室畏惧伤心之地。

---

① 郑晓：《今言》卷三，中华书局 1984 年版。
② 徐復祚：《花当阁丛谈》卷一，借月山房丛书本。

太祖封第四子朱棣为燕王之藩北平与燕王发动靖难之役成功登上皇位，为北平府再次上升为帝都创造了历史契机。如果建文帝削藩成功，那么明朝都城史将会是另一番情景。

建文元年(1399年)闰五月，朝廷以谢贵任北平都指挥使，张昺为北平布政使。二人奉帝命，加意笼络燕王府官员，监视王府动静。六月，始以在城七卫并屯田军士分布于城内，团围王城外墙。又以木栅阻断王府端礼门四路。[①]未几，削藩诏公布。七月五日，有醉卒磨刀于市，声言要"杀王府人"。都指挥张信向燕王密报，谢贵等人伏兵府外，要在黄昏之后袭击王府。朱能派人侦察敌情，果然如此。朱能等人对燕王说："事急矣。语曰先发制人者制人。救死于水火，不可缓矣。"[②]燕王遂决定起兵对抗。这也许是北京历史上唯一一次由城中之城向外发起的战争，而不同于平常的守城之战。此事系北京城市发展史上的大事，初起之时，实为城内政府军与王府军之间的巷战：

上(朱棣)曰："计将安出。"张玉等曰："护卫勇士尚余八百，可暂入王城守卫。"上曰："尝闻兵者凶事也，战者危道也，争者未事也，诚所不欲。"张玉曰："圣人有不得已而用之者，汤武是也。若臣等言不见听，请从此决矣。"上曰："必如诸公言，可以自救，但其军布满城市，人少，恐不足办事。"朱能等曰："擒谢贵、张昺，余无能为矣。"上曰："谢贵、张昺防守既严，猝亦难擒，须以计取之可也。今奸臣遣内官逮护卫官属，悉依所坐名收之。就令差来内官召贵、昺，责付所逮者，贵、昺必来，缚之一夫之力耳。"乃藏壮士於端礼门外，遣人召贵、昺。贵、昺不来，久方至，

---

① 佚名：《奉天靖难记》卷一，见《国朝典故》卷十一。
② 《奉天靖难记》卷一。

卫从甚众。至王门，门者呵止之，惟贵、旵得入，至端礼门，壮士出擒之，从者犹未知。移时，贵、旵不出，稍稍散去，玉等尽捕之。伏者将士皆踊跃争奋，以一当百。时围王城军及列队于市者，惟听贵等指挥，及闻谢贵、张旵被擒，皆散去，惟守九门者力战不退。是夜攻门，黎明已克其八，惟西直门未下。上令唐云解甲骑马，导从如平时，过西直门，见斗者，呵之曰："汝众喧哄，欲何为者？谁令尔为此不义之举，是自取杀身耳。"众闻唐云言，皆散。乃尽克九门。遂下令安集城中，人民安堵，诸司官吏视事如故。北平都指挥俞瑱走居庸关，知事不济，乃退保怀来。[①]

　　燕王以谋略赚取北平行省的两位文武长官，进而攻克九门，控制了全城，遂开启争夺皇位之战。从节抄之文也可以看出，燕王府确实存在着两重围墙，第一道砖径墙正门为棂星门，第二道宫城正门为端礼门。如果不是两重围墙，怎么也不能设伏兵于"端礼门外"，那样无异于将己方秘密军事布置暴露给对手，谢贵、张旵说什么也不会眼看着陷阱，非要往下跳不可。壮士埋伏于两城门之间，计策得手，则可擒住二人，不得手，尚可固守宫城负隅顽抗。

　　燕王通过四年靖难战争，于建文四年(1402年)六月十三日，攻入金陵，六月十七日登上皇位，七月初一日告祀天地于南郊，祝文称以是年为洪武三十五年，明年改号永乐元年(1403年)，并免山东、北平、河南等地三年差税。永乐成功之日，立刻否认建文纪年，这与当初太祖毁元故宫出自同样的政治立意。不同的是，太祖摧毁的是元朝政务所出的宫殿，而成祖极力否认的则是建文帝的存在，企图通过取消纪年彻底抹去社会对建文的历史记忆，从而向世人表明

---

① 《奉天靖难记》卷一。

自己的皇位直接来自太祖授予。两者贬损对象与方式虽殊，但都是为了统治的合法性与唯一性。

永乐登上皇位后，中国发生了许多震撼世界的大事，其中迁都一事尤为紧要。

永乐迁都北京是一个历史过程，期间经历了决策、营建、搬迁、反复等若干阶段。究竟何时正式迁都，主要取决于对历史标志事件的选择与认可。这是一种主观真实的历史，中间存在着主观偏好，在偏好价值取向下，谁都可以罗列大量的证据来说明个人学术抉择的正确性。为了将这一问题梳理得清晰一些，在此，检索《明太宗实录》有关迁都决策、营建等重要节点记录，逐年逐月逐日择要开列一张时间表，让人自由决定，毕竟这是一种历史的学术认识。

永乐元年(1403 年)

正月十三日

礼部尚书李至刚等言："自昔帝王或起布衣平定天下，或由外藩入承大统，而于肇迹之地皆有升崇。窃见北平布政司，实皇上承运兴王之地也，宜遵太祖高皇帝中都之制，立为京都。"制曰："可。其以北平为北京。"

二月三日

设北京留守行后军都督府、北京行部、北京国子监。改北平府为顺天府，北平行太仆寺为北京行太仆寺。行都督府置左右都督、都督同知、都督佥事无定员，首领官、经历、都事各一员。行部置尚书二员，侍郎四员。所属六曹，吏、户、礼、兵、工五曹清吏司郎中、员外郎、主事各一员，刑曹清吏司郎中一员、员外郎二员、主事四员，照磨所照磨、检校各一员，司狱司司狱一员。国子监置祭酒、司业、监丞各一员，典簿一员，博士、学正、学录、掌馔各一员，助教二员。顺天府、北京行太仆寺官制如旧。北平布政司、按察司及北平都司等衙门，刑部、户部之北平清吏司俱改北京清吏司。

二月四日

以燕山左、燕山右、燕山前、大兴左、济州、济阳、真定、遵化、通州、蓟州、密云中、密云后、永平、山海、万全左、万全右、宣府前、怀安、开平、开平中、兴州左屯、兴州右屯、兴州中屯、兴州前屯、兴州后屯、隆庆、东胜左、东胜右、镇朔、涿鹿、定边、玉林、云川、高山、义勇左、义勇右、义勇中、义勇前、义勇后、神武左、神武右、神武中、神武前、神武后、武定左、武定右、武定中、武定前、武定后、忠义左、忠义右、忠义中、忠义前、忠义后、武功中、卢龙、镇房、武清、抚宁、天津右、宁山六十一卫，梁成、兴和、常山三守御千户所，俱隶北京留守后军都督府。

五月十八日

礼部言："旧制应天府设学，不设上元、江宁二县学。今既设北京国子监，以顺天府学为之。革大兴、宛平二县学，而以大兴县学为顺天府学。"

是年：令选浙江、江西、湖广、四川、福建、广东、广西、陕西、河南，及直隶苏、松、常、镇、扬州、淮海、庐州、太平、宁国、安庆、徽州等府，无田粮并有田粮不及五石殷实大户充北京富户，附顺天府籍，优免差役五年。

永乐三年(1405 年)

九月二十五日

徙山西太原、平阳、泽潞、辽、沁、汾民万户实北京。

永乐四年(1406 年)

二月十七日

改燕山左、燕山右、燕山前、济阳、济州、大兴左、通州七卫俱为亲军指挥使司。

闰七月初五日

文武群臣淇国公丘福等请建北京宫殿，以备巡幸。遂遣工部尚书宋礼诣四川，右侍郎师逵诣湖广，户部左侍郎古朴诣江西，右副都御史刘观诣浙江，右佥都御史仲成诣山西，督军民采木，人月给米五斗，钞三钞(锭)。命泰宁侯陈珪，北京行部侍郎张思恭督军匠造砖瓦，人月给米五斗。命工部征天下诸色匠作，在京诸卫及河南、山东、陕西、山西都司、中都留守司、直隶各卫选军士，河南、山东、陕西、山西等布政司、直隶凤阳、淮安、扬州、卢州、安庆、徐州、和州选民丁，明年五月，俱赴北京听役，率半年更代，人月给米五斗。其征发军民之处一应差役及闸办银课等项，悉令停止。

八月初六日

置北京兵马指挥司夜巡铜牌十面，令赵王掌之。关领夜巡，一如京师之例。

永乐六年(1408 年)

六月十日

命户部尚书夏原吉自南京抵北京，缘河巡视军民运木烧砖，务在抚绥得宜，作息以时。凡监工官员作弊害人及怠事者，悉治如律。

永乐七年(1409 年)

二月初八日

命工部铸北京皇城四门铜符及夜巡铜牌。按：昔日燕王府王城之外，砖径墙四门，其南曰灵星，余三门同三城门名。东为体仁门，西为遵义门，北为广智门。永乐一登极，即仿金陵皇宫例，将砖径墙改称皇城，四门分别改称承天门、东安门、西安门、北安门。

四月十四日

命编置紫荆、居庸、古北、喜峰、董家、山海六关口出关勘合，以防诈伪。每关一百道，以礼、乐、射、御、书、数六字为号。北京留守行后军都督府、行在兵部皆用印钤记而各置底簿，以兵部底簿勘合送内府，都督底簿付各关口。公差出关者，必得内府勘合为验乃出，无者从守关者执奏。

五月初八日

营山陵于昌平县。

八月三十日

设北京五城兵马指挥司。

永乐十年(1412年)

三月三十日

升顺天府为正三品，官制视应天府。大兴、宛平二县俱升正六品。

永乐十二年(1414年)

二月初八日

增置北京皇城夜巡铜铃如南京数。

永乐十三年(1415年)

三月十九日

诏修北京城

永乐十四年(1416年)

八月十八日

诏天下军民预北京营造者分番赴工，所在有司给钞五锭为道里费。

八月二十八日

作西宫。初，上至北京，仍御旧宫，及是撤而新之，乃命作西宫为视朝之所。按"西宫"工程即原燕王府扩建工程。自从燕王登基之日起。世间就不再有燕王府之称，而上升为宫殿。

十一月十五日

复诏群臣营建北京。先是，车驾至北京，工部奏请择日兴工。上以营建事重，恐伤民力，仍命文武群臣复议之。于是公、侯、伯、五军都督及在京都指挥、指挥等官上疏曰："臣等窃惟北京河山巩固，水甘土厚，民俗淳朴，物产丰富，诚天府之雄地，王之都也。皇上营建北京，为子孙帝王万世之业。比年车驾巡狩，四海会同，人心协和，嘉瑞骈集，天运维新，实兆于此。矧河道疏通，漕运日广，商贾辐辏，财货充盈，良材巨木，已集京师，天下军民，乐于趋事。揆之天时，察之人事，诚所当为而不可缓。伏乞上顺天心，下从民望，早敕所司，兴工营建。天下幸甚。"

六部、都察院、大理寺、通政司、大常寺等衙门尚书、都御史等官复上疏曰："伏惟北京圣王龙兴之地，北枕居庸，西峙太行，东连山海，南俯中原，沃壤千里。山川形胜足以控四夷，制天下，诚帝王万世之都也。昔太祖高皇帝削平海宇，以其地分封陛下，诚有待于今日。陛下嗣太祖之位，即位之初，尝升为北京，而宫殿未建。文武群臣，合词请建，已蒙谕允。所司抡材川广，官民乐于趋事，良材大木，不劳而集。比年圣驾巡狩，万国来同，民物阜成，祯祥协应。天意人心，昭然可见。然陛下重于劳民，延缓至今。臣等窃惟宗社大计，正陛下当为之时。况今漕运已通，储蓄充溢，材用具备，军民一心。营建之辰，天实启之。伏乞早赐圣断，敕所司择日兴工，以成国家悠久之计，以副臣民之望。"上从之。

永乐十五年(1417 年)

四月二十七日

西宫成。其制：中为奉天殿，殿之侧为左右二殿。奉天殿之南为奉天门，左右为东西角门。奉天门之南为午门，之南为承天门。殿之北为后殿，凉殿、暖殿及仁寿、景福、万春、永寿、长春等宫，凡为屋千六百三十余楹。

永乐十七年(1419 年)

七月初八日

有司请以平江伯陈瑄所统运粮军士俱赴北京营造，岁用粮储，宜令各处粮户自输北京。上曰："国以农为本，人之劳莫如农，三时耕获，力殚形瘵，旱曦水溢，岁则寡收，幸足供税租，而官吏需索百出，终岁不免饥寒，又可令输数千里之外乎，且令秋收后运来，北方河已冻，候春暖冻开，又妨农作，如其所言，公私俱不便。其令户部议两便者。于是行在户部议：宜令浙江、江西、湖广及在京外军等卫军士仍留运转，其余卫所军士令营造。如运输不敷，则于浙江、江西、湖广及直隶应天、安庆、池州、太平、宁国、和州量调民于淮安、临清诸路给粮转运，其各处岁征原在淮安等处输纳如故，庶几官民两便。"从之。

十一月二十四日

诏拓北京南城计二千七百余丈。

永乐十八年(1420 年)

九月初四日

北京宫殿将成。行在钦天监言：明年正月初一日上吉，宜御新殿受朝。

九月二十三日

上命行在礼部：以明年正月初一日始，北京为京师，不称行在。各衙门印有行在字者悉送印绶监。令预遣人取南京各衙门印给京师各衙门用。南京衙门皆加南京二字，别铸印，遣人赍给。

十一月初三日

上谓行在兵部尚书方宾曰："明年改行在为京师，凡军卫合行事宜，其令各官议拟以闻。"于是行在左军都督薛禄、掌北京行后军事广平侯袁容等言："今革北京留守行后军都督府，其簿书宜付后军都督府丞掌，印送礼部；销夜巡铜牌、门禁锁钥，付中军都督府掌；出关勘合令中军都督府编置，兵部公同用印送印绶监收，别置文簿付各关为验。凡出关者，通政司具奏，赴印绶监填给勘合照验。金吾左等十卫已为亲军指挥使司，其行移并守卫官军俱合依南京上十卫例。其各卫官军，今在南京及行在卫分者，俱合取入原卫，上直守卫。南京留守五卫，每卫调官军一半来北京。开设留守五卫，仍属五府，分守城门及更番点闸城四门。北京牧马千户所，候调南京军至，并之常山三护卫，见在北京其文移合依东安中护卫例。"

十一月十八日

革北京行部并所属吏、户、礼、兵、刑、工六曹清吏司、照磨所、司狱司，其官属俱调用。乃革行在户部、刑部并南京户部、刑部北京清吏司，行在都察院并南京都察院之北京道。刑部增置云南、交阯、贵州三清吏司。都察院增置云南、交阯、贵州三道。改北京行太仆寺为太仆寺，北京国子监为国子监。北京行部所属顺天八府、保安、隆庆二州并直隶。京师宝钞提举司、承运库、行用库、广盈库、张家湾仓检校批验所俱隶户部。会同馆、大通关俱隶兵部。北京行部工曹清吏司、织染所、杂造局，卢沟桥、通州、白河三处抽分竹木局，俱隶工部。北京五城兵马指挥司析为东城、西城、南城、北城、中五兵马指挥司。

十二月二十九日

初，营建北京，凡庙社、郊祀、坛场、宫殿、门阙规制悉如南京，而高敞壮丽过之；复于皇城东南建皇太孙宫，东安门外东南建十王邸。通为屋八千三百五十楹。自永乐十五年六月兴工，至是成。

从开列的永乐迁都北京简略的编年史表中，可以看出，迁都过程大致经历三个阶段：第一阶段，自永乐元年(1403 年)正月起至永乐四年(1406 年)七月，皇上采纳礼部尚书李至刚的建议，立北平为京都并改称北京。在这一阶段内，北京政治升格，皇朝在此设立了只有都城才能拥有的机构。第二阶段，自永乐四年(1406 年)七月起至永乐十四年(1416 年)八月，皇上谕令各官赴各地征用贮备建筑物资，同时沿运河各地烧砖瓦以备开工之用。在这一阶段内，主要是为开工兴建北京做物资上的准备。第三阶段，自永乐十四年(1416 年)八月起至永乐十八年(1420 年)十二月，皇上诏令正式开工营建北京。经过四年余的土木工程，完成西宫 1630 余楹，以及庙社、郊祀、坛场、宫殿、门阙、皇太孙宫、十王邸等房屋共 8350 楹，两者合计 9980 余楹。工成之后，遂庄严宣布于十九年(1421 年)正月正式迁都，改北京为京师。

四、营建北京工程总量与"十王邸"

永乐营建北京，四年多时间内究竟建造了多少间殿宇，需要详细说明。此中关键在于对《太宗实录》永乐十八年(1420 年)十二月癸亥条所记"通为屋八千三百五十楹"的理解，这一数字是除西宫外的建筑殿宇房屋总数，还是专指"十王邸"。

清季以来，谈论北京王府井大街历史的文章，大多依据《光绪顺天府志》《京师坊巷志》记载，认定"十王邸(府)"共有房屋8350间。《坊巷志》叙述王府大街历史时写道："元名丁字街，见《析津志》。明建十王邸于此，称王府街。井二。"紧接着案语验证："《明成祖实录》：永乐十五年六月，于东安门外东南，建十王邸，通为屋八千三百五十楹。"如此经官修志书描述，几成权威说法。后来治北京街巷历史地理者，涉及王府井大街时，往往直接引证，如记述北京街道坊巷历史的名著《燕都丛考》王府井大街条下，完全依此说。

其实，《坊巷志》"案语"所引《明成祖实录》之文，是经过剪裁拼接的，看似史据确凿，然在明朝宗室王公制度背景下，与《实录》原文对照，则疑问丛生。为了将问题剖析明了，有必要剪贴《明成祖实录》永乐十八年(1420年)十二月二十九日的记录：

初，营建北京，凡庙社、郊祀、坛场、宫殿、门阙规制悉如南京，而高敞壮丽过之；复于皇城东南建皇太孙宫，东安门外东南建十王邸。通为屋八千三百五十楹。自永乐十五年六月兴工，至是成。

比较《坊巷志》案语与《实录》原文，显而易见《坊巷志》摘录之文是作者移花接木重新编排的，只是节选了"东安门外东南建十王邸，通为屋八千三百五十楹"与"自永乐十五年六月"两句进行了颠倒，并删去了"自"字。后来著述引用时如不核对《实录》，就难发现其中纰漏。

永乐营建北京工程分为两期。第一期，西宫工程即改建原燕王府，从永乐十四年(1416年)八月到永乐十五年四月，完成殿宇1630

余间；第二期，皇宫坛庙工程，从永乐十五年六月到永乐十八年十二月。任何群体多项目的巨型工程建设，总要分轻重主次，二期工程开工后，一定是先紧着宫殿、庙社而后皇太孙宫、十王邸。因之，十王邸不一定是永乐十五年六月开工的。

如何标点《成祖实录》这段文字至关重要：一是按本文标点方法，8350 楹是二期工程建造的殿宇房屋的总数；二是在"高敞壮丽过之"后点句号，"建十王邸"后点逗号，那么 8350 楹则是皇太孙宫与十王邸拥有房屋的总数；三是在第二种标点方法的基础上，再于"皇太孙宫"后点句号，8350 楹便成为十王邸的间数了。

倘若脱离历史情境，仅囿于文本的标点理解，三种断句方式似都能成立，然而历史真相只能是一种，而不能三说并立。因之，哪一种理解更符合历史文献原意，还需放开历史视角，在明朝皇室制度文化中考察。上述第二三两种标点理解方式，可以合并论之，核心问题出在"十王邸(府)"的"十"字上，弄清"十"字之义，问题便可迎刃而解。

一般来说，语义上的"十王"，不理解成排序第十之王，那就是十位王爷。不过，八千余间的宅邸决非一位王爷所能占用，故不必细论即可否定，因而，十王邸是十座很容易成为判定共识，把 8350 间视为十座王府建筑总合，平均每座 835 间，又与明朝王府 796 间的定制相差无几。所以，毫不怀疑十座王府存在的真实性。

十王邸若理解成十座，则有悖于明朝皇子分封制度。明太祖建国以后采用诸子封王之藩政策，所生二十六子，除太子与幼殇的之外，皆陆续封王之藩。譬如洪武三年(1370 年)初次封王十位，其中几位年长的，二子樉封秦王国西安，三子棢封晋王国太原，四子棣封燕王国北平，五子橚封周王国开封。而洪武二十四年(1391 年)所封的，其中几位年幼者则是在永乐六年(1408年)就藩的。至于永乐帝本人仅有四子，除长子高炽立为太子、四子幼殇外，二子高煦，永乐二年(1404年)封汉王，国云南，以道远不肯行，仍留金陵(南京)，永乐十三年(1415年)五月改封青州，又不肯行，永乐十五年(1417年)三月徙封乐安州，立就道，不许再迁延；三子高燧，永乐二年封赵王，长期留京监管，洪熙元年(1425年)之藩彰德。由此可见，永乐帝下令营建北京工程正式开工之前，朝廷所封的亲王，只有赵王高燧一人留京(南京)监管，余者皆离京就藩。因而，迁都北京就没必要非建十座王府不可，如果建造就必须拥有分封制度更改的理由前提，不然，朝廷决不可能做无效的巨额投资。

十王邸若理解成十座，则城内用地难以容纳。即使舍弃正式王府的宫城外侧砖径周墙(一千八十九丈)与蜈蚣木筑土墙(一千三百一十五丈)，仅以宫城周长三里三百九步五寸已将近四里(2步1丈，180丈为1里)。若选择在王府井大街西侧排列建造，那么，从南城墙到北城安定门长十里有余，宽一里左右的地带内，即使不考虑府与府之间的间隔用地，也无法排列每座南北至少需要197丈长度的十座王府。假如十座王府建在王府井大街两侧，也要从南城墙延伸到今交道口大街。如此壮阔的建筑群决非"东安门外东南"地区所能容纳。假如非要按东安门外东南建十王邸作狭义理解，那么，整个内城的东南部，将全部为王府所占据，规模至少是宫城的四倍。

十王邸若理解成十座王府，则必拖延备料时间与建筑工程工期。在依靠简单器械营造巨型工程时代，物资准备时间与工程期限都不可能很短，而且一旦开工，单位时间内完成的工程量也不可能骤然或翻倍增长。永乐朝营建北京，物资大约筹集准备了十四年。假如8350楹仅是十王邸或再加上皇太孙宫的总间数，那么营建北京的二期工程量至少要在此数上翻番，达到近一万六千间以上。即使物料充足，工程还需充裕时间，第一期"西宫"工程历时 8 个月，完成殿宇 1630 余间。每月平均完工 204 间。第二期皇宫工程历时三年半共 43 个月(永乐十八年有闰正月)，按平均每月造房 204 间，累计 8772 间。这与 8350 间数相差无几。显然，8350 间是第二期营建殿宇的总间数，绝非仅指十王邸。

十王邸若理解成十座王府，那么十位府主的姓名以及传承、变迁一定要记录在案采入正史，可是这件历代皇朝都必定记录的常规宗室事务，却不能在官方史籍中找到。退而论之，即使这些王邸在建成后朝廷改变了主意，未用来安置宗室王公，也必定要移作他用。无论被毁或是挪用，史籍亦应有所反映，至少有蛛丝马迹可寻。

自永乐迁都至清末的五百年，北京的城市发展是缓慢的。那些由国家投资兴建的宏伟建筑，从来都是社会关注的对象。文人士子常常愿意记录这些建筑的变迁。在现实生活中，像这样规划严整，统一建造的八千余间建筑群，必给城市历史留下极其重要的建筑历史痕迹。可惜的是，不要说清代不能寻其踪迹，就是在永乐朝以后，也难见其演变痕迹。

实际上，《成祖实录》叙述得十分清楚，8350 楹是营建皇宫、坛庙、皇太孙宫等工程的建筑总数，并非专指十王府。官修《实录》绝不会本末倒置，不记重要的皇宫坛庙的建筑成就数量，而对枝微末节的十王府特别关注，偏要记其准确数字。十王府只是营建工程中的一个小项目，决非仿照封藩之地的王府式样建造，没有宫城墙、王宗庙、社稷、山川坛以及承运殿等建筑。可能是一个大院之内分列多个独立的四合房院落，房屋总量上估计在三四百间。明代北京没有正式王府，所有的王府都建在亲王封藩之地。

十王府既是一座府邸，何以冠名"十王"？这还要从明太祖定立的皇子分封制度说起。明朝制度多仿唐代。唐玄宗开元十三年(725年)，以宫中幼子渐成长，乃于安国寺东建一大宅，分院安排成年皇子，称"十王宅"。所谓十王"盖举全数"，当时有庆、忠等王十一位。到天宝中则增至十四王居。[①]"十王宅"之外，尚有安置皇孙的百孙院。[②]

洪武二年(1369年)定皇子封王分藩制度，第二年四月，太祖将当时已有的十子，除太子朱标之外的九子全部封王，最小的第十子朱檀仅两个月。九王之外，又封侄孙朱守谦为靖江王。首次分封十王，皇子封藩制度确立，"十王"也成为制度专用名词。"皇嫡子正储位，众子封王爵，必十五岁选婚，出居京邸，至长始之国。"[③]皇子封王、结婚、之国，分三步进行，皇子封王一般较早，出生后就可能封王。而选婚年纪相对固定，在十五岁左右，结婚前住在宫中，成婚后就要出宫居住，即所谓的"出居京邸"，至于等待多久之藩，要视封地的王府建设及准备情况而定。永乐以后，"皇子之国，皇后子，其仪制用上十王礼，妃所生子用中十王礼，嫔所生子用下十王礼"[④]。

由此可见，紧邻皇城修建的十王府功能是双重的，一方面，作为已婚之王"出居京邸"等待之藩之所；另一方面，负责接待朝觐的藩王。无论是"出居京邸"的成年王爷，还是朝觐诸王，都可称作"十王"，前者将要享受"十王礼"之藩，后者已然享用。两者

---

① 《旧唐书》卷一百七，中华书局标点本。
② 《旧唐书》卷一百八十四。
③ 《明会典》卷五十六《王国礼》二。
④ 《今言》卷四。

住在十王府都是临时的，比较而言前者的时间要长些。

明初都金陵时，就建有十王府，建文四年"复执(周)定王(朱)橚锢之京师十王府"即是明证[①]。永乐迁都北京，在营建工程紧张之际，于紧邻皇宫之处建造十王府，不但延续了太祖旧制，同时也是出于摆脱非法夺位的阴影，树立亲亲仁义形象，赢得皇族团结与拥戴的政治需要。众所周知，永乐发动的靖难之役源自建文帝的"削藩"，因之，成功之后，就需要做出反其道而行之的姿态。"永乐朝，亲王入觐不绝。盖文皇矫建文疏忌宗室，倍加恩焉。"[②]不但如此，而且打破了洪武六年(1373 年)所定"亲王每岁朝觐，不许一时同至"的轮番来京的规矩。如正式迁都的永乐十九年(1421 年)二月就有周王橚、楚王桢与庆王栴三位亲王进京。然而，成祖的特殊政治需要不一定是他后代的需要，从皇位安全的视点出发，藩王频繁往返京城与封地之间，将增加借机反叛的危险性，让一位藩王永远生活在类似软禁状态中，远比允许他流动更容易掌控。因此，随着永乐帝过世，亲王进京朝觐顿时烟消云散。宣德元年(1426 年)彻底废除亲王朝觐政策，十王府顿失往日风采。

尽管十王府失去了迎送朝觐诸王业务，但接纳皇子"出居京邸"的功能仍存。只不过在以后的岁月里，实际使用日渐稀少，最终消失。这与成祖及其继承者生育皇子骤降息息相关，没有一位赶得上太祖。成祖只有四子，宪宗最多十四子。孝宗以下，不但子嗣较少而且夭折率高，如生育较多的世宗与神宗皆有八子，前者六子殇，后者三子殇。皇帝意志常让封藩制度在框架内变通操作。譬如，万历二十九年(1601 年)十月，立长子常洛(20 岁)为太子，同时封三子

---

① 王世贞：《弇山堂别集》卷二十六，中华书局 1985 年版。

② 沈德符：《万历野获编》卷四．中华书局 1982 年版。

常洵(15 岁)福王、五子常浩(11 岁)瑞王、六子常润(8 岁)惠王、七子常瀛(5 岁)桂王。由于宣德初废除了亲王朝觐制度，皇子封王一旦之藩，就彻底丧失再进京权利，因此往往想方设法迁延滞留。福王乃万历宠妃郑贵妃所生，恃宠逗留宫中十几年，到万历四十二年(1614 年)三月才之藩洛阳，其他三位则更晚，直至天启七年(1627 年)八月才成行。四位亲王离京前皆住在东华门内武英殿东北的皇子居所。留居宫中等待之藩变成常态，"出居京邸"已是制度虚文。从而让十王府的历史记忆愈来愈模糊。

十王府究竟位于何处？是否像今人绘制的"明代北京城图"标注的在今东安市场？对照历史文献辨别，图标位置并不准确。明末太监刘若愚《酌中志》叙述皇城各门方位时说："长安左门再东，过玉河桥(今东长安街与南河沿大街的十字路口中间)，自十王府西夹道往北向东者曰东安门。"①这一珍贵记录，为今天确定十王府的具体方位，提供了有力依据。

明京师划分东西南北中五城管理，城下辖坊，坊下分铺。张爵《京师五城坊巷胡同集》讲，"中城"辖区"在正阳门里，皇城两边"。皇城东边的中城南薰坊范围是"正阳门里，顺城墙往东至崇文门大街，北至长安大街(今东长安街)"。坊内所记"皇墙东南角、夹道东安门"两地名，正是今东长安街与东皇城根的西北交角与东皇城根街南段。

南薰坊的北面为澄清坊，十王府地处其中。本坊排列的地名与建筑有"台基厂北门……单牌楼西、十王府、甜水井、诸王馆……菜厂"等。台基厂北门即今台基厂路北口，明代这里还不是城市通

---

① 刘若愚：《酌中志》卷十七，大内规制纪略，道光二十五年海山仙馆丛书本。

衢，而是一处占地较广的仓库，先以储放巨木与建筑台基材料为主，后渐变为堆柴薪芦苇之所。单牌楼西即今东单以西，标明的是澄清坊四至的东南起点，十王府则标明的是西南起点，然后向北依次记叙。其中尤可注意者为甜水井与菜厂两地名，至今王府井大街西侧仍有大小甜水井与菜厂胡同。

南薰坊的"夹道东安门"就是《酌中志》所记的"十王府西夹道"，即今日的东皇城根儿南段。永乐建造十王府时并不存在夹道之称。当初皇城东墙在玉河(今南北河沿大街)西岸，十王府与皇城隔河相望。宣德七年六月，动用民夫六万五千人与士卒数千人将皇城墙改筑于玉河东。一条重要的城市水道被包入皇城。自此皇城墙逼近十王府从而形成夹道。

万历年间刊行的《北京城宫殿之图》标注的十王府虽非精确，却透露了历史位置的基本信息，就是紧邻皇城与玉河。

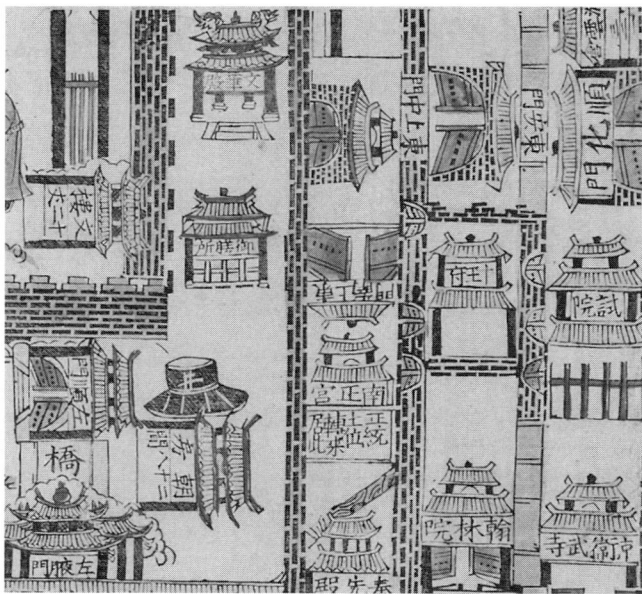

《北京城宫殿之图》明万历年间刻本，局部图(日本东北大学藏)

十王府初建时的规模大致是南起今北京饭店，北至今大甜水井，东临今王府井大街，西临玉河。永乐后，可能是由于宗室事务使用率越来越低，渐被朝廷拆分挪作他用，府邸规模越来越小。

十王府的历史信息虽然贫乏，但偶尔也能见到朝廷使用的情况。譬如，正德十四年(1519 年)，"宁王(朱宸濠)欲使其子(太庙)进香，因而留居十王府"[①]。再如，嘉靖庚戌之变(1550 年)，俺答进逼北京，京师戒严，"时京城诸恶少凶徒，往来群聚，言内外文武大臣积金银数百万，虏即近城，我等放火抢诸大臣家。诸大臣惧，言城外有边兵可恃，宜移京军入护皇城，勿惊阙廷。于是，(王)邦瑞(吏部侍郎提督城守军务)请九门各添兵千人，巡捕官军分营东西长安街。(商)大节(佥都御史负责提督巡城)请九门城上各添兵千人，丁尚书(兵部尚书丁汝夔)请于十王府、庆寿寺各驻一营，营三千人"[②]。由此可见，十王府非十座建筑，只是一所宅邸，当时也没住什么王爷，既然是分营东西长安街守卫皇城，那么防守之军一定要选择紧邻皇城的要害之地驻扎，庆寿寺与十王府恰处在长安街西东皇城的两端。庆寿寺大约在现在的电报大楼附近，与其对称，十王府在今天的北京饭店区域。驻兵三千人，亦可佐证府邸宽敞。

永乐迁都北京的历史，并非一帆风顺，"成祖之营燕也，当日台谏交口以为不便，萧俊言之尤峻。成祖曰：北平之迁，我与大臣密计数月而后行，彼书生之见，乌足以达英雄之略哉"[③]。正是成祖的雄才大略与坚定意志，终迎来了北京再次建都的城市辉煌。

---

① 《弇山堂别集》卷二十六。

② 《今言》卷四。

③ 于敏中等纂修《日下旧闻考》卷二，北京古籍出版社 1981 年版。

明

第二章

北京平面凸形城垣的形成

一、洪武、永乐、正统三朝的北京城垣

北京内城垣工程建设，从徐达攻占元大都后立即开工缩建北城墙起，直到正统年间才结束。

洪武元年(1368 年)八月九日，大将军徐达命指挥华云龙，经理元故都，新筑城垣，南北取径直，东西长 1890 丈。北城墙向南缩 5 里，废弃东城墙北端的光熙门与西城墙北端的肃清门。新筑的城垣，由于工程紧迫，没有采取东西拉直的方式，而是趋从现实的自然条件，从德胜门向西，让开由瓮山泊而下的长河，向南稍倾斜与西城墙连接。形成东南、西南、东北角平直、西北角稍缺形状。在新北筑城垣的同时，又对东西南的元大都旧城墙加固，陆续在城墙外侧加砌砖石。砖城大量出现是在明代以后，比较而言，土城不可能做到墙体趋于垂直，版筑打夯的堆城方法，必须有相当坡度，方能保障墙体不坍塌，而砖墙则可做到近似垂直，更有利防止攻城。土城难以抵抗自然的破坏，如雨水侵蚀等，需要经常维修。明代砖城大量出现，与技术进步与资源增长有关。

整修后的北平城墙，周长 40 里，东、南、西三面城高 3 丈有余，顶宽 3 丈，北面新筑城垣高 4 丈有余，顶宽 5 丈。护城河深浅、宽窄不同，最深处 1 丈有余，最宽处 18 丈有余。城门九座：南边三门，中为丽正门，东为文明门，西为顺承门；北边二门，东为安定门，西为德胜门；东边二门，南为齐化门，北为崇仁门；西边二门，南为平则门，北为和义门。

华云龙经理元故都，新筑北城墙究竟用了多长时间，史无确载，估计用了六到十个月[1]。当时仍处在战争期间，元朝势力尚未彻底扫除，随时要防备蒙古族大军卷土重来，故工程一定是仓促而紧迫的。1969 年，修建北京环城地铁，拆除北城垣时，可以验证这一猜测。"这面城垣从东到西整个墙心的夯土层中，包含了大量砖瓦、梁木、刻石等物，在夯土层中还有未经拆除清理的居住遗址、庙宇等建筑物。有的遗址如东段一处住所遗址的东屋，炕前的帐柱还较完整地保留着一部分。有的居住遗址的地面上还散乱着当时(可能是)未曾收及的对弈棋子。"[2]

永乐四年(1406 年)八月，阴雨连绵毁坏城墙 5320 丈，坏损率高达九成，天棚、门楼、铺台损坏 11 处。诏命发军民修筑[3]。

永乐迁都北京，重新规划建设的宫城南移。元大都的南城垣在今东西长安街南便道一线，因逼近宫城，于永乐十七年(1419 年)十一月拆除。新建城垣向南展二里许，地处今天的前三门大街一线。新筑城垣东西长 1800 余丈，东西两边自北向南各延伸新建一段城墙，两段共计将近 900 丈，合计 2700 余丈。新建的南城垣，仍辟三门，中为丽正、东为文明、西为顺承。同时将东城垣北端的崇仁门改称东直门，西城垣北端的和义门改称西直门。并且再次对城垣外壁进行砖包。同时创修马面。

马面又称墩台或城垛，是城垣墙体外侧凸出的部分。创修城墙马面，展现了先民智慧，为了在战争中利于守城，削弱敌军攻城压力，每隔一定距离，城墙向外凸出建一方台，这样，就使得城墙在

---

[1] 付公钺：《明代的北京城垣》，《北京文物与考古》97 页，北京历史考古丛书编辑组 1983 年印行本。

[2] 《明代的北京城垣》97 页。

[3] 《太宗实录》永乐四年八月丙辰条。

整体上减少了仅从正面迎敌的弱点。攻城者一般很难攻击两墩台之间的凹处城墙，那样的话，将会招致正向与左右两向的三面夹击，从而使攻城者陷于灾难。

城垣马面据当代测量，与城墙垂直向外的长度约 14～15 米，正面宽 13 米。每隔数十个马面，设一中心台，其顶长约为 20 米，宽约为 35 米，下底长亦约 20 米，底宽约 38 米。马面添设亦非按固定距离设置，两台最近者为 85 米，最远者为 140 米。[①]马面(墩台)总计 172 座。

自洪武元年(1368 年)八月至永乐十七年(1419 年)十一月的 52 年间，北京内城垣两经变迁，城址、格局终于确定，至晚清相沿未再变动。此后又经十余年，到正统朝又对城垣规制进一步完备。

洪熙元年(1425 年)九月，行在工部奏：北京城垣东西北三面，间有倾颓，城楼、更铺亦多摧散，请本部具材，行后府发军修。上命俟春暖为之。[②]但是来年春天，未见兴工修建。盖因永乐帝逝世后，嗣君仁宗在洪熙元年三月二十八日，已诏令北京的朝廷衙门悉加"行在"二字，复建北京行部及行后军都督府，时"上决意复都南京"[③]，然而天不假其年，两月之后，就抱着遗憾离开人世(五月崩于钦安殿)。皇太子继位，以明年为宣德元年，仍守定先皇复都南京决策。终宣德朝十年，北京始终作为行在。由此可见，洪熙元年九月，接到行在工部的北京城垣坏损报告的是宣德皇帝，由于已再次将南京升为京师，所以，对于北京城垣的整修，并不作为急务大事处理。当时北京称京城，南京称京师。

① 《北京文物与考古》114 页。
② 《宣宗实录》洪熙元年九月丙辰条。
③ 《仁宗实录》洪熙元年三月戊戌条。

宣德八年(1433 年)九月，修安定、德胜、西直等门楼及铺舍。宣德九年(1434 年)十月，修北京文明门外桥及南门外减水河闸①。

宣德十年(1435 年)正月，宣宗过世，嗣君正统帝继位，北京仍称行在。正统帝当时不过是位 9 岁儿童，因而父祖返都南京之事，未能有人主持，如此，两京并立，北京虽称行在，却是真正意义上的都城。在此期间，朝廷对北京的城垣、宫殿、衙署建设加大了投资与提高了速度。如果说永乐帝奠定了明代北京城、宫殿格局与大致规模，那么，正统朝则是北京迈向气宇恢宏帝都的黄金时期，现在值得社会回味与纪念的北京历史文化物质遗存，很多都是那个时候最终兴建定型的。

正统元年(1436 年)十月二十九日，命太监阮安、都督同知沈清、少保工部尚书吴中率军夫数万人修建京师九门城楼。初，京城因元旧，永乐中虽略加改葺，然月城、楼铺之制多未备，至是始命修之。②

正统二年(1437 年)正月三十日，以修葺京城楼，命旗军助工者，月增米一斗，军匠增三斗，民匠月给五斗，余丁匠给三斗。③

正统二年(1437 年)十月初八日，京城门楼、角楼及各门桥完工。改丽正门为正阳门。

正统三年(1438 年)正月二十一日，朝阳门、东直门城楼工程开工。二十六日，拨五军、神机等营官军一万四千人，修葺朝阳等门城楼。④

---

① 《宣宗实录》宣德九年十月乙丑条。
② 《英宗实录》正统元年十月辛丑条。
③ 《英宗实录》正统二年正月庚申条。
④ 《英宗实录》正统三年正月辛亥条。

正统三年(1438年)四月十二日，缮治护城河完工，恐人在堤上放牧牛马或种植蔬菜，损坏堤岸，特命守城门军官及五城兵马司共同巡逻，同时加派御史一名负责监察。①

正统三年(1438年)六月初十日，行在工部报告：近者，修德胜等门城楼，将在京各厂局物料支给殆尽，明春当修正阳门城楼，乞发后军都督府军千名，给与口粮，令于蔚州、保安等处山场，采木筏自浑河(永定河)运至，贮小屯厂，以备支用。从之。②

正统四年(1439年)四月二十九日，修造京师门楼、城濠、桥闸完。正阳门正楼一，月城中、左、右楼各一。崇文、宣武、朝阳、阜成、东直、西直、安定、德胜八门各正楼一，月城楼一。各门外立牌楼，城四隅立角楼。又深其濠，两涯悉甃以砖石。九门旧有木桥，今悉撤之，易以石。两桥之间各有水闸，濠水自城西北隅，环城而东，历九桥九闸，从城东南隅流经大通桥而去。自正统二年正月兴工，至是始毕。③

正统二年至四年的城垣工程，集中于城门楼、月城等修建如制，未对墙体进行整修。六年过后，正统十年(1445年)六月，以京师城垣其外周固以砖石，内惟土筑，遇雨辄颓毁，于是命太监阮安、成国公朱勇、修武伯沈荣等督工修甃。至此，城垣内壁实现砖包。

自洪武元年(1368年)八月起，经洪武、永乐、正统三朝的改建、整修，到正统十年(1445年)六月历时七十八年，北京城垣建制方完备，从此至清末，虽有修补，但格局未动，一直沿用到城垣拆除。及至嘉靖朝又添置京师外城，这座方城始称为内城。

---

① 《英宗实录》正统三年四月乙丑条。
② 《英宗实录》正统三年六月壬戌条。
③ 《英宗实录》正统四年四月丙午条。

城垣门楼外增筑月城，又称瓮城，也是出自军事防御安全考虑。当代有人解说月城(又称瓮城)功能，是为引敌于内，聚而歼之。其实，这种说法不过是离开历史情景的个人臆想而已，也把攻城人看得太愚蠢了。试想，在战争围城期间，攻城之军，决不会在不明城内情况或无内线接应状态下，贸然引兵闯入月城门的。谁都了解月城的结构，里面的城门是否打开，在外面是看不到的。月城城门与城门之间的方向一般是两向垂直的，月城门一般开在城门前月城的侧面而不是正前方。北京内城只有正阳门月城开正前方与左右三门，而正前方的月城门，是为了皇帝出入专门设置的，平日，则只开左右两侧门。

月城的建制，本是为了减弱敌军对城门的攻击，缩小受攻击面，与相邻的左右马面形成凹处，使进入此处的敌军三面受攻。同时，月城本身也为城内部队出击、回城提供了安全保障，防止奸细混出或混入。一般说来，出兵时，先打开城门，部队进入月城，关闭城门，部队在月城内重新清点整队后，再开月城门出城；回军时，先开月城门，部队进入月城，关闭月城门，清点之后，再开城门入城。此外，月城箭楼的建制，可以开阔瞭敌视野。

内城九门的月城建制基本一致，只是平面形状与面积大小略有不同。

正阳门月城内呈长方形，东西宽约 75 米，南北长约 94 米，向外墙体转角呈圆形，城内建有观音、关帝两庙。月城门三座，中、左、右。

崇文、宣武二门月城内平面均呈长方形。崇文门月城东西宽约78 米，宣武门月城东西宽约 75 米，两月城南北均长约 83 米。墙体向外伸长转角处均为圆形。崇文门月城内，城门外左侧，坐北朝南建有关帝庙。宣武门月城内，城门外右侧，坐北朝南亦建有关帝庙。崇文门月城门在西，西向。宣武门月城门在东，东向。

朝阳门、阜成门两月城内平面呈近似正方形，东西向约 62 米，南北向约 68 米。墙体向外延伸转角处均为圆形，与城门相对外建有关帝庙。两月城门均开在北城垣，北向。

东直门、西直门两月城内平面均呈近似正方形，东西向约 62 米，南北向约 68 米。墙体向外延伸转角处为直角，亦有人以此为依据，论东直、西直的名称由来，此亦是一说。关帝庙均设在月城的北侧、坐北朝南。两月城门均开在南城垣，南向。分别与朝阳、阜成两月城门相对。

安定门月城内平面呈近似正方形，东西向约 68 米，南北向约 62 米，墙体向外伸转角处为圆形。城门相对处，建太上老君庙，为九门中唯一的道教庙宇。月城门开于东城垣，东向。

德胜门月城内平面呈长方形，东西向约 70 米，南北向约 117 米。墙体向外延伸转角处为圆形，城门相对处，建关帝庙。月城门开于东城垣，亦东向。

九门的月城，在与城墙相交的角度，均为垂直衔接，内呈直角。

九门月城正中与城门相对的墙体上均建箭楼，楼为重檐歇山顶，外七间里五间相勾联。俯视，从里向外呈凸形，外七间面阔平均 32.5 米，内五间面阔平均 27 米，两侧均宽 18.5 米，通高平均 30 余米，箭楼正面、左右两侧三面墙体密布箭窗四层，正面每层 12 窗，侧面每层 4 窗，合计共 80 窗。内面设楼门。

九门均建城楼，系三滴水檐歇山重楼式，顶五脊六兽，灰筒瓦绿剪边，巍峨壮丽。正阳门城楼面阔七间，其余八门均面阔五间，九门城楼皆进深三间。楼自地面算起，通高在 30～40 米之间，如正阳门楼为最高，达 40.96 米，阜成门 35.1 米，东直门 34 米，安定门 37.5 米。楼自高在 24～28 米之间。城楼两端沿内侧墙垣设马道以通上下。

九门之中，德胜、安定二门系洪武初华云龙新筑北城垣时命名的，崇仁、和义二门于永乐朝改称东直、西直。明初沿用了元朝的丽正、文明、顺承、齐化、平则五门之称，到正统初改为正阳、崇文、宣武、朝阳、阜成，直至今日北京城门只保留下来了正阳门与德胜门箭楼，其他各门虽踪迹皆无，却仍作为地标使用。

四城角建箭楼，俗称角楼，为重檐歇山顶灰筒瓦绿剪边，角楼平面呈曲尺形，坐落在城角墩台上，楼高 17 米，通高约 29 米，外侧两面，直角两分，均为 35 米，内侧直角两分，均约 23 米，两侧窄面均约 12 米。楼内竖立金柱 20 根，楼内空间以木板隔成四层，有楼梯相通，楼外面分列四层箭窗，阔面两边每层各 14 个，窄面两边每层各 4 个，总计 144 个。

经过历次整修添置，城垣硬件一应俱全，城周四十里，南面长 2295 丈 9 尺 3 寸，北面长 2232 丈 4 尺 5 寸，东面长 1786 丈 9 尺 3 寸，西面长 1564 丈 5 尺 2 寸。当代实测内城东西长 6650 米，南北长 5350 米。城高 3 丈 5 尺 5 寸，基厚 6 丈 2 尺，顶收 5 丈。城顶砖石漫铺，外侧雉堞 11038 垛，内侧女儿墙。雉堞是高低绵延锯齿状的军事掩体，高 1.9 米，宽 1.5 米，厚 0.75 米，设置间距在 0.5～0.8 米之间，两堞之间高凹相差将近 1 米，恰可容兵俯身射箭。女儿墙高约 1.2 米，厚约 0.75 米。[1]

砖城构造彻底解决了土城雨水冲刷损坏墙体的弊病，元大都系

---

[1] 以上有关城垣的门楼、月城、墙体等建置数据均引自《明代的北京城垣》一文，见于《北京文物与考古》110 页至 114 页。

土城，"岁必衣苇以御雨"①。至今北京四城外多有苇子坑之地名，想必与当初制造苇帘有关。其实，苇衣是无法解决墙体雨水冲刷问题的，如不能有效及时排水，那么，苇衣承水饱和之后，必渗漏下去，从而形成对墙体顶部的浸泡。另外，苇衣挡水、水流向下，因土城的坡度较小，水不能直接流向地面，难免在苇衣与墙体之间形成暗流冲刷墙体造成塌陷。比较而言，土城建筑投资少，但维修保养费用高，每年都需要修补，甚至一年就要修缮二三次。元朝时，虽曾多次议论对墙体进行砖包，但终元之世，这一梦想也未实现。

砖城不但提高了城的防御能力，而且延长了使用寿命。当然砖城建成后也不可能一劳永逸，只不过拉开了维修间隔，减少了日常性的维修投资，可以做到几十年不大修。明代砖城顶部两侧设有水道与漏眼，由于顶部是城砖漫地，雨水能够很快流向漏眼，而减少渗漏，直接通过雉堞、女儿墙下部伸出的水道子流出，由于砖城与地面近于垂直，流水孔道离开墙体一定距离，从而减弱对墙体的冲刷。

城墙顶部几乎在每座墩台的后面都修建了铺舍，铺舍是城顶上的固定哨所，为储放军事物资与守城兵将休息聚集之所。

城墙在战争期间的防御保护功能不言而喻，可是在和平时期，无疑是城内外交流的人造障碍。然而，对于朝廷来说，城墙也有助治安与社会管理，能有效阻挡流民大量涌入，便于检查出入城的可疑人员，最重要的是进城货物无法逃税，除非把守城门兵将与税官徇私舞弊。城墙另一个显著功能就是防洪，当雨季特大洪水出现时关闭城门阻挡洪水进城。

---

① 《元史》卷一六九，《王伯胜传》，中华书局标点本。

二、嘉靖增筑外城

正统朝整修北京城垣之后，随着都市的发展，城围空间自动发生拓展外延趋势。城外四边的关厢地区日渐繁华，尤其是正阳、崇文、宣武三门外，由于靠近皇宫，又是面朝之地，所以，发展比之其他三面城外关厢更为迅速。元代漕运直通什刹海，明代漕船虽不再进城，但是漕粮与各种货物，仍可通过漕河达于崇文门外。外地商人、士子来京走水路，进京之初大都下榻于三门之外，这样进城方便。城外南部地区的优先发展源于历史传统，这一地区在元朝时就超过了其他三面。永乐迁都之初，就在正阳门外，修建了廊房以招揽来京商人局停存货。

城墙与护城河，决定了城内外交流的走向与城外繁华集市的落点扩张走势，基本上是沿每座城门外的大街两侧延伸，同时向两侧腹地扩展。人类商贸活动向来追逐人流密集之区，城门集市区一旦形成，就要扩张，区位营销优势极具凝聚扩充优势，更容易吸引投资与社会目光。

随着四城外关厢地区的发展，就产生地区安全问题。区域内社会安定、组织协调、社会治安与商贸纠纷等问题，可以由政府出面设置衙门专门管理与商人之间自我协调解决，但是，如何保障地区整体不受战争威胁，自然需要政府出面，最好的解决方案莫过于筑城。

筑外城不但可以有效地保护近城地区的繁荣，同时也可以为内城增加一道防御线。特别是经历了己巳、庚戌，瓦剌、俺答两次兵临城下的教训，筑外城议题终于提上日程。

明初都南京时，用了 20 年修筑城垣与宫殿，其后又在都城之外，依山走岗修筑土城为城之外郭。金陵外城周 180 里，开 16 门。永乐迁都北京后，未经营城之外郭，如果从皇宫视角观察，皇城就是宫城外郭。实际上，秦以前的城、郭关系理论，时过境迁，后世的理解已去原意很远，这是一个视点与立场的问题。北京经过了 70 余年的城建堆积，从宫城安全上讲，已有两道外郭皇城与都城，似乎不必再增筑外郭；如果从都城的立场上看，外部确实缺少一道有形屏障，然而固国不在山川之险，靠修筑坚固工事以图安全，不可能一劳永逸，外城的外城也不可永远一道道地筑下去。

正统年间，北京城垣工程，已使财政不堪重负，故未再议筑罗城，一方面，财政与民力俱疲，累年大兴土木工程，人民极须休养生息；另一方面，北京再次立为京师不久，四城外关厢地区的商业处于勃兴之初，筑城保护需求尚在端倪，非为急务。况且正统十四年(1449 年)的土木之变，北京城经受了瓦剌骚扰的战争考验，城池固若金汤，岿然不动。

景泰、天顺朝之后，城外经济发展人口日繁，筑城需求脚步加快。成化十年(1474 年)，定西侯蒋琬上言请筑京师外城：

太祖肇建南京，京城外复筑土城以卫居民，诚万世之业。今北京但有内城，己巳之变，敌骑长驱直薄城下，可以为鉴。今西北隅故址犹存，亟行劝募之令，济以工罚，成功不难。[①]

建言虽恳切，条理明晰，但朝廷并未就此决策增修外城。蒋琬只是从军事安全角度出发，倡言增筑外城，没有涉及对四城外商业发展的保护问题。可见，当时去正统整修城垣不远，城外商业繁荣

① 《明史》卷一五五，《蒋琬传》。

与人口增长仍很缓慢，还不值得朝廷为此大动干戈。其实，筑外城将会给朝廷增添一项经常性的财政开支以及相应的军费。保护一座城市，决不是一道外屏障，就可以高枕无忧了，必须经常维护看守。否则，城墙只是为自然界增添一道隆起物而已。中国的城墙太多了，一旦失去政府管理、投资与保护，无一不是很快地变作断壁残垣，景象不堪入目。似乎总是有人愿意把城墙当作个人建房、筑墙的材料库，只要没人监管，偷盗就十分猖獗。

城墙作为巨型防御工事是否能发挥作用，取决于皇朝军事系统是否高效廉洁与维修资金的充足。假如经常性财政支持不足，即使不被人偷盗，自然损坏也是无法避免的。因之，也就降低了城墙防御力，增加守城官兵压力，倘若军事系统再发生梗阻，推诿、腐败，则城墙作用几乎损失殆尽。

蒋瑶建议搁置以后，弘治十六年(1503 年)九月，吏科左给事中吴世忠再请于"都城四外随城旧迹增筑外城以固京师"①。同样未被朝廷采纳。直到嘉靖朝俺答大军南下威胁日趋严重，才又旧案重提。其时，俺答军南下侵扰北京警报日急，四城外尤其正阳、崇文、宣武三门外关厢地区商业、人口已具相当规模，极需政府保护。嘉靖二十一年(1542 年)七月初十日：

> 湖广道御史焦琏等建议，请设墙堑、编铺长以固防守。兵部复请于各关厢尽处及沿边建立栅门、墩门。

> 掌都察院事毛伯温等复言：古者城必有郭，城以卫君，郭以卫民。太祖高皇帝定鼎南京，既建内城，复设罗城于外。成祖文皇帝迁都金台，当时内城足居，所以外城未立。今城外之民殆倍城中，

---

① 《孝宗实录》弘治十六年九月己巳(六日)条，台湾"中研院"史语所 1962 年版。

思患预防，岂容或缓。臣等以为宜筑外城便。疏入，上从之。敕未尽事宜，令会同户、工二部速议以闻。该部定议复请。上曰：筑城系利国益民大事，难以惜费，即择日兴工。民居、葬地给他地处之，毋令失所。

刑科给事中刘养直言：诸臣议筑外罗城，虑非不远，但宜筑于无事之时，不可筑于多事之际。且庙工方兴，材木未备，畿辅民困于荒歉，府库财竭于输边。若并力筑城，恐官民俱匮。上从其言。诏候庙工完日举行。[①]

从城以卫君、郭以卫民的立意上看，都城就是宫城(紫禁城)的郭，只不过随着城市的发展，四方来会，人口增长，日趋繁华，原来城垣划定的城市容量已不能满足日渐高涨的城市生活需求，必然冲破原来划定界限，在四城九门之外的关厢地区形成比较集中的居住群落。从永乐迁都之初"内城足居"到"城外之民殆倍城中"的城市扩充，大约经历了121年。

朝廷议筑外城，但因太庙、皇陵、大高玄殿等工程正在建设中，财政紧张，不能再增加支出，所以，只能将议案束之高阁。

然而，来自西北方的土默特部俺答南下侵扰，并不给朝廷喘息机会，像是惩罚又像是玩笑，正当君臣一致认为有必要修筑外城又不能立即付诸实施之际，嘉靖二十九年(1550年)六月，俺答汗率军进犯大同。总兵仇鸾重赂求之勿攻大同，改攻他处。八月，俺答军由古北口，侵掠怀柔、顺义，随即抵达通州。再自潞河，向西北挺进。一路劫掠烧杀。战争降临，兵部尚书丁汝夔向大学士严嵩请教战守之策。严嵩对他说："塞上败或可掩也，失利辇下，帝无不知，

---

① 《世宗实录》嘉靖二十一年七月戊午(初十日)条，台湾"中研院"史语所1962年版。

谁执其咎？寇饱自飏去耳。"①于是京师九门戒严。流离失所饱受战乱的郊民涌向城门，但城门紧闭，不能进入。城外关厢人口稠密区的居民，只得在巡捕参将等官员率领下，于"临郊街口，筑墙治濠，结立栅门，以遏冲突。门内伏勇敢善射者各数十人严以待敌"②。城内外隔绝，城内供应紧张，"米价腾贵"。

事态严重，终于惊动了在西苑沉迷炼丹成仙的皇上，不得已出御奉天殿面见群臣，但未发一言，只是下旨追究战败责任。狡黠的严嵩不失时宜地批评兵部侦防不力指挥失措，仿佛置身事外，未曾提出过战守方略似的。丁汝夔以"御寇无策，守备不严"罪名被投入监狱处死，临刑时连呼"严嵩误我"。

本年岁在庚戌，故称"庚戌之变"。上距土木之变(1449年)恰是101年。一个世纪过后，朝廷再次蒙羞，俺答军所过之处，生灵涂炭。俺答南下本就志在财帛，当所掠过望，乃携辎重，从容由白马口(今北京密云北部白马川)离去。京畿惨遭蹂躏的结果，促使朝廷痛下决心修筑外城。俺答退军之后，于嘉靖二十九年(1550年)十月二十四日，开工修筑正阳、崇文、宣武三门关厢外城。

虽说亡羊补牢，犹未晚也，但也显得过于急促。时值隆冬，天寒地冻，本非大兴土木季节，开工仅三月，转年嘉靖三十年(1551年)二月就全面停工了。工程之所以仓卒上马，源于富民宋良辅等主动请缨，愿意出资筑城。因此，朝廷才同意立即开工。然而捐资筑城，终究不确定因素过多，难以让人安心。为此，嘉靖帝特地召见掌锦衣卫事陆炳，垂询相关事宜。陆炳认为，正阳、崇文、宣武三门外关厢"居民稠密，财货所聚"，确实需要筑城保护。"但财

---

① 《明史》卷二百四，《丁汝夔传》。
② 《世宗实录》嘉靖二十九年八月戊寅条。

出于民，分数有限，工役重大，一时未易卒举，宜遵前旨，俟来秋行之。"①皇上采纳了陆炳建议，诏罢城工。

捐资筑城的位置并非后来朝廷选定的城址，是名副其实的关厢工程。界址可能就划在繁华区边缘，大致在今天两广大街一线，利用的是俺答骚扰时的"临郊街口，筑墙治濠"遗产，所谓"临郊"就是指临近天坛，天坛又谓之南郊。搁浅两年之后，兵科给事中朱伯辰旧事重提，批评民捐筑城仓促上马的决策："修筑南关，臣民甚幸。缘将之臣，措置矢当，毁舍敛财，拂民兴怨，且所筑仅正南一面，规制偏隘，故未成旋罢。"②所谓南关，与东关、西关之类的历史常见地名一样，都是指城外紧靠城门区域。从"规制偏隘"的批评中，不难看出当时城址的端倪。

嘉靖三十二年(1553年)三月，朱伯辰就筑外城事宜建言："城外居民繁伙，无虑数十万户，又四方万国商旅，货贿所集。"亟需筑城保护，同时应扩大范围，利用金元土城故址，四面围之，可以达到一百二十余里。通政使赵文华亦上内容相似的本奏。

兵部会同户、工两部就两臣建议会商，一致同意修筑外城，并上报皇上。皇上批准决定立即择日开工，并任命兵部尚书聂豹总理其事。聂豹会同平江伯陈珪、侍郎许论、掌锦衣卫事陆炳，率领钦天监官员人等，实地考察，做出规划与工程预算。

嘉靖三十二年(1553年)闰三月初十日，聂豹等人做出筑城规划预案，并附图说上报。③预案包括基址、规制、用工、资金、监理等五部分。虽然预案付诸实施后不久就夭折了，但是，后来的外城

---

① 《世宗实录》嘉靖三十年二月庚辰条。
② 《世宗实录》嘉靖三十二年三月丙午(三十日)条。
③ 《世宗实录》嘉靖三十二年闰三月丙辰(十日)条。

建设，是以此为基础的缩减版，因之，有必要捃摭预案要点略作解说：

(一)城基走向。自正阳门外东道口起，经天坛南墙外及李兴、王金箔园地，至荫水庵墙东止，约九里。转北经神木厂、獐鹿房、小窑口等处，斜接土城旧广僖门止，约二十八里。自广僖门起转北而西至土城小西门旧基，约一十九里。自小西门，经三虎桥村东马家庙等处接土城旧基，包过彰义门，至西南直对新堡北墙止，约一十五里。自西南旧土城转东，由新堡及黑窑厂、神祇坛南墙外，至正阳门西马道口止，约九里。大约南面一十八里，东面一十七里，北面一十八里，西面一十七里，四周共长七十余里。可供利用的旧址约二十二里，需要新筑的约四十八里。

报告关于城墙走向节点，至今仍能寻其轨迹。东段的神木厂在广渠门外二里许；獐鹿房，宫廷养鹿之所，尤以个小无角牙獐鹿有名。其地在今建国门外大北窑；小窑口在今三里屯；广僖门即元大都光熙门，明初缩建北城垣时弃之城外。西段的小西门即元大都肃清门；三虎桥位于今紫竹院南门附近，流溪名为双紫支渠，上石架桥，桥头两端雕塑石虎各一对称之神虎桥，俗称三虎桥。南段的黑窑厂专为宫廷烧制砖瓦，位于今陶然亭路。

(二)城墙规制。墙厚二丈，顶收一丈二尺，高一丈八尺。上用砖为腰墙，垛口五尺，共高二丈三尺。城外取土筑城，因以为濠。正阳等九门之外，在旧彰仪门、大通桥处，各开一门，城门总计十一座，每门各设门楼五间。四隅建角楼。其通惠河两岸，各量留便门，不设门楼。

(三)用工计划。工部雇募工匠，兵部派发班军。筑城一丈需三百余工。

(四)资金投入。人工费用银六十万两。户部二十四万两，兵、工二部各一十八万两。

(五)监理督察。但有修筑不如法，三年之内出现坍塌，将该段督工官员与筑工一同问罪，并责令修理。

报告立即得到皇上批准，工程于嘉靖三十二年(1553年)闰三月十九日正式开工。可利用的旧墙基，北边的元大都北城墙与西南两段金中都城墙旧基。开门十一座，除了内城九门外大街直对者各开一门外，保留金中都西墙北端的彰义门，增加东边大通桥门。

开工不足一月，四月十一日，变故再生，主要出自财政困扰。黄仁宇《十六世纪明代中国之财政与税收》嘉靖年间，除实物赋税之外，财政年收入二百万两左右。而筑城预算户、兵、工三部共出人工费用六十万两，这对于财政来说不啻天文数字。当年四月初一日，开工仅十一天，光禄寺就向工部索债，讨要先前支借的三十四万两。工部回复因大工繁兴，开支巨大，库存现银只有一千六百余两，"待追完逋负，共廷五万两还之"[①]。

面对资金困难，嘉靖帝对首辅严嵩等人说："建城一事固好，但不可罔力伤财，枉做一番故事。如下用土，上以砖石，必不堪久。须围垣以土坚筑，门楼以砖包而可承重，一二年定难完。朕闻西面最难用工者，兹经始不可不先思及之。"[②]从工期、地基自然状况以及土城的坚固耐久性上看，嘉靖帝的疑问是敏锐的，朝廷不能不考虑财政负担能力与土城的使用时间。倘若耗财费力费时筑就的土城，不能像期待那样长久发挥效能，必然引起社会不满与猜疑，以及朝廷上对当初决策的声讨与追究。

---

① 《世宗实录》嘉靖三十二年四月丙子朔条。
② 《世宗实录》嘉靖三十二年四月丙戌条。

严嵩即刻将皇上谕旨转达给督工各官。平江伯陈珪、都督陆炳、侍郎许论会商后决定向皇上建言：宜先建成南面，其后再由南转东、北、而西，依次推进，渐筑而成。但是，皇上仍然忧心忡忡，惟恐工程费用过大财政难以支持。因此，严嵩不得不亲往工所实地调查。当时的筑城工程仅在正南一面展开，东西绵延 20 余里，根据督工官员汇报，这一线的地质构造松软，且多流沙，故构筑地基十分困难，必须深掘越过沙层，触到实地方可，挖掘深度五六尺甚至七八尺，显然加大了工程量，并且影响工程进度。不过，基础工程大都出于地面，各地段进度不同，有的筑到一二板，有的筑到四五板，最高的达十一板。所以如此，盖因各地段的基础有深浅，取土有远近，工程难易肥瘦不同。

　　严嵩将调查结果报告皇上，提出三种选择：(一)且先做做看，然后决定是否做下去；(二)先筑正南一面外城，待财力充裕时，再陆续修筑其他三面；(三)仍然维持最初规划方案，一气将外城筑成。严嵩素以圆通狡黠著称，他以三种选择方案来窥探皇上意向，换来的是"且做看，非建大事之思也"的批评。也许严嵩看准了皇上爱惜钱财，又希望速筑外城的心思，因此，再度与陈珪等人讨论方案时，毫不犹豫地选择了第二种方案，并再次上报：

　　京城南面，民物繁阜，所宜卫护。今丁夫既集，板筑方兴，必取善土坚筑，务可持久。筑竣一面，总挈支费多寡，其余三面，即可类推。前此度地画图，原为四周之制，所以南面横阔凡二十里，今既止筑一面，第用十二三里便当收结，庶不虚费财力。今拟将见筑正南一面城基东折转北，接城东南角，西折转北，接城西南角，并力坚筑，可以尅期完报。其东西北三面，俟再计度。①

―――――――――――――

① 《世宗实录》嘉靖三十二年四月丙戌条。

这一方案很快得到皇上批准，历时三年四个月的外城修而复止，止而复修，终于画上句号。

　　既然经过反复比较最终选定仅筑南面一侧，为了尽早完工，便加快了速度，当月就截留了中都、河南、山东班军应往蓟镇驻守操练的部队，让这些军士参加筑城工程。工程进展顺利，用时半年，于当年(1553年)的十月二十八日就完工了。

　　新筑京师外城共设七门，除东西面北的两座便门外，其余五门由皇上赐名，南面正中为永定门，左为左安门，右为右安门，东面大通桥门为广渠门，西面彰义街门为广宁门。大通桥门为外城规划时应设之门，只不过向西移动了。广宁门地处原金中都彰义门街的东端。彰义门为金中都西城墙北边的城门，原计划是在原城门遗址上保留，但由于放弃了西、北、东三面的筑城计划，所以，西面的城墙与城门一并东移。一般来说，城门内外从来都是城市主要的通衢大道，即使金中都城墙、城门被毁，只要仍有居民生活，街道走向及其街名大抵不会轻易改变。广宁门外大街就处在原金中都皇宫北墙外与彰义门内大街一线。广宁门到清道光年间为避帝讳改名广安门，一直沿用至今。

　　外城又称罗城、郭城、重城等。当日建筑远比不上内城崇峨高厚。从一变再变的筑城方案中，就能体会嘉靖帝的游移心态。他舍不得停建宫殿、园囿、道观等工程，集中财力人力于修建外城上。当庚戌之变的阴影渐渐远去之时，修筑外城心态也从急迫趋向舒缓，再难仅从战争威胁角度思考问题。待财力宽裕时再做其他三面之说，既是朝廷的长远规划，也不排除是宽慰人心的遁辞。任何朝廷决策预案一旦无限期拖延，结果往往是不幸的。嘉靖帝放弃东西北三面罗城计划，除了财政、工程等原因外，还有其放弃的现实理由，即东、西、北三城外关厢不及前三门外关厢地区繁荣。另外，从与皇城的距离上看，东、西、北三面城垣离得较远，惟有南面较近。大明门离正阳门不过百米。

由于时间紧迫，财力窘迫，外城工程是粗糙而简陋的，当时只筑了城垣，至于墙体是否全部砖包，尚无确论。原计划是腰墙，是否因放弃修筑其他三面城垣，财力集中用在了一面，从而提高了城墙修筑标准，史无确载难下定论，不过内外全部砖包的可能性是存在的。工程总量削减几四分之三，似应在工程质量标准上有所提高。

外城筑成十年之后，始修建七门月城及其门楼等。嘉靖四十二年(1563年)十二月初一日，工部尚书雷礼请增缮重城，完备规制："永定等七门当添筑瓮城，东西便门接都城止丈余。又垛口界隘，濠池浅狭，悉当崇甃深浚。"①建议得到皇上嘉许，随后在第二年(1564年)正月二十八日，永定门等七门瓮城开工。工程用时半年，于六月二十七日完工。每座城门各设单檐城楼，共七座。每门各筑月城，月城门与城门直对，门上无箭楼。城垣四角各设角楼。东便门东西、西便门东，各设一座水关，皆为三孔洞，每洞内外均有铁栅共三座。城垣周筑墩台(马面)64座，上顶筑铺舍43所，墙顶外侧建雉堞9487垛，内侧建女儿墙。东西便门城楼、角楼均设箭窗。外城垣周长约28里。城高二丈，基厚二丈，顶收一丈四。雉堞四尺。南墙二千四百五十四丈四尺七寸(2454.47丈)，东墙一千八十五丈一尺(1085.1丈)，西墙一千九十三丈二尺(1093.2丈)。②无论高度、厚度、门楼、月城等建制配制均不及内城。

嘉靖四十三年(1564年)六月是北京城垣构筑史的终结。此后历

① 《世宗实录》嘉靖四十二年十二月乙巳朔条。
② 《明会典》卷一八七，《营造》五。

朝只是维修再无较大添置，嘉靖帝及其辅政大臣的待财力充裕时再修筑其他三面的设想，最终变成北京城垣的历史梦想。从此，北京城垣四至走向铸就了城界凸形平面构图的社会印象。

虽说固国不在山川之险，历史上也没有仅凭地形险要、工事坚固就能享国长久的先例。但是，朝廷为了安全，殚精竭虑倾注人力物力，务必要使都城固若金汤。国富兵强社会安定和谐，更需要公平公正与仁义伦理的凝聚。然而"人心"这种充满复杂性、随意性的变量，往往不如有形的东西更让人心安理得。

三、筑城材料供应

营造城墙及其城门、月城、角楼的材料不外土、砖、石、灰、木、瓦、麻、芦席以及少量铁器构件等等。

城墙结构，主要就是土方工程，明代内城东西城墙利用元大都之旧，基本上无大的土方工程，只是砖包与城门及月城的建设。南北城墙及后来的外城墙因系新筑，均采用开濠筑城之法，一般说来，取土总依就近原则，不可能走得很远，除非遇到土质问题，才能考虑更远之地。

城墙内外普遍进行砖包，乃明朝创举，此前没有任何一个朝代建成全部砖包的都城城墙，宋代开封，元大都都是土城。近代拆除城墙时，发现明代城砖有大小之分。小砖是按元代砖形尺寸烧制的，标准长度平均 29 厘米，宽度平均 14.5 厘米，厚度平均 4 厘米；大砖是明永乐以后的砖形尺寸，其标准长度约 48 厘米，宽度约 24 厘米，厚度约 13 厘米。明代城垣表面使用了多少块城砖，"大约在二千万块以上，如果再将垛口、马道、海墁砖及城楼、箭楼等用砖计算在内，其用砖量大概在三千万至四千万块左右"①。

永乐年间，任命工部侍郎一人在临清督理烧造与收放事宜。临清地处运河沿岸，为南北往来孔道要津。"直隶至山东、河南军卫、州县有窑座者，俱属统辖。宣德二年(1427年)，令河南、山东二都司并直隶卫所拨军夫五十名，于沿河一带烧砖，以添设官十五员，分行提督。成化十七年(1481年)，添设郎中二员，于山东、河南及南北直隶原有窑处减半烧造。"②北京内城修造时所用之砖大都是运河沿岸各处窑厂烧造的。近代拆除城墙时所见到城砖就有聊城、寿张、安阳、汤阴、无锡、利津、郓城、江都等地制造的。

永乐营建北京工程结束后，京师建筑工程减量放缓，烧造产量随之减产一半。烧砖再次骤增是在嘉靖年间，其时北京的宫殿、寺观、园囿等巨型工程不断，砖需求量猛增，为了保证砖的质量，尺寸统一以及供应数量，朝廷更改了以往的做法，采取了折价汇于一处烧制的方式。除南直一些专门供应宫廷用砖的府县沿用旧例之外，其他各处有烧砖解送任务的州县，不再以实物交纳。其运作方式，《明会典》所记甚明。

凡砖厂委官：张家湾、临清二处，工部各差主事一员提督收放砖料。仪真、瓜洲二处，从南京工部定委。凡砖料价银，嘉靖九年(1530年)，以大工紧急，奏准：砖料除南直等府照旧烧造，其河南、山东、北直隶等司府，俱折价解临清有窑处所召商烧造。嘉靖二十二年(1542年)议准：临清烧造白城砖，旧例每年一百万个，今减为八十万个，每个价银二分四厘，斧刀砖四十万个，每个价银一分二

---

① 《北京文物与考古》119页。

② 《明会典》卷一百九十，《物料》。

厘。二项价银各年题派，差官解赴临清给发。后复令本厂差官赴部领给。①

每年砖料价银共两万四千两。砖造成之后的运输，则由漕船、民船等顺带。永乐三年(1405 年)规定，每百料船带砖 20 块，沙砖 30 块，天顺年间规定，粮船每只带城砖 40 块，民船依照梁头每尺 6 块。其后，嘉靖朝，北京工程浩繁，所需材料日紧，顺带之量成倍增长；嘉靖三年(1524 年)，粮船每只带 96 块，民船每只 10 块。嘉靖十四年(1535 年)，粮船每只 192 块，民船 12 块。嘉靖二十年(1541 年)，粮船仍减为 96 块。嘉靖二十一年(1542 年)规定：经过临清粮船、官民船顺带本厂官砖至张家湾交卸、损失追赔。直到嘉靖四十二年(1563 年)漕船顺带砖数才有所减弱，降至每船顺带 60 块。此外，对其他官民商贩船只则通融派带，措施也不再那么严厉。

从嘉靖三年(1524 年)到嘉靖四十二年(1563 年)的四十年间，由临清发送向张家湾收受的白城砖与斧刀砖平均每年大约一百万块，四十年即累积四千万块，其中用于北京外城修筑的至少在四分之一以上。白城砖造价银二分四厘，斧刀砖造价折半。如果运价银仍按永乐时所定，白城砖每块一分八厘，斧刀砖每块一分四厘，那么到张家湾的白城砖每块价格就是四分二厘，斧刀砖每块则为二分六厘。这只是每块城砖烧造运输的成本价。至于从张家湾运至北京的短途运输费尚未计算在内，这一段运输工作，大抵由军夫担任。

瓦使用量相对较少，只铺设在城门楼、箭楼、闸楼与城上铺舍的屋顶。永乐以后、工部虞衡司掌管的黑窑厂、琉璃厂负责烧造砖瓦。琉璃厂，每窑座烧二样板瓦坯二百八十块，用七工，五尺围芦

---

① 《明会典》卷一百九十，《物料》。

柴四十束。黑窑厂，每座中窑烧大小不等砖瓦二千二百块，用八十八工，五尺围芦柴八十八束。①

石灰为砌墙坚实牢固必备之物。永乐以后，于马鞍山、瓷家务、周口、怀柔等处各置灰厂，俱以武功三卫军夫采烧搬运赴京。②从近代城墙拆除的记录中，可以看到，徐达新筑北平北城垣时外壁是以素泥砌小砖，永乐朝再修之时，城墙外壁复以掺白灰的泥浆砌以小砖，只是到了正统朝，才使用大城砖，灰浆内外包砌。积累大城砖需要时日，永乐朝修建北京时的各类建筑材料需求量极大，受生产技术、效率制约，不可能在短期内，聚起几千万块城砖。而石灰的产量亦有相似情况，从采石到烧制以及燃料等问题，都限制了产量。当时每一座石灰窑，生产石灰一万六千斤，烧五尺围芦柴一百七十八束，用七十五工。石灰烧制成后，极易受潮，效力顿减，不宜长时间保存。所以正统朝修北京城垣的速度应与石灰产量有关。木材、城砖可以预先屯积，用时供应不会出现问题，惟石灰要视当年产量，是制约工程进度极为重要的因素之一。

木材是中国传统建筑结构的筋骨。永乐朝派员往四川、湖广、江西、浙江、山西等地采伐大木，主要是用于宫殿建设。由于当时筑城未建门楼、角楼等，所以，整个城垣只是土方、砖石工程，除了在拓展南城墙时，因其地基础较差，曾在有的地段做城基工程时，放置排叠圆木以加强基础支撑力。其余各段城墙用木极少。到了正统朝大兴城门、月城、角楼工程时，木料需求骤增，乃至"在京各厂局物料支给殆尽"③，不得不派后军都督府一千名军士，带着口

---

① 《明会典》卷一百九十。

② 《明会典》卷一百九十。

③ 《英宗实录》正统三年六月壬戌条。

粮，到北京附近的蔚州、保安等山场采集运送木材。依据《明实录》排序的城门修缮先后，正阳门所用木料，其中一些可能就来自这次运送。运送巨木基本上走水路，遇水路不能行时，则起旱，通常选择于冬季，道路上泼水结冰，拖巨木滑动前进，借此减少阻力。

北京崇文门外有神木厂，旧额拨龙贲等十七京卫、通州等二十五外卫，军夫一千名，在厂工办，逃故金补。后止存八百二十名。朝阳门外有大木厂，制度与神木厂相同。"凡各省采到木植，俱于二厂堆放。"①嘉靖朝以后，四川、贵州、湖广专采大木名木，山西、真定专采松木，浙江、徽州专采檩架木。

芦席主要用于工程围挡、苫盖、支棚与房顶之用。永乐年间，于杨村南北口尹儿湾南北掘河、五厂苇地，设庄头、佃户打苇织造。天顺二年(1458年)，每地一亩，征收苇席席三片、苇一束。

麻绳、麻刀是传统土木工程不可或缺之物。麻绳是脚手架、捆绑与运输等必备用品。麻刀则是为提高墙体韧度、连接性能而掺到灰浆里的辅料。能够提取麻纤维的植物韧皮有多种，明代北方主要是黄麻，永乐年间，在河南、山东、北直隶各州县卫所，共建九十三处产麻厂地。每年解送工部，供工程支用。隆庆二年(1568年)改为依照原定数额，每麻一斤，征银一分八厘，上交工部，用作购麻资金。

石料出自天成，人工劈山凿石，根据需要裁成条石或所需形状。北京城垣底部大都砌铺三、五层条石，一为加固基础，二为防潮阻挡地硝返上侵蚀。条石大都来自京师周边，如青玉石、白玉石来自马鞍山、牛栏山、石景山。花岗岩石则来自安徽。运石之法，用十

---

① 《明会典》卷一百九十。

六轮大马车装运，巨石则需在冬季泼水于路结冰滑运。

铁器主要来自隶属工部的遵化铁厂。永乐迁都以后，京师铁的需求量骤增。官营铁冶所全国十五处，以京东遵化铁厂规模最大，铁炉高一丈二尺，日出铁四次，可生产生铁、熟铁与钢铁，使用工匠两千五百余人。宣德年间年供工部 20 万斤。正统年间"略足供工部之用"。从成化十九年(1483 年)起，年供 30 万斤。正德四年(1509 年)到六年(1511 年)，年产量达到生铁 48.6 万斤，熟铁 28.8 万斤，钢铁 1.2 万斤。其后产量逐年下降，到万历九年(1581 年)关闭。改为"额设民夫、匠价、地租征收解部，买铁支用"①。

四、城墙的辉煌与衰败

嘉靖增筑外城以后，城垣凸形平面构图成为北京城界限象征，铸就深刻社会印象。

建城守护城内的政府、宫廷、财富、居民的城建思想是中国传统城市模式的出发点，居重御轻，重在城内。一旦发生战争，就可关闭城门防御，并赢得时间，筹划下一步脱险计划。虽说固国不在山川之险，历史上也没有仅凭地形险要、工事坚固就能享国长久的先例。消弭战乱，国家社会安定安全与否，最终取决于政府仁义凝聚力与获得人心支持度。然而，现实的残酷与事变的突发，往往让人更喜欢有形的东西，而对团聚社会收拾"人心"这一变量的复杂性、不确定性心存疑虑。城墙确实是增强了无论朝廷还是居民的安

---

① 《明会典》卷一百九十四，遵化冶铁事例。

全感。

明代北京城墙，曾经在土木之变、庚戌之变、己巳之变等多次蒙古族、满洲兵临城下的危机中，发挥了显著作用。但自清以后，北京再未出现过九门戒严，凭坚城抵抗之事。第二次鸦片战争与八国联军侵犯北京，清政府没有采取凭城固守战略，两次都是弃城而逃。终清之世，城墙再也没有展示过像明朝那样的军事功能。随着武器的蓬勃发展，立体战争让冷兵器时代的筑城自卫方式，越来越失去实际意义。

现代化是人类生活模式的突变，城墙与现代化相撞，必然凸现障碍缺陷，因而，不假深思毫不迟疑地将之丢弃，亦在情理之中。

北京城墙的毁灭大约经历了一百年。这一百年恰是中国走向现代化历程的一百年。城墙在彻底拆除之前，首先经历了一个自然毁坏阶段，当城墙守卫功能日渐消失时，政府若没有其他目的，就不会再投资维修，尤其在财政捉襟见肘时更是如此。庚子事变不久，清朝灭亡，代之以"中华民国"，制度变革，城垣颓废，"旗炮房、堆拨房、储火药房，俱以尽废。城垣驰道，蔓草荒芜，不复能行，其门楼亦多拆卸"①。政府不再对城垣进行日常管理维护，反而把它作为财政资源，时"各城箭楼，渐多圮毁。民国十六年，乃将宣武、朝阳二门城楼拆除，其材皆合抱之楠梓，时官署多欠薪，售之以供薪水"②。政府明目张胆地毁坏文物，拍卖以解财政困难，随之民间偷盗之风愈演愈烈，把城垣当作取土用砖的免费材料场。

20 世纪中叶北京城墙破败已十分严重，但整体格局尚存，若及时加以保护，尚未晚矣，即便当日无多余资金修缮，也可搁置不动，

①② 陈宗蕃：《燕都丛考》20 页，北京古籍出版社 1991 年版。

以待财力充裕时整修，仍不失为文物保护权宜之策。

城市规划是伴随城市现代化而兴起的科学。在现代化过程中，社会很少有机会在相对空疏的空间内，完全按照理想期待以最合理的方式建造一座城市。当代城市规划几乎都要面对旧城历史、旧城风貌、街道肌理与建筑文化遗存如何保护整合的新旧冲突难题。如果完全弃旧建新，按照效率便捷优先改造，无疑，旧城将面目全非，不再拥有历史文化，与平地另建一座新城，没什么两样。枉费了资金，必招致非议。

城市规划内容不外协调职住平衡、公共空间、绿地、道路交通、供水、能源、垃圾处理等等之间关系。对于历史悠久、文化沉积深厚的城市进行现代化改造，必须尊重历史，尊重先人，珍视人文遗存，使之成为规划之上不可改动的东西，或谓之规划的第一出发点。无视历史文化，任意拆改，必然导致该城最终丧失在世界城市文明史中享有的荣誉地位。北京迎接现代化之初，拆除城垣的教训极其深刻。1877年创办英国第一个古迹保护团体"古建筑保护协会"的威廉·莫里斯说："这些建筑不仅仅属于我们自己，它们曾属于我们的祖先，还将属于我们的子孙，除非我们将之变为假货，或者使之摧毁，它们从任何意义上都不是我们任意处置的对象，我们只不过是后代的托管人而已。"拆除城墙尽管有数不尽的理由，但不论怎样，那些历史悠久容纳了太多古人情思与生活的文化遗产，是用来证明中华民族之所以为中华民族的物件。

实际上，我们的生活离不开我们的祖宗曾经生活的故土及其城市设计与城建理念，先人的价值观念、审美情趣、生活模式并没有永远离去。那些曾是民族文化骄傲的物质载体，历史记忆并不能轻易彻底抹去。个人，国家，民族骄傲自信之心是需要实物与思想来证明的。

今天已无法领略北京城垣昔日的整体雄风，所幸，还保留了正阳门城楼、箭楼，德胜门箭楼与东南角楼及一段残破城墙。

明

第三章

宫城、皇城与坛庙

一、南北贯穿的城建中轴线

明代北京城建格局贯彻了皇权中心原则，通过雄伟高大、金碧辉煌的宫苑建筑群，笔直绵延的中轴线与两侧殿堂簇拥的平衡布局，烘托出皇权的至高无上与公正无倚。都城建置布局能够完全体现皇朝政治期待与文化理念，不仅实现政治文化中心观念，而且在地理方位上，皇宫也占据了核心地带。如果没有预先周密的规划，朝廷政治意愿就很难实现。北京是世界城市文明史上第一座全由政府投资、规划建成的城市，第一次是元代，第二次是永乐迁都。

皇朝一统、皇权、宫城、都城命运相连。都城把皇朝其他城市与作为皇朝基本的经济基础乡村看作自己的延伸与附属物，因之，都城内的建置重心必然隆崇皇权。皇宫居于全城中央，建筑务求稳重、崇高、铺张、华丽，意义不仅仅在于恢宏奢侈本身，更在于展现皇权独一无二凌驾一切的气度与能量。庄严高大的宫廷建筑容纳了华夏文化成就与民族哲学思考。巍峨壮丽的宫廷建筑显得神秘，甚至会产生压抑感、畏惧感，恰恰能给君权神授涂上浓重色彩。轻盈与舒适从来不是古代宫廷主要建筑追逐的首要目标。早在西汉初年，萧何就指出"天子以四海为家，非壮丽无以重威"[①]。

都城建置文化可以被看作有意识无意识的皇朝兴衰变迁的回忆录，概括吸收了有史以来都城制度与都城社会变革与进步的成就，并防止其流失。北京自成为华夏一统都城以至清代，在技术上、知识上、伦理上、哲学上、美学上、政治思维模式上，元、明、清

① 《史记》卷八，《高祖本纪》，中华书局标点本。

三代都城遗产一脉相传，都是通过文化形式保存延续的，虽然朝代更替，君主易姓，民族不同，却在都城建置的空间构架上，政治立意一致。

世界上也许是历史学家最先在社会科学中使用文化一词，并强调文化也是进步的源泉。但在生产技术发展缓慢时代，文化变化在一代乃至几代人中间很难让现实过活的人察觉其间的微弱差异。皇朝政治生活、社会生活承受着不可抗拒的文化惯性。社会对皇权习以为常，不但在观念上视其为中心，而且在都城生活空间结构上也是五城居民朝向皇宫、朝廷集中。

朝廷盘踞都城中心区，并向南北延伸形成全城建筑中轴线，长约 13 里。这一南北延伸的系列建筑，是北京城市空间架构的灵魂，撑起四城纵横平直交错的网络。自外城永定门起，经天桥、正阳门大街，过五牌楼，进正阳门，继续往北依次为大明门、千步廊、皇城广场、外金水桥、承天门、端门、午门、内金水桥、皇极门(奉天门)、皇极殿(奉天殿)、中极殿(华盖殿)、建极殿(谨身殿)、内廷广场、乾清门、乾清宫、交泰殿、坤宁宫、坤宁门、后苑、天一之门、钦安殿、承光门、顺贞门、玄武门、北上门、万岁门、万岁山、北中门、北安门、北安门外大街、鼓楼、钟楼。

中轴线贯穿外城、内城、皇城、宫城。

永定门，建成于嘉靖三十二年(1553 年)十月，嘉靖四十二年(1563 年)添筑门楼、月城。月城开一门与城门直对。

正阳门外牌楼，建成于正统四年(1439 年)四月。

正阳门，建成于永乐十七年(1419 年)十一月，正统四年增筑月城、城楼、箭楼。月城开东、中、西三门。

大明门，永乐十八年(1420 年)建。

千步廊，大明门内直对承天门的通道，通道两侧相对建有廊房各 110 间，延伸向北分转东西向北各 34 间。

承天门，皇城正门。门五阙，重楼五间进深三间。建于永乐十八年(1420 年)。天顺元年(1457 年)七月遇火焚毁，成化元年(1465 年)三月由工部尚书白圭主持重建。一般认为，与清顺治八年(1651 年)九月改建的面阔九间进深五间形制相比，明代承天门城楼显得不够雄伟。不过，从城台大小决定台上建筑与其比例关系上看，既然明清同样都是五阙门，那么清代城台顶层面积扩容可能极小。据此推测面阔五间变九间，进深三间变五间的原因：一种可能是为了追求皇帝九五之尊之数，故意增加间数而缩小间量；另外就是长木难求，不得不缩小间量，以保持与城台之间的比例。古代建房提升高度可以通过拼凑捆绑立柱实现，而面阔与进深决不可以用这种方法解决。清初改建承天门之际，现有的长木所能承受的跨度决定了每间的宽度与进深。众所周知，永乐时代神木、大木的存量充足，其后资源枯竭。所以，清初改建后的城楼每间间量并非与明代同样大小，九间总长度可能增加，但绝不会是四间，进深也是如此。

有谓承天门始建时仅是一座五间三层的木牌楼，这一说法经不住推敲。从天子阙门必五的形制考察，大明门、承天门、端门、午门、奉天门，皆应是门的形制，怎么独重要的承天门变成了牌楼？南京宫殿，太祖所建的"端门、承天门楼各五间"[①]。永乐迁都完全仿照南京旧制，而高敞宏丽过之，绝不可能在皇宫中央大道上，建一处不伦不类的木牌楼。牌楼之说的来由与谬误几十年前已经学者详细驳证。[②]

---

① 《太祖实录》洪武二十五年闰十二月甲辰条。
② 姜纬堂：《承天门真是起源于木牌坊吗》，《古今掌故丛书》第三辑，四川省社科院出版社 1988 年版。

皇帝颁诏通告天下在承天门举行，届时设宣读案于城楼上。颁诏仪举行时，皇帝冕服升座奉天殿，百官丹墀序立，翰林官捧诏书至御座东立。百官入班，四拜，出至承天门外。鸣赞人唱"颁诏"，翰林院官员捧诏书授礼部官，捧至云盘案上。校尉擎云盖，俱从奉天殿左门出，至午门外，捧诏置彩舆内。公侯伯三品以上官员前导，迎至承天门上，宣读赞拜。之后，礼部官捧诏书授于锦衣卫官员，放置云匣中，用彩绳系之龙竿，从承天门上缓缓降下。礼部官承之，捧置龙亭内，仪仗队鼓乐前导，迎至礼部，授使者颁行。

承天门前是五座金水桥。御河水自西向东流经门前，东去至牛郎桥与南北御河交汇。

承天门前，红墙围成 T 形广场，正前方是千步廊，东面是长安左门，西面是长安右门。高墙围挡的空间民众禁入。长安右门外设登闻鼓院，东向小厅三间，傍一小楼悬鼓。每日科道官各一人，锦衣卫官一人轮流值班，民有冤抑，投之有司不为申理，具状于通政司，又不为转达审实，可以列其状击鼓投诉。

皇朝一年一度的朝审在承天门西侧举行。每年霜降后，刑部、都察院、大理寺会同公、侯、伯会审要犯定案。

端门，在承天门之北，初制为砖石结构三券门。康熙二十八年始改建成今状。御道两侧分列朝房，东面朝房中间有一门为太庙街门，与其相对，西面开一门为社稷街门。门各五阙。永乐朝修建皇宫时，完全按照《周礼》"左祖右社"思想施工。东边太庙供奉祭祀本朝列祖列宗；西边社稷坛祭祀太社太稷。

午门，进端门直对午门，御道两侧朝房为六科直房以及中书科、尚宝司用房。前行至东西朝房尽头，各开一门，东为阙左门，出阙左门与太庙西北门相对。西为阙右门，出阙右门与社稷坛东北门相对。两门以北即是午门。御道两侧左有嘉量亭，右有景暑度。

午门重楼巍峨，正门三阙，正门之外，左右相对各开一门，东左掖门，西右掖门。城上重楼九楹，形扉六十六间，两侧簇拥，与中相辅，楼阁盘云，明廊回起，俗称五凤楼。朝廷大事如颁朔，宣旨都在此举行。国有大征讨，凯旋献俘，楼上正中设御座，皇帝亲临典礼。楼上置钟鼓，凡视朝、御驾出入则鸣钟鼓。

值得一提的是明代廷杖官员在午门前。廷杖官员源于金元旧俗①，明朝继续沿用，成化朝以前，受杖官员，皆带衣裹毡，不损肤膜。武宗朝，权阉刘瑾首创去衣受杖之制，受刑人多致死。明朝几次较大的廷杖如：成化十五年(1479 年)，廷杖官员 20 人；正德十四年(1519 年)，舒芬、黄巩等人谏止皇上巡幸，廷杖 146 人，死 11 人；嘉靖三年(1524 年)，群臣争大礼，廷杖丰熙等 134 人，死 16 人。世宗是明朝使用廷杖刑罚最多的皇帝，四十余年间，杖杀官员五倍于前朝。其后，隆庆二年(1568 年)，给事中石星忤旨，皇上痛恨，乃至亲临午门城楼暗自监视石星受杖；万历五年(1577 年)，以争张居正夺情之事，廷杖关中行等 5 人，其后陆续有人为此事受杖，多者达 100 人。

廷杖景象惨烈，午门外西墀下，校尉百人手执讯杖林立，左坐司礼监官，右坐锦衣卫使，绑缚受罚人双腕，按在长凳上，一声令下开打，校尉一人棍打受刑人臀部，五棍一换打手。每喝令一声，环立行刑者众声响应，声震云霄，气象惨怖。杖毕，受杖之人已血肉模糊，不省人事，甚至气绝于廷。惩罚棍数不同皇帝的指令有所不同，起码三十，一般六十到一百。

---

① 沈德符：《万历野获编》卷十八，中华书局 1982 年版。按：亦有源自东汉明帝，或是北周宣帝之说。

皇极门，进入午门就来到皇极门，九楹三门，前后各三陛出，左右各一出陛，重檐轩阔，石栏绕回，门前铜狮二，宝鼎四，阶下前方，内金水桥五座。门两侧各一门，东弘政门，西宣治门。东西崇基两庑各 20 间，东庑之中为会极门(左顺门)，西庑之中为归极门(右顺门)。会极门外南侧北向的院落即是内阁所在地。

明代御门听政在皇极门，使用的是常朝仪。皇帝升座后，内使捧香炉，上面镌刻山河图，放在御座前面，奏道安定了，然后诸臣依序奏对。朝班序立，公、侯分别位于文武班首，次驸马、伯，一品官以下各照品级依文东武西按序排列，各官不许擅越，如有奏事，须要从班末行至御前跪奏，不许班内横过，奏毕即入班序立。

左顺门(会极门)也是君臣议事决策的重要场所。这里曾发生过惊天动地的朝廷官员集体请愿的政治事件。嘉靖三年(1524 年)七月十五日，由何孟春、徐文华与金献民三人倡议，自尚书至部郎以及各衙门官员共 261 人，集体跪于左顺门前请愿，坚决反对皇上隆崇本生父母与列祖列宗并列。嘉靖帝先派中官谕众官散去。请愿诸官不从，非要得到明确顺从舆情的谕旨不可。帝益感愤怒，遂令锦衣卫执为首者多人廷杖，以至其中 18 人献出了生命[①]。

左顺门(会极门)外南侧的文渊阁是内阁所在地。明初曾设左右丞相统属百官，洪武十三年(1380 年)正月，太祖因胡惟庸案而罢丞相一职。皇帝亲自执政，虽然避免了大权旁落，增强君主对朝廷的控制力，但是，在实际操作中，皇帝周围若没有经常可与之讨论的人，诸事全凭一人决断，事实上则行不通。因之，丞相职位一废，先选"四辅官"辅政，不久改为"以翰林、春坊详看诸司奏启，兼

① 《明史》卷一九一，《何孟春传》。

司平驳。大学士特侍左右，备顾问"①。

相权是集中文官集团意见与君主共同决策行政的媒介性力量，不管如何贬抑，实际政治行政需要不会让这一力量彻底消失。过度贬抑相权，极易伤害皇位制度的安全运转。裁抑相权的极致作法，恐怕只是开国之君的专利，并不能垂法后世长此以往。

成祖即位，特简解缙、黄淮等人入直文渊阁参与决策，谓之内阁。随着时间迁移阁权渐重，宣德朝以前，内阁与外九卿为平交，执礼持法不相顾忌。宣德以后，三杨眷重，渐柄朝政。英宗九岁登极，凡事启奏太后，太后只得倚重内阁议行，遂成有明一代内阁条旨之制。条旨又称"票拟"，是内阁根据司礼监发来的奏章拟定的处理意见，上报后皇帝朱笔批示，称为批红或朱批。朱批后才能作为正式文件下发。万历头十年，因皇帝年幼，首辅张居正操控了朱批权力，使得内阁权力达到顶峰。

内阁虽然权力越来越重，但直至明朝灭亡也未能恢复到废除丞相以前。明朝体制，皇帝握住决策权，内阁拥有议政权，六部掌握行政权，地方上布政使、按察使、都指挥使三司，分别对接朝廷六部。同时以司礼监制衡内阁。

内阁作为朝廷议政预拟对策的机构，为便于君臣随时会面商讨国家要事，所以，才能超越所有衙门，而建阁于宫中。内阁门西向，阁南向。入门一小坊，上悬圣谕，过坊即阁也。初制规模甚狭。嘉靖十六年(1537年)，重新规划改造，以文渊阁中一间恭设孔圣暨四配像，旁四间各相间隔，而开户于南，以为阁臣办事之所。阁东，诰敕房装修为小楼，以贮书籍，阁西，制敕房。南面隙地添造卷棚

---

① 龙文彬：《明会要》卷二十九《职官》一，中华书局1998年版。

三间，以处各官书办。①比起周围金碧辉煌的宫殿楼台，真是显得过于寒素。然而阁务运作的效率与拖沓、明智与愚蠢、清明与腐败，却关乎皇朝政治命运。

阁臣入阁办公，一般在辰时(上午八时)，离开在申时(下午四时)。崇祯五年(1632年)以后，皇朝危机日趋严重，辅臣入直时间延长，到晚十时才能离开，有时甚至通宵达旦。

皇极殿(奉天殿)，进皇极门，为一四方形开阔广场，正面是皇朝正殿—皇极殿，殿基高二丈，殿矗十一丈，广九楹，重檐四垂脊，纵深五间，清康熙重建改为十一楹。龙墀丹陛，陛间列宝鼎十八，铜铸龟、鹤各二，日圭、嘉量各一。殿左为中左门，右为中右门各三楹，丹墀广场两侧东西庑各三十二楹，东庑中间为文昭阁(文楼)，西庑中间为武成阁(武楼)。

皇极殿内，中为宝座。座旁列镇器，座前悬挂着以黄绳系之的铜丝帘，帘下设毡，毡尽处设乐，殿两壁列大龙橱八座，相传内贮三代鼎彝。

朝廷重大典礼，皇上始临皇极殿，如正旦、圣节(皇帝生日)、冬至三大节，皇帝御殿受百官朝贺。其次宴飨、命将出师等，亦多在此举行典礼。

以三大节典礼为例，前一日尚宝司在殿内宝座东南陈设宝案；鸿胪寺在殿东门外陈设表案两张；礼部主客司在丹墀中道左右陈设藩国贡方物案八张；钦天监在文昭阁(文楼)设定时鼓。教坊司在殿内东西设中和韶乐，于皇极门内东西设丹陛大乐，乐队全部面北。

典礼当日，锦衣卫在殿内东西陈设羽扇，在丹陛及丹墀东西陈列卤簿仪仗，在皇极门外中路东西面北陈设皇帝专用的交通工具车

---

① 《春明梦余录》卷二十三，《内阁》。

辂与步辇；金吾卫在午门外与皇极门外东西陈设军队仪仗与排列甲胄武士；旗手卫在午门外陈设金鼓，在皇极门外布列旗帜；御马监牵仗马，锦衣卫引驯象在文昭、武成阁以南东西相对立。钦天监在丹陛东面设报时位。

午门时鼓初严，文武百官具服齐集午门外列队而立。

时鼓再严，引班官引百官、进表人员以及藩部属国使臣等顺序从左、右掖门进入，到丹墀广场上排班序立。丹墀中路左右木栅上，有礼部预先放置的百官侍朝班序牌，每一牌上大书品级。清朝改成范铜品级山。文武百官各按自己品级到相应的指示牌下序立。

时鼓三严，午门钟声起，执事礼部堂上官与内鸣赞一人；陈设表案并负责举案的序班五人；典仪鸿胪寺司仪署丞一人；捧表礼部仪制司四人；展表六部都察院通政司大理寺堂上官二人；负责宣表、致词与传制等事项的鸿胪寺堂上官五人；捧宝尚宝司官二人；导驾六科给事中十人、殿内侍班翰林院官员四人、中书官四人、纠仪御史四人、序班二人，以及受命祭告坛庙归来的官员，一起来到中极(华盖)殿外，迎接皇上穿戴衮冕到皇极殿升座。钟声停止，各官入殿序立。

皇上在迎驾、引驾众官簇拥下，到皇极殿升座。正式典礼开始。鸣鞭报时，鸣赞唱"排班"，班齐。赞礼唱"鞠躬"，大乐奏起，百官四拜，乐止。随后"进表"。内赞唱"宣表目"，宣表官跪读表文后，众官皆跪。大学士代表众官致词。正旦庆贺云"具官臣某，兹遇正旦，三阳开泰，万物咸新"。冬至则云"律应黄钟，日当长至，恭惟皇帝陛下，应乾纳祜，奉天永昌"。万寿节则云"具官某，钦遇皇帝陛下圣诞之辰，谨率文武官僚敬祝万岁寿"。致贺结束，乐作众官四拜。乐止。传制官由殿东门出，至丹陛，面东而立，称

"有制"，赞礼唱"跪。宣制"。元旦则云"履端之庆，与卿等同之"。冬至则云"履长之庆，与卿等同之"。万寿则无传制程序。

典礼高潮在传制之后。百官在赞礼官口令下，拱手加额山呼"万岁，万岁，万万岁"。凡山呼时，在场乐工军校必须齐声呼应。最后百官出笏俯伏，再次四拜。仪式结束，皇上回宫，百官散去。①

皇极殿举行的大朝仪是皇朝大事，精心策划准备的繁文缛节的礼仪程式，声势浩大整齐肃穆，文武百官在不停地跪拜山呼中，真正地烘托出君权神授、君权绝对气势氛围。其实，广场上众臣并看不见端坐在殿内宝座上的皇帝。皇帝权威与能量就像把他包起来的宫殿那样高大雄伟，那样幽邃深远，那样坚固凝重。宫廷建筑向来具有统治特殊意义，皇极殿对于宫廷、都城与皇朝都是唯一的。

中极殿(华盖殿)在皇极殿后，殿纵广各三间，方檐圆顶，如穿堂之制，陛各三出。凡遇三大节等礼典时，皇上先御中极殿，再升座皇极殿。

建极殿(谨身殿)，在中极殿后，殿九楹，重檐垂脊，前后陛各三出。后陛向北中道的云龙石雕，尤为世所罕见，长达 16.57 米，宽 3.07 米，厚 1.07 米，重二百余吨。

中极殿、建极殿两翼与皇极殿两庑丹楹相连。四隅各有崇楼矗起。建极殿东西两侧的宫墙把外朝与内廷隔开，东边后左门，西边后右门。殿后有门为云台门。后右门前的平台也是皇上召见大臣议事的重要场所，如崇祯二年(1629 年)，袁崇焕起复，就是在这里被召见任命为辽东督师的。

午门内的皇极门(奉天门)、皇极殿(奉天殿)、中极殿(华盖殿)、建极殿(谨身殿)是一统之君临朝治政与典礼升平的外朝，以一门三

---

① 《明会典》卷四十二。

殿为主体，文华殿、武英殿为两翼。

终明之世，三大殿曾遭遇三次焚毁。三大殿始建于永乐十五年(1417 年)，十八年(1420 年)完工。永乐十九年(1421 年)正旦，成祖御奉天殿受贺，不意仅过三个多月，四月初八日，三殿遭雷击起火第一次被毁。直至正统五年(1440 年)三月才起工复建，正统六年(1441 年)九月完工。

三大殿第二次火灾发生在嘉靖三十六年(1557 年)四月十三日，当日申刻(下午四时)雷雨大作，戌刻(晚九时)火光骤起，由正殿延烧至午门，楼廊尽毁，大火一直烧到次日辰刻(早十时)才熄灭。旋即修复，嘉靖三十七年(1558 年)七月，大朝门(奉天门)等完成，嘉靖四十一年(1562 年)，三殿成。这次修复工程完工后，嘉靖帝把太祖所定，成祖迁都沿用的殿名全部更改，奉天门(大朝门)改称皇极门，奉天殿改称皇极殿，华盖殿改称中极殿，谨身殿改称建极殿。改动后的殿名更突出了皇权的唯一性与至高无上。其义取自《尚书·洪范篇》"极则无可耦矣，居幽而握要，极乃立矣。皇则极乎大矣，治著而领群，极乃皇矣"[①]。又改文楼为文昭阁，武楼为武成阁，左顺门为会极门，右顺门为归极门，东角门为弘政门，西角门为宣治门。

三大殿第三次火灾发生在万历二十五年(1597 年)六月十九日。到天启五年(1625 年)二月才起工修复，天启七年(1627 年)八月初二竣工。共用银五百九十五万七千五百九十余两。

文华、武英两殿以三大殿为主轴，对称分列左右。

文华殿在前朝左翼，会极门(左顺门)外，南向，永乐时建。系皇帝斋居、经筵、召见大臣之所。殿内有精一堂、恭默室、九五斋

---

① 王夫之：《尚书引义》卷四，中华书局 1976 年版。

等。经筵每年避开寒暑分两期举行，二月中旬至四月末与八月中旬至十月末，共五个月，每月会讲三次，逢二举行，以讲四书五经为主，兼及历代治乱经验。东配殿为皇太子讲读之所。

武英殿在前朝右翼，归极门(右顺门)外，南向，永乐时建。规制与文华殿相仿，凡斋居及召见大臣在此举行。殿后的仁智殿，命妇朝贺皇后之所。

外朝之后为内廷，乃是皇帝一家人起居之所。

乾清门是内廷正门，直对建极殿后云台门。门广五楹，中三陛三出，各九级，石栏围绕，列金狮二尊。门前是封闭的宫廷广场，东侧景运门，西侧隆宗门，门各五楹。

乾清门内左右陛与中道丹陛相属，正中南向的宫殿就是乾清宫。

乾清宫广九楹，进深九间，东暖阁昭仁殿，西暖阁弘德殿。殿前东厢端凝殿，西厢懋勤殿。两殿以南，东西相对两门，左日精门，右月华门。两殿以北，东西相对两便门，左龙光门，右凤彩门。

乾清宫皇帝寝宫西暖阁为万历、天启两帝寝殿，东暖阁为泰昌、崇祯两帝寝殿。明季三大案之移宫案即发生在此。正殿丹墀内每年腊月二十四日至正月十七日期间，昼夜放炮及烟火。正月十五，则在丹陛安放七层牌坊灯。天启年间，权阉魏忠贤常于此殿办公。宫后披檐相连，东为思政轩，西为养德斋。

交泰殿在乾清宫后，渗金圆顶，形制与外朝中极殿相仿。殿两庑东出者为景和门，西出者为隆福门。

坤宁宫在交泰殿后，广九楹，为皇后所居。宫北围廊为游艺斋，有广运之门，嘉靖四十一年(1562年)改称坤宁门。宫左右相对两门，东端则门，西基化门。

内廷两宫一殿亦是在永乐十八年时建成，也曾经历三次焚毁，却不都是出自天灾。

第一次在永乐十九年四月初八日，宫中失火，两宫随三大殿一起焚毁，复建于正统五年三月，六年九月以前完工。

第二次在正德九年(1514年)正月十五日。武宗自即位后，每岁宫中张灯为乐，所费以万计，"库贮黄蜡不足，复令所司买补之。至九年，宁王宸濠献新样四时灯数百，穷极奇巧，临献复令所遣人亲入宫悬挂，其灯制不一，多着柱附壁，以取新异。上复于庭轩间，依栏设毡幕，而贮火药于其中，偶勿戒，遂延烧宫殿。自二漏至明，乾清以内，皆灰烬矣。当火势盛时，上犹往'豹房'省视，回顾光焰烘烘然，笑曰：'是一棚大烟火也。'"①当年十二月起工修复，征用军校力士十万，差工部侍郎一员，郎中四员会同各该镇抚采木烧砖。②时"工役繁兴，禁中自乾清大役外，如御马监、钟鼓司、南城，豹房新房皆一一新之。工部每循例执奏，以掩人耳目，其实具文而已。中外因缘为利，权奸阉人所建庄园、祠墓及香火寺观，工部又皆窃官赏以媚悦之"③。任何时代都不乏借国家工程中饱私囊之辈，即使财政发生困难，官员对土木工程的眷恋永远是炽烈的。两宫修复工程历时八年，至嘉靖元年(1522年)九月方全部完工④(其中乾清宫完工于正德十六年十一月)。

第三次发生在万历二十四年(1596年)三月八日戌刻(晚七时)，火发坤宁宫，延及乾清宫，一时俱炽。次年正月起工修复，万历三

---

① 毛奇龄：《明武宗外纪》71页，神州国光社1951年版。

② 《明会典》卷一八一。

③ 《武宗实录》正德十年七月乙亥条，台湾"中研院"史语所1962年影印版。

④ 《世宗实录》嘉靖元年九月甲辰朔条。

十二年(1604 年)三月竣工。①当两宫火灾后，为修复而倍感建筑材料与经费匮乏，为此工部议，分若干项筹办，从中可以看出朝廷大工程牵扯的范围之广，动用的部门与人力之多，计分：议征逋负、议协济、议开事例、议铸钱、议查库料等项、议分公、议差官采办川贵湖广等处楠杉大木、议木石、议车户、议烧砖、议苏州砖、议买杉木、议发见钱、议稽查夫匠、议明职掌、议力铺户、议会估、议兵马并小委官贤否、议木楂、议停别工等多达二十项工作。

宫殿修造程序，洪武二十六年(1393 年)做了严格规定：

凡宫殿门舍、墙垣，如奉旨成造及修理者，必先委官督匠度量材料然后兴工。其工匠早晚出入，姓名数目，务要点闸观察机密。所计物料并各色匠人，明白呈禀本部行文支拨。其合用竹木，隶抽分竹木局，砖瓦石灰，隶聚宝山等窑冶。朱漆彩画，隶营缮所。丁线等项，隶宝源局。设若临期轮班人匠不敷，奏闻起取撮工。

内府上工人匠在印绶监起牌，一人一牌，不许双名相合，以防外人混入。②

内廷两宫一殿仍是贯彻皇帝中心原则，不过，在都城建筑中轴线上，安排了一处专为女人居住的宫殿，这就是坤宁宫。明代皇帝居乾清宫，皇后居坤宁宫。《周易》说卦谓"乾，天也，故称乎父；坤，地也，故称乎母"。又谓"乾道成男，坤道成女"。可见，天地、父母、男女蕴含的一切自然、人类信息都能够通过帝后之仪展现。《乾称篇》论述乾坤关系"乾坤其易之蕴耶？乾坤成列而易立乎其中矣。乾坤毁则无以见易，易不可见，则乾坤或几乎息矣"。

---

① 《神宗实录》万历三十二年三月甲子条，台湾"中研院"史语所 1962 年影印版。
② 《明会典》卷一八一。

传统哲学理念认为，天地世间每一事物，都拥有阴阳乾坤两端，两端相依，互动平衡协调，则产生运动变化，所谓"易"就是经久不息生生不断的永恒性。社会期待变化，盼望在变化中求得生机。

乾清宫与坤宁宫中间的交泰殿，依从《周易》泰卦"天地交，泰"之意境。乾清门、乾清宫、交泰殿、坤宁宫、坤宁门这一内廷核心宫殿建筑群的命名，表达了帝王对家庭生活的政治伦理态度。皇帝虽妃嫔成群，但皇后统摄六宫母仪天下的垂范作用，则是任何妃嫔无法替代的。帝后两情交融，互敬如宾，为农业社会男耕女织的核心家庭树立起榜样。

坤宁门后是后苑。后苑正中南向者为天一之门，取"天生一水"之义，意在防火。两侧东为琼苑东门，西为琼苑西门。

钦安殿在天一之门以北。殿顶镶渗金宝瓶，殿内恭祀天元上帝。殿前方亭两座。殿后不远处叠石为山，"山名堆秀，旧为观花殿，万历十一年(1583 年)二月拆去"[1]，仍建石山，内留山洞。山顶有御景亭。

钦安殿两侧前有万春亭、千秋亭东西相望，后有浮碧、澄瑞两池亭东西分列。

钦安殿北为承光门，北向，直对顺贞门。出顺贞门，便是宫城北门玄武门。

为能忠实体现《周礼》前朝后市宫阙之制，在玄武门外，安排了一处市场。每月逢四则开市，听商贸易，谓之内市。内市不同于社会上的日常生活用品交易市场，而是以古玩宝物等艺术品为主，如宣德之铜器、成化之窑器、永乐果厂之髹器、景泰御前作房之珐

---

① 故宫博物院编《故宫考》，见《燕都丛考》第一编，61 页。北京古籍出版社1991 年版。

琅等。

出玄武门，过桥为北上门，北上门内东西长庑各五十间。其西北上西门，其东北上东门。

北上门南向，再北万岁山门，门内大内镇山，赐名万岁山，俗称"煤山"，相传山下储煤，为闭城时所用。实则并非有煤仅是传说而已。山高十四丈，树木葱茏。山下有一洞名寿明。山后寿皇殿，东则永寿殿、观德殿。后围墙外街北，北中门。

镇山作为宫廷建筑布局的终结，是明代的创作。土山位于元皇城核心区，正好压住先朝王气，可能是在宫城整体南移后开凿南海时取土筑成的。同时，皇帝历来要坐北朝南，倚靠务必坚实，犹如宝座后必竖屏障一样。建筑师用凝重的山体对于紫禁城收结作了圆满交代。

北中门外南北长街，直对皇城北门北安门。出北安门，往北依次万宁桥、鼓楼、钟楼。

钟鼓楼地处中轴线北端，永乐十八年(1420年)，与皇宫建设同时完工。朝廷营建宫殿时，没有忘记城市整体规划。两楼皆为砖木结构。鼓楼在元齐政楼旧址以东新建。嘉靖十八年(1539年)六月初一日遭雷击起火，次年五月重修。钟楼旧址为元代万宁寺中心阁，后毁于火。今日所存的砖石结构的钟楼，建于清乾隆十年(1745年)。钟鼓楼为报时中心，但明代确切报时方式难以查据。

从永定门至钟楼的建筑中轴线，穿越了外城、内城、皇城、宫城。中轴线是北京城建灵魂，突出宫廷而带动全局。

都城建设始终贯彻皇权中心思想。尤其在人类赖以过活的居所当中，凝固的厅堂瓦舍，更能永久地表现不同阶层、不同团体、不同家庭的等级生存状态。社会观念上的皇权至上，在现实城市布局当中，必然要把皇宫及其政府机构放到城市空间中最显眼之处，显然除中心区莫属。

中轴线核心段为午门至镇山(景山)，这一段不但是宫城轴线，而且也是皇城与都城的核心；其次为正阳门到午门一段，这一段是宫廷的铺张地段，把开阔的广场与政区衙署聚合于宫廷牢笼之中；再次为镇山至钟鼓楼一段，这一段是宫廷后延轴线，把宫廷气势与皇权气息传给社会。在宫廷建筑终结处，让城市北部继续贯彻这一建设中心原则。明代的钟鼓楼是永乐营建北京之际，与皇宫同期完工的。朝廷在营建宫廷时，并未忘记城市整体规划。最后为前门至永定门一段。外城建筑要比内城晚140年，并非出自永乐迁都时的规划，而是外城商业繁荣以后增筑外城的成果。这一城市扩大南延工程不能正视内城现实，继续贯彻原有的建设原则。正阳门直对永定门，两者之间为通衢大道，除了五牌楼与天桥，并没有什么建筑。内城则不同，中轴线上布满了殿宇楼堂，是名副其实的建筑系列，而南北大道则在宫廷的两侧。所以，在总论北京建筑中轴线时，应将内外城分开，外城是以中央笔直大道延伸内城中轴线的。如此，才使内外城风格保持了某些一致。仅从道路而言，外城很少有笔直正向的街道，构成商业城市自由发展与政府规划城市发展之间的区别标志之一。

北京建筑中轴线的艺术构思，体现了先民容建筑于政治理念中的智慧。个人—家族—君主，铺—五城—朝廷，无论从哪一视角上观察，城市空间结构、居室等级都能忠实反映那一时代社会结构与统治序列。英国人埃德华·培根在《城市的设计》中说"也许在地球表面上人类最伟大的单项作品就是北京了。这座中国的城市是设计作为皇帝的居住意图而成为举世中心的标志。……在设计上，它是如此辉煌出色，对今日的城市来说，它还是提供丰富设计意念的一个源泉"。[1]

二、宫城

宫城又称紫禁城。地处都城核心区，其中路建筑即是全城建筑中轴线的核心轴线。

宫城平面呈长方形，周长六里十一步。当代实测为南北长 960 米，东西宽 760 米。设四门，南为午门，北为玄武门，东为东华门，西为西华门。城门上建城楼，四角建角楼。城外护城河环绕，河水来自什刹海，由北安门外西步梁桥下流入，从地道引入，环绕宫城，至午门前东西阙门，从门下地道东流，经太庙东墙，南流与西苑东来之水交汇，东流入御(玉)河，折南流出皇城。

金水河与宫城之间设红铺三十六，铺即护卫宫城的哨所，每铺面墙房屋三间，为巡逻卫士驻扎之所。夹道多植槐树，十步一株。[2]

宫城之内，分前朝与内廷两部分。前朝以三大殿为中路，文华、武英两殿为左右翼。前朝是朝廷典礼与君臣决策行政之区，故大臣得以出入。乾清门以内是皇帝一家人生活起居的内廷。以乾清宫、交泰殿、坤宁宫为建筑轴线，官员人等未经许可不得入内。前节已叙，不再赘言。

内廷两宫一殿建筑轴线两翼分列东西六宫。在此检《明宫史》

---

① 转引自《中国建筑艺术史》下册 601 页，文物出版社 1999 年版。

② 陆启浤：《客燕杂记》卷一，台北商务印书馆 1983 年影印《文渊阁四库全书》本。

《春明梦余录》等史籍记载简略叙之：

过乾清宫东日精门为崇仁门。稍南为内东裕库、宏孝殿、神霄殿(旧名崇光殿)。日精门往北向南者为顺德左门(旧名景明门)，以东为东一长街。再北，向西与龙光门斜相对者为咸和左门。向南者为景仁宫。其东为东二长街，街南首麟趾门，北首千婴门。麟趾门之东有延祺宫、怡神殿。再东为嘉德左门。再东为苍震门，此门恒闭，遇扫雪或修造时方开。咸和左门之北，向西与景和门相对者为广和左门。向南者为承乾宫。东二长街之东，有永和宫。广和左门之北，向西与基化门相对者为大成左门。向南者为钟粹宫，崇祯时为太子所居，故改称龙兴宫。东二长街之东有景阳宫，孝靖皇后曾居此。千婴门之北并列者，则为乾清宫东之房五所。宫正司、女官六尚书皆在此。

过乾清宫西月华门为遵义门(俗呼膳厨门)。向南者为养心殿，殿前东配殿履仁斋，西配殿一德轩。后殿涵春室，东为隆禧馆，西为臻祥馆。殿门内向北者，则司礼监掌印、秉笔之直房。其后层尚有大房一连，紧靠隆道阁后，原为宫中膳房，天启朝魏忠贤当权时，移膳房于怡神殿，将此房改为秉笔直房。所谓秉笔就是由秉笔太监将皇帝同意的内阁票拟旨意草案用红笔照抄一遍，作为正式文件下发。这一看似简单的工作，给司礼监创造了许多弄权的机会。

养心殿之西南为祥宁宫。宫前向北者为无梁殿，系世宗炼丹之所，殿之结构不用一木，皆用砖石砌成。月华门之西南有隆道阁，原名皇极阁，后更名道心阁。左为仁荡门，右为义平门。阁之下为仁德堂，旧称精一堂，堂前仁德门，万历二十四年(1596年)两宫火灾以后，始开此门出入。阁东为忠义室。西南为义平门。

月华门往北为顺德右门，则西一长街。再北，向东与凤彩门斜相对者为咸和右门(即广安门)。向南者为毓德宫(即长乐宫)，万历四十四年(1616年)冬，更名永寿宫。其西则为西二长街。街南首为螽斯门，北首为百子门。螽斯门西，有启祥宫。神宗自两宫火灾后，先移居毓德宫，后迁至启祥宫，原名未央宫，因是世宗生父兴献王诞生地，所以在嘉靖十四年(1535年)夏更此名。再西为嘉德右门(旧称景福门)。其两幡杆插云，向南而建者即隆德殿，旧称玄极宝殿，供安道教三清上帝诸尊神。万历四十四年(1616年)十一月初二日毁，天启七年(1627年)三月初二日重修。崇祯五年(1632年)九月，撤诸像移送朝天宫等处安藏。六年四月十五日，更名中正殿。东配殿春仁，西配殿秋义。东顺山房曰有容轩，西顺山房曰无逸斋。

再西北为英华殿，旧称隆禧殿，供安西番佛菩萨像，殿前菩提树两株，婆娑可爱，结子可制作念珠。又有古松翠柏，幽静宛如山林。

自嘉德右门之西，向南开者称二南门，门北则为北角井。再西为咸安宫，穆宗陈皇后曾居此处。

咸和右门之北，向东与隆福门相对者为广和右门。向南者为翊坤宫。西二长街之西为永宁宫，天启朝改名长春宫，熹宗成妃李氏曾居住之。

广和右门向东与端则门相对者为大成右门，南向者为储秀宫。西二长街之西为咸福宫。百子门之北并列者，则为乾清宫西五所。

乾清宫门围墙之内，左右廊房之朝南半间者名为东夹墙、西夹墙，皆为宫眷内官便溺之所。

综上可知，东六宫，由南向北分为三排，中间隔东二长街相对，依次为景仁宫、延祺宫、承乾宫、永和宫、钟粹宫(龙兴宫)、景阳宫。西六宫，亦由南向北分为三排，中间隔西二长街东西相对，依次为永寿宫(曾名毓德宫、长乐宫)、启祥宫(曾名未央宫)、翊坤宫、长春宫(曾名永宁宫)、储秀宫、咸福宫。

东西六宫大都为妃嫔住所，像上述钟粹宫居住皇太子，为极特殊的短暂现象。崇祯太子朱慈烺生于崇祯二年(1629 年)二月，三年(1630 年)二月立为太子，时不过一岁。刘若愚作《酌中志》时，太子立之未久，所谓居于钟粹宫，不过是在此调养呵护而已。成年太子决不会住在六宫之内，那样于礼法不合。《春明梦余录》卷六，关于六宫的记叙，可能皆裁自《酌中志》，由于文字删改，而极易引起当代读者误解。《酌中志》叙"钟粹宫，今皇太子所居，改曰兴龙宫"。《春明梦余录》采编时，将"粹"误为"祥"，又省去一"今"字，变成"钟祥宫，皇太子所居，后改兴龙宫"。这样就把"特例"变成"通例"。今人读之，极易认定钟粹宫是明代皇太子的法定居所，从而对明代后宫制度的礼法严密性产生怀疑。类似情形还有两处：一是记东六宫之一的承乾宫时谓"承乾宫，东宫贵妃所居"；二是记西六宫之一的翊坤宫时谓"翊坤宫，西宫贵妃所居"。给人以明宫内存在着东宫贵妃与西宫贵妃这样的法定名号与专用宫殿。实际上，《酌中志》原作为"承乾宫，东宫李娘娘所居也""翊坤宫，西宫李娘娘所居也"。显然，这是特定时期内的专指而非泛指。

《酌中志》的作者刘若愚是位太监，历事神宗、光宗、熹宗、思宗四朝。崇祯初，权阉魏忠贤事败，他受牵连，下狱论死，后得赦免。在囚禁时，他为辨诬写成《酌中志》，虽涉及不少有关明代宫史制度，但毕竟是一部追忆之作，离不开个人亲历的情景，而不像《春明梦余录》那样，是专门记录一代制度典章之作。《酌中志》的视野、时段固定，于亲历之事极为具体细微，而非一朝后宫制度全璧之书，所以，引用之时，决不可放大成通例。所谓东宫娘娘与西宫娘娘，是专指光宗两位选侍，因两位选侍都姓李，为了便于区分，把居住在承乾宫的称东李，住在翊坤宫的称为西李。这位西宫李娘娘就是后来移宫案被逼走的李选侍。光宗在位仅一月，大渐之时，曾命封西李为贵妃，但未行正式封典，天启即位，停其封号，到天启四年(1624年)才封为康妃。东李则在天启元年(1621年)封庄妃。这只是为区分两李选侍的一时宫内俗称，而非制度规定。

中国人一向以东为上，故东宫妃嫔的地位总要高于西宫，但是妃嫔能否承帝王宠幸不衰也不全由宫位封号决定，即以两李选侍而论，东李"仁慈寡言笑"，而宠不及西李①。西李邀宠带来的升迁前途十分引人注目，光宗垂危之际也未忘给她一个满意的名号交代，假如光宗不是那么快地逝去，西李的贵妃梦很快就可实现，这一后宫位号靠近了皇后。

宠幸总是伴随着冷遇出现的。宠妃遭贬时，宫位亦有所变化，例如，崇祯朝的宠妃田氏居东六宫之一的永和宫。后被皇上冷遇，退居西六宫之一的启祥宫。

皇朝严禁后妃干政，洪武三年(1370年)，命工部造红牌，镌戒谕后妃之词，悬之宫中，申严宫闱之禁：

皇后之尊，只得治宫中之事，宫门外事，毫不得预。后妃嫔嫱宫中诸费，皆尚宫奏之，发内官监覆奏，方得赴部关领。若尚宫不奏，而辄发内官监，内官监不奏，而辄赴部擅领者，皆论死。宫嫔以下有疾，医者不得入宫，惟问症取药而已。群臣命妇，惟庆节朝见中宫(皇后)，无事不许入宫。人主亦无见命妇之礼。凡天子及亲

---

① 《明史》卷一一四，《后妃传》。

王后妃、宫人等，必须选择良家子女，以礼聘娶，不拘处所，勿受大臣进送。①

乾清门以内，中路两宫一殿，左右六宫相簇两厢，这是内廷相对独立的中心区建筑群。以中心区建筑群为主体，两厢又分别有多处独立宫殿院落。

乾清门前广场的东门为景运门。出景运门，直对隆祀门。隆祀门往北为奉先门，门内奉先殿。殿九室，一如庙寝制度，"国家有太庙，以象外朝；有奉先殿，以象内朝。每室一帝一后，如太庙寝殿"②。凡祀方丘、朝日、夕月，册封、告祭及忌祭等，皆先在此行礼，然后前往。

奉先殿东墙外为南北长街，街东为仁寿宫。仁寿宫南为慈庆宫。明季三案之一的移宫案与本宫有关。光宗崩，熹宗即位，光宗李选侍仍居乾清宫，熹宗乃暂居慈庆宫。左光斗上疏言内廷之有乾清宫，犹如外朝之有皇极殿，只有皇帝才能居之，皇后配天可以共居之。选侍既非嫡母，又非生母，俨然居正宫，于礼不合，名分倒置。时李选侍仍未有移宫意，杨涟请旨即日强迫移宫。旨下，李选侍遂抱八公主徒步以行，首饰衾绸等物，俱被群阉所夺，踉跄至哕鸾宫，窘迫无助惨不忍睹。哕鸾宫即在仁寿宫之内，与喈凤宫都是宫妃养老之所。

慈庆宫南门亦称麟趾门。内有四宫：奉宸宫、勖勤宫、承华宫、昭俭宫。其园之门：韶舞、丽园。园内撷芳殿、荐香亭。麟趾门之东为关雎左门，其内则掌印、秉笔直房，即所谓的"梨园"。西为关雎右门，再西而转角向西者为元辉殿。光宗元妃郭氏选中时居南

①② 《春明梦余录》卷十八。

配殿，后福王妃邹氏选中时居正殿北一间。定例：从淑女中选后妃或王妃等，在东安门外"诸王馆"举行。凡在诸王馆选中的淑女，送元辉殿，选不中者送出。凡选中者，或后或妃或王妃，皆先在此暂住等候钦差册封名位，以便次第奏闻举行典礼。再北为御马监直房，每日伺候御乘良马十余匹在此。再北御用等监库。

再北朝南者为宝善门，门内迤东即是慈庆宫后门。门外，神宗末年凿一井，味极甘洌。其北即奉先殿，殿东一长街。往北，街西一门为苍震门，再北街东并列向西为履顺、蹈和两门，内有哕鸾宫、喈凤宫，凡先朝有名封的妃嫔与无名封的宫眷皆在此养老。各有应得养赡银过活，病逝，则由看殿门官禀告司礼监，司礼监题奏，奉旨着照某封某氏例发送。此街自宝善门可以通向玄武门，俗称"狗儿湾"，其居中之门名莲花门。

乾清门前广场的西门为隆宗门。出隆宗门外向东者为司礼监经厂直房，日用纸札书箱皆贮于此，供御前使用。再西慈宁宫，万历年间，神宗生母慈圣太后所居。泰昌元年，神宗郑皇贵妃及东宫昭妃刘氏亦曾居之，天启八年以后，熹宗慧妃范氏亦曾居之。可见，本宫基本上由先朝皇后或皇贵妃、贵妃使用。

慈宁宫外东南为北司房(即文书房)。再南为司礼监管掌处，为两班四拨写字人所居。再东为外膳房。再南为南司房，即监官典簿直房。

隆宗门外朝西者，亦有监官典簿直房。再南为宝宁门，门外偏西为仁智殿，俗谓"白虎殿"，凡大行帝后梓宫灵位，在此停供。其西南为御酒房。西北为马房，监官典簿奉旨问刑拷打内犯之所。东南为思善门，门外桥西即武英殿。再西为大庖厨、尚膳监。

武英殿西南为御用里监。再东为南薰殿，凡遇徽号册封大典，阁臣率领中书在此篆写金宝册。例有司礼监掌印奉钦遣监视管待，御用监负责置办盛席伺候，必杀鹿一只款待。

再东为归极门(右顺门)，门西南礓礤下，存"逍遥城"遗迹。宣德中，汉王朱高煦谋反获罪，处以酷刑，于此置入铜缸被烧死。天启年间复建三大殿时，权阉魏忠贤说："这是国家甚么吉祥的好勾当，存之何为。"遂泯其迹。

慈宁宫、慈庆宫皆有井有花园。乾清宫东西六宫皆有井而无花园，惟钟粹宫植松数株。考其原因，东西六宫以乾清宫为中心，是皇帝一家人的天地，各宫虽相对独立但占地较小，皆以后苑为花园。慈庆宫、慈宁宫是乾清宫六宫之外的独立建筑群，分列东西，主要用来安置先皇后妃。出于宫中礼制界限，防止子纳父妾一类的秽闻发生，在先皇离去后，他的后妃，就要根据名分封号高低，搬出六宫到指定的宫苑养老，除了太后，从此与嗣皇隔绝，非待年老，难得相见。先皇后妃生活是内廷的另一个天地。她们不再能随皇帝移动而流动，基本上在一个相对固定的院落中抑郁以终。所以，专门用于安排先皇后妃的宫殿，大抵占地较大，设施齐全自成系统，以保证养老之人的生活方便与消遣散心。所谓养老，系指一种生活状态，而不是寻常意义上的老年生活。若论后妃年龄，难免使人大吃一惊，大都尚在青壮年之中。

宫中水系，由护城河水自玄武门西地道流入，经怀公门过长庚桥、里马房桥，经仁智殿、西御酒房、武英殿前、思善门外、皇极门前，至文华殿西而北再东，自慈庆宫以南，从地道至巽(东南)方流出，汇于皇城内玉河桥下。

三、皇城格局与宫城外皇城内的十二座门阙

宫城之外包皇城，围城三千二百二十五丈九尺四寸。其门有六：大明门、长安左门、长安右门、东安门、西安门、北安门。北安门俗称厚载门，沿袭元代旧称。大明门与北安门地处全城中轴线上。把大明门作为皇城的正门，符合皇城的规制。但是也有把承天门(今天安门)看作皇城正门的。据当代实测皇城东西宽 2500 米，南北长 2750 米。

如果把承天门作为正门，皇城平面呈长方形而西南缺一角。承天门前有一红墙围挡的 T 形广场。

皇城系由元代萧墙改造而来。宫城之外包砖径墙，沿用了元代旧制。明代重新规划建筑的宫城，面积与元代皇城相当，东西两侧宫墙依元皇城旧址南移，南北宫墙均南移 400 米左右。[①]这一宫城重新选址的变动必然引起皇城向南拓展。

皇城西南角之所以不能保证直角而缺一区，一般认为是在南拓时碰到了建筑文化遗存，而不得不绕道而行。永乐朝营建皇城时，东西北基本沿用元代萧墙旧址，南墙则必须另起炉灶。元代萧墙平面呈长方形，南北窄而东西宽，明朝废弃了其南墙。在向南拓展时，不能沿东西一线整体向南推进，其西段遇到了金元双塔庆寿寺的

---

① 有种说法是南城墙向南移 400 米，北墙向南移 500 米。果真如此，在东西宽度保持不变的情况下，则不能保证宫城面积与元皇城相当。两朝宫城周长只差 19 步。亦有整体向南推 500 余米之说。见张先得《明清北京城垣和城门》3 页，河北教育出版社 2003 年版。

阻挡。

明初，燕王府利用太液池西岸的光天殿、隆福宫改造而成。占据的就是元萧墙内最西面的部分区域。王府外包砖径墙的正门棂星门，可能就是利用元萧墙开口建造的。棂星门对面即是双塔庆寿寺。"双塔庆寿寺本金大庆寿寺遗址也。在今西长安街。寺创于金章宗时，元仍之，明初亦仍之。至正统中，王振重修，易名大兴隆寺，又曰慈恩寺。嘉靖间废为射所，名讲武堂，又以为演象所。后重建双塔寺。"①

为了尊重社会重佛传统，皇城南扩时，让开了这座古刹。此外，本寺不被废弃与成祖亦有渊源。帮助成祖取得皇位的谋臣姚广孝，元至正十二年(1352 年)，披剃为僧，法号道衍，洪武十五年(1382 年)九月，"诏选高僧分侍诸王。衍往燕府，住持庆寿禅寺，遂预靖难之功"②。寺与王府仅一街之隔，往来方便。可能是为了留住君臣际会知遇的记忆，皇城南拓时有意避开，而选择寺东灰厂夹道作为拓展后的皇城西墙。

不过这些只是推测理由之一，其实，还存在更重要原因，常常被人忽略，这就是为了保持龙兴之地燕王府的完整而有意为之。无论如何，成祖与燕王府的情感，是任何人无法体验的。他在下令营建北京宫殿时，首先改造燕王府(西宫)作为视朝之所，而不把营建皇宫作为第一要务，完全可以反映他的心态。当西宫工程完成后，再建迁都主体工程，将皇宫皇城整体南移时，就没有必要再改变独立的已完工的西宫布局。因此，皇城西南缺一角可能是出自预先的规划方案，而不管是否存在着双塔庆寿寺。假如为了保证皇城四角

---

① 《光绪顺天府志》京师志一。
② 黄瑜：《双槐岁钞》卷三，中华书局 1999 年版。

平直，庆寿寺完全可以包在皇城之内。皇城内又非禁止存在寺庙。

皇城南拓是规划之中的事情，宫城定位，决定了皇城走向与范围，宫城不可能不重视面前空间与视野。皇城南拓，腾出的空间，中路安排了承天门、端门、午门以及午门外的两侧朝房，中路东面安排了太庙，西面安排了社稷坛，再西面开凿了西苑的南海。永乐朝只是南拓了南墙，北墙稍北移，东西墙基本上沿用了元代旧制。皇城开工估计是在宫殿工程结束之际，大约完成于永乐十七年(1419年)年底。因为南城墙的拓展完成于永乐十七年(1419年)十一月，想必皇城南扩应与此同步。从工程完工的时间顺序上看，不再惊动两年多以前已经建好交付使用的西宫，完全是顺理成章的。

皇城东墙拓展在十五年后的宣德七年(1432年)六月十七日：

上以东安门外缘河人居逼近黄(皇)墙，喧嚣之声，彻于大内。命行在工部改筑黄墙于河东。皇城之西有隙地甚广，豫徙缘河之人居之。[①]

行在工部得旨后，第二天做出工程劳力预算，计用六万五千人，民夫不足，请以成国公朱勇所部士卒三万五千人助役。[②]因时当夏季，未立即动工，延至八月才开始。

原皇城外的河是内城一条重要的水道，自城西北什刹海经东步粮桥，穿皇城东折再南直通都城南城墙外护城河汇入通惠河。今天的正义路大街、南北河沿大街系该河故道。河道填埋改作通衢不过六十年。

皇城东墙东移时，原东安门未拆除，而是在门前跨河桥皇恩桥(又称望恩桥)的东面新修一座东安门。因此，原东安门改称东安

---

① 《宣宗实录》宣德七年六月甲辰条。
② 《宣宗实录》宣德七年六月乙巳条。

里门。

皇城围挡的城市空间中，中央为宫城及宫后镇山。中路两侧空间，西面宽广而东面稍狭。太液池位置决定了皇城不可能等距离地包围宫城。宫城西面的太液池两岸，容纳了皇家园林，这一格局是在元代开发成就基础上改造完成的。

当代追述元明宫城、皇城之间的继承演变关系时，常常使用元皇城周长九里三十步[①]，外包萧墙俗谓红门阑马墙周长二十里[②]；明宫城周长六里十一步，皇城周长十八里等历史数据。元皇城与明宫城周长果真相差三里吗？何以明皇城沿用了元萧墙西北两面而拓展了东南两面，周长反而从二十里变成十八里，竟然缩短了二里？真的让人疑惑不解。检其原因，在于两朝选择的测量单位—里的实质长度不同。唐以后各朝皆以 5 尺为 1 步，2 步为 1 丈，唯在多少步或多少丈换算 1 里上存在差异，不惟各朝之间，就是同朝之内，使用尺度标准不同也同样会产生差异。

元以测量耕地面积的边长 240 步为 1 里(1 步乘以 240 步等于 1 亩)，《南村辍耕录》在记元皇城(宫城)周长时，明确讲"里二百四十步"，而明代以 360 步为 1 里。两者比较，虽然命名相同，可是实质长度，元代的 1 里仅为明代 1 里的三分之二。按照明代的标准，重新计量元皇城九里三十步，不过是六里三十步而已，与明宫城的六里十一步，相差仅十九步。两朝宫城面积相差无几。按照元代 1 里等于 240 步或 120 丈计算，元皇城周长为 1095 丈，与徐达攻占大都之后，命令指挥张焕测量故元皇城的长度 1216 丈大致吻合。这里使用的是嘉业堂本《明太祖实录》记载的数字，而更多版本的

① 陶宗仪：《南村辍耕录》卷二十一，中华书局 1959 年版。
② 《春明梦余录》卷六。

《明实录》记载的是 1026 丈①。不同版本记录相差 190 丈。不过，两个记录数据正好以元代记载长度为中心一多一少，正可以证实元皇城的真实长度。

再以同样的换算方法计量元代萧墙，20 里换算后是明代的 13.33 里。显然，明代皇城比元代萧墙增扩了将近 5 里。围挡面积是元代 1.8 倍左右。

叙述明代宫苑的建置格局，有必要先弄清夹在宫城与皇城之间的内皇城门阙位置。内皇城门阙的位置走向，因史籍缺乏详细介绍，极易引发今人辨认混乱，说法纷纭莫衷一是。城门，皇城门、内皇城门、宫门一向是北京街道方位最显眼的地标。出入由门，故必先辨清方位，才有利于今日梳理明代宫苑殿宇楼台的布局。

"皇城内宫城外"十二门：北上门、北上东门、北上西门、北中门；东上门、东上北门、东中门、东上南门；西上门、西上北门、西中门、西上南门。②分为三组独立的墙门系统，分别位于玄武门(故宫神武门)、东华门与西华门之外。

宫城北门玄武门筒子河桥北建北上门直通万岁山(今景山)，东面沿万岁山东墙南延线建北上东门，西面沿万岁山西墙南延线建北上西门，万岁山后街北建北中门。四门之外，尚有自皇城北安门(今地安门)内东西两道各向南延伸扩展包在万岁山围墙之外的内皇城墙。东南沿地安门内大街东侧至北中门折向东，到景山东街转南，仍沿街东侧构筑墙体至景山前街；西南沿地安门内大街西侧至北中门折向西，到景山西街转南，仍沿街西侧构筑墙体至景山前街。而景山前街以南，东面通向南北池子大街，西面通向南北长街大街的

---

① 《太祖实录》洪武元年八月癸巳条。
② 《明会典》卷一八一"营造"一。

内皇城是否规划构建，构建是否完整，尚需考证。

　　元代宫城在今景山位置，未建护城河，所以在宫城与萧墙之间加筑一道高墙，无疑能够提升宫廷安全系数。明代万岁山外两侧的内皇城墙当系元代遗存。永乐迁都重新规划城建布局，宫城南移，同时开凿了护城河，这就比宫外增建环绕高墙，在安保意义上更为坚实。也就完全没必要再叠床架屋增建一道高墙。因之，可能放弃了宫城外再加筑高墙模式，而将安保措施重心放在了守护宫门上。在东华门外十字大街互通街口建四门由高墙连接围绕，形成瓮城形式：过筒子河桥街口处建东上门，在东街口建东中门，通向东华门外大街，北侧街口建东上北门，通向北池子大街，南侧街口建东上南门，通向南池子大街。宫城西华门外的西上门、西上北门、西中门、西上南门的形制同样如此。

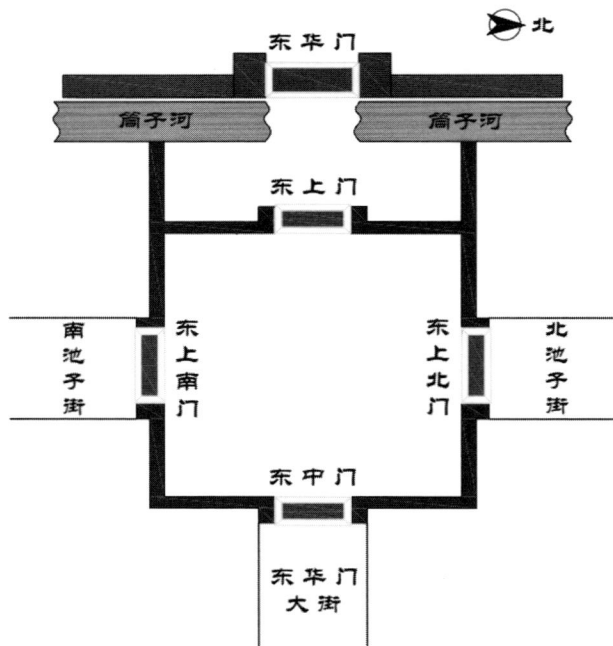

明代东华门外四座内皇城门示意图

上述宫城东的东上门、东上北门、东中门、东上南门与宫城西的西上门、西上北门、西中门、西上南门，这八门并非像某些文本介绍与历史地图标注的那样，是隔一段距离，并排建在南北走向的内皇城墙的多处东西向的门阙。果然如此，就很难解释古人的涉及这些门阙的行动。譬如，景泰初年，英宗被瓦剌释还，朝廷拟定了迎接仪式："太上皇帝车驾从安定门至东中门外，于东上北门南面坐，(景泰)皇帝出见毕；文武百官行五拜三叩礼毕。太上皇帝由东上南门入南城大内。"①如果上述三门并排开在南北向墙体的不同位置，这一礼仪安排，无疑是逻辑错乱难以实施。再有把地安门内两侧的东西黄瓦门(今作黄化门)指认为东上门与西上门，也是张冠李戴显然不妥。

　　墙与门多重交叉必促成出行交通困难，却能提高安全系数，降低日常管理成本。既然皇城以宫廷为中心，那么使役人员的方便并不是城居设计优先考虑因素，为了让使役人群更加规整与出入有序，不但在人员管理、规章制度奖惩措施等方面加大了力度，而且在建筑布局上一再添置墙门，分割空间，缩小限制个人自由活动范围。门是通行关口，易于盘查、缉捕身份不明之人与罪犯。

　　皇城之内，东部主要是宦官的监局司房以及重要的宫苑南城与珍藏秘档玉牒的皇史宬，西部主要是西苑以及宦官衙门库房。现仍检《酌中志》等书分别叙之，由北往南，先东后西。

　　进皇城北门北安门(今地安门内大街)，街东为黄瓦东门，门内街(今称黄化门胡同)南为尚衣监，街北为司设监。再东为酒醋面局(今存酒醋局胡同)、内织染局(今存织染局胡同)、皮房、纸房、针工局、巾帽局、军器库。再东稍南为内府供用库、番经厂、汉经厂、

---

① 李实：《李侍郎使北录》，见《国朝典故》卷二十九。

司苑局、钟鼓司。再南为新房、都知监、司礼监。

司礼监，乃宦官二十四衙门中第一监，权位极重。监门向西，门内稍南，有松树十余株，内书堂在焉，堂内正中供奉先师位，其楹联曰："学未到孔孟门墙，须努力趱行几步；做不尽家庭事业，且开怀丢在一边。"圣人位之北一间，则内书堂教书词林先生休息之所。厨房在后，凡采肉食料，俱由光禄寺供应。内书堂稍北为崇圣堂，再北向南者为第二道门，入此门再东朝南者为本监公厅大门，其内皆提督、监官、典簿、文书房掌司所居房屋。

新房之北是司礼监，新房之南是御马监。所谓新房者是在东西走向的街道两侧南北各建规格一致的排房相连，时谓之"连房"。十字路口各有井。御马监以南，西向者为杆子房、北膳房、暖阁厂、南膳房。暖阁厂东门临玉河。门外玉河西岸，榆柳成行，花畦分列，好似农家风光。

再南为明器厂、混堂司、内东厂、尚膳监。再南依序为印绶监、中书房、蹴圆亭、内承运库。此路总名为"东河边"。尚有房八区，为司礼监秉笔、随堂住所，俗谓"河边直房"。

黄瓦门故址，今天仍存，只不过改称为黄化门了，如果愿意，从地安门内大街黄化门胡同东去，徜徉于街道胡同之间，虽然不再能寻到昔日的宦官衙门，却能从那些胡同名称勾起历史记忆与探古幽思。这一地区仍在使用的胡同名称，充满着丰富历史信息，诸如：安乐堂胡同、火药局胡同、织染局胡同、南北帘子库胡同、司礼监胡同、酒醋局胡同、腊库胡同、内府库胡同、钟鼓胡同等等。

今东华门外大街以南区域为明代的东苑，西起东上南门外大街(今南池子大街)，东至皇城东墙(今南河沿大街东侧)，南达皇城南墙(今天安门东的皇城墙)。前面讲过，东皇城墙的位置曾变动过一次。宣德七年(1432 年)六月以"东安门外缘河人居逼近黄(皇)墙，喧嚣之声，彻于大内"[①]，而改建于河东。

移建理由"喧嚣之声，彻于大内"，并非指的是宫城大内。揆诸常理，在居民生活制造响动技术能量极其有限时代，缘河人居再怎么喧嚣也不会影响到二重高墙包围的宫廷安静生活。显然，"大内"指的是宣德做皇太孙时的宫苑，登极之后，自然升格属于"大内"范畴。皇城东扩无非是宫殿提升扩建的需要。宫廷西苑依水而建 风光旖旎，美不胜收。东苑缺乏水域，故将玉河纳入宫苑范围，以营造小桥流水，芳草篱院，林荫茂盛的江南风光。

皇城东移时，保留了东安门，改称东安里门，而在河东新建东安门，两门相对，跨河桥称东安桥(皇恩桥)。由东安桥沿河往北，有一桥俗称骑河楼，桥上建亭曰涵碧。再北为回龙观，正殿崇德殿，庭院宽敞多植海棠，每至春深盛开之时，皇上多来此观赏。

皇城东部区域，核心东西通道为东华门大街，东中门西对东上门、东华门，东对东安里门、东安门。街北至皇城北墙区域，主要是宦官的监局司房。

街南至皇城南墙区域，主要是宫殿，园林与库房等。

本区域的北半部，主体建筑为重华宫，名出《尚书·舜典》"舜能继尧，重其文德之光华"。系由永乐迁都营建的皇太孙宫改造升级而成。东上南门以南，街东永泰门，门内街北为重华宫正门重华门，门内两侧各两门，分别为广定门、咸熙门、肃雍门、康和门，中为重华宫，形制一如乾清宫。东西有两长街。西长街则有兴善门、丽景门、长春门、清华门、宁福宫、延福宫、嘉福宫、明德宫、永春宫、永宁宫、延禧宫、延春宫。凡妃嫔、皇子女之丧，皆于此停

① 《宣宗实录》宣德七年六月甲辰条。

灵，至发引时，出东上南门、东上北门、北中门、北安门，至西山等处园寝安葬。东长街则有广顺门、中和门、景华门、宣明门、洪庆门、洪庆殿，为供奉番佛之所。重华宫东为内承运库。

重华门南向，门前必求开阔，对面建照壁，东西建门，形成相对封闭的小型广场。其西门应就是永泰门。宫前广场大约位于今缎库后巷，以北三条南北向的胡同普度寺前巷、普度寺东巷、普度寺西巷，当是重华宫中路与东西长街的旧址。

以重华宫前广场为界将东苑划为南北两区。南区东南角为崇质殿，俗谓"黑瓦殿"，推测应是内承运库的管理机关兼库神庙，周边建有储存锦缎、灯笼、蜡烛等库房。库房向来以防火为要务，传统的五行相生相克说，水为黑色，火为红色，殿顶覆盖黑瓦，无非取水能克火之期盼安全意义。清代皇城开放，本地区逐渐变成居民区，形成了以库房命名的胡同，如缎库胡同、灯笼库胡同、瓷器库胡同等。

景泰年间，英宗自瓦剌放还后软禁于此，时谓南城或南宫。这一期间的南宫，专指崇质殿，空间局促，只有两重殿宇，万历年间沈德符讲"余曾游南内，在禁城外之巽隅，亦有首门、二门以及两掖门，即景泰时锢英宗处，所称小南城者是也。二门内亦有前后两殿，具体而微，旁有两庑所以奉太上者。止此矣"[1]。

明末崇质殿荒废，清初改建成普胜寺，今为欧美同学会。普胜寺与北部的普度寺常被人混淆。普度寺源自重华宫，清初摄政王多尔衮入京居于此，后改建为寺庙。

崇质殿西为御前作，稍北追先阁、钦天阁，再西，全砖石构建

---

① 《野获编》卷二十四。

的皇史宬，俗谓石室金匮，嘉靖十五年(1536年)七月建成。贮藏明太祖以来诸帝御笔、实录及紧要典籍，每年六月初六日晾晒藏品。皇史宬东西各建小门，东南有门通菖蒲河，河上建涌福阁，旧名澄辉阁，俗称骑马楼。

景泰八年(1457年)正月，石亨、徐有贞、曹吉祥等人发动政变，拥戴英宗复辟，改元天顺，废景泰为郕王。英宗喜爱南内幽静，故"增建南内殿宇"①。然而，虽称"增建"，却不是对软禁之崇质殿进行更新改造升级，而是选择今南池子大街以西到太庙东墙区域新建殿宇：正中龙德殿，左右崇仁、广智两殿。正殿之后凿石为桥，白石砌成，上刻狮、龙、龟、鳖、鱼、虾、海兽及水波汹涌图案，栩栩如生，相传为郑和下西洋携回，非中国石工雕刻。桥南北建飞虹、戴鳌两牌楼，东西建天光、云影两亭：其后叠石成"秀岩"山，山下有洞，磴道两行，分而上之，其上为乾运圆殿，东西凌云、御风两亭，隔以山石藤萝花卉宛如壁墙；后为永明殿，引流水环绕，名环碧。天顺三年(1459年)十一月完工。又广植四方所贡奇花异木。每春暖花开，命中贵陪内阁儒臣赏宴于此。

嘉靖四年(1525年)六月，建世庙供奉献皇帝神主。世庙位于太庙东墙外，利用的是天顺三年建造的"环碧殿"地方，北墙与太庙齐，南墙逼近飞虹桥。门开在太庙东墙上，自端门外东侧太庙街门东行转北开小门入世庙。②占地规模：南北长五十丈，东西宽二十丈。③十五年(1536年)改称献皇帝庙，十七年(1538年)再改睿宗庙，

---

① 《英宗实录》天顺三年四月乙卯条。
② 《世宗实录》嘉靖四年十月癸丑条。
③ 席书：《大礼集议》卷一，《文渊阁四库全书》影印本，台北商务印书馆1983年版。

第三章　宫城、皇城与坛庙

105

二十四年(1545 年)睿宗帝后祔享太庙。四十四年(1565 年)，旧庙柱生芝，而改名玉芝宫。

以上为皇城内东半部的主要宫廷建置与机构的布局。

北安门往南直对者为北中门。过北中门以西，为白石桥、万法殿等处，往南至大高玄殿。大高玄殿建成于嘉靖二十一年(1542 年)四月，乃世宗修玄供奉道家三清之所。三清者为道教崇奉的玉清元始天尊、上清灵宝道君、太清太上老君。殿制规模狭长，当代测量南北长约 260 米，东西宽约 60 米。正门在北上西门以西，面南逼近护城河。前门额题"始清道境"。临河牌坊两侧各建阁亭，东西石牌坊，左曰"先天明镜、太极仙林"，右曰"孔绥皇祚、弘佑天民"。又有阁两座，左曰"炟(音阳)明阁"，右曰"昒(音阴)灵轩"。内为福静门、康生门、高玄门、苍精门、黄华门。殿之东北为无上阁，其下为龙章凤篆、始阳斋、象一宫。宫内供像一帝君，范金为之，高一尺许，乃是世宗玄修之御容。

大高玄殿稍西为石作、圆明阁。又西为乾明门。门内以南为兵仗局、西直房、旧监库、尚膳外监、甜食房，至西上北门。

西上南门以西则为银作局，再南，过桥向南为灵台，亦有观象台、铜铸浑天仪，以测星度、观察云气。沿河西岸而南为宝钞司。自西中门之西为尚宝监、鹰房司。再西为西苑门。

西苑门东与西中门、西华门直对。进西苑门，向南东边为灰池、水碓。水磨河西土坡之上为昭和殿、拥翠宫、趯台陂(即后来的瀛台)、澄渊亭，以上各处宫殿均应在太液池中海与南海之间的堤岸上，由此沿中海西岸，往北即是紫光阁。紫光阁西为万寿宫、寿源宫(嘉靖四十四年春更名百禄宫)、五福殿、承祐殿、左祐祥殿、右祐宁殿、龙吉斋、凤祥馆、昭祥门、朗瑞居、耀曦门、耀朗门、含祥门、成瑞门、永和门、永顺门、永绥门、永祉门、纳康门、长宁门、凝一殿。其东为万春宫、含春殿、万和宫、万华宫、万宁宫、御馔庖、体仁门、履康门、启泰门、纳福门、泰安门。其西仙禧宫、仙乐宫、仙安宫、仙明宫。其朝东南起有常宁等21门。

万寿宫的位置大致在今西安门大街以南，府右街左右，"明成祖潜邸也，或曰即旧仁寿宫"①。至清初已是朱垣隙地，杂居内务府人役及堆放柴草之地。

万寿宫之东为亲蚕坛，坛专为皇后亲蚕典礼建造。在男耕女织的社会，皇后要为万民做出表率，皇帝于先农坛亲耕，皇后于亲蚕坛亲蚕。坛制：有斋宫、具服殿、蚕室、茧馆。嘉靖九年(1530年)拟建于安定门外，因礼部建议，以皇后出郊亲蚕多有不便，嘉靖十年(1531年)六月，改筑坛于西苑仁寿宫东侧。坛高二尺六寸，四出陛，广六尺四寸。东为采桑坛，方一丈四尺，高二尺四寸，三出陛，铺甃如坛制。台之左右种植桑树，东为具服殿，殿北为蚕室。围八十丈。②

万寿宫之西为大光明殿，嘉靖三十六年(1557年)十一月建成。"地极敞豁，中祀上帝，相传明世宗与陶真人讲内丹于此，即大玄都也。"③

大光明殿之南为兔儿山。"小山在仁寿宫西。入清虚门，蹬道盘屈，甃甓皆肖小龙文，叠石为峰，巉岩森耸，元氏故物也。"④山间设洞，分东西两径，纡折至顶，顶建清虚殿，俯瞰都城，历历在目。"砌下暗设铜瓮，灌水注池，池前玉盆内作盘龙，昂首而起，

---

① ③ 高士奇：《金鳌退食笔记》卷下，北京古籍出版社1980年版。
② 郭正域：《皇明典礼志》卷十二，万历四十一年刊本。
④ 严嵩：《钤山堂集》卷十五，清嘉庆十一年刻本。

激水从盆底一窍转出龙吻，分入小洞，复由殿侧九曲注池中。乔松数株参立，古藤萦绕，悬萝下垂，池边多立奇石。一名小山子，又曰小蓬莱。其前为曲流观、甃石引水，作九曲流觞，皆雕琢奇异，布置神巧。嘉靖时，复葺鉴戒亭，取殷鉴之义。又南为瑶景、翠林两亭，古林延翳，奇石错立，架石梁通东西两池。南北二梁之间曰旋磨台，螺盘而上，其巅有甃，皆陶埏云龙之象，相传世宗礼斗于此。台下周以深堑，梁上玉石栏柱，御道凿团龙，至今坚完如故。老监云：明时重九，或幸万岁山，或幸兔儿山清虚殿登高，宫眷内臣皆著重阳景菊花补服，吃迎霜兔菊花酒。"①旋磨台又称作旋坡台，台上建七层牌楼为：玉光、光华、华耀、耀真、真境、境仙、仙台。

西安门内大街往东，太液池中海与北海之间跨一长桥，桥西以北为玉熙宫，嘉靖三十九年(1560 年)九月建成。②宫后，沿今北海西岸北去为承华殿即迎翠殿、宝月亭、芙蓉亭、清馥殿、丹馨殿、锦芳亭、澄碧亭、腾波亭、飞霭亭、腾禧殿(即黑老婆殿)、王妈妈井、乾德殿。河畔有五亭，中为龙泽，左澄祥、滋香，右涌瑞、浮翠，即今北海五龙亭。其西北为内教场，场内振武殿、恒裕仓、省敛亭。

由五龙亭循太液池北海北岸向东，则北闸口，折向南则洪应殿、坛城、轰雷轩等，再南则为陟山门，即今之北海东门。再沿池往南便来到太液池桥，牌楼一座，额曰"堆云""积翠"。桥北岿然若山者上建广寒殿，山皆奇石叠砌而成。中仁智殿，左介福殿，右延积殿，山顶为广寒殿。左右四亭为方壶、瀛州、玉虹、金露。山北

---

① 《金鳌退食笔记》卷下。

② 《世宗实录》嘉靖三十九年九月壬辰条，台湾"中研院"史语所 1962 年影印版。

临池有凝和殿以及拥翠、飞香两亭。万历七年(1579年)广寒殿倾颓，出土至元钱，神宗曾分赐给大学士张居正数枚。至明末仅存山石基址，清顺治八年(1651年)重新规划，拆毁周围殿亭，立塔建寺，树碑山趾，即今之北海白塔。此地为太液池中之岛，金朝之琼花岛，东、南有两桥通出入。

太液池桥南为圆殿，即今之北海团城。砖砌如城墙，亦有雉堞，以磴道拾级而上，上有承光殿、楼亭、古松。松龄数百年，霜干虬枝，式如偃盖，凡垂下的枝干，皆用杉木支撑。圆殿之南，紧临玉河桥，即今北海大桥，东西金鳌、玉蝀两牌坊。万历年间，每逢中元(七月十五)道经厂、汉经厂做法事，放河灯都在此举行。桥面中段约一丈余，以木枋代替条石，两侧竖木栏杆。可见，明代此桥并非全部石制，中间所以留下一段用木枋搭建，不外是为了在发生紧急情况时，能够立即将木枋撤去，使东西两岸阻隔，形成一道天然屏障。

玉河桥之东南为五雷殿，即椒园，又称蕉园。凡实录修成定稿，于此将草稿焚烧。左迎祥馆，右集瑞馆，再有太玄亭、问法所、临漪亭、水云榭。再往南则为西苑门。

由玉河桥、玉熙宫以西为棂星门。以北为羊房夹道、牲口房、虎城、内安乐堂。内安乐堂是相对北安门内东墙根安乐堂而言的，皆为宦官老疾者休养之所。

安乐堂在庞大的宦官机构中，本是一个不起眼的地方，只是曾作为孝宗生母纪氏的庇护之所，才传名后世的。孝穆纪太后者，宪宗妃，广西贺县人，本蛮土官女。上尝行内藏，后应对称旨，悦之，一幸有身。万贵妃知而恚甚，乃谪居安乐堂，久之，生孝宗。万贵妃使门监张敏溺焉。敏惊曰："上未有子，奈何弃之？"藏之他室，至五、六岁未敢剪胎发。上一日召张栉发，照镜叹曰："老将至而无子。"敏伏地曰："有，但恐不能保耳。"上即日幸西内，遣使迎皇子。后抱孝宗泣曰："事已觉，吾无生矣，儿去，见黄袍有须者，即儿父也。"皇子衣小绯袍，乘小舆，拥至阶下，发披地走，投帝怀。帝置之膝，抚视久之。其后六日，妃暴薨。[①]《燕都丛考》误为在北安门内的安乐堂，于逻辑不通。考之史籍，纪氏被贬时安置于西苑，故其生子被太监藏匿在安乐堂，应是内安乐堂，而不可能为北安门内安乐堂。

棂星门以西为酒房、西花房、大藏经厂。又西为洗帛厂、果园厂、西安里门、西安门。

西安里门内，街北有甲字等十库、司钥库、鸽子房。街南为惜薪司。

以上皇城内西半部的主要宫廷建置与机构的布局。

明代西苑以太液池北海为中心，两岸宫殿簇拥，而以南的中南海尚显荒芜，其水面比现在的要大，西边临水之滨并无太多建筑，周岸似乎也未进行石砌。太液池水自北安门外药王庙西桥下流入，水面汪洋，萦洄蓄泄，鱼虾肥美，葭草茂密，水禽上下，宛若江南风光。冬至冰冻，可拉拖床，一人在前拖绳，可乘坐二三人，在冰上行走如飞。明朝皇城内为禁地，但在万历年间有所放松，每于河冻之冬，贫民群来趁食，于皇城内外，凡有冰处，拉拖床糊口。若遇雪满林皋，身着艳服的坐车者，与冰雪世界相辉映，往来如织，待到春暖，冰面松动，常常有沉溺之人。

仁寿宫并非临水而建，东距池水尚有许多空地，不然的话，嘉靖十年(1531年)就不能轻易地修建起占地较广的先蚕坛以及帝社稷

① 毛奇龄：《胜朝彤史拾遗记》卷三，中华书局 1991 年版。

坛。时清查西苑"空闲土地通行丈量，共七顷九十四亩五分"①。将其中五顷十七亩播种五谷，当年收获各色粮食 858 石有余，储运于恒裕仓。又于先蚕坛西栽植桑树七八百株。可见当时还没有形成环水统一规划建设的宫殿格局。仁寿宫及其西面的大光明殿与南面的兔儿山，即是永乐十五年(1417 年)翻建原燕王府而成的西宫，只不过随着宫城竣工投入使用，本宫功能发生变化，改变用途不足为奇，兼之岁月洗刷，灾害摧残，当需要修建的时候，在位皇上便毫不迟疑地按照本人意愿重新布局。变化是生活的准则，谁也不会完全忠实于祖宗遗产，皇上也不例外。仁寿宫与中南海之间的空地为清朝人后来规划西苑宫苑一体提供了空间，随着中南海西岸近处建筑群的兴起，仁寿宫等殿堂园囿就彻底没落了。

皇城、宫城内的水系，西面为太液池三海，东边为玉河。两者东西交汇，流经宫内外。

积水潭什刹海之水从皇城北闸口流入分两道，一汇为太液池，再自御用监南，东流南折再东与宫城护城河西脉合流，过长安右门之北，经承天门前，再东过长安左门之北，于涌福阁汇于皇城东南隅而总汇向南流出。

另一自北闸口经内官监、白石桥、大高玄殿以东、北上西门外半边石半边砖桥流入宫城护城河。护城河水流又分两支：东道东去南折经太庙之东玉芝宫、飞虹桥之西；西道南流自社稷坛之西至灵台、宝钞司之东，合流于涌福阁之河。宫城之内河，则自玄武门以西地沟流入，至廊下家，由怀公门以内，过长庚桥、里马房桥，经由仁智殿西、御酒房东、武英殿前、思善门外、归极门北、皇极门

---

① 夏言：《西苑耕耤疏》，见《春明梦余录》卷十九。

前、会极门北、文华殿西，而北而东，自慈庆宫之徽音门外，蜿蜒而南，过东华门里古今通集库南，从宫城墙下地沟流入护城河。宫内之水或显或隐，总归一脉相通。万历年间，神宗久居西苑，宫中疏于管理，河道遂发生壅塞不通，帮石圮洳，直至天启年间方才疏通。

宫内水系由人工开凿，引水入宫，原非为游赏戏水之用，设置曲折，颇耗人工物料，目的在于防火，一旦发生火警能够做到就近取水。天启四年(1624年)，六科廊火灾，六年(1626年)，武英殿西油漆作火灾，都是及时从此河取水扑灭的。另外，为便于宫中土木工程的用水。

宫城、皇城的墙体是挡不住大军猛攻的，作用只体现在平日的治安防护与寻常的宫内骚乱上。只要都城被攻破，皇上决不能依靠皇城宫城负隅顽抗企盼起死回生。明末，崇祯帝闻知大顺军攻入内城，最终绝望地选择了自裁。

清代明以后，康熙朝彻底废除了宦官监局制度，代之以内务府管理皇家事务，内府规模大为缩小，因而，皇城内许多原明代太监机构废置。同时又逐渐开放了皇城。清代皇城内东半部与三海、西苑以西部分变动较大。

皇城拆除始自民国，由于城市功能不再以宫廷为重心，现代化脚步加快，阻挡自由往来的墙体，自然成为众矢之的，政府出面陆续拆除。民国元年(1912年)长安左、右两门仅存门阙，俗称三座门。民国六年(1917年)拆除西面灵宫一带皇城墙，移其砖修白塔寺东边的大明濠。民国十三年(1924年)至十六年(1927年)陆续拆除东面、北面皇城墙。

皇城墙在大规模拆除以前，经过了一段破墙成豁口以便出入时期。民国初年先在皇城四周交通断点开辟新门。西面的南长街，以及灰池、石板房等处。东面的南池子、南河沿，以及通向马神庙京师大学堂的翠花胡同等处。北面开宛平县署一门，以通德胜门内大街。这些新门只有南长街、南池子及南河沿三处尚存以外，其他各门随着城墙拆除，再无遗迹可寻。至于宫城与皇城之间的两道宫城护墙，可能在清代就逐渐衰败。今天地安门内大街两侧，景山东西街的外侧，尚有遗存。

四、内廷宦官与宫官系统

宫廷离不开男性仆役服务，又不愿意看到嫔妃、宫女与之可能发生龌龊之事，因而大量使用阉人。

宦官组织机构分十二监、四司、八局共二十四衙门。十二监：司礼监、内官监、御用监、司设监、御马监、神宫监、尚膳监、尚宝监、印绶监、直殿监、尚衣监、都知监。四司：惜薪司、钟鼓司、宝钞司、混堂司。八局：兵仗局、银作局、浣衣局、巾帽局、针工局、酒醋面局、内织染局、司苑局。

此外，还有东厂、内库供用库、司钥库、内承运库、灵台、御酒房、御药房、御茶房、甜食房、牲口房、弹子房、刻漏房、更鼓房、里草栏草场、中府草场、天师庵草场、十库(甲、乙、丙、丁、戊、承运、广盈、广惠、广积、赃罚库)、汉经厂、番经厂、道经厂、南海子(上林苑)、林衡署、蕃育署、嘉蔬署、良牧署、织染所、绦作、盔甲厂(鞍辔局)、安民厂(旧名王恭厂)、内外安乐堂、净乐堂等专业职能明确的次级机构。

宦官衙门职权按其功能可分为四类：(一)实现君权一统控制朝廷的政治机构，如司礼监、东厂。(二)直接服务于皇帝与后妃的机构。(三)间接服务于皇帝与朝廷的生产性组织管理机构。明代工匠上班去处分为两类。一是供职于工部各厂局，另一是供职于宦官生产机构。(四)宦官系统内部管理协调、服务机构。四类机构中，第二类和第三类占去绝大部分。

宦官文化是明代北京史研究绕不开的研究对象。宦官群体规模最多时究竟有多少人，史无确载。清圣祖说"明后宫太监十万、宫女九千"，但此说是在批判明朝宦官制度弊病时抒发的感慨，绝不能视为确数。

涉及明代太监数量的史籍大致可分三类：一是清朝的，无论官方说法还是亡明孤忠遗民著述，皆对明宦官干政专权持彻底否定态度，不免将其太监数目有意做大以彰其君昏政弊，亡国必然。最具代表性的就是清圣祖的说法。二是明本朝仕宦文人的记录。文官集团与宦官集团历来势同水火，因此，忧国的官员士子向来对宦官乱政与靡费国家资财抨击不遗余力，无不夸大太监数量，常用的数万之数，无非是在警示皇上，吁请尽快革除弊端。"数万"绝非统计意义上的，只表明情势严重与个人政见立场。三是宦官系统以及与之交集过事的朝廷衙门的文件。这才是考察明代太监真实数量最重要最可靠的资料。

明代宫廷按例间隔五年一收太监①，由皇上下达谕旨，礼部会同司礼监办理。而在实际操作中，并没有严格按五年一集中收录执行，有时连年集中大量收录，有时间隔长达十几年乃至三十年，皇

---

① 《熹宗实录》天启三年四月辛未条：礼科都给事中成明枢批评宫廷连年收录太监，为"非五年之例"。台湾"中研院"史语所 1962 年影印版。

上也不下旨集中收录。"凡收选内官，于礼部大堂同钦差司礼监官选中时，由部之后门到此厂(东安门外菜厂，地处今王府井大街北端西侧菜厂胡同)过一宿。次日早辰点入，赴内官监，又细选无遗碍者，方给乌木牌。候收毕，请旨，定日差司礼监掌印于万寿山前拨散之。"①根据需要分配给宦官各衙门与南京、中都、湖北显陵以及地方上的王府。严禁京外各拥有使用太监权力的衙门与王府私自收录，违者严惩。

自正统朝起民间自宫者逐年增多，到成化朝形成了相当规模的私自阉割人群，涌向京师，不时聚集喧扰礼部或宫门请求收用。尽管事态严重，但宫廷没有妥协采取大批录用，而是问罪驱离。检《宪宗实录》可知当时情形：

成化十年(1474年)十一月，自宫者三百一十四人先已奉旨谪戍，皆逃至京师复希进用。逮至重杖而讯之。拒收。②

成化十五年(1479年)正月，自宫者至二千人群赴礼部乞收用。诏十日内尽逐之京城。③

成化十六年(1480年)七月，自宫者至千余人喧扰官府，散满道路。逐回原籍。④

成化十八年(1482年)八月，通州右卫军余金凤等总三百九十一人自宫以求进，下都察院治其罪，皆发原籍原卫收管。⑤

成化二十三年(1487年)六月，自宫者三千余告扰礼部。命十日

① 《酌中志》卷十六，内府衙门职掌。
② 《宪宗实录》成化十年十一月辛未条，台湾"中研院"史语所1962年影印版。
③ 《宪宗实录》成化十五年春正月戊申条。
④ 《宪宗实录》成化十六年秋七月乙巳条。
⑤ 《宪宗实录》成化十八年秋八月辛卯条。

内逐之。①

惩罚可谓严厉，自宫人却有增无减。盖因"自宫求进者动一二千人，虽累加罪谪，旋得收用"②。只要是衙门无论朝廷的还是内府的，皆无不希望扩充人手，壮大本部门实力，以便揽权延伸权力触角，同时还能减轻个人工作负担。内府衙门正是利用自宫人众，屡求进宫的形势，顺势扩充了人手。成化二十一年(1485年)正月，吏科都给事中李俊指出，"近侍之设国初皆有定，今或一监设太监一二十员，或一事参内官五六七辈"③。冗员超编问题虽严重，却未采取有效的抑制措施，二十年过后，依然如故，各宦官衙门无不争相增添人手。弘治十八年(1505年)五月，户部尚书韩文具题："看得前项各马房仓库监局管事内官，先年设立多者不过二三员，少者只是一二员。以故官无冗滥，事有定规。近年以来逐渐加添，且如坝上北马房仓实在马只有一百四十一匹，内官添至八员。又如上林苑监林衡一署，原额只有九员，今添至三十二员。其他大率类此。"④

成化年间对于自宫求进者，严惩之余，也不得不"旋得收用"，但未见宫廷大规模成百上千的收录记录。想必是内府衙门各自题请旨准后零散分批录用，再就是衙门私自个别收录而不上报。至于成化朝太监总量究竟是多少，尚未检到直接的官方统计数字。嘉靖年间郑晓《今言》一则记载，为今日梳理成化朝的太监数目提供了可靠证据，过录如下：

---

① 《宪宗实录》成化二十三年六月丙子条。

② 《宪宗实录》成化二十一年春正月己丑条。

③ 《宪宗实录》成化二十一年春正月戊申条。

④ 韩文：《题为开读事(查革添设内官)》，《明经世文编》卷八十五，1962年中华书局影印版。

正德十六年，工部言"内侍巾帽、靴鞋，合用绐丝纱罗皮张等料，成化间二十余万(两)，弘治间三十余万(两)，正德八九年至四十六万(两)，今至七十二万(两)。洪武二年定置内使、监、奉御凡六十人。今自太监至火者近万人矣"[①]。

正德十六年(1521 年)"太监至火者近万人"[②]的鞋帽等用料七十二万两。人均七十二两。以此上推，成化间的二十余万两供应的人数为三千人上下。弘治间的三十余万两供应的人数为四千五百人上下。正德八九年的四十六万两供应的人数为六千三百余人。正德十六年则人数近万。三朝历经五十余年，太监人数翻了三倍。这一年武宗过世，嘉靖继位。不久，太监人数便破万。

嘉靖三年(1524 年)到天启三年(1623 年)恰恰百年。为让太监数量历年变化一目了然，有必要剪贴这百年间官方记录的数目与增补情况：

嘉靖三年(1524 年)四月，内供用库太监梁政言："内官内使人等月粮例人四斗，食者一万五千余人。"[③]这里的食者并非全是太监，还应包括宫女人等。但太监至少要占到九成。

嘉靖八年(1529 年)六月，司礼监揭帖"内官、长随、内使、小火者、净军，见在一万二千六百三十九员名"[④]。

嘉靖十五年(1536 年)六月，收三千四百五十五名送内府供役。[⑤]

隆庆元年(1567 年)九月，太监翟廷玉奏："见任内官一万四千

① 郑晓：《今言》卷四。
② 火者系指低级杂役太监。
③ 王世贞：《弇山堂别集》卷九十八。
④ 梁材：《复议节财用疏》，《明经世文编》卷一百零二。
⑤ 《世宗实录》嘉靖十五年六月壬辰条。

五百余名。"①

隆庆六年(1572 年)九月，工部言："两京内官旧使人等，自隆庆五年九月至六年八月，除事故五十一员名，实在一万二千七百二十九员名。"②

万历元年(1573 年)四月，收三千二百五十名。③

万历六年(1578 年)七月，收三千五百七十名。④

万历十一年(1583 年)二月，驱逐了万历元年与六年这两批收录的太监。复于七月收两千余名。⑤

万历十六年(1588 年)四月，收二千名。⑥

万历二十九年(1601 年)四月，收四千五百名。⑦

万历四十六年(1618 年)四月，户科给事中官应震言："光禄米关内监者月粮，每岁全支有五千七百六十八员名，每岁半支有八千三百三十二员名。"⑧共一万四千一百员名。

泰昌元年(1620 年)九月，收三千名。⑨

天启元年(1621 年)正月，收一千五百名，旋再收二百名。⑩共一千七百名。

---

① 《穆宗实录》 隆庆元年九月辛未条，台湾"中研院"史语所 1962 年影印版。
② 《神宗实录》万历元年九月甲申朔条。
③ 《神宗实录》万历十一年七月丙午条。
④ 夏燮：《明通鉴》卷六十七，清光绪上海点石斋书局本。
⑤ 《神宗实录》万历十一年七月丙午条。
⑥ 《神宗实录》万历十六年四月戊辰条。
⑦ 《神宗实录》万历二十九年四月癸未条。
⑧ 《神宗实录》万历四十六年四月壬辰条。
⑨ 《熹宗实录》泰昌元年秋九月戊戌条。
⑩ 《熹宗实录》天启元年正月乙酉、戊戌条。

天启三年(1623 年)二月，收一千五百名。[①]五月，再收年力精壮者一千名。[②]共二千五百名。

罗列官方记录年报，就是要细化梳理出百年间太监人数的变量曲线。为此，需要先选一个官方当年统计数目作为考察起点的基数。因嘉靖三年报告的 15000 余人包含宫女等人，故选嘉靖八年司礼监揭帖的 12639 人作为基数，展开考察其后的数量变化。

嘉靖十五年收 3455 人。岁月流逝，太监存在自然减员，因之不能将 12639 人与 3455 人简单相加而认定该年的太监总数是16094 人。

太监的年减员率，选择按 3%计算。[③]

嘉靖十五年去嘉靖八年间隔七年。(1-0.03)的 7 次方约 0.8，乘以 12639，约剩 10110 人，加上新收的 3455 人，总数 13500 余人。

嘉靖四十五年去嘉靖十五年间隔三十年，(1-0.03)的 30 次方约0.4，乘以 13500。那么，到嘉靖过世之际，宫廷太监只剩下了 5400余人，且年纪皆在三十五岁以上，以五十岁左右的居多，许多体力工作已不能胜任。因之，期间绝不可能不补充新手。但遗憾的是未能检到《世宗实录》集中大量收太监的记录。世宗继位以后裁抑太监，对之管束甚严。《世宗实录》嘉靖十五年以后不但没有收太监的记录，就是有关太监的活动信息也很少。然而，严管太监，并非

---

① 《熹宗实录》天启三年二月己卯条。

② 《熹宗实录》天启三年五月戊辰条。

③ 隆庆五年九月至六年八月整整一年，事故 51 名，实在 12729 名。减员率在51/(12729+51)约是 0.4%。一年的数据，明显偏低，结合明代人口死亡率在 2.5%到 3.2%。以及太监犯罪处罚与年老退职等因素，故减员率选择 3%。隆庆元年 14500 余人，隆庆六年 12729 人，间隔五年，减员约 1800 人，年均减员360 人，亦可佐证。

是彻底革除太监的政治体制改革，只是暂时削弱了司礼监权力，撤销了监军、镇守等差事，而其他宦官衙门依然如故，按部就班分担宫廷日常事务。按例逢缺员时题请补充，按例得到批准。使太监数量基本维持在 13500 人左右。嘉靖二十一年(1542 年)十月"宫婢之变"后，世宗移居西苑，专事斋醮玄修，疏于朝政。皇帝不出面集中大量收录太监，也就为宦官衙门各自分散题请补充，提供了有限的扩充人手的机会。

隆庆元年工部报告太监 14500 余人。比嘉靖十五年的 13500 余人还多出了 1000 人。足证嘉靖十五年以后，宫廷太监补充采用的是随时分散收录方式，其间必然也存在缺员申报虚高而获批现象。

隆庆六年工部报告太监 12729 人。此去隆庆元年间隔五年，期间没有收录记载，故(1-0.03)的 5 次方约 0.86，乘以 14500，约剩 12470 人。这一数字与本年核查的现存 12729 人，相差不多，亦证选择 3%减员率比较符合实际状况。

万历元年四月收 3250 人。此去隆庆六年九月间隔半年，减员约 200 人，剩 12529 人，加上新收的，总数近 16000 人。

万历六年七月收 3570 人。此去万历元年间隔五年，(1-0.03)的 5 次方约 0.86，乘以 16000，约剩 13760 人，加上新收的，总数 17330 余人。

万历十一年驱逐了万历元年与万历六年这两批收录的太监。这是神宗亲政以后，铲除权阉冯保的结果。他不能让冯保主持收录的太监继续留在宫中以生不测。随着驱逐完成，太监数量骤减，留下的都是隆庆六年的老人。不久，复收 2000 余人。

万历十一年去隆庆六年间隔十一年，(1-0.03)的 11 次方约 0.72，乘以 12729，隆庆六年留下的老人约剩 9000 余人，加上新收的 2000

人，总数 11000 余人。

万历十六年收 2000 人。此去万历十一年间隔五年，(1-0.03)的 5 次方约 0.86，乘以 11000，约剩 9460 人，加上新收的，总数 11460 余人。

万历二十九年收 4500 人。此去万历十六年间隔十三年。(1-0.03)的 13 次方约 0.67，乘以 11350，约剩 7600 余人，加上新收的，总数 12100 余人。

万历四十六年户科给事中官应震报告 14091 人。此去万历二十九年间隔十七年，未见《神宗实录》记载大规模集中收录太监。(1-0.03)的 17 次方约 0.6，乘以 12100，原有的太监应只剩 7260 余人。然而，官方本年的记载总数不降反升，多出 6800 余人。究其原因，这一现象与嘉靖后三十年的情况类同。凡大规模收录太监，必由皇帝下令，皇帝不出面，《实录》也就无记载。神宗是位懒于政事，几十年不上朝，坐视衙门缺员而不闻不问的皇帝。因之，宫廷十七年不集中大量收录太监，也不足为奇。皇上懒得出面，也就为高中级宦官提供了寻租发财，扩充个人势力的良机，皆能打着缺员而随时分散题请补充。不过，本次报告的人数多，不见得实存人数就同样多。其中存在着严重的吃空饷现象。诚如报告人官应震所言"中间或以一人而当数十人数百人皆不可知"[1]。

泰昌元年九月收 3000 人，此去万历四十六年间隔二年，(1-0.03)的 2 次方约 0.94，乘以 14091，约剩 13250 人，加上新收的，总数 16250 余人。

天启元年正月收 1700 人，此去泰昌元年九月，间隔仅四个月，减员约 120 人，剩 16130 人，加上新收的，总数 17710 余人。

---

[1] 《神宗实录》万历四十六年四月壬辰条。

天启三年收 2500 人。此去天启元年间隔二年,0.94 乘以 17830,约剩 16760 人,加上新收的,总数 19260 余人。

通过以上梳理,可以看出百年间宫廷常态存量太监在 11000 人到 19200 人之间变动。凡太监人数短期内暴增,大都与权阉当政相关。

不管皇帝与权阉多么热衷扩充名额,也不管自宫人多么企盼进宫,太监名额一直受财政支付能力限制。仅隆庆六年九月报告的 12729 名太监的一年靴银,就要用去 72127 两 4 钱白银,为此工部请求向营缮司、都水司挪用。[①]据此可知,太监靴料银消费人均一年 5.66 两。内府巾帽局每年在夏初,"据见在员数,具题移文工部。至冬初,即于节慎库领银十余万(两),分散内官、内使人等靴料。凡有羡余,缴进御前"[②]。十余万两靴料银专用款差不多可供应 18000 人领取各自制鞋。天启三年的 19200 余人,已超过朝廷财政常规支付能力的限度,不可能再有"羡余"让皇帝使用,反而要追加投资。

天启三年去明亡仅二十一年,皇朝陷入内忧外患、灾荒频发,哀鸿遍野,民变丛生,干戈四起的风雨飘摇衰亡期。崇祯十七年(1644 年)三月,大顺军攻占北京,旋而清军入关。京师两次易手,致使崇祯朝的官方资料多散佚灭失。因之,今天也就难寻当时宫廷收录太监的官方记录,只有私人著述的只言片语可供参考。旅京亲历甲申之变的浙江平湖贡生钱士馨讲:"阉竖之设,自神宗辛丑(万历二十九年)以来,不复选用者二十年;熹庙仅一。至上(崇祯)十七年间,选用至三。内禁增万人,岁增月米七万三千(石),靴料银加

① 《神宗实录》万历元年九月甲申朔条。
② 刘若愚:《酌中志》卷十六,内府衙门职掌。

多五万(两)。"①清初江南常熟诸生王誉昌对此稍加改动采入其作《崇祯宫词》的诗注中。

考证这条史料，其中颇有失载与抵牾之处。首先，《熹宗实录》记录天启年间除为王府专门收录太监一次之外，宫廷大小收录共五次，而非仅一次；其次，崇祯年间三次收录年份不明，更无每次收录数目；再次，所收的万人分别与岁增月米七万三千石，靴料银五万两对不上。太监月米供应标准一直是 4 斗，加上闰月，平均为 4.12 斗，年均每人消费将近 5 石。73000 石可供应 14600 人左右。靴料银消费年均每人约 5.66 两，50000 两只能供应 8800 余人。两者相差约 5800 人。

尽管崇祯年间三次共收万人的历史信息存在瑕疵，但也不能视而不见抛开不谈。解析这收录万人的具体情况，首要问题是选定年份。崇祯继位之初，清除了阉党，同时疏远太监，兼之天启朝遗留的太监还很富裕，显见大量收录的可能性极小。乙巳之变以后，皇上越来越对文臣武将失去信心，于崇祯四年恢复太监监军制度，因此选定本年为第一次收录年份；崇祯十一年恢复内操(十四年罢停)，存在补充年轻力壮太监的需求，故选定为第二次收录年份；崇祯十六年再次恢复内操，故选定为第三次收录年份。每次皆按平均 3300 人计算。这一数字也符合上面移录的历年宫廷集中收录太监人数多在 3500 人上下的惯例。

崇祯四年(1631 年)去天启三年间隔八年，(1-0.03)的 8 次方约 0.78，乘以 19200，约剩 15000 余人，加上 3300 人，总数 18300 余人。

崇祯十一年(1638 年)去崇祯四年间隔七年，(1-0.03)的 7 次方

① 钱士馨：《甲申传信录》卷三，1882 年上海书店版。

约 0.81，乘以 18300，约剩 14800 余人，加上 3300 人，总数 18100 余人。

崇祯十六年(1643 年)去崇祯十一年间隔五年，(1-0.03)的 5 次方约 0.86 乘以 18100，约剩 15600 余人，加上 3300 人，总数 18900 余人。

可以推断崇祯一朝太监存量大致在 14800 余人到 18900 余人之间变动。高峰数量没有超过天启三年的 19200 人。

尽管太监已经手术，但后妃贴身服侍仍需女性服务。六宫事务由六局一司宫官机构与内官监共同管理。宫官是皇朝唯一的女官系统，分尚宫局、尚仪局、尚服局、尚食局、尚寝局、尚功局与宫正司。洪武二十四年(1319 年)创立。

尚宫局：尚宫二人(正五品)，掌导引中宫。下辖司记、司言、司簿、司闱四司。凡六宫事物，出纳、文籍，皆印署之。

尚仪局：尚仪二人(正五品)，掌礼乐起居，下辖司籍、司乐、司宾、司赞四司。另有彤史二人(正六品)，掌后妃群妾御于君所，记录日期。

尚服局：尚服二人(正五品)，掌供内服用采章之数，下辖司宝、司衣、司饰、司仗四司。

尚食局：尚食二人(正五品)，掌供膳馐品斋之事，下辖司膳、司酝、司药、司饎四司。

尚寝局：尚寝二人(正五品)，掌燕寝、进御之次序，下辖司设、司舆、司苑、司灯四司。

尚功局：尚功二人(正五品)，掌女功之程课，下辖司制、司珍、司彩、司计四司。

宫正司：宫正一人(正五品)，掌纠察宫闱、责罚戒令之事。

明初都金陵时，洪武二十七年(1394年)统计宫官187人，女史96人。永乐以后，宫官职权大都划归太监管理，只保留了尚服局的四司，因而，宫官人数大为缩减，大约只有38名。由于宫官须识字，在妇女普遍不读书识字时代，限定在北直地区挑选难以如意，所以扩大了挑选范围。"向来宫掖充满，俱系北产，不谙文理，故命江南选择，不独取其美丽，亦以慧黠堪给事左右也。"[①]天顺三年(1459年)，因宫官退休回家与老疾不能任事者增多，堪任用者乏人，故于浙江、江西、福建等地征召，令镇守太监密访良家女子十五以上，无夫妇四十以下，能读书写字并通晓算法的四五十人送北京候选。选中任职期间，年俸比照相同品级的朝廷官员标准发给宫官家人。

宫内日常生活皇帝由太监照顾起居，后妃则由宫官率宫女侍候。宫女通过在社会上公开挑选淑女形式招进宫中。选淑女不是每年都举行，要看宫廷需要与皇帝个性。一般间隔数年到十余年，选地一般不会超出北直隶地区。

选淑女入宫：一是充实后妃的服务系统，二是从中产生嫔妃、皇子妃、王妃或女官。至于究竟谁能从众多的淑女中脱颖而出，还要看皇上需求与审美标准以及帮助皇帝选妃人的立场。皇帝是内廷唯一男性，有权将碰见并产生兴趣的女人收为己有。然而，对绝大多数淑女来说，这样的机会微乎其微，宫中索然无味的生活，辜负了美好的青春岁月，在小心翼翼地服侍过程中，偶有差错，可能会招致横祸。嘉靖帝一次就曾笞死宫女二百余人。

淑女入宫的年龄，一般在8～14岁，有的岁数更小，如宪宗万贵妃入宫时仅4岁，世宗裕妃张氏入宫时7岁。所选人数也不固定，

---

① 《万历野获编》补遗卷一。

多者上千，少者几百。譬如：嘉靖九年(1530 年)十一月，礼部奉旨采选淑女于京城内外，得 1258 人。嘉靖三十一年(1552 年)十二月初一日，"诏于京城内外并顺天等八府，选民间女八岁至十四岁者三百人入宫"[①]。两选人数相差悬殊，间隔过长达 22 年，中间一定还存在小规模的补充行为。因为即便当初入宫时八岁的淑女，到了嘉靖三十一年(1552 年)，也已 30 岁，早该离宫婚嫁了。

女性入宫服务不同于太监能够终生服役，一般在宫中服务十年左右，到了婚嫁年龄，就要放出，听其自嫁。宫女的流动性高于太监，流动间隔比较固定，少则七八年，多则十几年，即要放出一批，同时收入补充一批。宫闱秘事，宫廷向来讳莫如深，因而历史记录多有缺失，难于理出系统的进出年表，但亦非无从考证，综合排比相近年份的零散记录，可以探知其中一二。譬如：

隆庆三年(1569 年)四月，选 11 岁～16 岁的淑女 300 人。[②]

万历十一年(1583 年)二月，选 11 岁～15 岁淑女 300 人。[③]然而选取遇到困难，符合标准的人少，所以又再选，最终只取将近百名[④]。

万历十九年(1591 年)正月，选 10 岁～15 岁淑女 300 人。[⑤]

选取淑女程序复杂，标准从严。一般先在五城京县内挑选，倘若符合标准的人少，再逐步扩大范围。应选与中选比例甚低。在此不妨移录一段有关万历十九年(1591 年)正月选淑女详细记载：

礼部传奉，下之两县及五城各卫，拔其尤数千人上之侍御史，

---

① 《世宗实录》嘉靖三十一年十二月己酉朔条。

② 龙文彬：《明会要》卷二。

③ 《神宗实录》万历十一年二月壬辰条。

④⑤ 《宛署杂记》卷十四。

简定九百二十七口，报之礼部。奏传钦天监，卜得二月二十八日吉。钦差内夫人、近侍、女官同司礼监会选于诸王馆内，得孟真女、杨玉英等三十五人。三月内，复选数千人，如前次第遴选，再集诸王馆，选得陈禄女等百六十五口。

每选之日，两县先期于诸王馆中编席棚数座，饰以彩。集女轿夫千余，即以其日内所选女，从东安门以进，惟内夫人及女官大小乘得别加青绢衣云。[①]

选取过程大致分三个阶段。先由宛平、大兴两县张榜报名进行初选；再由御史复选；最后由钦差内夫人、女官会同司礼监官终选。淑女一经选中，其家即可获得优免权利。所以每逢宫廷张榜选淑女，京师则人潮涌动，民间多乐奔其事。

通过隆庆三年(1569年)至万历十九年(1591年)，22年当中三次选淑女的人数，大致估算宫女总数当在四五百人。宫女到了该放出的年龄，宫廷允许不愿出宫的志愿者留下，直至终老或50岁以后再回乡。

安乐堂与静乐堂负责宫女终老后事。安乐堂在北安门内路东，土工29名由宛平县征派。宫女亡故，从内廷顺贞门右侧门抬出，承以敛具，舁出玄武门，经北上门、北中门送达安乐堂，由土工移送北安门外停尸房，易以朱棺，再送阜成门外五里的静乐堂(土工31名亦由宛平县征派)火葬塔井中火化。[②]在土葬盛行的年代，这也许是令人吃惊的事。宫女死后不能土葬，与其终生未嫁，没有家庭没有子女有关。在一个讲究血缘孝道的国度里，入土为安的死者坟墓需要其后代祭扫管理，否则立即变成荒冢。民间一向视未出嫁女

---

① 《宛署杂记》卷十四。
② 《宛署杂记》卷十。

性的坟墓为孤魂野鬼，所以宫廷不为其土葬，既节约投资，又可省去无人管理祭扫的缺憾。

稳婆、奶婆、医婆号称宫中三婆，亦选自民间，登记在册，随时应召入宫。稳婆，俗称"老娘"，除负责接生，辨别奶口(乳娘)"乳汁厚薄，隐疾有无"之外，在选淑女时，担任检查入选者的皮肤、乳房与是否处女等。医婆负责宫中女性医疗。"民间妇有精通方脉者，由各衙门选取，以至司礼监御医会选，中者著名籍以待诏。"①奶婆俗谓奶口或奶子。礼仪房每季精选奶口 40 名供养于内，生男生女者各 20 人，谓之坐季奶口。遇后妃怀孕将产，则从坐季奶口中，选择生男、生女各一二人住进文华殿西北临河小屋，报生消息一到，产男则用产女奶口哺育，反之，则由产男奶口。另选 80 名登记在案，听候召用，谓之点卯奶口，坐季奶口出缺即补，每季一更换。奶口选自年龄 15 岁至 20 岁之间的哺乳期妇女，体貌端正，夫男俱全，生育第三胎者。②坐季奶口住在奶子府，日供米八合，肉四两。府在东安门外稍北，今其地尚存奶子府胡同。

三婆之外，还有专为宫廷服务的女轿夫。每逢宫廷有行幸、谒陵、婚嫁、选淑女等事情时，后妃、女官等人出行都由女轿夫负责抬送。每次使用女轿夫数量由出行宫眷人数决定。如万历十六年(1588 年)谒昭陵用女轿夫 1600 名，宛平、大兴两县各派 800 名。宛平县原金女轿夫户 93 户，距要求人数差得太远，遂由金户自行雇用 450 名，县署帮贴 350 名。每户给银四两八钱。③

---

① 蒋一葵《长安客话》卷二，"三婆"，北京出版社 1960 年版。
② 《宛署杂记》卷十。又《明宫史》木集："每年春夏秋冬四仲月(即二月、五月、八月、十一月)，选乳妇，生男十口，生女十口，月给食料，在奶子府居住。"与《宛署杂记》所记数字有所不同。
③ 《宛署杂记》卷十四。

京县政府所金的女轿夫户是一种固定职业，宛平、大兴两县共有 200 户左右[1]。女轿夫户承应宫廷女性出入之需，并且在特殊需求激增时，临时招募训练女轿夫。宫廷不可能长久供养维持一个庞大的女轿夫组织，毕竟内廷女子出入机会稀少，不像今人想象杜撰的那样频繁自由。

朝廷乐舞有神俗之分，太常寺统神乐观，承应朝廷祭祀礼乐；教坊司统俗乐承应朝廷礼乐、宴乐等，又听钟鼓司调遣。钟鼓司负责皇朝典礼的鸣钟响鼓，以及内乐、传奇、杂戏等演出，所属太监艺员常在二百余人。逢技艺优良乐人缺乏时，则选教坊艺精优伶净身入宫。万历年间，在四斋设近侍二百人，玉熙宫设三百人兼学宫戏、外戏。前者专门侍候圣母李太后，后者服务于皇上。两处艺团相对独立，不再归钟鼓司管理。所演"外戏如弋阳、海盐、昆山诸家俱有之"[2]。

宫中演出，一类是礼仪庆典性质的，按典礼、节令所需，地点时间相对固定；另一类则是太后、皇上的娱乐需要，听旨随时随地演出。表演形式有：打稻戏，西内秋收之时，圣驾幸旋磨台、无逸殿等处。太监扮农夫蠶妇及田畯官吏征租交纳词讼等事。这完全是寓教于乐，通过表演让居于深宫的皇上认识到稼穑之艰难。形式古朴，似乎缺乏艺术性，类似今日之活报剧。过锦戏，"约有百回，每回十余人不拘，浓淡相间，雅俗并陈，全在结局有趣"，犹如轻喜剧。水傀儡戏，"用轻木雕成海外四夷蛮王及仙圣将军士卒之像，五色油漆，彩画如生，娱方木池，添水七分满。水内用活鱼虾蟹，

---

① 　宛平县金 93 户。大兴县所金之户亦应相仿，明代两县应朝廷之役，大概取均分之势，虽然大兴户口胜于宛平。
② 　《万历野获编》补遗卷一，"禁中演戏"。

螺蛙鳅鳝，萍藻之类浮水上，游斗玩耍，鼓乐喧哄。另有一人执锣在旁宣白题目，替傀儡登答赞道喝彩"。表现故事不外孔明七擒七纵、三宝太监下西洋、八仙过海、孙行者大闹龙宫等。杂剧故事，"各有引旗一对，锣鼓送上，所扮备极世间骗局丑态，及市井商匠刁赖词讼，杂耍把戏等"[1]。这种诙谐调笑的杂剧演出，主要服务于皇帝娱乐，正式典礼中禁止使用。

宫廷杂剧演出，先由教坊司作曲四折送史官校定，然后御前献艺。演"至战争处，两队相角，旗杖数千。别有女伎，亦几千人，特设内侍领其职"[2]。曲调歌唱沿袭金元流传的南、北九宫，以北九宫为主。九宫是传统曲唱宫调(调式)。南北之分并非乐学性质上的宫调区分，可能更多的是宫调曲牌的选择与演唱"声情"的特征。北曲承金元之旧存胡人之风粗犷豪放；南曲延续华夏音乐文化传统清柔婉折。

万历年间，教坊杂剧"约有千本，然率多俚浅，其可阅者十之三耳"[3]。其中保留了不少元杂剧，赵琦美抄校《脉望馆古今杂剧》记注的"内府本"中就有王实甫的《吕蒙正风雪破窑记》、马致远的《马丹阳三度任风子》、关汉卿的《望江亭》《陈母教子》等多部。

外廷饮宴乐舞、演剧亦由教坊司负责。所演不外调笑取乐之戏与粉饰太平的新作杂剧。前者延续金元戏弄、五花爨等院本传统。譬如弘治元年(1488年)二月，皇帝亲耕以后，大宴群臣，教坊司以"杂剧承应或出狎语"[4]。后者仿元杂剧形式演绎新编故事。教坊

---

① 《明宫史》木集。
② 宋懋澄：《九籥集》卷三，中国社会科学出版社 1984 年版。
③ 《万历野获编》补遗卷一，"杂剧院本"。
④ 《明会要》卷二十二。

司又因其精于乐舞歌唱与演剧，不断向钟鼓司提供剧本与优秀艺员，从而在承应帝后娱乐之际，也将民间新鲜音乐元素带入宫廷。

教坊司规模甚大，常年直接征用的乐户人数，因各朝皇帝娱乐欲望不同而不同，少时千人上下，多时四五千人，如宣德十年(1435年)，英宗继位，放出"乐工三千八百余人"[1]。天顺元年(1457年)，放出乐工、乐妇四百八十六名，令各回原籍。[2]天顺三年(1459年)教坊司上报："合用乐工二千余人，今本司止存乐户八百余。乞行南京并顺天等府、陕西等布政司乐户内选娴习乐艺者送京备用。"[3]

乐户属贱业，身份世袭，多以犯罪罚没之人及其女眷充之。虽为贱业身处烟花里巷，却能上达宫闱、豪门，又游走于社会各阶层，由此沟通宫廷与民间乐舞雅俗文化艺术交流通道。从而促进了表演乐舞歌唱艺术的发展。

五、礼制祀典建筑——坛庙

都城向来被视为强大的、集中的、具有绝对权力的实体。在一个首重名教礼制的国度里，任何皇帝的大典、祀典都是为了皇朝政治秩序的和谐安定，防止社会互动体系之间冲突。朝廷礼典具有极大的震慑力与感染力。政治礼典显示的文化特征无一不是正统的、权威的。

礼制是明朝政治制度、社会制度的灵魂。明太祖一登皇位，他

---

① 《万历野获编》卷二十四，"释乐工夷妇"。

② 《英宗实录》天顺元年五月甲戌条。

③ 《续文献通考》卷一百零四，浙江古籍出版社 1985 年版。

务未遑，首开礼乐二局，广征耆儒，分曹究讨，迅速建起本朝礼乐制度。礼作为社会行为标准，呈现规范化、程序化、教条化特征。礼制的运作是都城政治生活、社会生活的重要方面。

礼制规范，按功能划分为五类：吉礼、嘉礼、宾礼、军礼、凶礼。

吉礼，《周礼》讲以吉礼事邦国鬼神祇。上至一年一度的皇帝祭天地，下至平民百姓的祭灶等，皆入其内。朝廷祭祀，根据对象等级，分为大祀、中祀、小祀。象征皇权的天地、社稷、宗庙为大祀。其次日月、风雨雷云等自然之神以及历代帝王、孔子等历史人物为中祀。再次司户、司灶等为小祀。民众仿效朝廷，在相应的时间也要祭祖、祭灶、祭里社、谷神等。北京现存的天坛、地坛、日坛、月坛、社稷坛、太庙、孔庙、历代帝王庙等物质文化遗产，昔日都是朝廷为吉礼祭典专门修建的。

嘉礼，《周礼》讲以嘉礼亲万民。皇帝是皇朝连续性同一性与团结的象征，其行为大都属于国家行为，故仪式隆重铺张，诸如登极、大朝、大婚、宴飨、册命、经筵、表笺、视学等仪式，彰显权威的同时富含表率意义。平民的冠礼与婚礼亦纳入其中。

宾礼，《周礼》讲以宾礼亲邦国。朝廷接待蕃国君长或使节的仪式。社交礼仪亦包在其中。

军礼，《周礼》讲以军礼同邦国。朝廷军事仪式，包括皇帝亲征、阅武、命将、献俘等。

凶礼，《周礼》讲以凶礼哀邦国之忧。包括丧制、丧服与忌辰纪念等。中国自古就极其重视丧礼，通过凝重铺张的仪式伸张血缘亲爱的孝道与促进宗族团结。传统丧礼程序复杂铺张，无疑是对各类资源的浪费，今日回首历史，当具批判态度。

五礼中除了军礼以外，其他四礼都与普通人生活息息相关。譬如：吉礼中的祭里社谷神、祭祖等；嘉礼中的婚礼；宾礼中的社交礼；凶礼中的治丧程序等，不一而足。在京师社会中，由于国家典礼频繁浩大，使普通人的礼仪程式相形见绌。然而，不得不承认只有京师人能够经常近距离地感受到现实过程的朝廷典礼，因而在震撼、敬畏、崇拜与摹仿的驱动下，京师社会礼仪化程度远远高于其他城市，各类礼规程序已融入日常生活之中，显得更为规矩，更为大气，更为和谐，更为厚重。

一般而论，凡是称得上民族象征的城市文化，一定具备三个条件：一是思想文化的传播穿透力，社会普遍认同甘愿接受，构成社会意识的主流；二是张扬权威文化的物质载体；三是会萃融合的文化传统。

既然皇朝如此重视礼制，必然不惜人力物力为实现礼制开辟道路。不但城市空间结构按照礼意的规划建设，而且每座建筑建成之后都是根据礼意构想使用的。城市建设骨架气势宏伟的、引人注目的支撑性建筑，无一不与礼制相关。

坛庙吉礼典仪声势浩大，神秘肃穆，在今天看来似乎是无益的浪费，难与统治效果相联，但只要对农业社会的生产模式有所了解，不难发现这些活动寄托着社会祈福去祸与渴望年景丰登的强烈意愿。皇朝通过这些祀典的铺张形式，神化了皇上敬天法祖，代天行政的神圣形象。京师拥有比其他任何城市都多的大小祀典仪式，每年定期如时举行的有：

大祀十有三：正月上辛祈谷，孟夏(四月)大雩，季秋(九月)大享，冬至圜丘，皆祭昊天上帝；夏至方丘祭皇地祇；春分朝日于东郊，秋分夕月于西郊，四孟、季冬(一、四、七、十、十二月)享太庙，仲春(二月)、仲秋(八月)上戊祭太社太稷。

中祀二十有五：仲春(二月)、仲秋(八月)，上戊之明日祭帝社帝稷；仲秋(八月)祭太岁、风云雷雨；四季月(三、六、九、十二月)将及岳镇、海渎、山川、城隍，霜降日祭纛于教场；仲秋(八月)祭城南旗纛庙，仲春祭先农，仲秋祭天神地祇于山川坛；仲春仲秋祭历代帝王庙，春秋仲月上丁祭先师孔子。

小祀八：孟春(正月)祭司户，孟夏(四月)祭司灶，季夏(六月)祭中留，孟秋(七月)祭司门，孟冬(十月)祭司井，仲春(二月)祭司马之神，清明、十月朔祭泰厉，又于每月朔望祭火雷之神。至京师十庙，南京十五庙，各以岁时遣官致祭。其非常祀而间行之者，若新天子耕耤而享先农，视学而行释奠之类。嘉靖时，皇后享先蚕，祀高禖，皆因时特举者也。①

大祀、中祀、小祀合计 46 项次，平均每月几近四项，京师之内朝廷祀典可谓频繁。其中，皇帝亲临的祭典有天地、宗庙、社稷、山川等，余皆派遣大臣致祭，但历代帝王庙与孔庙"则传制特遣"以示隆重。

梳理 46 项内容，大致可分为两类，一类与衣食住行日常生活息息相关相关，从正月起，随着季节变化，社会防灾祈福心理眷属随之不断转换，不外祈盼风调雨顺、年景丰登、安居乐业、出入安全等。另一类是充满神性的政治祀典，在于树立一统之君的神性与绝对权威。

朝廷祀典耗费惊人，祭品等物料开支由朝廷、内府、顺天府、宛大两县提供或招商上纳。例如，每年祀典所用的五万五千斤木柴，由工部屯田司招商供应。果品、供品由宛平、大兴两县签派铺户买

---

① 《明史》卷四十七，《礼志》。

办，内府天财库照价给付铜钱六十万文，钞三十万贯。正德二年(1507 年)户部题准，"增银二百两，于太仓关给"。[①]朝廷购买力支撑都城商业繁荣，仅通过祭祀中的一项具体开支，就可得到证实。

祀典之礼表明了都城文化的正统权威性。这一文化因素满足了皇朝政治、社会与文化等方面需求。祀典文化不仅是一整套具体程序，还包括在此之上的社会追求的理想目标。程序过程与理想目标两者之间距离，让人向往、想象与敬畏。祀典功能近似于宗教。首先要全体臣民敬畏天命秩序，甘愿接受一统之君统治。皇朝依靠祀典礼仪形式，把每位贵胄勋戚、官员、士子、商人以及所有平民置于皇朝一统的政治体系之中。不仅把社会眼光引向天国，更重要的是面对现实。对于明代京师居民来说，同全国民众一样，皇上是天神化身，是皇朝唯一能够与神对话，承接赐福的人，在人世间与想象中的超自然界里，所有的人若要繁衍生存丰衣足食就必须紧密地依附于皇上。

祀典礼仪是皇朝具有工具性、表述性、象征性与文化性的信仰与实践。所有皇朝祀典之中，以祭天最为隆重。

凡是与人类生命延续、日常生活相关事物，大都因之建起了祭祀系统，除建制雄伟壮阔的天地、山川、社稷、日月、先农、太岁、宗庙等坛庙以外，京师各处还有为皇朝中祀、小祀而建的诸如京师九庙(真武庙、东岳庙、都城隍庙、汉寿亭侯庙、太仓神庙、马神庙、宋文丞相祠、洪恩灵济宫、荣国公姚广孝庙)等多处坛庙。

天坛

永乐十八年(1420 年)建，地处正阳门外以东，垣墙周回九里三十步。古人认为"天圆地方"，堆土成丘，建制圆形的称圜丘，方

---

① 《明会典》卷二一五，《太常寺》。

形的称方丘。《周礼》讲，圜丘祀天，方丘祭地。西汉成帝年间在长安南北郊分别修建了圜丘和方丘。"祭天於南郊，就阳之义也；瘗地於北郊，即阴之象也。"①后来历朝大都沿袭这一传统，南北郊分祀天地。先民祭天传统可以追溯到黄帝时代。"天"乃中华传统哲学思想核心概念。祭天表达的是"天人合一"宇宙观。《诗经·周颂》谓"我其夙夜，畏天之威"；董仲舒《春秋繁露》称"天者，万物之祖，万物非天不生"。中华文明史上，无论帝王将相还是平民百姓，皆具敬天、畏天、祈天庇佑观念。在所有的朝廷典礼中，祭天仪式最为隆重。

　　明初都金陵时，在钟山之阳建圜丘，之阴建方泽(地坛)，分祀天地。经过十年实践，太祖以为分祀方式存在巨大缺憾：首先，帝王乃父天母地的天子，敬天礼地分开祭祀犹如离间父母骨肉至亲而不近人情；其次，分祀繁琐，浪费资源财力；其三，露天祭祀常受风雨阻隔而不得不中断。有鉴于此，于洪武十一年(1378年)十月在圜丘旧址建成大祀殿十二楹，中四楹，饰以金，余饰三采，正中作石台，设上帝、皇祇神座于其上。殿前东西庑三十二楹，正南大祀门六楹，接以步廊，与殿庑通。殿后为库六楹，以贮神御之物，名天库，皆覆以黄琉璃瓦。其后，大祀殿复易以青琉璃瓦。②第二年(1379年)正月十一日举行合祭大典。③从此定下每年正月中旬择日合祀天地于大祀殿的制度。嘉靖至万历间章潢编辑的《图书编》"南京大祀殿图"殿为"九间，中三间金饰，左右六间绘采，前后左右丹陛三级琢石为栏斜廊"④。

① 《汉书》郊祀志下，中华书局标点本。
② 《太祖实录》洪武十一年冬十月乙丑(二十六日)条。
③ 《太祖实录》洪武十二年春正月己卯(十一日)条。
④ 章潢：《图书编》卷九十四，扬州广陵书社2011年版。

永乐迁都北京之初，延续南京之制仿建天地坛大祀殿，昊天上帝、皇地祇仍合祀于殿内。

嘉靖九年(1530年)，从给事中夏言的建议分祀天地，遂于大祀殿(今天坛祈年殿)之南建圜丘，此时去永乐朝已一百余年。坛制三层。一层面径五丈九尺，高九尺；二层面径九丈，高八尺一寸；三层面径十二丈，高八尺一寸。各层面砖用一、九、七、五阳数，及周转栏版，柱子使用青色琉璃。四陛出，每面九级，白石积砌。内壝围墙九十七丈七丈七尺五寸，高八尺一寸，厚二尺七寸五分。棂星石门六座，正南三座，东西北各一座。外壝方墙二百四丈八尺五寸，高九尺一寸，厚二尺七寸，棂星门制如内壝。又外围方墙，开门四座，南昭享门、东泰元门、西广利门、北成贞门。内棂星门南门外，东南砌绿磁燎炉，傍为毛血池，西南望灯台长竿悬大灯。外棂星门南门外，左设具服台，东门外建神库、神厨、祭器库、宰牲亭，北门外正北建泰神殿，后改皇穹宇，藏上帝、太祖的神板，殿东西两配殿，藏从祀之神牌，又西为銮驾库，又西为牺牲所，牺牲所之北为神乐观。成贞门外以西为斋宫，斋宫再西为坛门。

圜丘建成后，原天地坛大祀殿在嘉靖二十二年(1543年)改名为大享殿，每年正月举行祈谷礼，九月举行大享礼于大享殿祀昊天上帝。

大祀殿原十二楹，中四楹饰以金，余施三采。正中作石台，设上帝、皇祇神座于上。殿前东西两庑三十二楹，正南为大祀门六楹，接以步廊与殿庑相通。殿后天库六楹，殿东北为神厨库，厨库东北为宰牲亭井，皆连廊庑相通。[1]"嘉靖二十四年(1545年)于大祀殿

---

① 《春明梦余录》卷十四。

故址建大享殿，而建皇乾殿于大享殿北。"①皇乾殿用来藏神板。

斋宫，在圜丘以西，前正殿，后寝殿，傍有浴室，四围墙垣，绕以深池。皇帝亲临祭天，须斋戒七日。所谓斋戒，"戒者，禁止其外；斋者，整齐其内。沐浴更衣，出宿外舍，不饮酒，不茹荤，不问疾，不吊丧，不听乐，不理刑名，此则戒也；专其一心，严畏谨慎，苟有所思，即思所祭之神，如在其上，如在其左右，精白一诚，无须臾间，此则斋也"②。前四日戒，后三日斋。太祖以为七日太久，恐人心懈怠，遂改为斋戒三日。为了督促警示皇上静心斋戒，特于洪武二年(1369年)命礼部铸铜人，高一尺五寸，手执牙简，大祀则书致斋三日，中祀则书致斋二日于简上。逢皇帝出席的祀典，太常寺将铜人置于皇帝斋所。祭天是皇朝最重要的祀典，程序历朝稍有变化，但立意一致。如嘉靖朝，在祭日前三天，皇帝御奉天殿，百官朝服齐集殿前，听誓戒之后，御斋宫致戒三日。

祭天仪式在每年冬至清晨开始。圜丘共三层，为了表示对天神的崇敬，把顶层称为一层，往下是二层、三层，不像今天对于多层建筑，都是从地面开始往上加数的。在此仍按照古人习惯叙述。

祭日六时以前，皇帝驾至圜丘南门昭亨门外降辇，入幄次更换祭天礼服，出至盥洗位净手，然后循中路登二层至正中拜位前。分献官各就位。

届时圜丘陈列仪仗与祭品。顶层正中设"昊天上帝"神板，神板长二尺五寸，宽五寸，厚一寸，趺高五寸，用栗木制成。祭天时还要以太祖太宗为配位，神板皆黄质金字。从祀的日月星辰风云雷雨位牌赤质金字。凡天地、祖宗的牌位称为神板，其他的神位称为

---

① 《明会典》卷八十一，《郊祀》一。
② 《明史》卷四十七，《礼志》一。

神牌。

正位，配位神席用龙椅龙案，上设锦褥。从祀神位，置于案上，不设席。鸣赞官号令举乐，升坛。皇帝循阶上到顶层拜位，仪式正式开始，分为九大程序依次进行：

（一）迎神，奏中和之曲；

（二）奠玉帛，祭天用苍璧，奏肃和之曲；

（三）进俎，又称奉牲或奉馔，奏凝和之曲；

（四）初献，奏寿和之曲，先舞武功之舞，再舞文德之舞；

（五）亚献，奏豫和之曲，舞文德之舞；

（六）终献，奏熙和之曲，舞文德之舞；

（七）彻馔，又称为彻豆，先饮福受胙，随即将供品撤下，以待焚烧，奏雍和之曲；

（八）送神，奏安和之曲；

（九）望燎，又称奉燎，奏时和之曲。

祭仪核心在三献之后的"饮福受胙"。皇上率领百官虔诚的付出，一定要换回皇天福佑。因之导演一幕神剧再合适不过了。皇帝跪拜，奉爵官酌酒跪献，太常寺卿一旁祝词："惟此酒肴，神之所与，赐以福庆，亿兆同霑。"皇帝饮福酒毕，奉胙官奉胙跪献，皇帝受之转递执事，遂出圭俯伏，率百官再拜行礼。酒胙只能由皇帝代表皇朝接受。

从祭天的过程中，不难发现，老幼体弱的皇帝是不胜其力的。因此，如有身体特殊情况，派大臣代行也是必要的。

如果皇帝不能亲自出席，派大臣代行，仪式就不能完全仿照皇上亲临模式。首先，拜位降到三层阶下，升降从西阶上下；其次，行初献礼朗诵祝文时，代行人只能俯伏于二层阶下，不能像皇帝一样停留在一层；最后，减去饮福受胙程序。望燎时退立西边。其他程序与皇帝出席一样。

祭天时，由坛门外大次通往圜丘的路上铺满了席子，祭天君臣要脱鞋行走于上。皇帝临坛，入幕次，脱鞋升坛。执事、导驾、赞礼、读祝官，并分献陪祭官皆脱鞋于大次外，升坛供事。协律郎、乐舞生跣袜就位。祀曲完毕，下坛穿鞋。此礼于嘉靖十七年(1538年)革除。

乐舞陈列坛前，乐工 62 人，乐器有编钟、编磬、琴瑟、搏拊、柷敔、埙、篪、箫、笙、笛、应鼓；歌工 12 人，协律郎即乐队指挥 1 人。文武舞生各 62 人，引舞各 2 人，舞师 2 人，共 130 人。乐舞即八佾舞，八人一列，八列则六十四人为一组，文武两方阵，文东武西。文生左手执翟右手执籥，武生左手执干右手执戚，随指挥舞文德与武功之舞。

《左传》讲，天子用八佾，诸侯用六佾，大夫用四佾，士用二佾。主祭身份与祭祀对象等级决定了乐舞规模。东汉何休、西晋杜预皆以为：六佾，六六三十六人；四佾，四四十六人；二佾，二二四人。而同时代的服虔《左氏传解谊》则认为"佾"是固定的，八音克谐，然后成乐，每列必是八人。六佾，六八四十八人；四佾，四八三十二人；二佾，二八十六人。后世儒学传人大都从服氏之说。

皇朝祀典，必设乐舞。乐分四等：九奏、八奏、七奏、六奏。每奏时伴歌伴舞，歌于堂上，舞于堂下。"天地九奏；神祇、太岁八奏；大明、太社稷、帝王七奏；夜明、帝社稷、宗庙六奏。"[①]舞列八佾，分文武两舞。孔庙稍有不同，六奏六佾，只用文舞。至于服色，圜丘用青纻丝；方丘用黑绿纱；日坛用赤罗；月坛用玉色罗。

---

① 《明会典》卷八十一，祭祀通例。

在古代，乐与礼常连用，称制"礼乐"，这里所说的乐并非娱乐消遣性质的音乐，古人把声音之道与政治相连，赋予"乐者，心声也"的含义，而取其和的象征。音符如不纳入音律节奏，很容易无序混乱，难于让人忍受。因此，只有全体臣民的心声跟从同一音律、节奏的指挥，才能奏出皇朝一统和谐的华章。

神乐观教习的乐舞生只是专为吉礼祀典预备的。而朝廷的宴飨、朝仪等嘉礼仪式，虽然同样需要乐工，却非神乐观训练提供，而是由教坊司担负，"凡祭祀用太常寺乐舞，凡朝会宴飨等礼用教坊司奉銮"。终明之世未变，神俗两途在过去是十分顽强的文化观念，既然祭祀前要沐浴更衣斋戒三日，务要洗掉世俗的污浊，调整心态清静，来迎接神的赐福，因此，为了保持洁净虔诚，就不可能将神、俗之乐混用。

祭天是皇帝专有的权力，除了皇帝，任何人都不能未经许可行祭天之礼。皇朝通过法律、行政手段，阻断皇帝以外的一切人与上天对话与获得天示机会，一方面维系皇帝神人双重性的绝对；另一方面防止背叛者通过与天神对话仪式，自称获得天助煽动民众蓄谋造反。

崇雩坛

在圜丘外泰元门外东南，嘉靖十一年(1532 年)建。坛制一层，围径五尺，高七尺五寸。雩祀就是逢旱祈雨的仪式，通常在春末夏初举行，所以定在四月择日举行。根据旱情发展分常雩与大雩两级。旱情初起，行常雩之礼，未降甘霖，复行大雩之礼。嘉靖朝以前，未建专门祈雩坛。逢旱一般选择在奉天殿丹陛露告，或遣派官员祭告于郊庙、陵寝等处，并无固定场所与仪式。相比之下，崇雩坛的形制，显得比较简陋。但是，由于大雩事关生命安全与收成大事，需要皇帝亲临，祭祀对象又是昊天上帝，所以纳入皇朝的大祀之中，倍受重视。想来，农业社会期盼年年丰收，最惧怕的莫过于旱涝灾害了。

不言而喻，大气变幻无常，出现久旱不雨，也会发生久雨不晴的气候现象。因此，伴随祈雨内容的还有祈晴仪式，假如发生涝灾，就在同一地点举行祈晴祀典，通常以响鼓报知上天雨已经足够了，希望赐予晴天。

地坛

在安定门外路东，嘉靖九年(1530年)建。地坛又称方泽坛，坛制二层，一层面方六丈，高六尺；二层面方十丈六尺，高六尺，每层面砖用六、八阴数，皆黄琉璃瓦，青白石包砌，四出陛，各八级。周围水渠一道，长四十九丈四尺四寸，深八尺六寸，宽六尺。内壝方墙二十七丈二尺，高六尺，厚二尺。内棂星门四座，北门外西侧为瘗位，东侧为灯台。南门外为皇祇室，藏神板。外棂星门四座，西门外以西为神厨、宰牲亭、祭器库，北门外西北为斋宫。

又建四天门，西门外为銮驾库、遣官房，南为陪祀官房。又外为坛门，又外为泰折街、牌坊。

祭地于每年夏至举行，方丘正位为皇地祇神板，配位太祖神板西向。太祖神板在祭日的前一天自太庙请来。第二层，东一坛，中岳、东岳、南岳、西岳、北岳、基运山、翔圣山、神烈山，俱面向西；西一坛，中镇、东镇、南镇、西镇、北镇、天寿山、纯德山，俱面向东；东二坛，四海，俱面向西；西二坛四渎，俱面向东。祭礼亦由清晨开始，与祭天的九大程序相同，惟将望燎改为望瘗，祭地时撤下的供品不再放入燎炉内焚烧，而是埋入瘗坎之内，但献给配位的祝帛则仍要焚烧。

崇祯十五年(1642 年)五月二十六日，崇祯帝亲祭于方泽。凌晨二时后，宫内鸣钟，帝乘舆从午门、端门、承天门、长安左门、安定门至方泽坛。入行幄更换祭服，时曙色渐明。待至八时(卯时)，步出大次，从内墙棂星右门步入，行大祭礼，乐九奏，帝升坛五次。祭毕，仍回大次，更换常服还宫。这是明代皇帝最后一次亲临祭地。

朝日坛

在朝阳门外以南，嘉靖九年(1530 年)建。缭以垣墙，西向，为制一层。坛方广五丈，高五尺九寸。坛面用红琉璃，阶九级，俱白石。内棂星门四座，西门外为燎炉、瘗池，西南为具服殿，东北为神库、神厨、宰牲亭、灯库、钟楼，北为遣官房。外为天门二座，北天门外为礼神坊，西天门外以南为陪祀斋、宿房五十四间。

坛专为祭大明之神，每年春分日寅时(早晨六时)举行祭祀仪式。皇帝隔年逢甲、丙、戊、庚、壬年亲临。余年派遣高级文官摄祭。祭时，神牌西向，礼三献，乐七奏，舞八佾。仪制视天地坛减等。

夕月坛

在阜成门外以南，嘉靖九年(1530 年)建。缭以垣墙，东向，为制一成。坛方广四丈，高四尺六寸，面白琉璃，阶六级，俱白石，内棂星门四座，东门外为瘗池，东北为具服殿，南门外为神库、西南为宰牲亭、神厨、祭品库，北门外为钟楼、遣官房。外天门二座，东天门外，北为礼神坊。夕月坛与朝日坛越城相对，亦为都城建筑中轴线的两翼对称的建筑系列之一组。

坛专为祭夜明之神，每年秋分日亥时(晚十时)举行祭祀仪式。皇帝隔两年逢丑、辰、未、戌年亲临，余年派遣高级武官摄祭。礼三献，乐六奏，舞八佾。从礼之神有二十八星宿，木、火、土、金、水五星及周天晨辰。

社稷坛

在宫城西南，即承天门至午门一线的西侧，与东侧的太庙相对称。永乐朝建。上层广五丈，下层广五丈三尺，高五尺，四面石阶各三级，上层用五色土，随方筑之。坛西砌瘗位。外为祭殿，再北为拜殿，西门外西南建神库，库南为神厨，外天门四座，西门外南为宰牲亭。

坛专为祭祀太社、太稷之神，每年春秋仲月(二月、八月)上戊日行祭祀仪式。届时，太社神牌居东，太稷神牌居西，俱北向，后土勾尤氏神牌居东，西向，后稷神牌居西，东向。洪武十年以前社稷分祭，社主用石，形状如锤，高五尺，宽二尺，上微尖，立于坛中，半埋土下，稷不用主。以后将石埋于坛的正中央，只露其尖，祭祀时以朱漆社稷两木牌置于坛上。皇帝亲临，由午门外西阙门进坛北门东降舆，在导引官的引导下由右门入，至具服殿，更换祭服，然后由拜殿右门出。典仪唱：乐舞生就位。执事官各司其事。皇帝御拜位，礼三献，乐七奏。礼毕，皇上返具服殿易服后还宫。

社稷坛是皇朝祈祷普天之下物阜民丰的祀典仪式，五色土的象征意义，更多指向皇朝所有的耕地，而非山川领土，不像寻常理解的那样，仅为表明溥天之下莫非王土的政治含义。"稷非土无以生，土非稷无以见生生之效，故祭社必及稷，以其同功均利以养人也。而《山堂考索》则曰：土爰稼穑，其本一也。是则社稷之祭，合而一之，于古自有明证。"[①]

建坛祭社稷之神是通行全国的制度。通常用社稷代表国家，从行政上讲，朝廷以至省府州县一体化，社稷坛遍布全国。都城以下，府、州、县皆立社稷坛，坛制视朝廷社稷坛，宽度减十分之五，高

---

① 崇祯十五年《礼部议覆太常寺乐疏》，见《春明梦余录》卷三十九。

度减十分之四。每到祭期，地方长官率从属祭祀。说来也不奇怪，只有各地都物阜民丰，朝廷自然安定。祭社稷非官方专利，民间乡村祭里社十分流行，一直延续到近代。"里社"一词源于明代的里甲制，110 户为一里，里下分十甲。太祖时定制，每里设立一处社稷坛，祭祀五土五谷之神。里社即是常说的乡社，在民间历来是一件乡土社会的盛事。

西苑帝社帝稷坛与先蚕坛

古礼以为天子应有三社，"为群姓而立者，曰大社；其自为立者，曰王社；有所谓胜国之社，屋之不受天阳，国虽亡而存之，以重神也"①。汉高祖以后，朝廷只在京城立太社太稷坛举行祭祀，不再建帝王本人的"王社"与先朝的"胜国之社"。明初亦复如此。

世宗热衷古礼，于嘉靖十年(1531 年)二月，创建了属于他本人的"王社"(即帝社稷坛)。坛在西苑豳风亭之西，高六尺，方广二丈五尺，小砖垒砌，实以净土，缭以土垣。北为棂星门，高六尺八寸。神位以木制，各高一尺八寸，宽三寸，上题帝社之神、帝稷之神，俱朱漆质金书。坛南设置石龛用来藏神牌，高六尺，宽二尺。坛西为祭品库、乐器库。坛北树二坊，称帝社街，每年仲春、仲秋(二月、八月)次戊日，即祭社稷坛的十日后，皇帝在此行祈报礼，如次戊日恰逢望日(十五日)，则改在上己日。届时，命文武大臣十二人陪拜。嘉靖皇帝这一复古的行动，并没有被他的继承人坚持下去，随着他的离世，便被嗣皇隆庆帝废止。

在兴建帝社稷坛的同期，西苑还添置了先蚕坛。坛石包砖砌，方广二丈六尺，高二尺，四陛出。嘉靖九年正月，举行耕蚕礼。皇帝亲耕于南郊先农坛，皇后亲蚕于北郊。这是农业社会中，皇朝顶

① 洪武元年《李善长等进社稷议》，见《春明梦余录》卷十九。

级的核心家庭夫妇为万民做出的表率，"夫以天子之尊，非莫为之耕也，而必躬耕，以供郊庙之粢盛；后妃之贵，非莫为之蚕也，而必躬蚕，以为祭祀之服饰。所以然者，一以致其诚信，可以交于神明，一以劝天下之农夫、蚕妇，非身帅先之，弗可也"①。

山川坛

在正阳门外以西，与天坛相对称，永乐十八年(1420年)建。垣墙周回六里。垣内建有神祇坛、太岁坛、旗纛庙与先农坛。山川坛正殿七坛：太岁、风云雷雨、五岳、五镇、四海、四渎、钟山附天寿山。两庑从祀六坛：左为京畿山川，夏冬季月将；右为都城隍，春秋季月将。每年仲秋(八月)中旬择日行祭祀之礼。

嘉靖十一年(1532年)将山川坛改为天神、地祇两坛，以云雨风雷诸师为天神，岳镇、海渎、钟山、天寿山、京畿并天下名山大川之神为地祇。别建太岁坛专祀太岁。坛西南有先农坛，东有旗纛庙。

神祇坛(天神坛)，方广五丈，高四尺五寸，厚二尺五寸，棂星门六座，正南三，东西北各一。坛北设云形青白石龛四座，各高九尺二寸五分。

地祇坛，面阔十丈，进深六丈，高四尺，四陛出，各六级。壝墙二十四丈，高五尺五寸，厚二尺四寸。棂星门形制一如神祇坛，坛北设青石龛山形三座、水形二座，各高八尺二寸，左从祀之神位，山水形各一座于东，右从祀神位，山水形各一座于西，皆高七尺六寸。

由于天神、地祇之祀与朝廷的南北郊祭天地之仪显得重复，所以，在嘉靖帝过世后，隆庆元年(1567年)停止了每年的仲秋祭祀。惟太岁坛之祭仍举行。

---

① 《给事中夏言上疏议》，见《春明梦余录》卷十九。

太岁坛在山川坛内东北。中为太岁坛，东西两庑，东为春秋月将，西为夏冬月将，各两坛，南为拜殿。殿东南砌燎炉，殿西为神库、神厨、宰牲亭，亭南为川井，外四天门。东门外为斋宫、銮驾库。嘉靖八年(1529年)规定，每年孟春(正月)及岁末特祀太岁、月将之神，与享太庙同日。

太岁、月将是先民创造的主宰时间之神。唐宋未纳入国家祀典，元朝始祭于太史院。明朝正式列入国家祀典。太岁即系木星，古人奉为十二辰之神。"按说文，岁字从步从戌，木星一岁行一次，历十二辰而一周天，若步然也。自子至巳为阳，自午至亥为阴，所谓太岁十二辰也。阴阳家又有十二月将，十二时所直之神，若天乙、正罡、太乙、功曹、太冲之类，虽不经见，历代用之。"[①]

旗纛庙在太岁殿以东，永乐年间建。为皇朝祈盼军事安全，兵器经久耐用的祭神之所。神为旗头大将、六纛大将、五方旗神、主宰战船正神、金鼓角铳炮之神、弓弩飞枪飞石之神、阵前阵后神祇五猖等众。凡是能够影响皇朝军事行动安全的因素，皆塑造相关之神供奉。神头大将与六纛大将乃是皇帝亲征时的旗帜之神，余者皆为水陆战争时兵器之神。旗纛平日藏于内府，仲秋(八月)，遣旗手卫官祭于庙，霜降日祭于教场，岁暮祭于承天门外。后停止霜降之祭。

先农坛

在山川坛内西南部，永乐年间建。坛制一层，石包砖砌，方广四丈七尺，高四尺五寸，四出陛各八级。西为瘗位，东为斋宫、銮驾库，东北为神仓，东南为具服殿。殿前为观耕台，木制，方五丈，高五尺，清改面甃金砖，四围黄绿琉璃。南东西三出陛，各八级，

①《春明梦余录》卷十五。

台南为耤田，御耕耤位，高三尺，方广二丈五尺，四出陛。护坛地六百亩，供黍稷及荐新品物。

又有地九十四亩有奇，每年税额四石七斗有奇，折算亩征五合，太常寺同礼部收贮神仓，以备旱涝。又令坛官种一百九十亩，坛户种二百六十六亩七分。嘉靖中，建圆廪、方仓以贮粢盛。

祭神农与祭社稷同天，都在仲春(二月)上戊日，两者祈盼内容也相似。祭祀当日清晨，皇帝自奉天门(皇极门)起程至坛，祭神农后，举行亲耕仪式。

皇帝亲耕耤田，要为万民做出表率，劝导农民勤事耕田，同时又祈求社稷保护，实现年丰岁稔。皇上祭神农毕，回到具服殿更换翼善冠黄袍，稍加休息，在太常寺卿等官员导引下，到耕耤位面南而立，三公以下从耤者皆就位。户部尚书跪进耒耜，顺天府官跪进鞭。导驾官和太常寺卿导引，皇上秉耒三推毕。户部尚书受耜，顺天府官受鞭，顺天府官捧青箱以播种。皇上登观耕台，观三公五推，尚书九卿九推讫。从耕官各就班。导驾官同太常寺卿引皇上至斋宫升座，从耕陪祀诸官叩头，顺天府县官及老人叩首毕。顺天府官率农夫终亩。

高禖台

高禖系原始社会生育崇拜遗俗，经久不衰朝野盛行，因供祭于郊外又称郊禖。禖源于"腜"(孕育状)又与"媒"通。金明昌六年(1195年)筑坛中都景风门外，春分日祀青帝、伏羲、女娲等神以求子。青帝即句芒(重)乃神话传说中的东方之神，主青色行春令，又称木神、春神。

明初无高禖之祀，嘉靖中"始设木台于皇城东永安门北震方"①。

---

① 《春明梦余录》卷十九。

祭时台上皇天上帝神板南向。高禖在台下西向,并陈弓矢与弧韣(弓袋)如出席后妃之数。皇帝率后妃行礼乞子,礼三献,乐九奏,陈八佾。祭毕,女官依次引导后妃至高禖前跪,取弓矢授之,后妃接过放入弧韣。

皇城东"永安门"的具体位置至今难以确定,检《酌中志》所录皇城内门阙殿宇并无此门亦无高禖台。可见本台只是嘉靖一时之举,并非常态的坛庙祭祀制度。嘉靖九年(1530年)四月以"举行不便罢之"①。

当代常把永安门指作东安门,似嫌草率。东安门内以北区域多为宦官机构,而以南则为宫苑区,永乐迁都建皇太孙宫,后英宗放还亦软禁于南宫。高禖台应在宫苑区内,永安门似是"永泰门"之误。"东上南门迤南,街东曰永泰门(大致位置在今南池子大街中段路东),门内街北则重华宫之前门也。其东有一小台,台有一亭。"②"震方"即东方之谓。本条记载与高禖台的形制方位吻合。虽然嘉靖偶一为之的举措没有被后代延续,却保留了遗迹。

五祀坛

非设专坛,但祭处皆与宫廷殿门相关。每年正月祀户,设坛于皇宫各门左边,由守门护卫人员祭祀;四月祀灶,设坛御厨,由光禄寺官祭祀;六月祀中霤。设坛乾清宫丹墀,由内官祭祀;七月祀门,设坛午门左,守门人员祭祀;十月祀井,设坛宫内大庖井前,由光禄寺官祭祀,后改祭中霤于奉天殿(皇极殿)外,文楼(文昭阁)前。又岁末合祭五祀于太庙西庑下,由太常寺官行礼。五祀之制,反映出宫廷生活与寻常人家一样,都期盼门户、房屋、食品与饮水

---

① 《世宗实录》嘉靖九年四月甲申(二十七日)条。
② 《酌中志》卷十七,大内规制纪略,道光二十五年海山仙馆丛书本。

的安全。

太庙

太庙在承天门午门一线之东，与社稷坛相对，永乐十八年(1420年)建。敬天法祖是历朝遵行的政治原则，表现在国家祀典仪式上，就是敬天在坛，法祖在庙。历史上，皇帝称谓有多种，姓名、年号、庙号、谥号、陵号等。常见的某祖、某宗即是某位皇帝过世后升祔太庙的称号。

嘉靖十四年(1535年)，为了让生父牌位在太庙中占一席之地，废弃了原来列祖列宗神主同堂异室的安放方式，而"分建九庙，改建世庙"①。改建后群庙，各名"都宫"，庙门东西相向，门内前殿后寝皆南向。嘉靖二十年(1541年)四月初五日夜，宗庙起火，八庙毁损，尤以成祖、仁宗二庙为甚，独睿庙(兴献帝)幸免。一时朝野浮议四起，大都认为这是皇天与祖宗对粗暴变乱祖制行为的惩罚。皇上陷于尴尬难堪境地，惶恐之余，下令重建，恢复同堂异室旧制。两年后完工。庙制间座，丈尺宽广一如其旧，惟台基提高。新庙恢复正殿、寝殿九间旧制，奉安列祖列宗神主，寝殿后祧庙五间，藏祧主。祧庙系指远祖庙，供奉太祖的高、曾、祖、父四代追赠帝后的神主。

太庙祭祀遵循事死如事生的孝。道原则，日供新食，每月"荐新"更换供品。一年举行五次重大祭祀。一月、四月、七月、十月的初一日举行的谓之时享；除夕举行的谓之袷祭，即不分远近合祭本朝列祖列宗。祭祀程序与祭天类同，乐六奏，舞八佾。初献时奠帛，读祝文；终献后，赐福胙，即表示受祖宗庇护赐福之义，酒预先置于神主前的供案上，由光禄寺官捧给皇上饮受。礼毕还宫，乐

---

① 《世宗实录》嘉靖十四年十一月己亥条。

止。读祝官捧祝文，进帛官捧帛各至燎位焚之。

帝王庙

在阜成门内大市街以西。明初都南京时，洪武六年(1373 年)建帝王庙，奉祀三皇五帝、三王及汉唐宋诸朝开国之君，每年春秋致祭。永乐迁都北京后，由于未建帝王庙，所以，采取每年春祭附历代帝王神主于郊坛，秋祭仍在南京帝王庙举行。嘉靖十一年(1532年)八月，在保安寺故址上建成帝王庙。正殿名景德崇圣殿，东西两庑，南砌二燎炉。殿后为祭器库，前为景德门。门外，东为神库、神厨、宰牲亭、钟楼。又前为庙街，门东西设两坊，额曰景德。各立下马碑。

帝王庙供 15 帝，正殿中奉太昊伏羲氏、炎帝神农氏、黄帝轩辕氏(三皇)，东次间，奉帝金天氏、帝高阳氏、帝高辛氏、帝陶唐氏、帝有虞氏(五帝)，西次间奉夏禹王、商汤王、周武王(三王)，东进间奉汉高祖、汉光武帝，西进间奉唐太宗、宋太祖。从祀历代名臣 32 人，分列殿之两庑。春秋两祭，每年二、八两月的上旬甲日或中旬望日举行。由皇帝传制特遣大臣行礼。

文庙

在安定门内国子监以东，永乐九年(1411 年)在元代孔庙旧基上重建。大成门崇基石栏，前后三出陛，门左右列戟二十四，门内东西列舍皆北向。大成殿崇基石栏，三出陛，两庑东西向。丹墀西为瘗所，正南为庙门，门东为宰牲亭、神厨，西为神库、持敬门。嘉靖九年(1530 年)，采纳张璁建议，添建启圣公祠，主祭孔子父叔梁纥，并以颜回父颜无繇、曾参父曾点、孔伋父孔鲤、孟轲父孟孙氏配享。显然，这是嘉靖隆崇生父情结推及到圣人身上。清雍正元年(1723 年)改称崇圣祠。院落三进，主轴殿宇自南而北先师门、大成

门、大成殿、启圣门与启圣祠。正殿中供"大成至圣文宣王"神位，嘉靖九年改题"至圣先师孔子"，两侧"四配十哲"牌位。四配：复圣颜回、宗圣曾参、述圣孔伋、亚圣孟轲。十哲：孔门弟子颜师孙等十人。清康熙五十一年(1712年)增朱熹；乾隆三年(1738年)增有若而成"十二哲"。每年二八月上丁日，传制特遣大臣祭祀。每月朔望遣内臣降香。朔日则国子监祭酒行释菜礼。大成殿东西配殿则是从祀的历代著名的硕学通儒。明朝选定从祀的本朝人只有薛瑄、胡居仁、陈献章与王守仁四位。今天所谈明代入祀孔庙人物如方孝孺、吕坤等人都是清朝人补入。三年一届的新科进士在此行释褐、释菜礼。

自汉武帝独尊儒术以来，历代皇朝都尊奉孔子为唯一的精神领袖，奉儒学为治国安民的政治经典与思想宝库，无论哪一朝的开国之君及其继承人，只是充当总祭司与权力绝对象征角色，似乎从来没有想过扮演精神领袖。正是如此，朝代虽屡屡更替，改姓换族，但统治思想模式、政治体制却一脉相承，文化的同一性、连续性经久不衰。精神领袖与思想学说的不变性，减少了统治成本，增加了在同一政治模式中再建新朝的概率，从而筑就了中华民族追求大一统的品格。

文庙与社稷坛一样，也是通行于全国的礼制建筑。在府、州、县、卫凡立学校之处都同时建立文庙，四时释奠先师。

汉寿亭侯庙

在宛平县署之东，成化十三年(1477年)建，俗称白马庙。每年五月十三日，遣太常寺官致祭。蜀汉关羽自景耀三年(260年)追谥壮缪侯后，历经两晋隋唐至宋初未见显达，从宋哲宗封赠显烈王起累朝隆崇，由侯而王而圣，万历四十二年(1614年)秋，敕封三界伏魔大帝神威远镇天尊关圣帝君。庙祀跻身皇朝中祀。

关羽是忠义的化身，社会从来对从一而终，事主忠贞不二，任事勤于职守的品行极为重视。无论是谁都盼望在社会交往中，对方信守承诺。所以，不管官方还是民间，都自愿创建了许多关帝庙。京师关帝庙遍布大街小巷。

都城隍庙

在内城之西，今长途电话局附近。元至元四年(1267年)建。元天历二年(1329年)加封大都城隍庙神为护国保宁王，夫人为护国保宁王妃。永乐中重建，门楹丹腾，梁栋五彩，中为大威灵祠，后为寝司，左右为二司，两庑为十八司，前为阐威门，门外左钟楼右鼓楼，再前为顺德门，又前为都城隍庙门。庙中有石刻北平府三大字。宣德五年(1430年)六月重修。正统十一年(1446年)十一月扩建，共造屋190间，崇垣围绕，南北进深71丈，东西宽40丈有奇。①嘉靖二十七年(1548年)正月，火灾被毁，诏工部重建。

庙祀初制，每年仲秋都城隍庙神从祀于山川坛、大祀殿，五月十一日神诞日与万寿圣节时，各遣官致祭。后以城隍之神本非人鬼，安得诞辰，可谓妄谬，遂停止，同时罢山川坛从祀之制，改为每年仲秋，遣太常寺官员祭于庙。

人们建造一座城市，居住生活在这里，当然希望河山永固，不受自然灾害侵扰。但是，无论朝廷还是民众，谁也不会完全相信，修建一座庙宇供奉一位神灵，就能保证城市从此远离灾害。既然如此，为什么还乐此不疲，其中深义，值得玩味。实际上，礼制神庙性质的建筑，从来是凝结情感与情感宣泄的复合物，一方面，人们愿意通过对神灵奉祀来表达自身期望，政府出面建庙体现出对该城

---

① 《明英宗御制碑》，见《顺天府志》《京师志》六，《祠祀》。

第三章　宫城、皇城与坛庙

153

居民的关爱，同时，用神灵来警示社会的安全忧患意识；另一方面，这是一种人类自我估价与时代生活心态，在不可抗拒的城市灾害面前，束手无策之际，仍然满怀随时获救驱除灾难之心，因而在无可奈何的境地中自然想到神灵眷属。都城隍庙的建立，似乎也可以减轻政府救助灾害的责任，让人受灾时反省自己行为，从而不过多地责难政府。

实际上，虽然社会始终存在恐惧灾害心理，却不可能永远地保持神情警惕的紧张状态，只有灾害降临时才彰显忧心忡忡。一旦灾害过后，社会紧张心情很快就会放松，那种期待神灵保佑的迫切需求也随之远去。中国人对待神灵的实用态度似乎与对待宗教一样，完全要视情景、境遇而定，但取所需，往往是临时抱佛脚。平日城隍庙的社会关注度，在于庙市，这里是京师内城一大交易市场。每月初一、十五、二十五开市，庙前横亘三许里商贾云集，商品丰富琳琅满目。

三皇庙

宋金以降医界奉三皇(伏羲、神农、黄帝)为医祖，明承元制，在太医院建庙祭祀。永乐迁都之初，衙署多沿用元代旧署，所建之庙位置不明。正统七年(1442年)四月，在大明门左右集中建设衙署，太医院位于东部的江米巷，今东交民巷西口路北，大门西向。院内北部景惠殿南向，供奉三皇，东西两庑历代名医三十二人从祀。每年二月、八月上甲日，礼部堂上官行礼，太医院官两人分献。嘉靖初复建圣济殿以祀先医。嘉靖二十一年(1542年)以庙制湫隘，进行扩建。每年三月三日，九月九日，通祀三皇。

马神庙(马神祠)

在莲花池，永乐十三年(1415年)建。马在现代交通工具产生以前，是人类运输、旅行、作战最为依赖的工具，因之，对马的蓄养、健康、行走能力以及训练等，历来极为重视。马神庙合马祖、先牧、马社、马步四神为一坛，每年春二月祭祀。马祖指的是天驷星，先牧是人类第一位养马的人，马社是第一位乘马的人，马步是对马有妨害的神。

真武庙

在海子桥东北，永乐十三年(1415 年)建。正德二年(1507 年)改名灵明显佑宫。庙门三间南向，显佑门三间。正殿五间，崇基石阑，三出陛，两庑各五间，殿前左右碑亭各一，东南燎炉一座。后殿五间。庙门内东西钟鼓楼各一，庙门外牌坊一座。[①]真武又称玄天上帝、玄武大帝、北极佑圣真君玄天上帝、无量祖师。每年三月三日，九月九日用素馐，遣太常寺官致祭。

东岳庙

在朝阳门外，承元之制，正统十二年(1447 年)八月重建。中作两殿，前名岱岳，以奉东岳泰山之神，后殿名育德，作为神寝，其前为门，环绕廊庑，分置如官司者八十一间，各有职掌，其间东、西、左、右特起如殿者四座，用来供奉辅神之圣者。又前为两门，两旁各有祠，用来供奉翊庙之神。每年祭于三月二十八日。

京都太仓神庙

在旧太仓内。太仓系指国库，包含粮仓与银库两部分。仓以储粮，分散京、通多处，统于户部；库以藏银集中于户部与宫廷。广义上讲京通粮仓皆可谓之"太仓"。为了粮储安全，每座粮仓大都

---

① 庙制房间空间布局，根据《光绪顺天府志》《京师志》六的记录转述，虽然这一布局是清乾隆二十八年(1763 年)重修后的格局，去明亡已百余年，但是庙制结构基本上不会有太大变化。可以从御制庙碑中看出。

建仓神庙。《明史》"吉礼四"谓"京都太仓神庙"似是指京师都太仓庙。都总之谓也，都太仓庙是祭祀京师所有的国家仓库神的总领神。每年春秋仲月择日，户部堂上官主祭。

宋文丞相祠

在顺天府学西侧，今东城府学胡同西口，永乐六年(1408年)建。祭祀南宋末被俘不屈而死的文天祥。每年二月、八月中旬，由顺天府官祭祀。

洪恩灵济宫

在皇城之西，今其地尚存灵境胡同，即因此得名。永乐十五年(1417年)建。祀徐知证、知谔兄弟。

知证、知谔南唐时人，后晋开运二年(945年)率师入闽，秋毫无犯，故得祀于闽中。成祖北征期间身体不适，诏闽县人曾甲占卜，曾甲奉徐氏兄弟运箕得吉应验，遂封知证清微洞元真人，知谔宏靖高明真人，敕有司在京建宫。每年元旦、夏至及真人诞辰，遣太常寺堂上官行礼。

荣国公姚广孝庙

在皇城西北隅崇国寺内。成祖靖难功臣姚广孝洪熙元年(1425年)配享太庙。嘉靖九年(1530年)撤出，移祀皇城西南隅的大兴隆寺，其后兴隆寺被毁，又移至崇国寺。

崇国寺在今西城护国寺街西。元朝僧人定演建。定演，俗姓王，三河县人，七岁入大崇国寺事隆安和尚，元世祖时赐号崇教大师，至元二十四年(1287年)赐地大都，兴建本寺。明宣德四年(1429年)赐名大隆善寺，成化八年(1472年)赐名大隆善护国寺，正德七年(1512年)敕西番大庆法王凌戡巴尔丹、大觉法王扎什藏布等居于此。以下各级番僧有：大慈法王、西天佛子、大国师、国师、禅师、都纲、喇嘛等。每日酒饭俱由光禄寺根据个人名分等级供应。寺众极多，乃至正统年间，两次议减人数达 1141 人。可见当时盛况。

亦有传说崇国寺为元丞相托克托(又作脱脱)故宅。皆因寺内千佛殿内有托克托夫妇像侍立，夫幞头朱衣，妇凤冠朱衣。因之让人深信不疑。其实，本寺建于元初，而托克托是元顺帝的丞相，"彼时已有此寺，万无毁寺建宅之理。入明亦为梵宇，地初未易，亦万无改宅又为寺之理。故事：大臣奉旨出都及回京，例不至宅，皆寓寺中，俟复命后始回宅。窃以为当时托克托丞相必常假寓此寺，日久遂误寺为其宅耳。其夫妇之像，或为自负，或为贡谀，皆未可知"[①]。

崇国寺自荣国公神主移来后，提高了政治等级。成为皇朝正式祀典的场所之一。木主题"推诚辅国协谋宣力文臣特进荣禄大夫上柱国姚广孝"，画像露顶，袈裟趺座。由于寺本非供奉姚广孝的专庙，只是在寺内开辟一殿供其牌位画像，所以，该寺接待西番僧人的功能没有改变。

朝天宫

在白塔寺西垣外，至今其地仍存宫门口、东廊下，西廊下等地名。宣德八年(1433 年)闰八月在元天师府基础上建成，为朝廷焚香祈福，礼拜道教诸神的道场。成化十七年(1481 年)六月重修。天启六年六月二十日(1626 年)遇火，朝天宫十三殿齐毁，历时 194 年。其后未再建，仅留地名。宫内建有三清殿、通明殿，又有普济、景德、总制、宝藏、佑圣、崇真、文昌、玄应九殿以奉诸神。东西建具服殿，以备皇上临幸。[②]

① 陈宗蕃：《燕都丛考》第二编，337 页。
② 刘侗，于奕正：《帝京景物略》卷四，北京古籍出版社 1980 年版。

朝天宫香火盛于嘉靖朝。世宗热衷道教炼丹长生之术，斋醮无虚日，崇奉热度与皇城内万岁山西边的大高玄殿相仿。其后渐至衰微。历经火灾终于湮灭。朝天宫也作为朝廷官员习仪之所，凡大朝会，习仪二日，明初在庆寿寺或灵济宫。朝天宫建成后，始为习仪定所。[①]

文昌帝君庙

在海子桥东，今帽儿胡同，建于元至正年间。文昌本是斗魁(魁星)六星的总称。周以后配祀于郊祀。梓潼帝君张亚子，仕晋战没，人为立庙。唐、宋屡封至英显王。宋元道家谓文昌星与梓潼帝君皆为主宰人间功名禄位之神，元延佑三年(1316年)将两者合一，尊为"辅元开化文昌司禄宏仁帝君"，故称文昌帝君。景泰年间，因元旧庙辟而新之，二月三日帝君生辰，遣官祭祀，制如祭关帝。

火神庙

在地安门外海子桥西。始建于唐朝贞观六年(632年)，元至正六年(1346年)重修。明万历三十三年(1605年)以皇极殿、乾清宫、哕鸾宫接连火灾，敕令改建该庙，殿覆琉璃碧瓦，后建水亭，滨湖而立，寓意以水压火。

都土地庙

在宣武门外槐树斜街，始建于元，万历年间敕建扩充，有万历四十三年(1615年)御制碑述其事。供土地爷与土地奶奶。春秋两祭，二月初二与八月十五。农业社会土地崇拜十分普遍，土地庙遍及京城内外，城内至清末达四十余座。

---

① 蒋一葵：《长安客话》卷二，北京古籍出版社1980年版。

弘济神祠

在西苑涌泉亭西，嘉靖十五年(1536年)建。初建时称金海神祠，嘉靖三十二年(1553年)改此名。祀宣灵弘济之神、水府之神、司舟之神。每年仲春秋上壬日、遣太常寺卿行礼。

药王庙

内外城共四座，皆建于明代，最早的是旧鼓楼大街西绦胡同的北药王庙，嘉靖年间建。规模最大的是崇文外东晓市的南药王庙，天启年间，武清侯李诚铭建。庙建成起，月逢初一、十五开市。四月二十八日药王诞辰，自中旬起，进香朝拜者络绎不绝拥挤不堪，商贸喧嚣热闹程度直逼城隍庙市。药王庙供奉庞杂，人间求验神灵应有尽有。一般正殿主供伏羲、神农、黄帝，左右分列历代名医如孙思邈，韦慈藏等。

于谦忠节祠

在东城裱褙胡同。天顺元年(1457年)英宗复辟，于谦以"谋逆罪"遇害。成化二年(1466年)昭雪，故居改作忠节祠。万历十八年(1590年)改谥忠肃，立塑像于正堂。

杨椒山祠

在宣武门外达智桥胡同，即今松筠庵，亦称谏草堂。嘉靖三十四年(1555年)，杨继盛因弹劾严嵩致死。隆庆二年(1568年)平反，赐谥"忠愍"，在京故居改作祠堂。民间尊为城隍。

从永乐迁都到嘉靖末，经历了160余年，京师城建框架格局，朝廷坛庙苑囿大备。建设过程大抵可分三个阶段：第一阶段创制期，主要是城垣与宫殿建设；第二阶段完备期，主要是城垣规制标准化与政府衙署的建设；第三阶段扩充细化期，主要是增筑外城以及坛庙、西苑诸宫殿的建设。

当代北京明代历史文化遗存古迹，很多是嘉靖时期创建的。文化积累总是历朝叠加，愈来愈厚重的，然而，每一朝的叠加量有所不同，因而，叠加量深厚的朝代容易引人瞩目。为了让人一目了然嘉靖朝建设成果，在此摘要《世宗实录》记载的主要土木工程，制成一表(见附录)。

明

第四章

中轴线两翼张开的城建布局

除了宫廷及礼制经典建筑之外，构成城市骨架支撑性建筑还有衙署。由于衙署是行政之所，皇朝权力实现的必经之路，所以，无论建筑规模、质量，还是在城市中占据的位置，都极为引人注目。在大一统皇朝中，只有都城才拥有如此之多的衙署。

一、簇拥千步廊左右的朝廷衙署

朝廷重要衙署大都簇拥在大明门到承天门中轴线左右，犹如群臣簇拥在皇帝左右一样。其东有宗人府、吏部、户部、礼部、兵部、工部、鸿胪寺、钦天监、太医院、銮驾库、上林苑监、翰林院、会同馆南馆等主要文职机关；其西有中军都督府、左军都督府、右军都督府、前军都督府、后军都督府、旗房、太常寺、通政使司、锦衣卫等以军事为主的武职衙门。这些文武衙署隔大明门内千步廊对称，占据了内城承天门以南的核心地区，在衬托中轴线的同时，本身也是社会瞩目心仪之处。这一行政核心区的四至大致处在今天的天安门广场，东面到正义路，西面到人民大会堂西路，北到长安街南侧，南逼近城墙。

皇朝很重要的三个机构刑部、都察院、大理寺，没有安排在承天门前，可能会引起今人费解。这是古人企盼吉祥心态使然，不愿意在日常行政的祥和气氛中，经常遇到司法判决的血腥。虽然司法行政与司法审判都是为了社会安全安定，但是司法事件的出现，无论怎样说都不是件轻松的事，经常伴随着犯罪与鲜血、生命，起码让人心里沉重，油然而生惆怅不安之心。所以皇朝把这样维护正义与公正的机关放到了皇城之西，离宫廷较远的地方。

此外，比较重要的机构还有詹事府位于玉河东岸，与翰林院隔河相望；国子监位于安定门内，文庙之西；戎政府位于灯市大街以北；会同馆北馆位于东单牌楼三条胡同；四夷馆位于东安门外路南；宝源局位于石大人胡同；贡院位于内城东南隅。

永乐迁都之初，没有及时地为朝廷各衙门新建办公之所。宣德朝、正统朝开始，由朝廷统一规划陆续新建朝廷衙门。

衙署建筑规模气势不一定都与部门权力成正比，即如明朝顶级的权力机关内阁，虽地处宫中会极门外，与皇帝近在咫尺，随时听从上命召唤，但所处庭院局促，殿堂甚狭，远不及宫外朝廷衙门宽敞舒适。凡是在宫内供职的官员所用的办公厅堂，都不能称之为衙署，只能称为直舍或直房，如内阁又称大学士直舍。内阁在皇宫外没有自己永久性的衙门。再如六科直房位于午门外，东西相对。吏、户、礼、兵、刑、工六科是与六部对应的议政规谏机构，六科给事中在午门外朝房办公，却不能称此处为衙署，也只能称直房。

承天门外的衙署首推宗人府，管辖的仅是宗室事务，比较单一，却因皇室关系，占据了第一区。

宗人府在千步廊东皇城墙外北端，坐东向西，正统三年(1438年)建。掌皇族属籍、修玉牒、登记宗室子女的嫡庶、名封及生卒、婚嫁、谥葬等事务。初以亲王任事，后改用戚畹勋臣。

吏部在宗人府之南，西向。设尚书负责皇朝官员选授、勋封与考课等政务。侍郎二人副之。下辖文选、验封、稽勋、考功四清吏司。四司各任其职，在尚书、侍郎领导下行政。吏部为六部之首，尚书常被比拟为周代的天官冢宰。

户部在吏部之南，西向。设尚书负责皇朝户口、田赋、征役和经费的政务，管理盐法、边储和财政出纳事务。侍郎二人副之。下辖民部、度支、金部、仓部四清吏司，后改为十三清吏司，每司理一布政司户口、钱谷、赋役、课程之事。司下设民、度、金、仓四科。尚书常被比拟为周代的地官司徒(土)。

礼部在户部之南，西向。设尚书负责皇朝礼乐、祭祀、封建、朝贡、宴享等政务。侍郎二人副之。下辖仪制、祠祭、精膳、主客四司。礼部在朝廷公署之中营造得较早。宣德五年(1430年)二月十二日"建行在礼部于北京大明门之东。时五府六部皆未建，以礼部所典者天地、宗庙、社稷之重，及四方万国朝觐会同者皆有事于此，故首建之。其地位规制皆如南京，加弘壮焉"①。工程历时年余，于次年(1431年)六月完工。尚书常被比拟为周代的春官宗伯。

兵部在宗人府之东，西向。设尚书负责皇朝武卫军官的选授、简练以及镇边、厩牧、邮传、舆皂等军政。侍郎二人副之。下辖武选、车驾、武库、职方四清吏司。尚书常被比拟为周代的夏官司马。

工部在吏部之东，兵部之南，西向。设尚书负责皇朝工役、农田、山川、薮泽、河渠等政令。侍郎二人副之。下辖营缮、虞衡、都水、屯田四清吏司。工部与都城建设尤为密切。营缮司专管营造工程，凡大内宫殿、陵寝、城濠、坛场、廨署、仓库、营房等工程，都由营缮司规划、预算，征用匠役，主持工程。尚书常被比拟为周代的冬官司工(空)。

鸿胪寺在户部之东，工部之南，西向。设卿、左右少卿、左右寺丞。属官有主簿、司仪、司宾、署丞、鸣赞、序班等官，负责朝会、宾客、吉凶典礼之事。

钦天监在户部之东、鸿胪寺之南。设监正、监副及春、夏、中、秋、冬五官，负责历数、天文、星纪之事。皇朝有大营建及皇上亲

① 《宣宗实录》宣德五年二月癸未条。

征、命将或大婚等要事，由本监择吉日。

太医院在礼部之东，钦天监之南。设院使、院判、御医、吏目等官负责皇室诊脉、攻疗、调养之事。医分十三科：大方脉、小方脉、妇人、疮疡、针灸、眼、口齿、接骨、伤寒、咽喉、金镞、按摩、咒由。后两科至明末已失传。

太医院东北是御药库，由内官、内使负责，收受四方贡献名药及储藏药品，供内廷使用。

太医院留给今人一种神秘感。由于事关内廷，权力崇拜激发了社会想象力，总以为宫廷医术十分高明神奇。时至今日，常见祭起宫廷秘方营销保健品现象，不免让人掉入陷阱而仍执迷不悟。其实，对于皇帝医疗而言，只能保证得到最好品质的药材，却不见得可以获得最好的医术。即使皇帝拥有获得最佳医术机会，但是体制所限，也没有哪位医生敢在皇帝身上冒险。因之，当皇帝生病时，太医们大都遵循平稳，成例来对待病情，会诊处方决不敢贸然增加药量或更改经验的药材配伍。当然，作为太医谁不想治愈皇上的病，以换回优渥圣眷。但是，治愈期望与治坏风险总是伴随的，而且治坏的代价远远大于治愈的获益。因此，养就了太医院循规蹈矩的保守作风。皇上生病，其治疗过程总是依规章进行：

太医院官诊视御脉，御医参看，较同约会。奉御(管理御药库的内官)就内局合药，将药贴连名封记，具体开写本方药性、治症之法于日月之下。医官、奉御书名以进，置簿历，中书省印其缝。凡进药，奏本既具，随即附簿，年月下书名，奉御收掌，以凭稽考。烹调御药，太医官与奉御监视，每二服合为一服，使煎熟，分装两器皿，太医官先尝其中一分，由奉御决定，另一器药是否进御。[1]

---

① 《春明梦余录》卷五十七，《太医院》。

皇帝生病、治疗与常人无异，只不过程序繁复，每一环节都要多人共同参与，以防止发生医疗的或政治的悲剧事件。如果发生了不测，每一环节都保存了可供稽查的记录，用以辨别责任或定罪。民间所谓宫廷秘方，实际上是不存在的。倘若非要假"秘方"创造名牌，促销谋利，那么，宫廷医学最值得仿效的就是药材质量，没人敢用伪劣产品糊弄皇上，只要太医开出药方，保证能够配置齐所需最好的片剂，而这一点恰恰是今天打着宫廷秘方旗号的商人最不容易做到的，同时可能也是最不愿意做的。

銮驾库在兵部、工部之东，锦衣卫所属，执掌皇帝出行仪仗执事等器用。

上林苑监在太医院之东，銮驾库之南，南临东江米巷(今东交民巷)，南向。设左右监正、左右监丞、典簿等官。初置左右前后十署。宣德十年(1435年)合并为蕃育、良牧、林衡、嘉蔬四署，专管皇家牧地田林牧养种植之事。

翰林院在銮驾库之东，北向，前为东长安门外大街，东为玉河桥。设学士一人，侍读学士二人，侍讲学士二人。下属侍读二人，侍讲二人，五经博士五人，侍书二人，待诏一人。另置修撰二人、编修四人、检讨四人为史官。翰林院虽然只是正五品衙门，却在皇朝政治事务中举足轻重，明代的大学士几乎都有供职翰林院的资历。进士若不被点翰林，几乎就断了入阁梦想。那一时代的读书人最高理想就是成为翰林，只有成了翰林，才可望充作帝师，讲学经筵，乃至入阁参与朝廷决策。

翰林院虽有掌印学士，但院事则由内阁大学士主管。学士诸官负责词翰礼文、起草诰敕、详正图籍、考议制度等事项。史官负责修国史，凡天文、地理、宗潢、礼乐、兵刑诸大政，皇上所下诏敕书檄，皆谨籍而记之，以备修实录之用。

会同馆在翰林院之南，上林苑监之东，东临玉河，南临东江米巷。会同馆是兵部车驾司管理的朝廷与行省之间往来公文以及传递军情的邮驿总收发站。永乐初设北京会同馆，永乐三年(1405年)将乌蛮驿并入本馆，正统六年(1441年)定为南北二馆，北馆六所，南馆三所。设大使一员，副使二员，以其中一位副使分管南馆。弘治朝依旧例添设礼部主客司主事一人专职负责。

会同北馆在澄清坊，三条胡同(今东单三条胡同)。

两馆额设馆夫400名，南馆100名，北馆300名，专职厨役供应使客。其中顺天府佥派347名，俱服役三年，到期替补。

詹事府在皇城外东南，玉河东岸。设詹事一人，少詹事二人，府丞一人，主簿一人，录事二人。左右春坊大学士各一人，左右庶子各一人，左右谕德各一人，左右中允各二人，左右赞善各二人，左右司直郎各二人。詹事府专为东宫太子所设，负责皇太子上奏请、下启笺与讲读等事宜。

大明门内千步廊皇城墙以东的朝廷衙署，除了礼部建于宣德六年(1431年)以外，其余的建于正统朝，起工于正统七年(1442年)四月十三日：

建宗人府、吏部、户部、兵部、鸿胪寺、钦天监、太医院于大明门之东，翰林院于长安左门之东。初，各衙门自永乐间皆因旧官舍为之，散处无序。至是，上以宫殿成，命即其余工以序营建，悉如南京之制。[①]

大明门内千步廊墙之外以西大都是武职衙门。

中军都督府在千步廊西墙外北端。左军都督府在中军都督府以

---

① 《英宗实录》正统七年四月癸卯(十三日)条。

南。右军都督府在左军都督府以南。前军都督府在右军都督府以南。后军都督府在中军都督府以西。

《北京内外城图》局部图，(Philippe Buache 绘，1752 年)

　　五府均东向。各府设左、右都督、都督同知、都督佥事等官。其职，分领皇朝各都司、卫所。凡武职袭替，及诰敕、旗役并枪手、水陆步骑操练、俸粮、屯种、器械、舟车、赏赐、声息军情，清勾替补，边腹画图贴说，薪炭荆苇之事，分其类别移送相关部门办理。

即如武职袭替，就要移送兵部，本府无权任命。五军都督府只是和平时期军队的管理训练机构，遇到战争，调兵遣将皆由朝廷主持。这也是明代继续贯彻宋朝"兵无常将、将无常兵"军事原则的体现。

太常寺在后军都督之南，左军都督府之西，东向。设卿、少卿、司丞、博士、典簿、协律郎、赞礼郎、司乐、太祝等官，负责皇朝的各种祀典仪式，听命于礼部。

通政使司在太常寺之南，左军都督府之西，东向。设通政使、左右通政、左右参议、经历司经历、知事等官，专管出纳帝命，通达下情，关防诸司出入公文，奏报四方臣民实封建言、陈情、申诉之书，以及军情、声息、灾异等事。顾名思义，通政司就是为了上下政通。皇城长安右门之外的登闻鼓院即归本司管理。

锦衣卫在通政司之南，右军都督府与前军都督府之西。锦衣卫全称为锦衣亲军都指挥使司，额设指挥使一人，指挥同知二人，佥事三人，镇抚一人，所隶又有将军、力士、校尉人等，职掌直驾、侍卫、巡察、捕缉等事。与东厂合称厂卫，在明代是令人谈虎色变的衙门。正统朝以后，中贵弟子多寄禄本卫，递进用事，至正德朝，宦官专权，贵幸子弟以奏带冒充锦衣者尤多。嘉靖初的一次清查，应革者达到2199人，然而裁革未久，滥授如故，隆庆四年(1570年)，又裁革冒滥官旗 1115 人。"然边功之冒报，内侍之传奉，勋戚之陈乞，相袭以为故事。至以寄荫锦衣，加衔五府者尤比比。此明政之一蠹也。"[①]朝廷设立厂卫，原是为捕盗防奸细的，但是既然授予厂卫暗访之权，常常将是非颠倒，冤诬事件屡屡发生，殃及善良，使得京师之人忧心忡忡，众目睽睽，怒形于色而不敢言。锦衣卫与京师事务关系尤其紧密，深度参与京师的管理。

① 《春明梦余录》卷六十三，《锦衣卫》。

五军都督府等衙署，始建于正统七年(1442 年)八月六日：

建中左右前后五军都督府、太常寺、通政司、锦衣卫各卫于大明门之西，行人司于长安右门之西。以是日兴工。[①]

工程大约完成于本年十一月初。如此浩大的八座衙署，竟然只用了三个月，似乎令人不可思议。其实这仅是集中修造时间，而不包括备料、地基等土方工程。工程准备工作早在正统五年(1440 年)六月就已开始。当时行在工部上报皇帝说："大明门以西，地势卑下，雨潦所集，以是民皆徙居，留地无几。近日取土者又相寻不绝，遂成坑堑，其留者亦不能安。且今将徙置兵部衙门，宜预填筑以俟兴役。从之。"[②]该处地表状况，至今还能从地名上看出痕迹，譬如国家大剧院工地以南留有西下洼、兵部洼等地名。

正统七年(1442 年)十一月六日开工"建刑部、都察院、大理寺于宣武门街西，詹事府于玉河堤东"[③]。

刑部在皇城之西，南向。设尚书负责皇朝的司法行政与审判终结案件。侍郎二人副之。下辖十三清吏司，分管两京及十三行省的司法事务。尚书常被比拟为周代的秋官司寇。

都察院在刑部以东，与其并列，南向。设都御史一人，副都御史左、右各一人，佥都御史四人，负责监察朝廷官员风纪事宜。凡大臣奸邪、小人钩党，作威福乱政者，弹劾；凡百官畏茸贪冒坏官纪者，弹劾；凡学术不正，上书陈言变乱成宪希进用者，弹劾。遇有大狱重囚，奉旨会同刑部、大理寺一同审理。

都察院十三道监察御史约 110 人，皆享有风闻言事权，负责纠察内外百司之官邪，或露章面劾，或封章奏劾。御史奉旨巡视监察

---

① 《英宗实录》正统七年八月癸巳条。
② 《英宗实录》正统五年六月丙申卷条。
③ 《英宗实录》正统七年十一月壬戌条。

各类政事，称之为"差"，在京师重要的差有：京畿道刷卷、巡营军、提学、清恤军、巡视光禄、巡仓库、巡城门等。以上诸项皆与京师管理、治安有关。御史拥有"大事奏裁，小事立断"之权。凡政事得失，军民利病，皆可直言无避。由于御史负有监察重责与独立弹劾权，所以，为了防止滥用权力，制度规定御史犯罪加三等，若贪污受贿，从重判决。

大理寺在刑部、都察院以南，南向。设卿、少卿、丞等官，负责皇朝司法案件的核实平反工作。凡刑部、都察院推问刑名，按律例详查复问，以减少冤曲，求得公正。凡各省三司及两京裁决的死刑案件，每年霜降后，会九卿朝审终决。

三法司完工于正统八年(1443年)五月，历时半年。

此外，还有一些次要的衙署机构散处在内城。

国子监在内城东北文庙之西，本元朝旧学，永乐迁都以后继续使用。正统八年(1443年)八月重建，当年十二月完工。国子监并非国民教育意义上的国家学校，而是专门为朝廷训练、储备官员的机构。在监读书的学生都是经过严格挑选程序，或是出于政治照顾或是出资而进入的。

严格地说国子监不应算做衙署，但是国家第一学校的官办政治性质以及单一的四书五经的教学内容，没有脱离衙门窠臼。皇朝也没有另眼看待，而是将其负责人纳入九卿之列。皇朝把学校、农桑视为同等重要的大事，认定学校是臣民教化的渊薮。社会未有不经教化而能长治久安的，从这一意义上看，国子监是皇朝最高的政治伦理教化机构。详情将在学校科举制一章中叙述。

四夷馆在东安门外以南(初建时可能在长安左门外，玉河桥西南紧邻翰林院)。本馆既是国家翻译处，又是培训多种语言人才的学校，起初隶属翰林院，后改由太常寺少卿负责馆务，听命于翰林院。初设鞑靼(蒙古文)、回族(波斯文)、女直(金朝女真文)、高昌(畏兀儿文)、西番(藏文)、西天(榜葛兰即孟加拉文)、缅甸(缅文)与百夷(傣文)等八馆。正德六年(1511 年)增八百馆(兰纳文),万历七年(1579 年)增暹罗馆(泰文)。

开馆之初,在年轻举人与监生中遴选学生,不过,在社会普遍专注科甲仕途时代,尽管政策允许入馆学生可以参加科举,但是语言学习毕竟要占用大量时间,必然耽误四书五经的研读,因之,年轻的举人、监生大都不愿意投身此业。朝廷很快改变政策,面向社会招生。学习年限一般是三年到六年,最多九年。三年初试未通过者,可以继续学习三年再试,若仍未通过,开恩再学习三年参加三试。

无论哪次考试,只要通过考试,合格者就给予冠带,留馆任译字官生或通事。译字生主要负责翻译朝贡国家的往来文书;通事主要负责口译与教学。工作三年后授官,大都为鸿胪寺中下级职位。最终未通过考试者黜退。招生年份也不确定,完全视朝廷需要。譬如正德三年(1508 年)招 107 名,嘉靖十六年(1537 年)招 120 名。待到隆庆初年(1567 年),三十年内未招新生,馆中仅剩译字生一二名。

一般以通事(口译)为教师。其中很多是操母语的少数民族与外国人,譬如鞑靼馆开办时的教师多是留用蒙古族旧官。各馆若是缺人教译,则"呈内阁行礼部请敕各边访取谙晓番译人员赴部考验,授以官职,送馆教译"①。弘治十七年(1504 年)"因本馆译学失传,行云南镇巡官取人教习。缅甸宣慰卜剌浪差酋陶孟思完通事李瓒等进贡。并送人孟香、的酒、香中三名,留本馆教授,俱授序班职事"②。

学习不同民族语言,需要了解该民族的文化背景,诸如历史地

① 吕维祺辑《四夷馆增定馆则》卷二,沈云龙辑《近代中国史料丛刊》三编第三十一册,台北文海出版社 1985 年版。
② 王宗载:《四夷馆考》"缅甸馆",1924 年东方学会丛书初集本。

理、风土人情、禁忌习惯等。万历六年(1578年)，王宗载以大理寺少卿提督四夷馆事，期间编辑《四夷馆考》(二卷)简介通贡各国概况以及与明朝的交往史，以便译字生"知夫彼国之委悉"，如此必有裨于业务学习的深入。

太仆寺在皇城西，今府右街中段路西仍存太仆寺街，街名即源于本署。在元朝时为兵部衙门，永乐迁都后，仍继续由兵部使用。正统七年(1442年)三月，太仆寺以办公之处卑隘不称，"请俟建六部完，以旧兵部为寺"[①]。皇帝批准了该寺请求。大约在正统八年(1443年)初，兵部迁往新衙门以后，本寺迁入。设卿、少卿、寺丞、典簿等官，负责皇朝马政，听命于兵部。

行人司在西长安街朝房之西，建于正统七年(1442年)八月。设司正一人，司副二人，行人三十七人。担任持节奉使之事，凡朝廷颁行诏赦，册封宗室，抚谕诸蕃，征聘贤才，与夫赏赐、慰问、赈济、军旅、祭祀，皆遣行人捧节前去。每年的朝审，均由行人持节传旨法司，遣成囚徒，送五府填精微册，批缴内府。

戎政府在皇城东灯市大街北侧。景泰三年(1452年)十二月，以皇城东灯市大街都察院旧址成立京营帅府，嘉靖二十九年(1550年)改为戎政府。

永乐年间，设五军、神机、三千三大营。每营各选勋臣二人总理。土木之变后，景泰元年(1450年)始设提督团营一职，由兵部尚书于谦兼任。选三大营精锐立十团营。其旧设者号称老营。成化三年(1467年)改十团营为十二团营。正德朝，又选团营精锐，置东西两官厅，另设总兵、参将统领。嘉靖二十九年(1550年)废除团营与官厅，恢复三大营建制，并改三千为神枢，设副将、参将、游击、

---

① 《英宗实录》正统七年三月乙酉条。

佐击、坐营、头号、中军、千总、把总等官。同时成立戎政府，选用勋臣一人掌"总督京营戎政"之印。以文臣一人，通常是兵部侍郎协理营政，不给关防。

京营是京城卫戍部队，通过操练班军而保证在京师近处永远有一支集结的部队。然而，历史证明京营制度没有取得预期效果，在历次京师战争危机中，京营表现出的战斗力总是让人失望。和平时期的军队建设与训练一直是困扰历代皇朝的大事。

京营分三部分：中为五军，东为神枢，西为神机，谓之京营三大营乃拱卫京师的卫戍部队。五军营内又分16营，神枢营内又分10营，神机营又分为9营，总计31营。

五军营，永乐初年建于安定、德胜两关外之中。嘉靖二十九年(1550年)始于营南面建阅武门，从阅武门起，至北土城止，长1742步。设将台1座，前设旗台2座，石榜碑1座，鼓棚1座，石旗架2座，演武厅1座。

神枢营，原三千营，永乐初年建于安定关外之东。

神机营，原五军营，永乐初年建于德胜关外之西。

永乐迁都未来得及统一建造朝廷衙署，各衙门大都依元朝旧官舍办公。实际上，以当时的物力、人力、财力、技术等制约条件，营建工程也不可能将重要建筑一次性全部建成。只能是先紧着宫廷而逐步扩充。永乐朝奠定了北京的城市骨架，留给后来诸帝较大的建设空间，正统衙署建设高潮便是如此。从中亦可认识北京城市空间布局发展的轨迹，以及政府长期投资对于一座城市成长的重要性。

京师是皇朝官吏最集中的地方。衙署林立，主要衙门品级官员与吏员编制的简单情况如何，现据《明会典》与《明史职官志》列一简表，顺道粗略介绍于此：

品级 / 衙门	一品		二品		三品		四品		五品		六品		七品		八品		九品		流外	吏员
	正	从	正	从	正	从	正	从	正	从	正	从	正	从	正	从	正	从		
三公三孤	3	3																		
东宫三师三少		3	3																	
宗人府	4								1											
吏部				1	2				4	4	5					2				43
户部				1	2				20	13	24			2	13	16	20			186
礼部				1	2				4	4	7					2	3			44
兵部				1	2				4	4	8					1	4	2		217
刑部				1	2				13	13	26			1		1		8		187
工部				1	2				8	7	11	1		3		9	13	15		124
都察院				2		2		4				1	111			1	1	3		200
通政司				1		3			2					1	1					24
大理寺				1	2				2		2	4	4					2		37
詹事府				1	2				4	3	4	8		1	2	4		6	2	7
翰林院									1	4	4	3	4	4	9	2	2	6	1	1
国子监							1					1		1	21	10		8	2	4
太常寺					1	3						2	4	17	5	34	31	51		7
光禄寺						1			2			2		6		5		2	2	17
太仆寺						1		2				4				1			4	23
鸿胪寺						1				2		2				1	2	55		8
尚宝司									1	1	3									
六科													6	52						
中书科														40						
行人司													1	2	37					1
钦天监									1		7			8	3	2	3		4	4
太医院									1		1			10				10	4	9
上林苑监									2		2		6	4	2					18
僧录司											2	2		2		2				
道录司											2	2		2		2				
教坊司																	1	4		
顺天府					1		1		1		6	1	1		1			2	7	95
宛平县											1		1		2	2		2	1	39
大兴县											1		1		2	2		2	1	39
五城兵马司											5		20						5	32
文官合计	7	6	11	19	2	18	1		70	55	128	25	160	132	84	75	78	202	69	1366
五军都督府	10	5	5							5			25	5				20	10	
锦衣卫					1	2		4	26	10	132	10	1			1		1	2	
锦衣卫外亲军卫					29	59		118	125	250	225	1250	25			25		25	50	
武官合计	10	5	5		30	61		122	151	265	357	1260	51	5		26		26	52	

一、明朝文官治国，故本表以文职衙门为主。

二、三公三孤为虚衔，系勋戚文武大臣加官、赠官，不常授。

三、武职衙门简略，五军都督府将中、左、右、前、后五个都督府一同不完全统计；二十六个上直亲军卫，因锦衣卫特殊，故单列，其他二十五卫不完全统计。

四、锦衣卫旗校、力士五千四百二名，大汉将军一千五百四十六人。

二、仓、场、局、厂、库

京师内城四处分布许多仓库与作坊，用来储放粮食等战略物资，生产各类朝廷、宫廷所需用品。

正统三年(1438年)设立总督仓场公署，由户部尚书或侍郎总督，负责漕粮收贮、发放等事务。公署位于东城裱褙胡同。

漕粮通过大运河运至北京分贮京内与通州两处。在京的粮仓十余处，多承元之旧。明代漕船在通惠河淤积不畅时期，漕粮只能在通州或张家湾卸货，再由陆路运至京仓储存。为了漕粮运到尽快入仓保存与节省运力，在通州增建仓库以分贮漕粮。

皇城周边设四仓以供应宫廷，分别为长安门仓、东安门仓、北安门仓、西安门仓。

内城各仓主要分布于东城，这些地方靠近水道，便于搬运。在此择其要分述如下：

海运仓位于东直门内路南。今东直门内南小街尚存海运仓胡同。设于宣德朝，下辖泰陵卫仓等六仓。

北新仓又称赛百万，与海运仓同在一处。设于永乐朝，下辖府军左卫仓等五仓。

旧太仓位于海运仓之南。今平安大街东端路南，部分仓廒尚存。设于永乐七年(1409年)，下辖献陵卫仓等十仓。

南新仓与旧太仓同处一地。设于永乐七年，下辖府军卫仓等八仓。

禄米仓位于朝阳门内。今朝阳门内南小街路东仍存禄米仓胡同。原为府军卫仓与彭城卫仓，嘉靖四十一年(1562年)，移其西仓为部仓，东仓仍为卫仓，由部仓统之。禄米仓之东为京城武学，再东为智化寺。

大军仓位于北居贤坊，设于永乐年间，下辖旗手卫仓等四仓。

新太仓位于东直门大街西半部路南，海运仓正西。设于宣德朝，下辖裕陵卫仓等七仓。

太平仓位于皇城西北隅墙外，今平安大街平安里段即是本仓一部分，路南仍存太平仓胡同，可寻其南墙故址。设于弘治十七年(1504年)，正德八年(1513年)改建成镇国府，正德十六年(1521年)仍改回。下辖留守前卫仓等二仓。清代承泽亲王府即因之改建。

西新仓与广平库仓共处一地，位于西直门大街以南，今西直门内南小街路东，尚有前、后广平库与小后仓等胡同，似应由本两仓演变而来。西新仓设于永乐七年(1409年)，下辖府军左卫仓等五仓。

统计《明会典》记录京、通两处粮仓共20座，下辖卫仓67座。可见漕粮主要供应的对象是军队。古代的城市功能不同于当代，需要经常性防备战争与灾难侵袭。城墙围挡的空间，就是要做到闭城时期的粮草充足，因而仓库一定要建在城内。

每仓各筑墙垣，仓门榜标名号。仓廒初为三间通连，嘉靖改为五间通连，进一步扩大了贮存容积。其后不但单体廒容增大，廒数也不断上升，到万历朝"廒凡千四百二十有四，廒比而为楹，楹凡七千一百"[①]。

贮粮之法，初承元旧，廒地铺席，但防潮性能较差，时间一久，下层之粮多有霉变。嘉靖朝变更此法，用楞木板铺垫廒地，缓解了

① 张治：《修仓厂题名记》，《张龙湖集》卷一，见《皇明经世文编》卷二四二，第三册，中华书局1962年版。

粮食受潮腐烂速度。然而木板触地也易腐朽，所以到万历九年(1581年)又在仓廒地面砌漫城砖，再铺木板。同时廒墙开孔洞以泄潮气。如此，采取双层防潮与加强通气的方法，降低粮食霉变速度。

每一座京仓，大都在修建之际，预留了相应的空地，保障粮储需求量增大时可以立即修建增容。万历朝修《会典》时，统计京仓：旧太仓旧廒306座，时在236座，1215间，空地53座；南新仓旧廒249座，时在180座，计898间，空地49座；海运仓旧廒178座，时在120座，计600间，空地60座；新太仓旧廒181座，时在149座，计745间，空地27座；北新仓旧廒140座，时在95座，计483间，空地41座；大军仓旧廒122座，时在77座，计390间，空地8座；禄米仓旧廒47座，时在49座，计245间，空地2座；西新仓旧廒100座，时在83座，空地22座；太平仓旧廒29座，时在25座，内4座6间，2座7间，余俱5间，计133间，空地4座。[①]时存廒座比旧额减少，乃是廒容量扩大所致，嘉靖朝以前，三间通连为一廒，以后改为五间通连为一廒，甚至出现六间、七间通连的廒。因此，再以廒为单位，通算总量时，必然有所减少。譬如旧太仓旧廒306座，以3间通连计算，共应有918间，而时存236座，却是1215间，比旧有容量，多出297间。

仓廒修建由工部负责，届时征用民夫匠役与赴京上班操练的士卒，工程紧迫时抽调漕军助工。万历三年(1575年)题准"修建仓廒规制，俱以样廒为准，各委官及作头姓名，刻扁悬记。如十年之内，即有损坏者，责令陪修，仍治其罪"[②]。其法良善，值得当代借鉴。

仓廒维修原定每年220余间。正德十五年(1520年)改为每年核修30廒150间。每年十一月，管理修仓主事向户部营粮司报送应

①② 《明会典》卷一八七，《营造》五。

修之廒的清单，户部核查后批回。修仓主事督率官匠赴各应修之仓，逐一估算用料之数，于次年正月以内，报告户部题派开工，工完呈部。

五间通连的廒，贮量一般为一万二千石。晚明京廒 1420 座，拥有贮粮一千七百余万石的容量。万历十一年(1583 年)十二月，京通两处仓储粮达一千八百一十八万五千四百石，而年支仅出二百二十万石。因之，户部建议削减年运四百万石原额，将其中的一百五十万石改折征银，暂行三年，视情况再定是否执行下去。[①]仓储丰足虽为佳事，但储藏质量难以保证，年久霉变溻烂而不可食。

京通仓粮，主要用来支付京卫官兵月粮。特殊情况，如边警危机，则调拨仓米支援边镇。灾害发生，出仓米赈济灾民，或投放市场平抑粮价。

草场与粮仓建置出自同样立意，仓储保证了粮食供应，草场则保障了骡马草料。骡马作为旅行、交通运输、作战的主要工具，一向备受政府关注，朝廷设太仆寺专司马政。内府设御马监掌管御马及蓄养马骡等事宜。

京内五草场：

明智坊草场，位于明时坊贡院以西，今国际饭店所在地。永乐朝设。旧有东安门草场，万历八年(1580 年)并于此。

安仁坊草场，天顺五年(1461 年)设。

北新草场，成化二十二年(1486 年)设。

西城坊草场，位于西直门内西新仓之南，永乐朝设。

台基厂草场，原在东直门外，嘉靖二十九年(1550 年)改在西直门内。

---

① 《神宗实录》万历十一年十二月甲子条。

另有属于内廷御马监管理的京内草场三处：

里草栏草场，位于皇城内东北隅，御马监大厅之南。永乐初年设。

天师庵草场，位于保大坊北侧，今宽街西南角。正统朝设。

中府内草场，位于保大坊南侧，东安门外奶子府街。永乐朝设。

此外，性质相同都是为蓄养牲畜与储存饲料的仓场还有：锦衣卫驯象所内的象房仓、东直门里的牛房仓，俱永乐五年(1407年)设。

象房在宣武门内西侧，至今其地仍存象来街地名。驯象是大朝仪仗的重要组成部分。由锦衣卫会中官管理其日常驯养事宜。

城内原可不必设立太多草场，永乐迁都之初，马房仓草场等也多设在城外，只因蒙古族军队频繁侵扰，为保证闭城期间的草料供应充足，才在城内建起了多处草场。草场能够顺利迁入城内，也表明当时城市用地的宽松，可以轻易地找到使用场所。其迁徙过程，会典记之甚明：

正统十四年(1449年)，以防虏移马房草于城里收积。设明智坊草场、北新草场并旧台基厂草场，每场铨拨大使、副使各一员，攒典二名，办事官二员，顺天府每处脚夫十名，兵部拨致仕武官一员，军余四名，守支草束，巡视把门。又题准：各场地势窄狭，积草不多，将旧吏、户二部改为安仁坊草场，吏部选大使、副使各一员，攒典二名，顺天府金库秤十名，制造大秤四连，兵部拨致仕军官并老军守门。

景泰三年(1452年)，令御史一员巡视草场，禁约附近军民之家，并管马内外家人，不许兜揽纳户草料，通同作弊。

天顺六年(1462年)题准：安仁坊草场倒塌，查得驯象所草场宽阔，堪为两场，将西边三十七丈并墙外空地十二丈拨与安仁坊官攒收受新草。

成化十六年(1480年)，令户部收草主事等官提督御马仓草场，各该官旗人等，筑立封堆，开挑壕堑，栽种榆柳为界。仍令给事中、御史不时巡察。[①]

仓场之外还有局、厂、作。局、厂名称使用比较宽泛，归纳起来大致为三种情况。一是朝廷或内府的政治行政机构，如东厂；二是近似于仓库的加工厂；三是制造业的工厂。一般来说，局的权限、规模与层级在厂之上，厂又在作之上。作即专业作坊。

明代京师工业大都是官控的。工部、内府、兵部与户部各有自属厂局。但在管理界限上，内府与工部多交叉混合。匠户分二等：住坐与轮班，住坐匠每月上工十日，轮班匠三年一赴京工作三个月。如不赴班，每月缴银六钱，称为输班。随着时代变迁，输银免班变成常态，如此公私两便，节省交通旅行成本。

凡住坐人匠，从宣德五年(1430年)起，皆附籍京师大兴、宛平两县。附籍是朝廷对流动人口离开原籍长期寓居某地的认可。"离原籍千里之外，不能还乡者，许所在官司行原籍官司照勘，原系军、民匠籍，照旧收附。如遇缺伍、失班，即送壮丁补役。"[②]朝廷认可改变居住地，却决不容许流动人口变更原有户籍身份。住坐匠留在京师以后，主要服务于朝廷。匠户附籍京县户数，历朝的增缩不一，大抵在15000人左右。例如：

嘉靖十年(1531年)，12255人；

嘉靖四十年(1561年)，17178人；

---

① 《春明梦余录》卷四。
② 《明会典》卷十九，附籍入户。

隆庆元年(1567 年)，15884 人。①

匠人分役于内府、工部等衙门，行业难以尽数。仅以内府司设监为例，可窥其分类之细。该监嘉靖十年(1531 年)使用匠人 1435 人，占当年登记匠人总数的 11.7%，技术行业达 70 种，分别是：销金匠 23，络丝匠 44， 锯匠 17，绣匠 105，打线匠 10，腰机匠 182，钑金匠 13，描金匠 1，锉磨匠 15，裁缝匠 182，竹匠 51， 花毡匠 3，鞭子匠 3，双线匠 68，帘子匠 65，刊字匠 4，索匠 34，缨匠 38，熟皮匠 11，漆匠 15，绦匠 24，毯匠 38，毡匠 86，穿交椅匠 9，绵匠 15，木匠 86，拔丝匠 4，抹金匠 7，雕銮匠 36，铜匠 26，卷胎匠 4，洗白匠 4，油毡匠 5，表背匠 13，鞍辔匠 10，旋匠 11，钉铰匠 45，车匠 11，背金匠 6，减铁匠 1，弓弦匠 1，交椅匠 11，搭材匠 5，妆銮匠 30，伞匠 20，草席匠 39，针匠 6，藤枕匠 9，棕蓬匠 4，银匠 23，魟灯匠 2，瓦匠 5，绵花匠 13，铸匠 2，蒸笼匠 1，石匠 1，事件匠 1，锡匠 1，锁匠 2，砍轿匠 12，护衣匠 4，弓匠 14，木桶匠 2，冠帽匠 3，刷印匠 2，五墨匠 1，画匠 14，扇匠 9，折配匠 8。②

匠户既附籍京县，正匠月上工十天，根据行业与技术不同，发给一至二石口粮，免其本人杂差外，再免一丁帮贴应役。匠户人家其他余丁则需登记，每名每年交纳工食银三钱，作为朝廷各衙门署雇用工匠之费。

官营手工业规模庞大，技艺精湛，品类齐全，质量上乘。永乐朝内府御用监所属的漆器作坊果园厂制作的雕漆作品，分剔红与填漆两种，精致绝伦；铸造工艺精绝，大至万钧巨钟，普通的鼎炉、佛像，小至文钱，无不造型优美，图饰文字清晰。其中，宣德三年

①② 《明会典》卷一八九，工匠二。

(1428年)，皇上亲自设计监造的铜香炉，更是闻名于世，俗称宣德炉；铜胎掐丝珐琅技艺独树一帜，以"景泰御前作"制造的最为精美，"景泰蓝"的称法始于清雍正年间。这些宫廷文玩器物很快被民间作坊仿效，最终形成独树一帜的北京特种工艺。

官营手工业规模最大的莫过于纺织业。两京皆设织染局，分隶内府与工部，统属南北直隶、浙江等八省二十二处织染局。嘉靖七年(1528年)以后，减至四省十九处。"内局以应上供，外局以备公用。"以两京内局而论，南京主要生产皇上所用缎匹绢布、龙衣、绫罗丝纱等织品。北京主要生产宫内使用的绢帛。北局生产能力远不如南局，工匠也较少，隆庆元年(1567年)北局一千三百四十三名，南局额设机三百余张，匠人三千余名。①

工部所属织染所，俗称外织染局，亦分南北两局。永乐迁都以后，南京工部织染所产量逐年下降，到万历年间，生产基本停止。北京工部织染所主要染练绢帛，以十年为期，染练宽幅生绢十五万匹。万历年间，染练绢布业务转向宛、大两县匠户领染。织染所的生产功能逐渐丧失。

织物与食物一样是人类生活须臾不可离的消费品，朝廷自办的作坊，因管理叠床架屋，技术僵化，成本过高以及生产能力限制，而不能满足日益高涨的消费需求。因此，通过"领织""收购""采办"等形式补充缎匹供应。政府消费刺激了民间机户在生产规模、技术分工与雇工等方面的成长。

内府宝钞司设掌印太监一人，初期主要生产桑皮纸，以及官笺如五色粉笺、磁青笺、罗纹笺、羊脑笺等。宣德以后，改为生产供宫人方便使用的稻草纸。而宫廷书画、公文用纸改由江西、浙江、

---

① 《明会典》卷二百零八，南京工部。

徽州、苏州等地贡献。纸张种类不下百余种，按其质料区分，除黄白麻纸外，有绵纸、竹纸两大类。绵纸以桑皮为主料，竹纸以竹纤维为主料。

书籍印行分官刻、私刻、坊刻三类。官刻印刷各衙门皆有，其中以司礼监、国子监、都察院最多，品质优良。

工部军器局制造兵器甲胄，每年额造盔甲、腰刀等器3600件，其余长枪、铳炮、撒袋等数目不等，使用工匠9200余名，分两班四季成造。统属盔甲厂与王恭厂。

盔甲厂位于崇文门内以东，其地尚存盔甲厂胡同，宣德二年(1427年)设立。初由工部侍郎提督，成化年间改为郎中。嘉靖四十三年(1564年)再改为注选主事，同时设掌厂太监一人，营造盔甲、铳炮、火药之类。

王恭厂位于内城西南隅，亦设注选主事一人与掌厂太监一人管理，产品与盔甲厂相同。天启六年(1626年)五月发生火药爆炸后，移至西直门内，改称安民厂。

工部兵仗局位于皇城之内，今南长街北口路东。外厂位于北安门外海子桥以东。起初三年一成造周期，用银24000两。隆庆五年(1571年)改为一年一成造，用银3700余两。使用工匠1700余人。

此外，尚有营缮所专司木工，宝源局专司铸钱，文思院专司丝工，皮作局专司革工。

营缮所位于东城明照坊的东北部，设所正一人，所副二人，所丞二人，多以技艺精湛的木匠充任。

宝源局，位于东城石大人胡同。原为英宗朝权臣石亨旧宅。石亨盛时封忠国公，内官监为其造房386间。后石亨事败伏诛，宅没入官。嘉靖中复赐于仇鸾。鸾败，复没于官，改为钱局。工部虞衡司员外郎监督铸钱事宜，所属宝源局大使一人，副使一人。

天启朝以前，铸钱专属工部。天启二年(1622年)，朝廷增设宝泉局，划归户部管理，此后工部宝源局铸钱量锐减。宝泉局在皇城东北，教忠坊内，大兴县署以东。以户部右侍郎总督其事，加炉铸造，增大铜钱供应量与流通以换取民间的白银。其法以 65 文当银一钱，除去铸钱成本，可获厚利，开铸当年，用过铜本 209514 两白银，获息 128606 两。可谓丰厚。[①]

文思院位于东城明照坊，今东城方巾巷以西，交通运输部所在地。统属于工部都水司管理，而非《长安客话》所说"属工部屯田司"，设大使一人，副使二人。文思院与织染局功能相近，负责生产供应，储存朝廷所需的部分织物衣料。织染局织造的"婚礼纻丝送针工局。供应器皿、黄红等罗并只孙裼裙发文思院"[②]。

皮作局位于明照坊文思院以北，系皮革制品的生产与管理机构，设大使一人，副使二人。

王恭厂、营缮所、宝源局、文思院、皮作局号称工部五小厂。

工部五小厂之外，还有工部五大厂：台基厂、神木厂，大木厂，琉璃厂、黑窑厂。

神木厂位于崇文门外，大木厂在朝阳门外，皆为储放巨木之所[③]。神木系难得一见的巨木。永乐营建北京时派员往西南采伐大木，永乐五年(1407年)三月，工部尚书宋礼奏："有大木数株，不藉人力，一夕出大谷，达于江，盖山川之灵相之。赐其山名神木山，遣礼部郎中王羽祭之，且建祠立碑。命翰林院侍读胡广制碑

---

① 《春明梦余录》卷三十八，崇祯八年给事中王家彦疏。

② 《明会典》卷二百，《工部》二十一。

③ 朱一新：《京师坊巷志稿》卷上，北京古籍出版社 1983 年版。

文。"①巨木抵京多存放在近城通惠河两岸。随着营建工程完成，建起固定的储放剩余巨木场所，"神木厂，营缮分差，掌收各项材木。先朝营建时，有巨木蔽牛浮河而至，疑为神木，厂遂得名。地在城外，以便湾厂输运。岁时储积以供取用。所积每多于山台两厂"②。山台两厂为山西大木厂与台基厂。

一般认为围径五尺以上的为神木。五尺以下二尺以上的为大木。崇文门外神木厂建于永乐二十二年(1424年)。当代以为本厂在清代移至广渠门外并不确切。其实无论神木厂还是大木厂都不止一处。广渠门外神木厂一直存在，不然在嘉靖三十二年(1553年)闰三月规划修筑罗城的方案中，就不会出现自天坛南墙向东九里，"转北经神木厂"的地标性记录。只不过随着大木资源枯竭与宫殿不断烧毁重建的消耗。使得神木厂规模萎缩，最后只剩广渠门外一处，保留几根神木作为象征。人类能在顷刻之间，将几千年的森林巨木砍伐殆尽，不可否认，营建北京与维系宫廷建筑体势，基本上耗尽了西南的巨木。

琉璃厂、黑窑厂位于宣武门外，今和平门外仍存琉璃厂地名。皆为烧造琉璃制品之所。

台基厂位于南薰坊，今东城王府井大街对面仍存台基厂大街地名。先以储放巨木与建筑台基材料为主，后渐变为堆柴薪芦苇之所。

惜薪司位于西安门内路南，设掌印太监一人，总理数十人，负责宫廷、二十四衙门及山陵等处薪炭供应，以及宫内垃圾清运与冬日铜缸木桶蓄水防冻等事项。每月初四、十四日、二十四日，开玄武门，放夫匠及打扫净军，抬运堆积粪壤；每岁春暖，开长庚、苍

---

① 《太宗实录》永乐五年三月甲子(十日)条，台湾"中研院"史语所1962年影
　　印版。
② 何士晋：《工部厂库须知》卷五，书目文献出版社1992年版。

震等门，放夫役淘浚宫中沟渠；正月节安彩妆；凡遇冬寒，宫中各铜缸木桶，该内官监添水凑，安铁篱其中，每日添炭，以防水冻，直至春暖，以备救火之用。所属有红罗厂、北厂、南厂、西厂、东厂、新西厂、新南厂等。

红箩厂位于西安门外以北。今西四北大街尚存红罗厂胡同。红箩系指盛炭的荆条编制的小圆筐，表面刷成红色。红土粉刷的筐与使用没有什么必然关系，徒增加一道工序而已，似是一种浪费。然而，古人做事，从来都把期待融入物品之中。红色只寄托着炭旺火红之意，表明炭的质量上乘。

红箩厂的炭产自易州(今河北易县)一带山区，以硬木烧成。运至红箩厂，按尺寸锯截，每根长尺许，圆径二三寸不等。火力旺盛而耐久，灰烬白而不爆。如果曾经夏日伏雨久淋，性未过尽，燃烧时火气太炽，乃至使人眩晕、昏迷、呕吐，尤其对皇子女婴幼不利。

红箩厂还负责接收顺天府岁供糯米十五石五斗；永平府岁供红枣一万五千五百七十斤。

每年腊月红箩厂香匠塑造高二尺许的炭制福判、钟馗、门神"彩妆"，于十二月二十四日，奉安于宫殿各门两旁，这就是岁暮种植将军炭于门旁的意思，以求红火，至次年二月初二日，仍抬回本厂，修补整新以备下次再用。天启朝魏忠贤当权，傀儡制法高达八九尺，乃至一丈余，身着绫绢纻绸，佩以真正弓矢器，须眉直竖，猛恶如生。岁费亦超出原制百余倍。

宫中膳房用马口柴。太监日常使用片柴。隆德等殿斋醮焚化之典，使用杨木长柴。

柴炭是矿物能源大量生产前，最重要的优质热能，宫廷与社会中上层一刻也离不开，消费需求量经久不衰。因此，贮存柴炭之所也是城市必须费心经营的。

惜薪司外厂六处：北厂，位于积庆坊，皇城北墙外西端，西与太平仓相邻。南厂，位于外城宣北坊，今宣武门外大街五条胡同以西。西厂，位于金城坊，都城隍庙之东。今长话局附近。东厂、新西厂、新南厂地点待考。诸厂各设掌厂太监收贮柴炭以听关文。

北京是世界上最早使用煤的都城。这曾让马可波罗惊奇不已，他在《东方闻见录》说："有一种黑石，采自山中，如同脉络，燃烧与薪无异；其火候且较薪为优，盖若夜间燃火，次晨不息。"煤在历史典籍中，有石涅、石墨、石炭、乌金石、黑丹等称法。作为能源使用始于东汉末期。

北京西南山区煤炭资源丰厚，考古发掘显示辽代已有开采[1]，发展到元代形成相当生产规模。"石炭煤出宛平县西四十五里大谷山，有黑煤三十余洞，又西南五十里桃花沟，有白煤十余洞；水火炭出宛平县西北二百里斋堂村，有炭窑一所；画眉石，有洞在宛平县西北二百里斋堂村，有炭窑一所。"[2]入明以后仍沿其旧，诸如浑河(永定河)、大峪、门头沟等处煤窑星罗棋布。

永乐迁都选定昌平天寿山作为皇陵以后，因西山靠近皇陵与京师，唯恐伤及龙脉风水，所以一再明令禁止凿山开窑与伐木。但禁令挡不住利益驱动与社会需求。俗语讲"柴尽煤出"，当林木资源再生无法满足日益高涨的能源需求时，必须增加替代品。开矿与禁令之间的博弈一刻也未停止，权贵带头破坏规矩，譬如，正统十二年(1447 年)英国公张辅纵家奴在芦沟河(永定河)东私开煤窑。类似现象禁而不止，私开之风愈演愈烈。朝廷不得不让步，在政策上对地域进行了选择性禁止，放开了芦沟河(永定河)以西地区。门头沟

---

① 鲁琪：《北京门头沟龙泉务发现辽代瓷窑》，《文物》1978 年第 5 期。
② 《元一统志》卷一《大都路》中华书局 1966 年版。

成为京师煤炭供应最主要产地。

不过，当时煤还未占据居民燃料消费的主要份额，万历年间，百斤煤价二钱白银。[①]非普通人家所能担负。宫廷似乎没有大量使用这种新能源，仍保持传统方式。

库房种类很多，最重要的是西安门内北侧的十库：内承运库，贮金银、宝玉、齿角、羽毛；广积库，贮硫黄、硝石；甲字库，贮布匹、颜料；乙字库，贮胖袄、战鞋、军士裘帽；丙字库，贮棉花、丝纩；丁字库，贮铜铁、兽皮、苏木；戊字库，贮甲仗；赃罚库，贮没收官物；广惠库，贮钱钞；广盈库，贮纻丝、纱罗、绫锦、绢。十库虽称内库却非宫廷专属，而是分别与户部、兵部、工部共管。内承运、广惠、甲字、丙字、丁字、赃罚等六库分属户部；乙字库分属兵部；戊字、广积、广盈等三库分属工部。另外还有天财库(又称司钥库)，贮各衙门管钥，亦贮钱钞；供用库，贮粳稻、熟米及上供物。

宫廷自属的库房，有"内东裕库、宝藏库，皆谓之里库"[②]。正统元年(1436年)，将部分漕粮改折，以每年征银一百万两为限，谓之"金花银"，分四季解京放入里库。除折放武官俸禄外，其余由皇帝做主，用于宫廷开支与赏赐，户部只管记账。此外，解入里库的银两还有宫庄子粒银、官店银、罚没银等；另有巧立名目临时增加的项目收入，如买办银、内操草料银等，皆是索取户部太仓、太仆寺、光禄寺的储银。这种额外索取主要发生在万历时代，开销账目与户部无关，外间很少知道。

---

① 许弘纲：《群玉山房疏草》卷下，"四库未收书辑刊"五辑24册，北京出版社2000年版。

② 《酌中志》卷十六。

三、城市干道与胡同坊巷

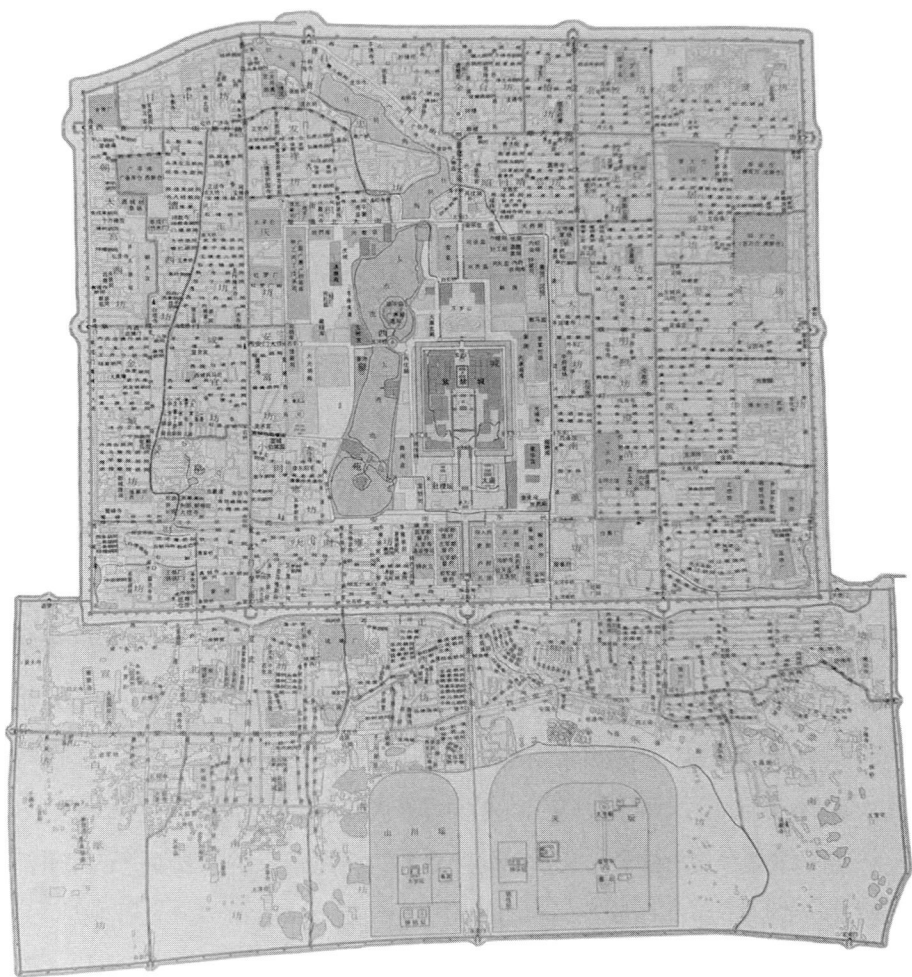

万历—崇祯时期北京城图(见侯仁之主编《北京历史地图集》，文津出版社)

明代北京内城的街道坊巷布局大抵承元之旧，内城街道平整、外城街道显得杂乱。内城由于出自政府规划，道路预先划出，然后住宅、机构等房屋陆续建设，因之街道布局平整。外城则不同，基本上是由商业逐渐繁荣，四方来会，自发地逐渐扩展形成的。城门一向是商贩竞逐的要地，尤其正阳门内外，"大明门御道两旁，商贩云集，百货罗列"[①]"正阳门前搭盖棚房居之为肆，其来久矣"。侵占官街，壅塞道路。[②]虽屡经整饬，却难以彻底改观。在商利涌动的热浪中，渐渐形成的街区道路胡同的宽度，必然是走到街道容纳车辆行人所需的最低限度才能停止。政府的行政资源与行政能力只能保证前三门外大街的平直与宽度，而不能深入到两侧的坊巷之中。因而，外城留下的历史商业街区的道路宽度大都很窄，也不平直。

永乐迁都之初，正阳、崇文、宣武三门外关厢地区尚不发达，其后日渐繁荣。一般而论，任何商业区，在最初的时候，不过是临时市场，进而朝向固定。定点一旦形成，必然产生自主扩展运动，后来者无不希望在核心区占一席之地，借地利优势推销产品货物。如果不能通过购买得到现成店铺，就必须新建，为了寻求最大惹眼效果，首选是见缝插针，其次是开拓逼近闹市的边缘区，这样，闻名的繁荣商业街区就要扩充延长。

当繁华区域内不可能再见缝插针之际，街道延长扩充速度就要加快。在延长过程中，街道往往变得倾斜，甚至弯曲。由于没有事先的统一规划与政府的强制管理，街道的斜向是由店铺较为密集繁兴的一侧决定的，延长本身并非两侧齐头并进，一般循一侧先延伸

---

① 叶权：《贤博编》33 页，中华书局 1987 年版。
② 高承埏：《鸿一亭笔记》，见《日下旧闻考》卷五十五。

另一侧跟上的模式，为了追求显眼的效果，先推出新建的店铺就要比相邻的店铺向正前方突出，以达到能够被街内较远处的人看到的效果。而在它对面，如果再跟上的新建店铺就不得不向后退却，街道自然而然地在延长的岁月中变得倾斜。实际上，商业街道在延长的过程中，有时一侧已经走出很远，另一侧还在缓步而行，人们宁可放弃距离优势，也要占据上风上水之地，让人在较远的地方看到自己。

街道的斜向还与河流故道相关，河岸走向决定了街道最初的格局。即使河流干涸废除后，也不能彻底抹去昔日痕迹。

外城的商业斜街，以正阳门外大道为中心线向西扩展的大都是东西向南倾斜的，向阳一面的店铺决定了街道的走向。而向东扩展的却与此不同，不一定是西东向南倾斜。在前门外大街以东到崇文门外大街以西，南至三里河的区域内，街道胡同多为南北走向，充分表现了河流故道对于城市街道布局的影响。正统年间，尚无外城，为了护城河的防洪需要，在正阳门以东处向南开泄洪渠通向三里河，这一南北稍向东斜的河流及其枝杈，奠定了本地区道路的走向。在日后河道填埋，住宅商业区逐渐扩大的过程中，人们也不得不遵从河流故道铸就的街道骨架而安排新建的房屋。

如果不是政府投资规划的城市，就不能自然形成街道的平直方正。人类天性追求方便快捷省时省力，因此，一座城市形成之际，街道必然是倾斜曲折的，虽然坐标方位感较差，本地人行走起来却十分方便，路网结构更近似乎三角形的斜边或是圆形的周边。

内城的街道平直而宽阔，彰显皇家气势，并与宫廷建筑相得益彰。作为城市干路的主要大街，大都是位于九门内外，以及皇城四门之外。

东西向大街有：

东长安门外大街，西起长安左门，东至东单牌楼。即今东长安街的西段。

西长安门外大街，东起长安右门，西至西单牌楼，即今西长安街东段。两条大街由两门隔断，门内为承天门前广场，在当时一般人不得通行。

东安门外大街，西起皇城东安门，东至王府街。即今东安门大街。

西安门外大街，东起皇城西安门，西至丁字街。即今西安门大街。

朝阳门大街，西起双碾胡同，东至朝阳门，并向城外延伸。即今朝内大街。民航大楼至朝阳门立交桥之间各段亦有专称。

阜成门大街，东起西四牌楼，西至阜成门，并向城外延伸。即今阜内大街。西四至阜成门立交桥之间各段亦有专称。

皇城北大街，北安门外东西两侧，西起太平仓东至天师庵草场，即今平安大街。该街西段较宽，东段较窄为东西城往来通道。

东直门大街，西起集贤街，东至东直门，并向城外延伸。城外之街向北倾斜。即今东直门大街，北新桥至东直门立交桥。

顺天府前街，东起安定门内大街，西至锣鼓巷北口，其东可接东直门大街，西面不远即是鼓楼。东直门至鼓楼，分成四段，名称不一，并非都是宽阔通衢，但可直行往来。

西直门大街，东起崇元观，西至西直门，并向城外延伸，即今西内大街，新街口以西丁字路口至西直门立交桥。其往东一小段名新开路。

另外，大明门与正阳门之间有棋盘街，街东西为江米巷，可供行人车马往来东西城。再南城墙内侧顺城街，城内四周城墙脚下皆有顺城街。

皇城、宫城占据了内城核心区，因而注定东西通衢大道很少能平直贯通，朝阳门与阜成门虽然在一条直线上，但是皇城阻断了两者之间的直线联络。而唯一可以直线联络的东直门与西直门两大街，却因什刹海水域的地理阻隔而化作泡影。这两条通衢直连构想被阻断之后，就不可能再有其他的出路，因为墙垣无门，建造墙与墙之间通衢大道的意义随之减弱。明代北京内城的交通需求远非今日那么迫切，上述大街虽然不能直线连通，但也能满足社会出行与运输需求。城市交通功能因其需求而存在，如果需求增加，一定促使城市交通网络的变化。明代京师交通网络一直延续到清末，未做明显拆改，说明社会交通需求增长缓慢，几百年间停留在一个常量上。

在交通工具选择匮乏时代，城内的短途出行，大多数人是步行，以车马牲畜代步的并非普遍。距离超出十里的社交，如非必要，恐怕不是经常现象。因而，行人、车辆占用道路率比较低。社交呈现区域性封闭性特征，普通居民基本上以住处为中心，在本坊与相邻坊区内活动，经常性出行距离很难超过五里。

与东西大街平面垂直相交的是南北向大街，内城由于皇宫占据中央，所以没有一条贯通南北的中心大道，正阳门内棋盘街很短，北对大明门，大明门内千步廊是一条直对承天门的大街，但非常人所能行走。进承天门以后，中轴线上的道路，大都是宫廷殿门前的御路，时断时续绵延至北安门(清改称地安门)。

北安门外大街，南起北安门，北至海子桥(后门桥)，从海子桥再往北至鼓楼为鼓楼下大街，即今地安门外大街。这是内城唯一一段坐落在建筑中轴线上的南北公共通衢大道。大街至鼓楼终结，没有再绕过钟鼓两楼向北延伸，而是从鼓楼前西斜转北而去，而且这段北伸的街道很窄，全然不具大街风范，仅是一条胡同而已。按说鼓楼亦是全城中轴线上的雄伟建筑，对城市空间结构的稳定性也举足轻重，却没有形成一般城市最常见的十字大街。究其原因，根本还在于北京的都城地位，钟鼓楼仅是作为宫廷建筑气势传递社会的终结，因此，具备了前面的大街就足够了。况且都城北城墙正中并没有设立城门，从钟楼往北再修建大街也没有太多必要。鼓楼与东直门、西直门在一线上，即使自鼓楼向西修筑大道受后海阻隔，但若想向西直伸通向西直门，建桥筑堤亦非难事。退而论之，不想投资过大，也可以让鼓楼西大街直伸到水边再转向德胜门。出自同样原因，朝廷当初并没有这样做。

建筑总离不开采光、避风的需求，地处北半球高纬度的中国城市建筑无一不是首重南面开阔，北面厚重坚实。因此作为单体建筑，后墙开门窗的现象比较少见，即使为通行采光便利，所开门窗比前方也要小得多。事实上，建筑从来是人性化的，人体构造与活动方式决定了人愿意把握眼前的事，而对看不到背后，希望空间封闭安全。因此，选择了向阳背风的最佳方位建造永久性居所。

内城南面三座城门，北面两座城门，抛开正中的正阳门不论，崇文门与安定门，宣武门与德胜门，都不是南北直对的。因此，南北城之间的道路连线，也是迂折的。

南北向的大街主要有：

宣武门大街，南起宣武门，北至西单牌楼，即今宣武门内大街。此街向北直线延续，过丁字街与西安门外大街相交，过西四牌楼与阜成门大街相交，再北与西直门大街相交，再北街道变窄，直抵北城垣。往南延伸接与外城。该街不同地段称谓不同，如西四以南地称为缸瓦市。

崇文门大街，南起崇文门，北至东单牌楼，即今崇文门内大街，此街向北直线延续，与灯市街相交，至东四牌楼与朝阳门大街相交，再北与东直门大街相交，再北接集贤街，直抵北城垣。往南延伸接与外城。该街不同地段称谓不同。

安定门大街，北起安定门，南至东长安街，中途与顺天府街及东直门大街西延线相交，与铁狮子胡同相交，与朝阳门大街西延线双辇街相交，与东安门大街相交。该街地段不同称谓不同。往北越过城门向北延伸。

德胜门大街，北起德胜门，南至皇城北大街，即今德胜门立交桥至平安大街厂桥。该街不能像安定门大街那样继续向南延伸，皇城阻断了去路。皇城整体布局偏西，所以西城的东西贯通的大道只有宣武门大街。

一望上述城市干道的交叉布局，立即可以看出，所有干道首重皇城门与都城门之间的联络，从任何一座皇城门出发都能快速到达任何一座城门。其次为都城门之间的联络。以宫廷为中心的城建格局，决定了道路布局及其两端点，而使用频率与使用性质决定了道路宽度。一般而论，凡是建有城墙的城市，城墙管束了交通出行走向，城门内外大街流量最大最为繁忙，宽广实属必然。

一般来说，如无特殊需要，道路宽窄设计取决于交通工具错车所需的尺度，以当时最流行的骡马车宽度计算，一辆马车载上货物宽不过三四米，那么路宽设计为十余米就足敷使用，同时也可以容纳肩挑行走之人。事实上，京城大街宽度远在十余米之上，一般三四十米，有的更宽。因此，路宽决定因素就不再是纯经济实用性质的，而另有其因。

内城城市干道超出经济实用宽度规划，可能是出于皇家气派、朝廷礼典与军事行动等方面的考虑。皇帝出行向来仪式铺张威重，前呼后拥，仪仗绵延几百米，宽度可达几十米。队伍在行进中，不可能两侧擦两边店铺住宅而过，一定要留出安全空间，保持相应距离，所以，道路规划时的宽度都被有意地扩大了。

内城街道纵横大都为正向，相交为直角，斜街甚少。内城唯一一条干道斜街就是鼓楼至德胜门的大道。本街依什刹海的走向而形成，是出入德胜门的通衢大道。在德胜门大街不能南延时代，这条斜街作用远远超出德内大街。因此，在道路宽度上，德内大街显得狭窄，不够城门大街气度，而斜街则宽阔，更像德胜门内的主街。这里是自皇城北安门出德胜门的大道，皇帝祭陵以及梓宫发引的必经之路。

相形之下，外城的道路就没有内城那样幸运，得不到较多的政府规划投资。外城街道狭窄曲折，显得杂乱无章，更符合一座自发形成的商业城市的道路结构特征，拥挤而集中，处处显出对商业繁华地段的竞逐与对城市用地的珍惜。

外城自嘉靖朝筑起城垣以后至明末，广渠门至广宁门一线以南地区，除去永乐朝建造的天坛、山川坛(今先农坛)之外，仍然多为农田与水泡，景象与郊外毫无二致。城市商业、手工业等集中在外城的北部。主要城市干道五纵一横，最重要的而且比较宽阔的就是内城前三门外大街，均南北走向。

正阳门大街，北起正阳门，南至永定门，为都城建筑中轴线的南延线，由于是皇帝前往天坛、山川坛祭祀的御路，所以经过了政府规划与严格管控，街道宽而平直。

崇文门大街，北起崇文门，南至抽分厂街，即今崇文门至两广大街路段。

宣武门大街，北起宣武门，南至菜市大街，即今宣武门至菜市口路段。

右安门大街，南起右安门，北至广宁门大街。

左安门大街，南起左安门，北至夕照寺。该街与右安门大街，虽使用大街之名叙述，却非城市商业意义上的干道，只是城内通往城门的道路，两侧极少有店铺人家，基本上是穿越农田的土路。

东西向的干道就是广渠门至广宁门之间的道路。两门虽然直对，但是其间的道路联络十分曲折，并非东西直线。且每一段的名称各异，呈现出各自为中心逐渐发展而成的痕迹。

广渠门大街，稍稍北斜西走与崇文门大街相交。其西段称蒜市口。再往西稍向北曲折又向南斜与正阳门大街相交。其东段称三里河街，西段称小市口街。地处关厢商业区边缘，远非想象得宽阔繁荣。

广宁门大街，稍稍南斜东走与宣武门大街交于菜市口，再平直向东稍往南斜与正阳门大街相交。

外城是由前三门关厢地区发展起来，面对内城巨大消费能力，自然而然吸引全国各地的供货商与拥有各种技能服务人员涌来。起初无序自由发展，私搭乱建比比皆是，待到政府出面进行规划管理时，不得不屈从现状。外城的发展大都来自民间投资，政府作用相对较弱，因而街道布局也像城市起步时商业竞争无序那样显得杂乱无章。当人们越来越厌恶无序发展的恶果时，政府出面加强管理可有所改观，但无序时期留下的建筑，不可能在一夜之间销毁殆尽。从这一意义上讲，外城作为城市社会史研究对象，更具历史感与现实性。

近代道路交通飞速发展以来，世界上有的国家选择了道路左行制度，有的选择了右行。左行习惯可能与左侧上下马的习惯有关，减少了相互碰撞机会与避免频繁占用道路中央地带。也有出自骑士相遇拔剑方便而促成的说法。不过明清时期，北京人是右行的，这一习惯的形成源于朝廷礼制。官员出行在途中相遇，平级的错道互行，差一级的趋右避行，再差的趋右止住让行。由于官员在社会与政治生活中的显要地位，因而能够引导社会逐渐认同这一走向方式。既然官位低的要趋右避让，那么出行一定要选择最简便的行走方向。无论如何，随时可能发生的避让需要，使人不可能选择左行，非要在需要避行时匆忙从左趋右越过对面而来的人马车轿不可。这一官场礼仪习惯，引导了时尚。

大街干道之外尚有一些较窄的次级道路，除此就是密集的胡同了。内城胡同排列整齐，多为东西向，外城胡同排列无序，各向皆有。

胡同一词源自蒙语，在当代几乎成为定论，认为是元朝创建大都时，赋予里巷的新称。胡同之名缘起究竟如何，流行之说不外三种：其一，由蒙语浩特转音而来，浩特意指城镇；其二，由蒙语忽洞转音而来，忽洞意指水井，聚户而居，不能无井；其三，古代中原称北方草原部族为胡人。元朝立国后，大都汉胡杂居，取其胡人大同之义。

实际上，上述三说皆存在明显缺陷。第三种说法尤不可信，凡是极富政治寓意的命名，大都需要政府出面推行，倘若如此，应有史籍见证，始可成说。否则仅是一种主观因缘逻辑的衍义拼凑。第二种说法也不太可信，以水井指居住区，其间似乎还缺乏媒介证明，两者之间的因果关系，还需用蒙古人的习俗事例加以说明，始可服人。其实，蒙古人是游牧民族，向来逐水草而居，对于地表水的依赖远远胜于井水，井在蒙古人生活中并非特别重要。若延伸井的含义尚需更多材料证实。绝非仅靠发音近似胡同就能定论的。元世祖时的蒙汉辞书《至元译语》中的"井"注音"忽都"，而非今之所用的"忽洞"。第一种说法则过于牵强附会，浩特既指城镇，何以又代表城镇内最基本的里巷，总不能面对经常使用的大小不同的地理空间概念，共用一个词语标示，这样极易引起混乱。因之，极有必要继续检索史籍，深入探讨胡同的缘起：

其实，里巷谓之"衚衕"(今作"胡同")元代以前就已存在。"齐镈钟铭"云"穆和三军徒衕雩乃行师。"《说文》"衕，通街也"。而无"衚"字。南朝梁陈间顾野王《玉篇》"衚衕""亦通街也"[1]。辽僧行均《龙龛手鉴》谓"衚"俗音胡而未训。可见"衚衕"流传有绪，极其古老。

元大都街制：南北谓之经；东西谓之纬。"大街二十四步阔，小街十二步阔。三百八十四火巷，二十九衖通。衖通二字本方言。"[2]

显然，大都建成之初，居住区最基本的通道称"火巷"与"衖通"。火巷意思明白而贴近，人们一日三餐与取暖，离不开火。巷居人家，可以做到不约而同炊烟升起，远望便知是人烟稠密之区。然而，火巷之称终究不够典雅，且社会观念普遍畏火如虎，故本称未能流行久远，而并入"衖通"之中。衖通既为方言，就是本地土著言语，蒙古人到来以前就存在。大都城虽是在金中都东北方选址

---

① 柴小梵：《梵天庐丛录》第三册 1296 页，山西古籍出版社 1999 年版。

② 北京图书馆善本组缉熊梦祥《析津志辑佚》，《城市街市》，北京古籍出版社 1983 年版。

新建，但该地并非荒野，除金行宫以外，仍有民众生活，只不过比较稀少罢了。"二十九衖通"可能是营建大都时保留的旧有街巷。衖通乃是土著居民对居住区内通道的习惯称法。

衖亦写作"閧"或"巷"，"古音胡贡反(音哄)。今京师人谓巷为胡同，乃二合之音。杨慎曰：今之巷道名为胡同，字书不载，或作衚衕，又作𪤭𬮤)。《南齐书》：萧鸾弑其君于西弄。注：弄，巷也。南方曰弄，北曰胡同。弄者盖閧之音转耳。今江南人犹谓之弄"[1]。弄清衖之发音，则衖通的音义兼明，信息准确，从而转书衚衕。

胡同出自蒙语之说，常把元杂剧关汉卿《单刀会》、李好古《沙门岛张生煮海》中人物对白出现胡同一词作为铁证使用。其实，这并不能起到完全证实作用，反而自寻烦恼动摇了本说根基。

1215 年金中都陷落，宫阙被乱兵焚烧。大蒙古国占领金中都后并未立即恢复营建。五年过去，关汉卿约在 1220 年前后出生，如果从出生就在北京生活，也是在燕都旧城，直到至元二十二年(1285年)大约六十五岁左右才可能迁入新建成的大都。朝代更替，习俗不会立即改变，文学创作离不开作者的生活环境与文化知识背景，一定延续地域习惯。剧中"杀出一条血胡同来"台词，明确表明胡同是路而非井。而且在大都营建前已经使用。

李好古《张生煮海》有"羊市角头砖塔儿胡同"台词。"万松老人塔"是金元间万松行秀禅师的墓塔，禅师俗姓蔡，金河内(今河南洛阳)人，自称万松野老，圆寂约在元定宗贵由元年(1246年)，次年弟子建塔纪念，其时蒙古族大军尚四处征战，皇族内部争斗不休，虽攻下金中都已三十余年，却未加经营。因之本台词作为胡同

---

① 顾炎武：《音学五书》《唐韵正》卷十一，中华书局 2005 年版。

起源的证据更嫌苍白无力。反而证明这可能就是先朝遗存二十九衖通中的一条。

胡同命名不外依寺庙道观、衙署、宅邸、巨宦、富商、家族、名人、行业、方位、地形、事件、民族、动物、植物、器物、道路走向等等而缘起。名称使用最初是约定俗成的，历时有年，地名变成地标符号，而起源因由与事件，往往不能考订，除了专业人士也很少有人深究。一条胡同名称既然为社会接受使用，就在这座城市中确立了本身方位与准确的交通通信信息，成为该城内外寻找目标的指示。变更一条历史悠久的胡同名称是件极其麻烦而费力的事，要经历新旧两称混用多年以后，新称才能逐渐代替旧称，其间至少要经过二代人以上，历 50 年左右。名称变更困难并不在于居住该地的土著，而是已经接受这一地理方位信息输入的社会是否能尽快习惯新名称，对于流动人口，甚至迁居异国的那部分人尤其困难。

京城纵横交错布满了胡同，很多名称至今沿用。在此检《五城坊巷胡同集》所记东城黄华坊的胡同略作说明。黄华坊四至：东至城墙(今东二环路西侧)，西至米市街(今东单北大街)，南至石大人胡同(今外交部街)、杨仪宾胡同(今大小羊宜宾胡同)，北至演乐胡同(旧名沿用)。

黄华坊区域内的胡同地标

石大人胡同　蒋大人胡同　芝麻巷　堂子胡同　杨仪宾胡同粉子巷　鼓手营　火神庙　吴良大人胡同　关王庙　石槽胡同遂安伯胡同　干面胡同　禄米仓　武学　王府仓　梁瓜子胡同

武德兴武卫　史家胡同　下角头　二郎庙　豹韬神策卫　勾栏胡同　东院　演乐胡同　三圣庙胡同　龙虎卫　灯草胡同　牌房胡同

内中仓、学、卫、寺、庙、营等皆属于单位所处之地，因以命名。例如禄米仓、武学、智化寺、王府仓本在一线皆位于胡同之北，但却以四单位分别注录，清以后统一以禄米仓胡同命名。此地处于市区边缘，靠近城墙，可能住户较少，出入者又多服务于上述单位，所以用单位标明。如此，也恰恰证明了，朝廷机构在都市生活中的影响力，用它指示方位比较容易得到公众认同与记忆。寺庙属于公共空间，尤其民众捐资修造的普通寺观，更是附近社区宗教精神生活与情感交流的重要场所，到这里还愿上香祈祷的信徒比较固定，久而久之，成为本地区地标名称。营除开是军队驻地以外，还是职业或籍贯相同的工匠或拥有某种技能人的聚集地，鼓手营是鼓乐手汇集居住之地。

黄华坊所列地名中，凡是带有胡同的，当代大多仍在继续使用。

石大人胡同，因天顺朝忠国公石亨建宅于此而得名。石亨事败，名称沿用直至清末。宣统年间，外务部在工部宝源局基址上改建迎宾馆，其后外务部移于此，不久更名为外交部街。

堂子胡同，今作东堂子胡同，其东直对又有赵堂子胡同。

杨仪宾胡同，今作大羊宜宾胡同，其东有小羊宜宾胡同。明代亲王之女称郡主，郡主配夫称仪宾。名称是否源于郡主宅难以定论。明代亲王皆之藩，其女大都就地选婚，不能京师建宅，唯有一种可能，凡亲王绝嗣废藩，王妃可来京赐府安置，如时有未嫁女，当然要在京择配安置。杨仪宾胡同如果源于郡主配夫，似是这种情况。

吴良大人胡同，清以后称无量大人胡同，盖以音同而字异。清代有人以为无量大人胡同即无量庵故址，但在编辑《京师坊巷志》时，经过考证，定为地界不符，为附会之说。无量大人之名一直沿用至上世纪六十年代中叶，后改名红星胡同，至今已五十余年，然当地老人仍称旧名。

石槽胡同，今东西石槽胡同在遂安伯胡同以北，而《五城坊巷胡同集》列在遂安伯胡同之前，可能是指吴良大人胡同西边一南北走向的小胡同，盖因遂安伯胡同，西石槽胡同西行，都不能直达米市大街，不是走吴良大人胡同，就是往西走干面胡同。

遂安伯胡同，似源于明代遂安伯爵府。遂安伯陈志，永乐元年(1403年)五月封，世袭直至明亡。清代或用岁柏之名，民国以后仍从其旧。21世纪初期金宝大街自米市大街至雅宝路段打通后，本胡同消失。

干面胡同，至今沿用，东与禄米仓胡同相对，西与甘雨(干鱼)胡同相对。

史家胡同，至今沿用。

勾栏胡同，沿用至民国初年，因内务部建于此，故更名为内务部街，至今相沿。

演乐胡同，至今沿用。俗讹为眼药胡同，盖不明名称由来，只依读音记字而已。

勾栏胡同、东院、演乐胡同的名称起源皆与教坊司相关。"京师黄华坊，有东院，有本司胡同。所谓本司者，盖即教坊司也。又有勾栏胡同，演乐胡同，其相近复有马姑娘胡同、宋姑娘胡同、粉子胡同，出城则有南院，皆旧日之北里也。"[1]宋姑娘胡同、粉子胡同、马姑娘胡同皆不属本坊，前二个胡同属南居贤坊，在黄华坊之北中间尚隔着一个思城坊，后一个属南邻的明照坊。"东四牌楼南勾栏胡同，为元时之御勾栏处。"[2]

---

[1] 朱彝尊：《日下旧闻》引清周篔《析津日记》，见《日下旧闻考》卷四十八。
[2] 张江裁：《燕京访古录》30页，中华印书局1934年版。

灯草胡同，至今沿用。

牌房胡同，至今沿用。惟改为牌坊胡同。

明代京师的大街小巷路面未做硬化处理。大街两侧植树并挖明沟泄洪。公路工程是现代城市发展的支柱，而在古人把有限的建筑材料用在了房屋建造上，还顾不上道路建设。所谓道路就是两点之间的狭长空地，一般来说并不刻意整修，只要保证基本平坦与通畅就足够了。当时存在着砖石铺路的可能，但是，无论从财政投资、砖石产量、道路长度与硬化道路投入使用损坏修复频率等各种因素上观察，政府都不具备担起这样沉重的任务。当政府希望改善京师道路现状时，优先考虑的也是地处城市中心的朝廷。万历八年(1580年)题准："京师街道沟渠，近朝去处，间用砖石拦砌，以防车辆作践。"①

昔日北京长期流行"无风三尺土，下雨一街泥"的谚语，这是旧京道路的真实写照。"冬月冰凝，尚堪步屦，甫至春深，晴暖埃浮，沟渠滓垢。"②此外，道路管理与卫生状况也十分糟糕。尽管"车牛不许入城"③的规定，减少了城市污染量，但是，城内居民须臾不离的交通工具的马驴与牲口车穿梭于街巷之间，路面粪溲仍随处可见。兼之，垃圾收集清运与厕所等公共设施方面的缺失，住户乱扔垃圾，行人随处方便更是司空见惯。可以想见，道路现实状况的脏乱与气味的难闻。因此，一到盛夏，臭气熏天，蚊蝇丛生，"虐痢瘟疫，相仍不绝"④。有明一代，流行传染疾疫始终困扰着

---

① 《明会典》卷二百，桥道。

② 《万历野获编》卷十九，《两京街道》。

③ 顾炎武：《日知录集释》(黄汝成集释)卷十二，《街道》，上海古籍出版社1985年影印本。

④ 谢肇淛：《五杂俎》卷二，中华书局1959年版。

京师人，检索《明实录》可知，重大大疫情相隔一二十年就出现一次。每次都有成千上万的人丢掉了性命。譬如崇祯十六年(1643年)，传染疙瘩瘟疫(肺鼠疫)爆发，"九门日出万棺，途行者悉垂首尩羸，淹淹欲绝"①。

工部街道厅的主要职责是维护道路平坦，以及在雨季之前对沟渠进行清理疏浚，保证泄洪畅通，难对道路交通秩序与清洁进行实质性管理。另一个功能类似，隶属锦衣卫的街道房，同样如此，在管理职责上更倾向于治安。在城市道路交通管理上，明代北京尚处于粗放阶段，这与当时的交通工具、交通流量与交通模式相吻合，能够承载城市的各类需求。因而，也就不能激起政府的特殊关注，非要把有限的财政收入投放在道路建设与管理上不可。

四、住宅等级与府邸名园

坊巷之间居住着各类居民，房屋、服饰、话语、习俗、饮食、时尚、偏好等构成本城文化特色。深入其间，感觉就不同于另外一座城市。仅从建筑而言，坊巷之间中最耀眼的莫过于巨宦宅邸与名园了。

内城的房屋大都采取四合的构架方式。四合房犹如一座缩小的方城，构筑起一家人的生活天地。住宅架构模式比较单一，变化表现在建筑的细部，如檐、穿廊、门窗、庭院等等之上，通过尺寸以及房屋间数区分等级高下。一般人家拥有一座四合房，稍差的是三

---

① 宋起凤：《稗说》卷二，《明末灾异》，《明史资料丛刊》第二辑，江苏人民出版社1982年版。

合房，再差的仅在一面或两面有房几间。好的可以有二三个四合房连结，形成宅门。再好的则是两路、三路多重四合房的建筑群，乃至附带花园。

房屋建筑标准与政治身份紧密相连。京师地处辇毂之下，监管与惩罚更为严厉而及时。百官宅第及庶民房舍定制：

百官第宅。明初，禁官民房屋：不许雕刻古帝后、圣贤人物及日月、龙凤、狻猊、麒麟、犀象之形。凡官员任满致仕与现任同。其父祖有官，身殁，子孙许居父祖房舍。

洪武二十六年(1393年)定制：官员营造房屋，不许歇山转角，重檐重栱，及绘藻井，惟楼居重檐不禁。

公侯，前厅七间两厦，九架。中堂七间，九架。后堂七间，七架。门三间，五架，用金漆兽面锡环。家庙三间，五架。覆以黑板瓦，脊用花样瓦兽，梁栋、斗栱、檐桷彩绘饰。门窗枋柱金漆饰。廊、庑、庖、库从屋，不得过五间，七架。

一品、二品，厅堂五间，九架。屋脊用瓦兽。梁栋、斗栱、檐桷青碧绘饰。门三间，五架，绿油，兽面锡环。

三品至五品，厅堂五间，七架。屋脊用瓦兽。梁栋、檐桷青碧绘饰。门三间，三架，黑油，锡环。

六品至九品，厅堂三间，七架。梁栋饰以土黄。门一间，三架，黑门，铁环。

品官房舍，门窗、户牖不得用丹漆。功臣宅舍之后，留宽地十丈，左右皆五丈。不许那移军民居止，不许于宅前后左右多占地，构亭馆，开池塘，以资游眺。

庶民庐舍。洪武二十六年(1393年)定制：不过三间五架，不许用斗栱，饰彩色。三十五年(1402年)复申禁饬，不许造九五间数，房屋虽至一二十所，随其物力，但不许过三间。正统十二年(1447年)令稍通之，庶民房屋架多而间少者，不在禁限。①

　　制度限制，使得坊巷之内的民居显得单调。明代北京城内并没有正式王府，所以除开宫廷而外，最引人注目的住宅莫过于公主及公侯府第了。公主府第在规制上略胜公侯一筹，厅堂九间十架，施花样兽脊，梁栋、斗栱、檐桷彩色绘饰，惟不用金。正门五间七架。大门绿油铜环。其次是朝廷一二品大员的宅第，再往下的官员住宅，由于禁止使用脊兽、彩绘和斗栱，所以，房屋的气势无法与公侯巨宦相比。

　　古代房屋消费从来不是纯经济的，而与政治身份相合，实质上阻断的是富民的豪宅享受。就普通居民而言，决非开放了限制就能盖得起豪宅的。不管怎样，政治身份只提供了居住豪宅的可能，究竟能否实现还要看个人经济实力与对住宅价值的认识。坊巷之内的豪宅，公主府为朝廷投资修建，功臣公侯伯府一般是自建，朝廷给予补贴，外戚府则两种情况都有。至于官员，无论高低在京建设豪宅的可能性不大。官员属于流动性极强的职业，而且在休致以后，都要回乡养老，所以，即使享有修建豪宅的政治身份与经济实力，也不会在一个临时住地，投巨资修建永久性住宅。一般都要将资金投在家乡，以惠及家人及子孙。朝廷重臣的宅第如果是赐第，待重臣去位，就要被收回。中下级官员若不建房购房就要租赁。京城的官员永远是源源不断的送走迎来，因而，官员买卖或租用房屋的交易经常发生，京师始终存在着稳定的房屋交易租赁市场。

　　住宅的高下体现在院落空间的大小，房屋的高矮，间数的多寡以及斗栱、彩绘、脊兽、门屋、门扇等形制上。

---

① 《明史》卷六十八，《舆服》四。

房间的宽窄与进深，取决于木料长度。古代建房要先看料，然后才能出图纸。如果没有够长的梁，就不可将房间做得较宽，同样，没有够长的桷，房间就不可能进深大。明代能够购到巨木，不仅是个经济问题，倘若没有权力，就是甘愿冒险逾制，也无法轻易买到。巨木的采伐与运输极其艰巨，且为政府所控制。像杉楠等巨木皆产自湖广、四川、云贵等地，经数千里，历三四年方能抵京，劳费不赀，非政府之外的社会力量所能担负。而权臣则不同，能够动用国家能力为自己服务。譬如，天顺朝的忠国公石亨就是一例。

石亨因为帮助英宗复辟，而获得巨大权力与荣誉，"帝命所司为亨营第，既成，壮丽逾制。帝登翔凤楼见之，问谁所居。恭顺侯吴瑾谬对曰：此必王府。帝曰：非也。瑾曰：非王府谁敢僭越若此"[①]。吴瑾明知城内无王府而故意谬对，旨在引起皇上对石亨府逾制的注意。显然，在皇帝同意为石亨建府的过程中，石亨本人运用特权，超标建造宅第，因此也成为他日后事败的罪状之一。石亨府第共有房屋394间，比起王府，仅为半数。石亨获罪以后，府第归公，嘉靖朝时其中的西半部改赐仇鸾，仇鸾获罪后，再次归公改为宝源局。石亨府第的东半部也是宏敞超过其他宅第数倍，万历朝改赐宁远伯李成梁。

房屋的架指的是横过两桷的梁又称作檩，架多则房间的进深长，一般房屋多是五架，进深在4米左右，如果没有较长的桷，架不可能增多。虽然正统时开放了架数，但是，长木难求，民间也不可能盖造进深大的屋宇。若想求进深，往往在两桷中间加柱而形成勾连搭，进深虽然延长，但也只能拓展一间的纵深，绝不可能形成两间以上开面的大厅，因为中间竖起的柱子，打破了房内空间的

---

① 朱一新：《京师坊巷志稿》卷上。

统一。

　　民间造房三间一连定制，终明之世也未废除。耳房的建造体现了国人逃避制度制裁的智慧。一般而论，四合房四面皆建三间，形成的院落一定是正屋前一个狭长一间开面的院落，东西厢房的山墙压住了北房的东西两间房的采光与通风。耳房的出现，解决了制度与生存空间舒适的冲突，使一座正向的四合房，院落变得方正、东西厢房后退，让出正房三间，形成三间开面的庭院。结果是正房三间加两侧各一间耳房共五间，甚至是两侧各加两间耳房共七间。正房两侧的耳房，并不与正房连体构建，而是独立建造，比正房矮小，正面后退，掩在两山墙之下。如此既增加楼房，拓宽了院落，又不违反三间一连的制度限制。一般而论，北方的房屋比较高大，院落宏敞。南方的房屋比较精巧，院落局促，天井式的小院，往往不被北方人接受。

　　京师内外城的建筑风格稍有差异，内城宏丽轩辕壮阔，外城拥挤精巧细致。由于外城除开两坛之外，基本上没有宫殿、衙署等，居民身份比较单一，因而建筑风格比较一致。仅就民居而言，外城的房屋建造更符合朝廷颁布的定制。一间开面的天井式四合房比比皆是，而且房间间量与进深都比较小。这种现象一直延续至上一世纪。

　　内城巨宅名园，寻史籍可知的都是公主、勋臣、大学士等权要的宅第及花园。现据明崇祯八年刊印的《帝京景物略》记载，分别述叙之。本书刊印时去明亡只有九年，所记的基本上囊括了有明一代的京师名园与豪宅。

　　定国公园，位于德胜门内德胜桥以东，什刹后海南岸，定国公府后面。入门，古屋三楹，榜曰太师圃，自三字外，额无扁，柱无联，壁无诗片。西转而北，垂柳高槐，颇具野趣古意。定国公府在今西城定阜大街，定阜之名即起源于本府，唯将府讹为阜。

第一代定国公是明初开国功臣魏国公徐达次子徐增寿，因在靖难之役时，向燕王通报消息而被建文帝论罪处死。成祖称帝后，追封徐增寿武阳侯，旋进封定国公世袭。世传十代，国亡乃绝。

自定国公封赠以后，魏国公徐达嫡长一系传承，反不如定国一系显要。盖因靖难之役时，已袭爵的徐达长子徐辉祖倒向了建文帝，结果可想而知，成祖即位后，削爵软禁。虽然其家最终保留了爵位世袭，却顿失昔日显赫，永乐迁都也没有随至北京，而是以世代勋臣之裔充南京守备。北京没有魏国公府。定国公府与魏国公府是两码事。

英国公园，位于教忠坊铁狮子胡同中部路北，乃英国公赐第。其厅堂曲折，东入一高楼，南临街，北临深树，有亭立树林中，海棠簇拥而居。英国公张辅，永乐元年(1403 年)九月封信安伯，与其父荣国公张玉同为靖难之役功臣，永乐六年(1408 年)七月以平安南功，进封英国公世袭，正统十四年(1449 年)没于土木之变。其后八代世传，与明朝同终。

英国公新园，位于银锭桥之西。崇祯六年(1633 年)冬天，第六世英国公张维贤乘冰床，渡北湖，过银锭桥之观音庵，立地一望而大惊，急买庵地之半，改筑为园，建一亭一轩一台而已。

成国公园，位于东城仁寿坊，今什锦花园胡同。园有三堂，堂皆荫，高柳老榆也。左堂盘松数十棵，盘者瘦以矜，干直以壮，性非盘也。右堂池三四亩，堂后一槐，四五百岁矣，身大于屋半间，顶嵯峨若山，花角荣落，迟不及寒暑之候，下叶已兔目鼠耳，上枝未萌也。绿周上，阴老下矣。其质量重远，所灌输然也。数石经横其下，枝轮脉错，若欲状槐之根。树傍有台，台东有阁，榆柳夹而营之，中可以射，由园出者，其意苍然。园名适景，都人呼为十景园。今胡同之名亦由此而来。

第一代成国公朱能系靖难之役第二功臣，位次仅逊于淇国公丘福。但是丘福命途多舛，永乐七年(1409年)八月北征轻敌失策，全军覆没，追削爵位，迁家属于岭南安置，爵位废除，未能延及子孙。所以，成国公是永乐朝事实上的第一功臣之家，所以府园建筑宏丽，为都城一大胜景。

宜园，位于东城黄华坊石大人胡同，今东城外交部街。其堂三楹，阶墀朗朗，老树森立，堂后有台，而堂与树，交蔽其望。台前有池，山前有石，数百万碎石结成也。

《帝京景物略》谓："园创自正德中咸宁侯仇鸾，后归成国公朱，今庚归冉。"然而，考之史籍，仇鸾袭其父仇钺的爵位在嘉靖元年(1522年)，嘉靖三年(1524年)十月任显武营管操，嘉靖七年(1528年)三月负责奋武营管操，嘉靖十六年(1537年)九月出镇宁夏，嘉靖二十三(1544年)年正月镇甘肃，嘉靖二十六年(1547年)十二月以贪虐革职入狱，次年三月出狱，旋又扶摇直上。仇鸾之所以能够得到嘉靖帝眷属，得赐石亨旧宅，源于他出狱后投靠严嵩父子，在庚戌之变时，讳败冒功，骗得皇上宠信，所以才能得到赐第的特殊宠遇。宜园在石亨旧宅东边，果真为仇鸾创建，也不会早于嘉靖元年(1522年)，晚于嘉靖三十一年(1552年)八月惊死以前。假如创建于正德年间，则创建人应是仇鸾之父仇钺。仇钺受封咸宁侯在正德五年(1510年)九月，正德七年(1512年)十月进侯，建园当在此前后。嘉靖元年仇鸾继承此园后，二十七年过去，因骗得皇上宠信获赐西边的石亨旧宅。

本园在仇鸾惊惧而死被追罪戮尸爵除以后，归于成国公朱希忠。《京师坊巷志稿》在引《帝京景物略》时谓"后归成国公朱庚，今归冉"。显然，引用时颠倒了文字顺序，将"今庚"的"庚"移到了朱字之后，变成了人名。检《明史功臣世表》，成国公八代世袭相传无一人名朱庚，按时间推算，得到宜园的人应是第七位成国公朱希忠，嘉靖十五年(1536年)九月袭爵，万历元年(1573年)九月卒。

成国公之后，园归驸马冉兴让。冉兴让尚神宗第二女寿宁公主，万历二十七年(1599年)成婚，崇祯十七年(1644年)城陷被杀。本园很可能就是他与公主成婚之际，皇上赏赐的。

从宜园不足百年三次易主流转轨迹可以清楚看出，当城市已拥有了丰厚的房产园林资源以后，旧宅的转换就要大于建造新宅的概率，成功人士不一定再费心营造宅第，而是寻求现成的加以改造。此外，政治地位与房屋住所规模等级关系紧密，朝廷权力始终贯穿其间。公府等巨宅名园房产权是随爵的，不管当初房屋性质是赏赐还是自建，只要爵位被削，则房主必发生转移。

曲水园，位于大兴县署东，新宁远伯之故园。府第东入，石墙一遭，径迢迢皆竹，竹尽而西，迢迢皆水，曲廊与水而曲，东则亭，西则台，水其中央。明代两位宁远伯，一为正统朝的任礼，仅传一代而爵除；另一为万历朝的李成梁，即园之旧主。园后归万驸马。万炜尚穆宗第五女瑞安公主，万历十三年(1585年)成婚。瑞安公主为神宗同母妹，所以在万历朝颇受眷属。

明代公主除在国初洪武、永乐两朝有下嫁功臣及其子弟的以外，之后诸朝都是向社会公开召选。"凡选驸马，礼部榜谕在京官员子弟年十四至十六，容貌齐整，行止端庄，有家教者报名，司礼内臣于诸王馆会选。不中，则博访于畿内、山东、河南。选中三人，钦定一人，余二人送本处儒学，充廪生。"①正统朝，驸马始赴国子监读书习礼。

驸马纯粹是皇家附庸，除了拥有驸马头衔享受相应待遇之外，绝少有染指政治权力机会，更不能借此形成个人的政治关系网或参与皇朝的政治决策。在明代也绝无进士三鼎甲被召为驸马之事。即使像民间臆测的那样，皇上愿意选状元为婿，但 15 岁左右的年纪标准也很难有人能取得鼎甲功名。驸马取自民间是皇朝既要实现公主嫁人生子，又要防止异姓借此谋取政治权力的制度选择。由于驸马来自社会普通阶层，缺乏政治文化与关系网络优势，可使之对皇室更加感激涕零俯首帖耳与循规蹈矩。

上述勋戚名园之外，还有一些官员名士构筑的私人园林，在积水潭什刹海周边的有孝廉刘百业的镜园、刘茂才园、米万钟的漫园、苗颖的湜园、杨侍御(御史)的杨园与相国方公园等。②再如晚明宣武门内武功卫胡同的一处私家园林"有一石屹然苍古，为群石冠。万历三十年(1602 年)起堆，垒山子高倪修造"③。长安右门以西，米万钟(仲诏)之湛园，袁宗道(伯修)寓所的抱瓮亭，皆构思精巧，典雅超群。

永乐迁都以后，随之而来的公侯驸马以及文武官员，必然在京城掀起一股兴建或购买住宅高潮。高潮过后，名园巨宅的增长就趋于平缓。公主府的增加则要视皇帝生女量与公主成年结婚率，有的皇帝虽女儿众多，但夭折率高，同样无需为公主下嫁建府。例如神

---

① 《明史》卷五十五，《礼志》九。
② 《燕都丛考》第二编 414 页引明孙国敉《燕都游览志》。
③ 姚元之：《竹叶亭杂记》卷七，中华书局 1982 年版。

宗光宗父子皆各育十女，神宗之女两位成年下嫁，八女殇折，光宗之女三位成年下嫁，七女殇折。故为公主下嫁建府的压力较小。

迁都之后，专为公主下嫁修建府第始于宣德三年(1428年)四月，"新作公主府三所于诸王邸之南。上谕尚书吴中曰：居室不必太多，不可过为华侈，但令坚壮，可永安耳"①。三所公主府的主人分别为仁宗庆都、清河、真定公主，府邸当在今东方广场一带。其后正统二年(1437 年)九月，"以东安门外官房为顺德长公主府"②。顺德公主系宣宗长女，是年下嫁石璟。今有人谓西城宣武门内石驸马大街源于本府。据此观察，则方位去之远矣，恐为望文生义。公主府规模远逊于地方上的亲王府，与公侯府不相上下，房屋应在百余间。惟门与厅比公侯府宏丽。

寻常心理以为选上驸马，即可一步登天，过上随心所欲的生活，实际上，明代驸马受到的礼制煎熬，往往可能让选上驸马的人终生悔恨。世间无论今古，凡是企图通过婚姻改变命运的人，大都要付出一定自由与人格尊严的代价，表面上轰轰烈烈，锦衣玉食，有时却难以抵消府内生活寄人篱下的痛楚。光宗八女乐安公主驸马巩永固的遭遇即是生动的一例。

崇祯元年(1628 年)，教习驸马主事陈钟盛叙述他所看到的驸马巩永固与乐安公主生活的情景，不免令人惊呆，驸马要与公主共枕，程序复杂漫长，必须每日黎明到府门外月台四拜，三个月过后，则上堂、上门、上影壁，行礼如前，始视膳于公主前。公主饮食于上，驸马侍立于旁，过此方议成婚。驸马进果肴时自称臣，公主答礼称为赐。③真是天子婿有同隶役仆人，也让今天一些宫廷戏剧演绎的

---

① 《宣宗实录》宣德三年四月甲寅条。
② 《英宗实录》正统二年九月丁酉条。
③ 《明史》卷五十五，《礼志》九。

驸马故事不攻自破。

公主府在公主去世后，不可能永远被其子孙占用，当朝廷需要时，就要迁出旧主改赐他人或挪作别用。公主府的旧日光环已经散去，无论在制度上还是社会心理上，都不可能把公主子孙当作公主一样对待。现检一例证之，事情发生在正德二年(1507年)闰正月：

夺故永平大长公主(成祖次女)府第为酒醋面局。外厂署局事太监周魁奏：内府衙门凡柴薪草束竹木等项，俱外厂堆积以防风火，而本局地方窄小，垛堆草束逼近内供应库、织染局，虑有不虞。上命立外厂。魁等乃访求主第，因匿主名，俱谓其居为长陵卫指挥李庆故赐宅，今已废矣。公主孙李梅上疏，历陈祖让洪武中选任仪宾，永乐初以功授驸马都尉，加富阳侯，乃赐今府第。御赐大长公主遗像及凤床、班剑等物皆在焉。本局以为废宅而献之，实妄也。下工部议：魁等筑造外厂因公务，而梅所陈乃实情，未敢定议。上命工部给予银一千二百两。①

即使公主之孙李梅陈述的情况属实，也没有保住府第，只是获得了迁移补偿而已。可见昔日政治眷属抵不上皇朝现实需要。

此外，京城内比较耀眼的住宅还有外戚府第。成祖以后诸帝后妃多来自民间，后妃父兄大都是以女贵的人物，只是因为攀上了皇上，才一夜之间赢得了富贵。由于皇后母仪天下的地位，所以，皇朝厚待其家，也超过了公主与公侯。

弘治朝优待皇后张氏家，时后父张峦已逝，追封昌国公，后弟鹤龄为寿宁侯，延龄为建昌伯。弘治九年(1496年)八月，赐后母金氏宝源局房六十七间。②旋又大兴土木为其营造房屋，动用官军士

---

① 《武宗实录》正德二年闰正月丙五条。
② 《孝宗实录》弘治九年八月辛丑条。

卒八千人。①新建府第在灯市大街北侧，今东城灯市口大街偏东北面一带。

嘉靖元年(1522年)九月册立陈氏为皇后。次年四月，后父陈万言辞黄华坊赐第，皇上另赐第于西安门外，命工部修葺，殿堂高广逾制。

万历元年(1573年)四月，武清伯李伟奏讨修理房屋工价。神宗即位，李伟一家骤贵，只因其女为神宗生母。神宗即位方九岁，孝定太后隐握朝政，故对李伟的请求，特诏工部查阅旧例。工部回复："皇亲房屋不载《会典》，累朝赐给，皆系特恩，并无修理事例。"②至于李奏所称的世宗陈皇后父万言与方皇后父锐两家的情况，工部认为："万言辞居而既给，方锐屋狭而增买，皆非修理。而伟先次所给栋宇焕然，安居岁久，后次所给更爽闾阎，间数甚多，方、陈二家，难援为例。上以伟房至旧敝，量给银四千两。不为例。"③

京城内皇亲宅第历历可数。皇帝每立一位皇后，就要为其家改善居住环境。皇后带给其家的荣誉与实利是不言而喻的。但是，皇后不可能永远照看她娘家子孙，一旦她逝去或在宫中遭遇不测，其家的命运从此就要走向衰落。政策规定戚畹封爵不同于功臣世袭之爵，一般只能袭三代，三代之后是否能继续，则要皇帝特批。因此，先朝的皇亲愈久远，愈可能丧失原有的住宅，而成为新贵的猎物。

明代亲王之藩政策决定了北京城内不可能投资兴建正式王府。终明之世，除了永乐迁都之初，为结婚诸王等待之藩而修建的十王邸与天启年间欲修而未行的信王邸以外，另有一类王邸虽也号称王府，但规模甚小，也从未住过王爷。这样的王府见于《世宗实录》

---

① 《孝宗实录》弘治十年十月己卯条。

②③ 《神宗实录》万历元年四月壬子条。

的有两座：一是嘉靖三十七年(1558年)十月，诏修汝王府第于京师以居宫眷。宪宗第十一子汝王祐梈封地卫辉，弘治十四年(1501年)就藩，嘉靖二十年(1541年)过世，无子国除，故将其王妃宫眷迁京安置终老，虽称汝王府，实际上只是孤独的汝王妃的养老所；嘉靖四十四年(1565年)正月，世宗第四子景王载圳逝于湖广德安府，上命中官王臻前往迎枢归葬西山，在京师建府安置宫眷。两者性质相同，京师建邸安置亲王未亡人，只要王妃过世，王邸就永远终结了。原封地腾出的王府再用来安置新的藩王。卫辉的汝王府在万历十七年(1589年)转赐给穆宗第四子潞王翊镠。明代无嗣诸王的宫眷，不迁京安置，则在本地颐养天年，很少采取为王过继立嗣方式传袭王位。即如景王载圳乃是世宗除嗣君穆宗之外唯一的成年就藩之子，朝廷也没有对其特殊照顾立嗣延续王位。这样做可以减轻朝廷对之藩的投资，减少封王的数目。从而使宗禄与田庄分配增长不至于过快。京师用于安置国除诸王宫眷的府邸至今已无法考其遗迹，不过在当时，这些府邸虽非壮阔宏大，但亦属京城中住宅的上乘。

官员住宅不购置则租赁。能够得到赐第殊遇的人，大都是权力核心人物。"先朝赐第有胡忠安、李文达、李文正、张文忠。胡在麻绳胡同，文正在灰厂小巷，张在五显庙前张阁老胡同，文达在东边王府街。"[1]以上四人皆用谥号行文。胡忠安即胡濙，宣德三年(1428年)赐第长安右门外，给阍者二人。麻绳胡同在今国家剧院区域。李文达即李贤，天顺成化朝大学士。王府街即今王府井大街。李文正即李东阳，弘治正德朝大学士。大学士俗称阁老，灰厂小巷因李东阳赐第于此而得名李阁老胡同，在今府右街西侧，已改名力学胡同。张文忠即张居正，隆庆朝大学士，万历头十年的首辅。五显庙

---

① 蒋一葵：《长安客话》卷一《皇都杂记》，北京古籍出版社1980年版。

街在今西城缸瓦市一带。

　　显然，得到赐第的人，都是朝廷倚重的政治巨擘，即使如此，还要看皇上的眷属之情，不是所有朝中重臣都能获得如此殊遇。嘉靖朝大学士严嵩柄政二十年，只得到皇上的赐匾而非赐第。嘉靖三十八年(1559 年)八月，"大学士严嵩新建长安街居第并江西南昌府堂楼成，请赐额名。上命长安街堂曰忠正，南昌楼曰宝翰，堂曰耆德。仍令工部制匾悬安"[①]。宅非赐第，则要自建，一般会得到一定的补助。当然明朝二百余年都城史，得到赐第的枢要应该不止这四位。不过，赐第非常规，而是皇上特殊恩典，不会经常使用。赐第也不同于功臣世爵府邸，不能由其子孙继承。

　　相比之下，朝廷对皇上亲属的待遇则要优厚得多，时间推移，赐第方式亦发生变化。当城市发展的沉积愈来愈深厚时，中心区也就难寻空地，如果还坚持造房赐第方式，一定会遇到拆迁、置换、选址等因素干扰，从而增添建房赐第的困难。另外，建房赐第的选址与房屋构造是否符合受赐人意愿也是一个关键因素。皇上不得不经常面对各式各样的请恩理由，一些皇亲贵胄早练就了软磨硬泡不达目的决不罢休的功夫。因此，朝廷改变了造房赐第的传统方法，代之以货币发放，让受赐人自行筹建。万历六年(1578 年)发给皇后之父王伟房价银一万五千两。[②]抛弃了当初孝宗为皇后之母金夫人与世宗为皇后之父陈万言，征用官军，拆毁民房大兴土木建房赐予方式。货币发放替代现房赐予，公私两便，同时，增加了受赐人选择的空间。

　　天启朝权阉魏忠贤专权，其侄魏良卿封肃宁伯，从孙魏鹏翼封

①　《世宗实录》嘉靖三十八年八月壬戌条。

②　《神宗实录》万历六年六月丙午条。

安平伯。天启六年(1626年)四月赐魏良卿宅第，动用节慎库银一万九千两作为买价修理费，其府在北城顺天府街南侧东端，今交道口路口西南角。并将武清侯东西两所官房中的一所，挪给肃宁府使用。次年七月仿照此例亦给安平伯魏鹏翼一万九千两府第买价修理费。

　　在京城府邸、赐第中，最特殊的莫过于衍圣公府了。自汉武帝以后，历代大都奉孔子为精神领袖。因此，孔子后代所受礼遇超出改朝换代界限而一脉相承。衍圣公府在山东曲阜，同时，朝廷又在京师建府作为衍圣公来京下榻之所。这样的待遇无人能比。北京衍圣公府原在东安门外，英宗复辟，衍圣公孔宏绪时年十岁，入京朝贺，由于进止有仪，引起皇上格外怜爱，闻其赐第湫隘，命以大第易之。①更换的新第在皇城西太仆寺街，一直使用到清末。

　　外城的府第名园远不如内城。见之史籍的大都集中于东面的三里河与西面的虎坊桥地区。

　　明末崇文门外的三里河已是季节河，"时雨则淳潦，泱泱然河也"。崇祯年间武清侯李公疏浚故道，并在河南筑园引水。园遂以水胜，泛舟水上，风光旖旎，"周廊过亭，村暖阛修，巨浸而孤浮。入门而堂，其东梅花亭，非梅之，以岭以林中亭也，砌亭朵朵，其为瓣五，曰梅也。镂为门为窗，绘为壁，甃为地，范为器具，皆形以梅。亭三重，曰梅之重瓣也"②。园中长廊数百间，又有沤台、凫楼、船桥、鱼龙亭等景观。至于园主李公究系何人，清代以来，多指为万历生母李太后之父李伟。检之《明史外戚恩泽侯表》可知，李伟，神宗即位封武清伯，旋晋武清侯。万历十一年(1583年)卒。所以，崇祯年间新修"李皇亲新园"的人不可能是李伟，而是第三

---

① 《明史》卷二八四。
② 刘侗，于奕正：《帝京景物略》卷三。

北京城史记　明代卷

220

代武清侯李铭诚。李铭诚万历三十七年(1609 年)袭伯，四十五年(1617 年)十二月晋侯，崇祯十一年(1638 年)正月卒。

宣武门外凉水河北岸的"梁园(又称梁家园或梁公园)在京城之西南废城(金中都)边，引凉水河入其中，亭榭花木极一时之盛"①。园中牡丹、芍药几十亩，"花时云锦布地，香冉冉闻里余"②。每逢花开季节，人们纷纷携酒来此赏花。凉水河是宣武门外西侧向南叉出的护城河支流，与内城南北走向的大明濠通过地沟衔接，乃雨季泄洪通道。嘉靖朝增筑罗城后未被废除。所以，梁园能够就近引水。清以后，河道逐渐淤积直至湮灭，但仍留下了残段枯渠与地名，虎坊桥即是一例。

明代北京城内的府第、园囿，朝代更替历经沧桑，确切方位至今多不可考，只能留在历史著作记忆之中。一般来说，社会对巨宅名园的兴趣总是经久不衰的，在人事变迁换代易主之际，极易得到保护的同时又极易遭到破坏。一座城市的发展，向来是中心区得到的投资与改造最多。中心区及其周围的巨宅、名园的文化优势、地理优势与无形资产厚度，让人羡慕让人垂涎，不必宣传推介，一定能让万众瞩目，争相来此占据一席之地唯恐不及。因之，在物转星移新陈代谢的岁月中，商人盯住店铺，新贵虎视豪宅，一旦屋主易手，新主人就要按照个人意志加以改造，而绝少顾及宅第旧日的文化价值。

巨宅名园改造完全取决于新主人的文化品位、审美情趣。在个人财力足以支撑的情景中，改造工程表达了一种主人的即时心态。几乎没有一位权势熏天财力充裕的成功者能够完全忠实于曾是他

① 《春明梦余录》卷五十六。
② 程敏政：《篁墩集》卷六，上海古籍出版社 1990 年版。

人住宅的原貌，拆改只是程度不同而已。

京城之内由于宫廷建筑的宏伟气魄而使得坊巷之间的宅第、园囿、寺观以及民居显得朴素。无论房屋规模与院落空间如何，大都以四合房为基本单位。社会习惯按这一基准建造模式来比较住宅之间的等级与质量。建筑艺术变化主要表现在房顶与装饰上，庑殿、歇山转角、硬山、卷棚、歇山卷棚、方圆攒尖等等，檐分单檐、重檐、单檐斗棋式，顶瓦有琉璃筒瓦、灰筒瓦与合瓦等。大门分门屋式、门楼式以及随墙式等多种样式。官员宅第、民居皆禁用歇山转角、重檐重棋式，屋内顶棚不许绘画藻井。严格的定制，反而促使了民居更趋于朴实适用，满足了生活起居的同时又不显得奢华与笨重。

建筑结构布局及其艺术外观历来被认作城市风格与城市文化象征，不流动的建筑容纳了太多太复杂流动人群的故事。建筑作为人类繁衍承继之间文化遗产传递物件，其格局结构、设计装饰、习俗秉性，从来呈现地域性、民族性与历史性。

不妨想象一番，当徜徉于明代北京城内通衢大道胡同坊巷之中，一望那鳞次栉比的街门、围墙与院内露出的屋顶，便可猜测出这一座围墙遮挡起的空间内家庭的政治等级与富裕程度。国人的血缘意识、宗法制度、礼仪制度在住宅空间排列上表现得淋漓尽致。首先，划定家庭与家庭之间界限，每一门户大都要用墙封闭自家空间，阻断他人视线与接近，即使穷人家也不忘用土墙或植物茎枝围出院落；其次，大户人家严长幼尊卑居室方位，一般人家居室愈少愈不明确。可见礼制尊严离不开财富支持。但是，无论贫富，子女房间在家庭内部都是开放的。这与西方人住宅外部开散绝少建有围墙，而住宅内部严家庭成员个人房间界限的传统对照鲜明。

当代有些人在抒发北京四合房(现在都称之为院)文化情结时，往往说的都是杂院生活。这不过是对传统北京住宅文化的一种误解。实际上，不管房室质量、大小、间数存在怎样差距，独门独户院落独立一直是明清北京人居家生活的基本住宅模式。杂院大量出现的历史很短，是都市现代化过程中，人口急剧机械与自然增长，投资稀缺民居建造滞后与城市中心用地紧张的产物。杂院生活伴生的邻里冲突与猜忌、粗俗与闲话、拥挤与不便，远非邻里互助关照的情感慰藉所能抵消的，也与传统的四合房生活文化缺少相通之处。

其实，四合房本来就是个封闭方城，构筑了一大家人的天地，原不是为几家合住设计的。只要略作分析，不难发现胡同里巷比邻而居的独门独户之间的社会交往绝不比现代高楼单元户之间的交往多，擦肩而过的见面机会更少，更谈不上邻里日常生活的互助与关照。四合房的封闭性与居室等级化是与礼法社会的礼制伦理秩序相一致的。

社会变迁，现代化潮流涌动，拓展了社会活动空间，增强了人口的流动性，子孙绕膝的大家庭迅速分解，四合房文化精神支柱亦随之没落。只要个人不再以家庭为媒介立足于社会，四合房也就变成一种住宅建筑形式而丧失大部分传统文化内容。试想当代一个三四口人的核心家庭，能够独立撑起一座四面十五六间房的四合房构架的空间吗？因之，人们在急迫追求现代生活方式时，毫不犹豫抛弃了这一居住模式，而选择投资、占地比较经济，设施齐全的集中居住的模式。

至于四合房添置现代化设施，而使之符合现代人生活需要，恐怕不是一般中国城市用地与普通居民财力所能承受的。即使用地与财力方面足以支撑。也会让独立居住的三四口之家因人气难以聚拢而望而却步，除非拥有足够财力雇佣多名家政服务人员。几家共享一处四合房，不但房间私密性降低而且院落空间的独立性被打破，让各家使用院落界限不明，极易引发冲突。

当代那些仿古式的楼房小区改造，似乎没有一处很成功。仿照四合模式的四面或三面建起楼房，总让人感到不伦不类，四面高楼围起的空间，完全丧失了独立意义，并非一家人的天地。住户为防彼此窥视，而不得不有意将窗户遮挡。院落也不可能成为各家独立的休闲活动场所，且不论四面高楼的重压之感，人犹置于井底之中，远不如散处楼房的空间视野开阔，就是那一扇扇朝着院内集中的窗口随时都可能出现的张望的眼睛，也会让人心绪不宁。既然楼房是输入之品，那么就按输入模式处理，倒更符合人性。无论中外，人类在追求舒适、方便总是一致的。住宅建筑决不是建筑师的纸上蓝图梦想，仅为了所谓创意与传统相结合，而无视房屋建成之后还要住人的现实。

当四合房渐渐离去之际，这种曾经支撑北京城市格局的基本建筑形式就要成为怀旧、寻踪探古之所与民族住宅建筑学史上的象征。这样说并不等于就可以把平房皆夷为平地改建为楼房，中国虽然城市建设用地十分稀缺，但整体保护一些名城，还是完全可以做到的。一座历史悠久的城市在现代化初期，一旦缺乏远见与历史意识走上拆改之路，该城随之渐渐地离历史远去，甚至完全变成一座在空地上修建的新城，再难体会昔日的辉煌。

北京城不但是中华文化的骄傲，在人类文明史上亦弥足珍贵，当已彻底丧失整体保护机会之后，对待现存遗留，应持慎之又慎态度。至于那些渴望改善住房条件的平房户，可以通过间苗形式留下一些，由政府资助异地安置一批，以利整体保护历史文化街区。留下的住户，首选原生居民，同时要立法居住规范条例，譬如严禁私搭乱建、私改房屋结构、变更使用性质、打闹漫骂等等不一而足。保护四合房文化，使之成为活历史延续，就有必要保护原生土著居民，让北京人的厚重、尚义、宽容、守信、讲礼在现实生活中传承下去，四合房如果不伴随日常生活点点滴滴、喜怒哀乐，就失去了生气，变成纯粹的建筑。当然这样做将导致投资剧增管理职责加重，但毕竟是惠及子孙后代的千秋大业，绝非枉费财力人力。

古都北京是当代中国与世界的北京，也曾是我们先人的北京，还将是我们后人的北京。我们没有权利阻挡先人与后人之间的文化信息传递，让历史从我们这代开始。

明

第五章

都城管理

都城管理在中国古代城市管理中最为特殊。都城政治地位决定了本地从来就不可能完全由朝廷设置的地方政府单独管理。尤其是内城，皇上视其为宫廷的外延与安全核心地带，一刻也不放弃直接管理权。但是，都城再特殊也同样会遇到一般城市经常出现的管理事项，因而按事项性质分门别类，设置相应机构管理相关的日常事务也是极其必要的。衙门林立，政出多门，朝廷与地方政府交叉管理模式乃是都城管理的一大特征。

一、管理机构

都城设正式地方政府机构：顺天府、宛平与大兴两县、五城兵马司。

府是布政司直接统辖的地方政府，但由于京师的特殊性，顺天府越过行省管辖变成朝廷直属的地方政府。顺天府辖区比今天北京市政区要大，领四州二十三县，[①]而城区只是其中的极小部分。实际上，顺天府并不直接管理城市而是通过下辖的二个京县宛平与大兴负责。两京县也非纯粹的府属县，在多数情况下直接听命朝廷指令。

永乐初改北平府为顺天府，府衙承洪武朝北平府之旧。永乐十年(1412 年)设府尹，秩正三品。一般知府秩从四品。另有府丞一人，正四品；治中一人，正五品；通判六人，正六品，嘉靖以后裁革三

---

① 李贤等撰《大明一统志》卷一，《顺天府》，三秦出版社 1986 年影印本。按：本书撰于天顺朝，记录了当时顺天府辖区状况，其后又有变化，万历朝编纂的《会典》记为五州二十二县。

人；推官一人，从六品；儒学教授一人，从九品，训导一人。所属行政部门：经历司，经历一人，从七品；知事一人，从八品；照磨所，照磨一人，从九品，检校一人；司狱司，司狱一人，从九品；都税司，大使一人，从九品，副使一人；宣课司四处，正阳外、正阳门、张家湾、卢沟桥；税课司二处，安定门外、安定门，各大使一人，从九品。税课分司二处，崇文门、德胜门，各副使一人；递运所、批验所各大使一人。

各官职权：

府尹负全责，宣化和人，劝农问俗，凡赋贡、徭役、祭祀、户口、纠治豪强、隐恤穷困、梳理狱讼、查验民情等事务，皆在其中。每年立春，行迎春进春仪式，祭先农之神。每月的朔望日，早朝奏老人坊厢听宣谕。每年的正月、十月，率其僚属行乡饮酒礼。都城内勋戚之家文引，积三月一奏。平抑市场物价。遇有内官监征派物料，虽有印信、揭帖，必须补上公文面奏皇上。每逢皇上于先农坛亲耕行三推礼之际，府尹则捧青箱播种于后。礼毕，率庶人终亩。

府丞协助府尹工作，兼管学校。

治中参理府事，协助府尹、府丞工作。

通判数人分理粮储、马政、军匠、薪炭、河渠、堤涂诸务。

推官负责司法事务，监察府属违法现象。

儒学教授、训导负责府学管理与教学事务。

经历司经历掌出纳公文文书。

照磨所照磨掌顺天乡试缮册弥封之事。

司狱司司狱掌刑部所送被判充军、流放、徒刑等罪犯的收系与发遣之事。

都税司大使掌商税收入与转发之事；凡一应收税衙门，有都税、宣课之分，收税有本色、有折钞。税收后起解收贮有解入户部者，有解入内府者，有留本处者，皆听上命行事。

宣课司、税课司皆为征税机构，凡商贾、侩屠、杂市等皆有常征，凡民间买卖田宅，必有过户契文，征收其值百分之三。明初改在京官店为宣课司，府州县官店为通课司，后改通课司为税课司、局。在府称司，在县称局。

递运所大使负责飞报军情，递传军需，迎送公差人员等事项。洪武朝设立，隶于兵部。自京师达于四方的水陆交通要道上，设立众多的水马驿和递运所。汇总于京师兵部会同馆。

批验所大使掌验茶盐引之事。茶盐过境需持引方许放行。引是茶盐专卖制度下，商人预缴税费后政府发放的运销货物凭证。

宛、大两县，同为京县，各知县一人，正六品；县丞二人，正七品；主簿无定员，正八品；典史一人。

宛平县署位于北安门外以西积庆坊，南向，今平安大街什刹海以西路北。大门至署宅共六层，中为节爱堂。堂东为幕厅，西为库，后为见日堂，各三楹。循两阶而前为六房，东有吏房、粮科、礼房、匠科、马科、工南科，西有兵北科、兵南科、刑北科、刑南科、工北科、铺长司、架阁库、承发司。设房分科比外地州县细密，盖因直接承办朝廷事务所致。堂前为露台，为甬道，为戒石亭，为仪门。其外东为土地祠，西为狱。又前为大门。大门面对皇城墙，故无影壁之制。见日堂后为知县廨，又后为官仓，三堂，东为粮马县丞廨，以南为典史廨，堂西为军匠县丞廨，稍前为管屯主簿廨。吏廨无定所，时补各官廨之空地。

大兴县位于安定门以南教忠坊，今东城大兴胡同内，胡同即因之得名。大门至署宅共六层，土地祠、监狱并在大门内。规制与宛平县署相仿。

知县综理一县之政，县丞、主簿分掌粮马、巡捕之事，典史典文掌出纳。"都城建县设官与外县同，而官之所职不专治人，与外县异，非屑屑守在四封已也。上自郊庙朝廷，下至九卿百执事，各奉典管之役。……而治人之责，视外县又数倍焉，非惟官之贤不肖，明主无劳咨询，而庙堂之下，皆得耳而目之。一事失理，一民失所，救过不暇，谴斥随至。"[①]京县事务繁重，随时要听命于宫廷、朝廷各衙门差遣。

五城兵马指挥司，各设指挥一人，正六品；副指挥四人，正七品；吏目一人。负责巡捕盗贼，疏理街道沟渠及囚犯、火禁之事。五城划界而治，境内有游民及犯罪之人则逮治。逢皇上亲郊，则率夫里供事。北京兵马指挥司创立于永乐二年(1404 年)。五城兵马司在分别叙述时，唯独中城不带城字，称中兵马司。

中兵马指挥司位于仁寿坊，今大佛寺街中段路东。东城兵马指挥司在思城坊，今东四北三条胡同内路北。南城兵马司初在正阳外大街，后移置宣南坊，今西城区兵马司后街。西城兵马指挥司位于咸宜坊，今西四南大街兵马司胡同内西端路北，该胡同即因本署得名。北城兵马指挥司位于昭回靖恭坊，今交道口南大街路西北兵马司胡同，该胡同即因本署得名。天顺五年(1461 年)印行的《一统志》记北城兵马司在教忠坊，本坊与昭回靖恭坊东西相隔一街，是坊区划定有变，还是司署迁动，俟考。

巡捕营，京城内外巡逻治安本为五城兵马司职责，其后添用锦衣卫官校参与。成化年间"奸恶之徒日滋月盛，三五成群，日则在于行凶害人，夜则荒淫赌博，甚至占人妻女及为人报复私仇，为害

---

① 《宛署杂记》卷三。

不可枚举"①。故增拨营军加强整治。弘治末年设参将、把总等官，专职捕盗。额定营兵，城内七百九十二人，城外一千一百二十人。此后历经正德、嘉靖两朝扩充，到万历朝再增提督一人，参将二人，把总十八人，马步军达到一万一十八人。②巡捕营从设立到扩大是京城社会混乱治安形势日渐恶化的产物。

二、朝廷与内府衙门直管京师

京师并非纯粹的地方，各类事务不可能全由顺天府及宛大两县包揽。城市规划、城市建设与安全保卫等由朝廷相关衙门负责。从这一意义上说，皇城以外的都城区乃是宫廷的附庸。京师的政治特殊性铸就了管理模式的特殊性，直管京师事务的朝廷衙署有工部、都察院、刑部与锦衣卫等；内府主要是司礼监及其东厂。

工部负责朝廷土木工程以及平日城壕维修、清扫皇城四门、道路养护等事项。"凡京城该管地方，街道坍塌、沟渠壅塞，及皇城周围坍损，工部都水司行委分管填垫疏通。"③成化十五年(1479年)，虞衡司"添注员外郎一员，专一巡视在京街道、沟渠"④。从而衍生"街道厅"这一机构，专门负责都城内外街道、桥梁、沟渠，各城河墙、红门、水关，及卢沟桥堤岸等处的管理维修。

京城街道皆为土路，需要经常性修补铺垫以维持基本平坦。同

① 《宪宗实录》成化二十一年三月乙未条。
② 《明会典》卷一三六，巡捕。
③ 《明会典》卷二二五，五城兵马指挥司。
④ 《明会典》卷二，河渠五，桥道。

时，还要时刻纠察毁坏道路、沟渠以及侵占官道行为。《大明律》"侵占街道"条："凡侵占街巷道路而起盖房屋，及为园圃者，杖六十，各令复旧。其穿墙而出秽污之物于街巷者，笞四十。"万历八年(1580年)重申旧例以防侵占道路，"凡军民盖房造屋，必先呈报街道员外郎，查无侵占方许兴作"①。古往今来整治违章建设占用公共资源行为，都是极为棘手的。特别是碰到权势之家，管理者更是无能为力，只能上报由皇帝出面制止。弘治十六年(1503年)，勋戚之家大兴土木，就地取土，倾倒建筑垃圾，导致道路凸洼不平，沟渠壅塞，皇上"命凡于京城穴地取土及街巷取土填坑者，皆罪之"。②在违法与纠治的博弈中，不可能事事都能得到皇帝特批，因之街道乱象难以根治。

每到春季，就要疏通沟渠以保证雨季泄洪。城内水道，北城的海子南接玉河，东有泡子河，西有河漕，各街俱有长沟，中城有臭水塘。如果不在雨季到来前疏通各街沟渠，一旦雨大，必造成城内积水甚至水灾，正统四年(1439年)五月，京师骤降大雨，因城内沟渠未及时疏浚，城外护城河新堑狭窄，桥闸壅遏，水无所泄，以致水溢，坏官舍民居三千九百九十区。③平日维护性的市政工程由街道厅督五城兵马司完成。遇有大工程则工部请旨调用京营或班军士兵，譬如成化十年(1474年)六月，内臣张端、工部右侍郎刘昭督团营军三千名疏浚沟渠。④

街道设施维修养护事宜，亦由工部负责。万历十年(1582年)十

---

① 《神宗实录》万历八年五月庚寅条。
② 《孝宗实录》弘治十六年六月壬子条。
③ 《英宗实录》正统四年五月壬申条。
④ 《宪宗实录》成化十年六月戊寅条。

一月，工部重新申明禁令，对于日常洒扫皇城四门、清理街道沟渠、保护河墙、保固城壕等事宜，专设经费钱粮，并且扩大了管理人员的事权与职责。①

都城的政治地位与政治功能铸就属地政府不可能像其他城市那样，在城市建设与城市规划上拥有较多的自主权，一切都得听从朝廷安排。凡是较大的土木工程，皆由工部管理，从预算、画图、征夫、备料，到工程开工、监督并不委托顺天府负责。顺天府也无权过问。

五城巡城御史。京师中、东、西、南、北五城各设巡视御史始于正统朝。御史初设计时不置公署，巡视所至，遇有喧闹，当时审判决断，或暂借各卫公署听诉发落。景泰中，京师多盗，差御史十人专事捕治，事后留五人久任，始建公署，凡有奸弊诸事，准许受理送问。其差用试御史，三月一更换。

京师五城巡城御史本是都察院的外差，正统朝始设时，不过是为了加强治安与监视五城兵马司行政。按理说这样的机构不应成为京师管理体系的主导，但是自从由临时性外差变成常设机构后，权力便凌驾于五城兵马司与宛大两县之上，成为京师地方事务管理的主宰之一。前代畿辅之政，大都统于京兆，而明朝更改其法，用五城巡城御史。"五府六部环集于辇下，民无所知，知有巡城御史而已。侯王保辅赫奕于长安，民无所畏，畏巡城御史而已。"②监察、司法与行政权力集于一体，遂使巡城一差的权势膨胀。明朝制度规定，巡视地方的外差，照例不得携家眷，不得受私书，不得出席应酬宴会。然而，城差却打破了这项禁令，终日拜客，应酬，交游杂

---

① 《神宗实录》万历十年十一月戊辰条。
② 孙承泽：《天府广记》卷二，北京古籍出版社1982年版。

沓则神气日分，竿牍(书札)旁通则面皮难冷，严于外而宽于内。顿失设置此差初衷。

御史巡城遇小事可以立断，遇大事必须上奏。旧例，在京军民词讼俱赴通政司咨送法司问断，各衙门有应问者，参送法司问断，不得自决。①然而在京各衙门事权不一，诸司往往各自受理诉状，拘禁棰楚无辜之人，乃至颠倒法令，任意为之，致使良善苦于纷拿，奸顽喜于诈害。因之，嘉靖三十七年(1558 年)七月与万历十四年(1586 年)三月，三十年间两次申明同一禁令："京师词讼小事听五城御史受理速结，成便小民，至于成招拟罪者，送刑部问断……五城受理不宜问罪，不得滥罚，不得淹滞及简证刺字。"②从禁令的内容上也可以体会五城御史的权力，远远超出宛大二县与五城兵马司。

在司法审判上，无论刑事民事案件的终审权都在三法司。各政府部门在管辖事项内的案件，也只能审问而不能决断。然而，政府部门向来愿意扩张自身权力，对于管辖的案件往往越权审判终结。部门权力衍生的巨大利益让人难以割舍，甚至不惜颠倒是非制造冤案，以实现部门或个人收益。因此，朝廷不得一再重申，禁止各衙门私自受理终审案件。民间小事可由五城御史受理迅速结案，案情重大需要定罪的必须送刑部审问决断。③

刑部负责审理判决京师流刑充军以下的案件，但必须在拟罪后，将案卷送交大理寺核准同意，才能具题旨准执行。死刑案件则要与都察院、大理寺会同审理，待朝审议决，具题旨准方能执行。

在都城管理上，明代没有划定朝廷与地方管理权的界限。许多

①②③　《天府广记》卷二。

地方事务往往由朝廷直接管理，地方衙门更像是朝廷仆役。

　　都城服务皇权的管理模式一旦形成，必然遏制城市自治的萌芽成长。城市管理权牢牢地控制在朝廷手中，随时可以对都城的任何一个细节发号施令。集市与贸易等商业活动处于依附地位，居民缺乏政治主见与经济想象力，不能成为城市管理的主体，只能是管理的对象，朝廷可以任意安排他们的命运。

　　锦衣卫直控京师之权尤重。宛大两县与五城兵马司虽是名正言顺的地方行政机构，却也不得不俯首听命。这种管理体制上的交叉，叠床架屋，由朝廷直接插手地方事务，也是都城功能特殊性决定的。锦衣卫的触角无所不在。

　　锦衣卫系由明初仪銮司演变而来。洪武十五年(1382年)改置锦衣亲军指挥使司，下辖南北镇抚司十四。南镇抚司掌管本卫内司法刑法案件的审判及金捡军匠。北镇抚司专管皇帝下发案件，即所谓的诏狱，成化十四年(1478年)始独立，可以直接与上下法司过往公事。掌锦衣卫的官员一直以都指挥、都督充任。所隶又有将军、力士、校尉等，分番护驾，直宿、巡察。凡大朝会，常驾出入，督设卤簿仪仗；凡皇城四门，日夜番值巡察；凡盗贼奸宄，街途沟渠，密缉而时省之；凡奉旨查办案件、审问囚犯，与三法司同理。

　　历史演进，锦衣卫愈来愈从皇帝仪仗护卫队向操纵皇朝政治与司法权力方向演变)。由于是皇帝的贴身侍卫机构，所以，皇帝必选信赖之人担当此任。古代君主处理政事时往往首先想到的是亲信的可靠，而不是交哪一个机构操办更为合理。皇权面对文官集团时，皇上随时要侦察官员动向，防止结党营私培植个人势力威胁皇权，防止贪污超额分享皇朝利益，所以，很容易提升锦衣卫的权重与工作量，同时也让本卫名正言顺地增加人手，扩大职权范围。

锦衣卫原额设指挥使一人，同知二人，金事三人，镇抚一人，所千户、百户各有定员。权势一重，管辖范围扩大，编制迅速膨胀。一方面，锦衣卫为保持自身强势，需要更多的工作人员维系机构运转与实现权力行使；另一方面，锦衣卫权力光环让人奢羡，招引官宦贵胄子弟纷至沓来，想方设法挤入本卫以实现个人权力与荣誉梦想。自正统朝以后，贵妃之家、驸马都尉、中贵子弟多寄禄于本卫，递进用事。至正德朝，宦官刘瑾专权，贵幸子弟冒锦衣者尤为严重。嘉靖初年，整顿清理冒名滥进者竟达 2199 名，一年朝廷可以节省财政开支达十余万两。但是裁革未久，滥授如故，隆庆四年(1570年)再次淘汰冒滥之员又达 1115 人。

明代京师管理事务无论大小，宦官皆能直接参与。明太祖时代严禁宦官读书参政干政。成祖登上皇位虽标榜忠实继承了太祖事业，却在宦官使用上背离了父训，将宦官权力引入朝政。检其成因，流行说法是，他发动靖难之役成功夺位曾得到过建文帝宫中太监暗中输送情报的帮助，所以即位后选择重用宦官。这纯系皮相之见。揆诸常理，背叛建文帝的宦官都是有名有姓的具体人物，成祖登极，论功行赏重酬他们符合情理，却没有理由因此实质性提升其政治地位与权力。众所周知，在政治军事斗争，敌对双方，利用对方背叛者获胜的一方，虽功成必要重奖之，但这不等于就是在政治道义上褒扬鼓励背叛行为，反倒会在心理上愈加鄙视背叛者，油然而生警惕防范之心，一般是不会重用这些人的。盖因同样之事也会发生在自己身上。

毋庸讳言，靖难之役是一场皇室内部争夺最高权力的战争，源于太祖分封诸子拥兵屏藩而埋下的政治祸端，不具通常意义上的正义与否。如果从皇朝继承统续合法性上讲，靖难就是叛乱。

由于朱棣夺位正当性饱受正统观念质疑，所以，他登上皇位就不能立即获得文官集团的一致拥戴。而他对建文旧臣齐泰、黄子澄、铁弦等与不肯迎附者的大规模血腥屠杀，更加深了君臣之间的猜忌背离。

成祖即位后面临两大现实难题：一方面，缺乏文官集团通力合作，难以让政局尽快稳定，行政有效运行；另一方面，必须解除从龙起事的功臣武将军权，不然皇位难于长治久安。文武两方面的政治压力，促使他果断置父训不顾，构建宦官权力系统与文官、武将集团并行，分派太监出使、专征、监军与镇守要地，从而削弱文武官员权力，化解文官普遍的抵制性怠工，与武将把持军权威胁皇权的风险。永乐三年(1405 年)开始的规模宏大的郑和七次武装船队下西洋，为什么统帅不任用文武大臣，而选择太监，足以说明成祖的政治心态。

历史上，在皇权机制运行中，始终存在江山易主的篡位风险。与皇权结缘的文武权臣、外戚是威胁皇位安全的经常性力量。从西汉到宋朝，皇朝更替大都由逼宫篡位完成。如外戚王莽代西汉建新朝；权臣司马炎代曹魏建西晋；武臣朱温代唐建后梁，权臣赵匡胤代后周建宋。

宦官是皇权附庸，宦官干政专权对于皇位转换他家的风险远远低于权臣与外戚。宦官由于无后，即使掌控大权，也是假皇权行个人威权，难以自立门户，开创以本人为创始人的家族政治事业。他们更依赖现实皇权，对皇上更为忠心。历代只见逼宫篡位的权臣与外戚，而从未出现过权阉登上皇位的。东汉与唐朝皆是宦官权势熏天的时代，但皇朝更替都不是由他们替代完成的。宦官权势之大，可以频繁更换甚至杀死皇帝，却没有一个选择自立为帝，只是在皇族内选择容易操纵的儿童或智障者继位延续本朝统治，从而固权树威，挟制朝野。也许宦官认清了本身六根不全，属于社会另类，登极难以获得朝野认同与支持的现实，所以只有同类抱团，维系现实皇权不倒，才是唯一保持自身权力的最佳选择。可见，宦官是操弄皇权的高手，而非觊觎皇位的侵占者。皇朝不改姓的最大意义，就是皇族整体利益得以保全。若改朝换代，旧日王孙必成他人砧板上的鱼肉。

历史上，宦官专权大都发生在皇帝年幼或昏聩荒政时期。即以幼皇继位而论，宦官是太后唯一熟悉并能任意驱使的群体，年轻太后与朝臣之间存在礼制鸿沟，文官集团又天生厌恶女人干政，因而，太后只有倚重宦官而别无选择。

永乐以后，中枢政治权力结构始终是以司礼监制衡内阁的。儿童皇帝时期尤为明显。宦官作为君权附庸参与政治行政，是横在朝臣面前一道难以逾越的关卡。大臣若想进位揽权有所作为，必先交好权阉。

世间绝少有人不排斥宦官，但排斥不等于就拒绝与之合作。譬如，万历少年继位之初，顾命大臣首辅高拱与张居正、高仪在内阁共同做出扳倒权阉冯保的决定。但张居正转身就把消息"阴泄之保，乃与保谋去拱"。①张、冯联合立即断送了高拱的政治生命，被革职强制还乡。张出卖高的理由很简单，他若追随高驱离了冯保，还会有第二个冯保，只要内府司礼监存在一天，内阁就无法染指其权力，而自己更不会由次辅晋升首辅，而与冯保联手，高拱一败，首

---

① 谷应泰：《明史纪事本末》卷六十一，江陵柄政，1976 年中华书局版。

第五章　都城管理

239

辅非其莫属。同时，也能交好司礼监，使内阁与之重新回到协作状态。高拱为官多年，还没有深刻理解君权体制的实质。他企图趁皇上年少，把持内阁包揽政权的做法，一开始就处于权力体制上的劣势。正是皇上年少不能亲政，才必须要由司礼监代表皇室与内阁合作，方能让权力制约平衡。

司礼监是内府二十四衙门中的第一衙门，匹敌内阁，设掌印太监一名，秉笔、随堂太监四至九名，"凡每日奏文书，自御笔亲批数本外，皆众太监分批，遵炤阁中票来字样，用朱笔楷书批之，间有偏旁偶讹者，亦不妨略为改正。最有宠者一人，以秉笔掌东厂。掌印秩尊视元辅；掌东厂权重，视总宪兼次辅；其次秉笔、随堂如众辅焉"。[1]

只要皇朝权力结构引入宦官集团，就没有哪一位皇帝不是信任宦官远胜于大臣的。皇帝独握的决策权，往往由权阉代行，彻底让内阁与司礼监碰撞时，处于下风。

宦官权势熏天权力无处不在的结果，也让官员平日遇见宦官时丧失了往日礼仪体势上的优势。嘉靖年间，南京国子监司业朱大韶(嘉靖二十六年进士)对何良俊说："有一顺门上内臣尝语余曰：我辈在顺门上久，见时事几变矣。昔日张(璁)先生进朝，我们多要打个躬，盖言罗峰也。后至夏(言)先生，我们只平着眼儿看哩。今严(嵩)先生与我们拱拱手，方始进去。盖屡变屡下矣。"[2]

自成祖将宦官纳入皇朝权力运行机制对抗文臣武将集团以后，

① 刘若愚：《酌中志》卷十六，内府衙门职掌，清道光二十五年海山仙馆丛书本。
② 何良俊：《四友斋丛说》卷八，1959年中华书局版。

直到宣德朝也未出现宦官专权乱政现象。宦官专权始自正统朝的王振。其后以成化朝的汪直，正德朝的刘瑾，天启朝的魏忠贤最受历史关注。

永乐十八年(1420年)创立东厂分解刑部与锦衣卫职权，尤以"刺臣民隐事"为要务，藉此控制文武官员与社会。

东厂外署在东安门外以北，今其地尚留东厂胡同之名；内署在皇城内东上北门之北路东，混堂司之南，大约今北池子大街中段路东，万历初年，太监冯保奏建。东厂提督太监的关防敕谕最为显赫。一般太监奉差关防，皆镌某处内官关防，只有东厂篆文称"钦差总督东厂官校办事太监关防"，天启即位后，为避帝讳改"官校"为"官旗"。以司礼监秉笔太监掌东厂者，权重势威，皆为皇上亲信。本厂组织结构与职责权力：

设有掌贴刑千百户二员，掌班、领班、司房四十余名，圆帽皂靴穿直身。十二颗管事，圆帽皂靴。其档头办事百余名，分子丑寅卯十二颗，圆帽袯褶白靴。番役可千余名。[①]

所谓圆帽、皂靴、直身、袯褶、白靴等，都是内官服饰的专用名词，级别不同，一望穿戴，立刻可以分辨其身份。例如圆帽，内臣除官帽平巾外即戴圆帽。冬天则以罗或绉制成，夏季则以马尾、牛尾、人发编织而成。其精品一项可值银五六两至十余两。

东厂每月初一布置当月工作，抽签决定番役负责侦缉的地区或事项。如"听记"是监临朝廷会审大狱或北镇抚司拷问重犯时，记录口供与用刑情况，当晚或次早奏进。"坐记"或访查某处官风民情，或往兵部探询军情，或到京城皇城各门查看世情。如有事件发

① 《酌中志》卷十六，内府衙门职掌。

生及时奏闻，称为"打事件"。每月底奏报京师杂粮、米、豆、油、面价格。明末，东厂创设了自辖的监狱。

有明一代，凡是权阉都控制东厂。各朝专权太监还曾创立过相似机构，如宪宗朝太监汪直提督的西缉事厂(在灵济宫前，以旧灰厂为厂署)；武宗朝太监刘瑾创设的内行厂(在西安门内惜薪司建署)。西厂、内行厂存在时间较短，只有东厂与明朝相始终。

东厂与锦衣卫合称厂卫，为明代一大弊政，京师首当其冲深受其害远甚于其他城市。在社会心理中，厂卫成为凶神恶煞的别名。二者虽然并称，功能相似，但在直达上颜，获得皇上眷属方面，东厂要比锦衣卫快捷优渥，权力远在其上，拥有监视制约锦衣卫之责。没有哪一个朝廷衙门能让皇上完全放心，分权制衡永远不能缺少。宦官六根不全为人鄙视，恰是皇权分解文官权力的理想工具。

无论朝野，事无巨细，锦衣卫与东厂皆可染指，由于权力空前、职权界线无限扩大，兼之缺乏必要有效的监督制约机制，遂使这一本来用于管理城市，协调社会，保障安全的权力，变成危害社会的毒瘤。民间乃至"以厂卫二字为破胆之霹雳"[①]。其实，横行无忌毒害社会事件的发生，不见得都是厂卫人士所为。但是，厂卫权势熏天，皇上寄命的光环与权力寻租的便利，自然让厂卫之人与假冒厂卫名义的巧取豪夺行为变得轻巧易行。

崇祯四年(1631年)五月，给事中许国荣《论厂卫疏》罗列几事，读之令人发指：其一，绸商刘文斗行货到京，奸棍赵瞎子等口称厂卫，捏指漏税，密将刘文斗关押于崇文门东小桥庙内，搜得其账，载有铺户罗绍所、李思怀等十余家，一并拿来拷打，共诈银两千余

---

① 《春明梦余录》卷六十三。

两。其二，长子县教官推升县令，忽有数人闯入其住处，口称厂卫调查，指定其升官为营干得来，诈银五百两。其三，菜市口鱼、酒馆遵朝廷禁令歇业，忽有奸棍刘科等人口称厂卫，搜查诸家，指有宿醢鱼腥，就诈各家数十贯。其四，山西解官买办黑铅，卖家照数交足，口称厂卫诸人窥有剩余在潞绸铺内，指为尅扣官物，捉拿王铺等四家，诈银千余两。其五，医士杨四购买纱绢，众棍疑其囤积，口称厂卫，因告行提，捉拿锁在碾儿胡同，席卷其购买之物，而将物主释放。

上述五例，似乎都是假冒厂卫作恶事例，而实际上多少含有上疏者的委婉之辞。作为朝廷言官，他不可不给厂卫留些颜面。即使五个案例都是假冒事件，也证明了厂卫的气焰与令人闻之丧胆的社会形象，不然也不会一旦"口称厂卫"，即能将诈银意愿在光天化日之下，极为顺畅地完成。倘若不是厂卫平日作风与无事不管的权限，让人噤若寒蝉不敢理论已成习惯，怎么也不会使冒充厂卫的恶棍屡屡得手。厂卫特权与对都城管理包揽一切的做法，模糊了管理事务的类别，因而事无巨细、事无类别，只要厂卫认为应该管的，就可以插手，致使权力滥用合法化，遂出现"止有厂卫缉事之人，而无缉事厂卫之人。彼能颠倒人之是非，而人不敢操其是非"[①]的局面。既然没有是非准绳与监察制约，厂卫便勇敢地走上为非作歹之路，"或准贿之有无以绘人之妍媸，或因贿之多寡以装事之轻重"。完全依靠利益大小与贿赂多少，为判定人物优劣与事项的轻重缓急。

厂卫权力让人惧怕，同时，巨大的权力寻租利益又让人心动。

---

① 《春明梦余录》卷六十三。

因之，社会往往不再怀疑机构存在的合理性与运作的公正性，而将目光精力转向实现利益的权力获取。这一社会认识源于皇权至上观念、文化传统与个人价值取向。

皇朝历来关注都城的治安事件，寻常案件往往也要惊动皇上。相关事件报告由兵部负责，在此检一例证之。崇祯十四年(1641年)春，京城内连续发生几起恶性案件。四月初二日，办事旗尉赵世麒巡访报告：西城河漕西坊一牌三铺总甲与捕营巡军捉拿一名贼犯，收寄铺锁脱逃；当日下午，办事旗尉金声振巡访报告：北城教忠坊五铺总甲温成管辖区内住户顺天府举人李邺家，于初二日三更时分，强贼从后墙进入，杀害了举人之妻并劫去金银首饰、衣物、银两；初六日，办事旗尉张云清等巡访报告：北城昭回坊二铺总甲沈忠辖区内住户张四之表弟于五日娶妻，召瞽妇翟氏供唱至三更，众亲散后，张四被贼射箭所伤，劫去铜钱锡器等，又将瞽妇翟氏掠去空处轮奸。①

以上三件案例皆由锦衣卫办事旗校调查报告，再由锦衣卫管卫事孙光□(注：史料记载人名不全)具题，并呈送兵部付兵科抄出，在朝廷上公开②。皇上对京城内治安案件频发，深为震怒，尤其对河漕西坊的捕营巡军宋才"获盗疏防，致毙火夫，开锁逃走"痛恨之极。命"着该衙门重加惩处"。一个小小巡军，能得皇上直接批评，也是他的幸运。可见都城管理模式非同一般，事无巨细都在皇上掌握之中。

---

① 台湾"中研院"史语所编辑《明清史料》辛编，下册，1237页，中华书局影印本。

② 《明清史料》辛编，下册，1237页。

三、五城坊牌铺的层级结构

都城空间结构已划定不同等级人群的居住生活区域。在居住空间分配上的主次依附关系是君权绝对观念的物化。占据中心区的皇宫、朝廷拥有政治权力、财富与思想控制优势，自然能主宰城市的一切。那些地处边缘的人群无论在哪一方面都很难对整座城市发挥影响力。都城安危事关皇朝统一大局，都城安则皇朝安，都城危则皇朝危。因此，在都城管理上，首务就是对居民进行户籍、职业分类登记，同时纳入官方设计的组织系统之中，朝廷不愿意也不允许各业人群自行建立管理组织。只要都城管理政治立意与模式不松动，居民政治参与和自治组织的成长就极其困难。

洪武十四年(1381 年)，朝廷广泛推行里甲制，同时编制赋役黄册：

以一百十户为一里，推丁粮多者十户为长，余百户为十甲，甲凡十人。岁役里长一人，甲首十人，董一里一甲之事。先后以丁粮多寡为序，凡十年一周曰排年。在城曰坊，近城曰厢，乡都曰里。里编为册，册首为总一图。……凡户三等：曰军、曰民、曰匠。民有儒，有医，有阴阳；军有校尉，有力士，有弓铺兵；匠有厨役、裁缝、马船之类……寺有僧，观有道士。毕以其业注籍。[①]

显然，坊、厢、乡在制度设计上，是户口登记层级管理的同一概念。历朝都注重把居民编入政府设计的组织结构之中，纳入政府

---

① 《明史》卷七十七，《食货志》一。

管辖系统，一方面，便于控制，使各类人等安心职业，减少流动；另一方面，便于征税，防止税收流失与减少重征。无论城乡的编户齐民，从来不是单纯的政治或经济性质的，而是双重的。

太祖定鼎金陵后，驱旧民置于云南，陆续迁移江苏、浙江等地富户四万五千余家"填实京师，壮丁发各监局充匠，余为编户，置都城之内外"①。"凡置之都城之内曰'坊'，附城郭之外者曰'厢'，而原额图籍编户于郊外者曰'乡'。坊、厢分有图，乡辖有里。上元之坊曰：十八坊、十三坊、十二坊、织锦坊、九坊、技艺坊、贫民坊、六坊、木匠坊。"②

所谓六坊、九坊、十二坊、十三坊、十八坊，并非寻常理解的序号，而是该坊拥有的图数，即六坊拥有六图，余者皆可类推。"图"在编制规模上贯彻了乡村"里"的建制，每图下辖十甲。六图人户约在六百六十户。从中亦可清楚看出坊与坊之间在人口户数规模上的差别。

永乐迁都北京，承袭了太祖的都城管理制度，京师划分五城，每城又分若干坊。以坊为纲，将基本的编户功能赋予了牌铺。"见行城内各坊，随居民多少，分为若干铺，每铺立铺头、伙夫三五人。而统之以总甲。"③铺相当于太祖南京时期的"图"、农村的里，成为北京最基本的官民交换信息的组织。

总甲类似于乡间的里长，由于京师供役繁多，往往让人避之唯恐不及：

每铺立总甲一人，以丁多者充之，率三月一更。每旦受事官府，

---

① 顾起元：《客座赘语》卷二，中华书局1987年版。
② 《客座赘语》，卷二。
③③ 《宛署杂记》卷五。

至晚不得息。一月之间，所经衙门二十七处，谓之打卯。官中供应，皆取之更夫，谓之纸笔灯烛钱。不足，总甲则出私钱补之。锦衣卫旗校夜巡索酒食，即不得，辄加棰楚。害甚于盗，贫民苦之，多卖屋就居，以图免坐铺。而中外有势者，各庇其私人当坐铺者，尽为奏免。守更之夫，皆雇丐者充之。夜间盗起，皆反关不敢出。明日止报某处有盗或劫财或伤人与否而已。①

由于总甲非官非吏，只是一种供役形式，而且事繁役重，所以"土著之家多不乐应役"③，于是担任总甲的人不是无籍少年，就是卑琐乞流之徒。这些人在帮助官方完成征派任务的同时，也巧立名目攫取个人利益，因而更加重了铺居之民的负担。

总甲可能是这座城市中最忙，承应衙门最多，应付事项最琐碎而地位最卑微之人：

就其大凡言之，如城内则每晚携灯护送将迎，每日早押打喧闹，每月督催房号，每年终催浚沟渠，平街道。凡地方有人命、倒卧、盗贼、火烛，必报，风雨寒暑不敢后；而又有守宿灯烛之费；有市曹搭篷及雇夫防护之费；有各衙门家火木板纸张之费；有刑部诸司老未完(之案)，五日一比；有街道房打事件，五日一卯；有各察院、东厂、锦衣卫、东司房、西司房、礼仪房正堂及坐季千户、夜巡百户、上钟校尉、兵马司正堂、本坊各卯日，间有一日两地分卯者。即有每月领有油烛工食，数曾几何？如此而欲望良家子为总甲，其谁能耶？②

嘉靖三十九年(1560年)印行的《京师五城坊巷胡同集》著录的

<hr>

① 《宪宗实录》成化六年七月戊子条。
② 《宛署杂记》卷五。

城坊牌铺如下：

中城：在正阳门里，皇城两边。

南薰坊　　八铺；

澄清坊　　九铺；

明照坊　　六铺；

保大坊　　四铺；

仁寿坊　　八铺；

大时雍坊　　十八铺；

小时雍坊　　五铺；

安富坊　　六铺；

积庆坊　　四铺。

东城：在崇文门里，街东往北至城墙，并东关外。

明时坊　　西四牌十六铺　　东四牌十六铺；

黄华坊　　四牌二十一铺；

思城坊　　五牌二十一铺；

南居贤坊　　六牌三十六铺；

北居贤坊　　五牌三十八铺；

朝阳、东直关外　　五牌三十七铺。

西城：在宣武门里，街西往北至城墙，并西关外。

阜财坊　　四牌二十铺；

咸宜坊　　二牌十铺；

鸣玉坊　　三牌十四铺；

日中坊　　四牌十九铺；

金城坊　　五牌二十二铺；

河漕西坊　　三牌十三铺；

朝天宫西坊　　三牌十五铺；

阜成、西直关外　　共七铺。

南城：在正阳、崇文、宣武三门外，新城内外。

正东坊　　八牌四十铺；

正西坊　　六牌二十四铺；

正南坊　　四牌二十铺；

崇北坊　　七牌三十七铺；

崇南坊　　七牌三十三铺；

宣北坊　　七牌四十五铺；

宣南坊　　五牌二十七铺；

白纸坊　　五牌二十一铺。

北城：在北安门至安定、德胜门里，并北关外。

教忠坊　　十铺；

崇教坊　　十四铺；

昭回靖恭坊　　共十四铺；

灵春坊　　八铺；

金台坊　　九铺；

日忠坊　　二十二铺；

发祥坊　　七铺；

安定、德胜关外　　共六铺。

通计城内 36 坊，101 牌，670 铺。内城东、西、北三面关外四坊共计 5 牌，50 铺。平均每坊 18 铺。

大致二至六条胡同组成一铺，一般以二三条胡同为多。历史变迁，城界、坊界变动概率较低，而铺的变动相对于城坊要大些。在坊区不变情况下，受经济商业活动、人口增减与流动进出量等因素影响，铺的重组、审定与统计数目必然经常发生。那种以一成不变的眼光对待历史人口登记制度的学术方法，难免缺乏历史感。当然，社会史研究离不开制度依据，但制度设计不等于现实社会实际状况，制度更多表达的是政治期待目标。历史社会生活过程远非制度表明的那样简单有序。无论是谁也无法阻挡社会流动，即使能把流动强压到静止，人口的生死也不可避免。因之，任何设计的人户编铺单位，决不是一旦使用便一劳永逸。皇朝贯彻的是制度立意，遇到变化俯从现实通融解决在所难免，谁也不会愚蠢到仅为标准而削足适履枉费人力物力。

《宛署杂记》刊行于万历二十一年(1593年)，比嘉靖三十九年(1560年)印行的《京师坊巷胡同集》晚三十三年。在此以两书记录的"金城坊"牌铺变化为例，略作解说。金城坊四至：西起城墙，今西二环东侧；东至河漕，太平桥大街、佟麟阁路；北起阜成门内大街南侧；南至西子胡同，今复兴门内大街北侧，部分胡同已拆除。坊内胡同名称，有些至今仍在使用，如水车胡同、王府仓胡同、武定侯胡同、察院胡同、按院胡同等。

先看《宛署杂记》的金城坊记录(四牌十五铺)：

一牌(四铺)

一铺：金城坊街　巡捕厅胡同　丁儿张胡同　水车胡同　王府仓胡同　柳家胡同

二铺：阜成门南城下大街　钮家胡同

三铺：阜成门里大街　马口桥街

四铺：井儿胡同　武艺库胡同

二牌(四铺)

一铺：吉家胡同　盆儿胡同

二铺：龙骧卫胡同　武定侯胡同　华家胡同　菜市口

三铺：金城坊东胡同　孟端家胡同

四铺：井家胡同　宣家胡同

三牌(三铺)

一铺：墙下东街　济州卫胡同　羊毛营胡同

二铺：城隍庙后街　曹杉板胡同　城隍庙横街　小胡同

三铺：墙下一道胡同　鹫峰寺胡同　赵二姐胡同　西子胡同

四牌(四铺)

一铺：山西大木厂墙下胡同　旧帝皇庙街　车儿胡同

二铺：提学察院胡同　许游击胡同城隍庙后街

三铺：刑部后墙下街　巡按察院胡同　横胡同

四铺：丰城胡同　皮库胡同

再看《京师坊巷胡同集》的金城坊记录(五牌二十二铺)：

阜成门街南　马市桥　金城坊胡同　水车胡同　半边街　内西巡捕厅　苦水井胡同　礼拜寺　王府仓胡同　武衣库　菜市口娘娘庙　欧先胡同　盆儿胡同　刘和尚胡同　刘教胡同　孟端胡同应天卫　豆腐巷　普照寺　车家胡同　井家胡同　铁佛寺　羊市口杨和胡同　贺三胡同　广宁伯胡同　济州卫新房　陆家胡同麻线胡同　羊毛胡同　龙骧卫街　新桥　养济院　阎家桥　关王庙许游击胡同　武太医胡同　刑部铁门儿　巡按公署　山西厂　刑部后墙　柴灰厂　砂锅刘胡同　庙桥儿　惜薪司西厂　都城隍庙曹杉板胡同　鹫峰寺街　和阳卫　曲子胡同　赵府大人胡同　双河儿胡同

两书记录比较，金城坊界坊名未变，而牌铺统计数目与地名存在较大差异。《宛署杂记》四牌十五铺比《坊巷胡同集》的五牌二十二铺，减少一牌七铺。从而证明管理趋从现实动态性，牌铺确实发生过合并。不过，有合并就有拆分与增加，如西直门内的日中坊，《坊巷胡同集》记四牌十九铺，《宛署杂记》记四牌二十四铺，多出五铺。也有保持原数的，如河漕坊，两书皆记三牌十三铺。至于地名登录方面存在繁简差异，概因《坊巷胡同集》着眼于地标地名唯恐遗漏，将衙署、寺庙、仓厂等一并录入，而《宛署杂记》则着眼于行政管理的居民区而忽略了某些地名。两书所记称内总坊数仍是三十六坊。置于全城总铺数，因《宛署杂记》未载，不能比较。

如果胡同不太短或无衙署、仓场、机关、寺庙宫观与勋戚高官豪宅，基本上二条胡同的人户即可组成一铺。而超过三条胡同组成一铺的，除上述原因外，就是一侧临墙，住户都集中在墙对面一侧，因之，同等长度的胡同，临墙胡同的住户就要减少一半左右，如城隍庙后街即是一例。衙署、豪宅、巨刹等占地面积较广，必然使紧临的胡同内住户相对稀少。

金城坊地处城区边缘，紧靠城墙，居民多为社会中下层。都城居住格局向来是簇拥皇城这一中心的。城市在发展过程中，中心区呈放射状态，辐射幅度取决于政治需求、投资与时间。时间愈久，投资愈多，繁华外扩动力愈强，在这一过程中，社会竞相竞逐的却是内聚潮流，凡是改善了身份与生活状态的人，无不盼望向内搬迁，在皇城周围占据一席之地。核心区的文化传统、人文环境、信息快捷、交通便利等，不但带来日常生活起居的方便，更让人倾心的是身份文化的显著标志。昔日居民住在哪一地区，常常可以成为社交中有意炫耀或避讳的话题。只有城市改变了传统，不再以一个中心为构架，并且解决了交通供应等问题之后，社会才可能开始改变这一习惯。

金城坊在三十多年间铺数虽然减少，但不代表实际人口就一定减少。一坊实际人口数量由坊区面积大小、坊内铺数、铺内户数、户内人数等多种因素决定。同时也受坊区内优免户与衙署、仓库、场局等数目息息相关。

城市的铺相当于乡村的里。里制户数确定，而铺制户数并非严格按照 110 户编排，铺与铺之间的户数不尽相同，"视廛居有差"完全出于管理方便，依据区域人户分布疏密情况因地制宜划分，一般在 70 户到 110 户构成一铺。嘉靖三十四年(1555 年)十一月，掌锦衣卫陆炳建议应明确规定每铺的人户数量，"人稀者，听其彼此通融，或以人户拨铺，或以铺分并一"[①]。这一建议被皇上采纳。

明承元制，坊与坊之间没有加筑坊墙。[②]在城市中分坊各筑围墙形成城中之城是中国历史城市间架结构的传统。一般说来，围墙用土板筑，平面呈方形，四面各开一门。显然，坊墙人为制造了出入麻烦，却让管理便利许多，使无序出入变得循规蹈矩，置于官方监控之中，突发事件一旦出现，能够马上限定人流，迅速出动盘查追查。

城内废除坊墙无疑是管理上的进步，却增加了政府管理难度与成本。弘治元年(1488 年)十二月，五城兵马司发给每户一张"由帖"各自填写籍贯、户籍种类、年龄、人口、邻里等信息，贴于大门外，以便及时发现陌生人。[③]同时加强夜间巡逻，锦衣卫、兵马司与各卫巡捕官员各率兵十五名每夜在辖区巡查。为此，五城兵马司各增添两处分司作为夜巡暂憩之所。可能在此期间，要道街巷两头添置

① 《世宗实录》嘉靖三十四年十一月癸巳条。
② 一般认为都城废坊始于北宋开封。
③ 《孝宗实录》弘治元年十二月丁酉条。

了栅栏以限制夜间出入。随着城市发展"四方游民潜居京师者"日众[①]，朝廷采取了复古式的对策，普遍采取巷口设障方式实现治安目标。天启五年(1625年)六月"于一街一巷，择其扼要处，各设栏栅以为屏障，申夜巡之法"[②]。这种栏栅昼启夜闭，无疑减轻了官兵夜巡负担。明亡以后，清朝定鼎北京，全盘继承并细化推广普遍应用于胡同两端。

四、铺户与行户

铺户在行政管理意义上，专指铺居之民，包括本城的永久性与附籍居民，而不是像有人以为的是专指工商业户。假如不加辨别，仅凭望文生义判断，极易偏离了历史轨迹，平添历史误会。

铺既然是朝廷对城居人口的基本组织编制，那么就希望一网打尽而尽量避免遗漏，遗漏意味着税收力役流失与犯罪不安定因素增加。万历六年(1578年)三月，户部题：

宛、大二县铺户，无分势要之家，逐一编审，不许妄告优免。仍酌各行资本定为三则，照数征银，务使各得其平。至投册审户，该府县五城兵马详加查核，毋得隐匿及违幔等情。[③]

城居之民一般以商业、手工业、服务业以及各类技能为生，不可能都处在同一社会阶层上，贫富与职业差别随处可见。

---

① 《穆宗实录》隆庆五年三月庚寅条。
② 《熹宗实录》天启五年六月戊寅条。
③ 《神宗实录》万历六年三月乙丑条。

政府编铺齐民，同时设立铺行。铺是人户登记管理的基层组织单位；行是按居民职业归类的征税系统。

铺户属于户籍管制范畴，基本固化，一经确定，世袭相传万难更改。"凡军、民、驿、灶、医、工、乐诸色人户，并以籍为定。若诈冒脱免，避重就轻者，杖八十；其官司妄准脱免及变乱版籍者，罪同。"①若有人"诈称各卫军人，不当差役者，杖一百，发边远充军"②。户籍具有两大鲜明特征：一是标明了人口最基本的职业身份属性；二是地域管辖属性。

京师民籍类别比较复杂，"民籍灶、军、匠外，儒籍、商籍、官籍、先贤籍。天地坛坛户、天寿山种树人户、宛平、昌平坟户、光禄寺酒户、陵户、庙户、园户、瓜户、果户、米户、藕户、窑户、羊户"③。这样多的分类，也只能发生在都城，朝廷出于特殊需要而划定部分人户为专业户，而在一般州县则不会遇到。

行户又称铺行，是在铺这一基层组织基础上对于居民具体职业进行的二次分类，属于政府编制的征税派役系统，打破了户籍界限。"铺居之民，各行不同，因以名之。国初悉城内外居民，因其里巷多少，编为排甲，而以所业所货注之籍。遇各衙门有大典礼，则按籍给值役使，而互易之，其名曰行户。"④居民的"所货"与"所业"状况是区分行与行之间的唯一标准，基本囊括了城内居民谋生职业的所有类别。行的分类要比籍的分类复杂得多。万历初期宛平、

---

① 熊明岐：《昭代王章》卷一，玄览堂丛书本。
② 薛允升：《唐明律合编》卷十二，中国书店 1990 年版。
③ 谈迁：《枣林杂俎》，智集，适园丛书本。
④ 《宛署杂记》卷十三。

大兴两县编有 132 行。

同业"行户"按十一户编一排甲，每年指定一户为"答应"，谓之"当行"，年底更换。当政府需要时，即可按需按行索骥，指派"答应"完成下达的任务。

嘉靖四十五年(1566 年)三月，对铺行制度做出较大变革，将宛、大两县铺户统一分为三等九则登记：上等分上上、上中、上下三则；中等分中上、中中、中下三则；下等分下上、下中、下下三则。"上上，上中二则免其征银，听有司轮次金差领价供办，其余七则，令其照户出银，上下户七钱，以下每则各递减一钱，以代办差。"①执行十六年后，万历十年(1582 年)十一月，再次审编铺户等则时，改为下三则免税，上中六则一体征银代差。编行签派制度走向衰亡。

城市管理毕竟不同于乡村。乡村人口成分一流动性较差，城居之民身份五花八门流动较强，所以，必须要对城市人口进行更为紧凑的动态管理以保障足额税收。商贾来去无常，各户资本消长不一，为了及时获取可靠信息，万历六年(1578 年)开始缩短审编周期，由原来的十年一编审改为五年。②

万历十六年(1588 年)宛平、大兴两县奉差科道遵照圣旨，开局特审人户等则。行委两县佐领坐定坊所，会同该城兵马司正副指挥使，亲历各铺，验其生理，不分势要与平民，一体公定等则，按类呈报科道再审。重新登记后，各坊上中六则人户数目列表如下③(表中数据的单位为户)：

---

① 《世宗实录》嘉靖四十五年三月辛酉条。
②③ 《宛署杂记》卷十三。

坊＼户等	上上	上中	上下	中上	中中	中下	合计
大时雍	99	33	29	49	107	417	734
小时雍	1	3	4	15	21	83	127
安富	14	10	21	27	56	160	288
积庆	2	4	3	9	14	85	117
河漕西	16	16	13	19	32	85	181
阜财	12	16	5	21	27	130	211
金城	17	22	15	35	56	278	423
朝天日中	7	6	6	15	46	128	208
鸣玉	20	24	19	36	54	198	351
宣南	7	5	5	11	17	41	86
宣北	20	25	32	29	32	80	218
发祥	8	1	4	8	11	39	71
日中	29	21	16	38	57	185	346
以上宛平县	(252)	(186)	(172)	(312)	(530)	(1909)	(3361)
南薰	87	53	14	28	61	222	465
澄清	34	32	15	24	33	146	284
仁寿	15	12	5	10	32	93	167
明照	17	5	2	12	16	56	108
保代	4	4	3	2	25	34	72
明时	50	39	20	31	84	289	513
黄华	43	24	10	17	52	183	329
北居贤	22	28	8	22	54	166	300
南居贤	9	8	13	27	71	196	324
思城	16	11	13	14	42	164	260
正东	73	34	59	115	120	267	668
正南	12	16	19	32	33	79	191
正西	39	46	70	61	55	139	410
宣北	29	32	88	29	53	117	348
崇南	11	30	34	37	34	77	223
崇北	38	41	39	72	46	186	422
宣南	8	6	24	26	21	47	132
崇教	12	10	6	30	26	95	179
昭回	15	3	3	8	22	105	156
靖恭	7	7	13	17	42	189	275
灵春	6	7	7	7	25	63	115
金台	6	3	3	10	16	95	133
教忠	8	27	18	21	38	67	179
以上大兴县	(516)	(478)	(486)	(652)	(1001)	(3075)	(6253)
总　计	813	664	658	964	1531	4984	9614

第五章　都城管理

上表严格以城墙为界。另有城外四关城属人户亦应纳入铺户统计范畴。所谓城属，即属于五城兵马司管理而非京县管理，与城中坊排铺管理执行同一标准。有人把城属看作是城的郊区，与历史真相相去甚远。远城曰郊，近城曰厢，城中曰坊。城属系由关厢地区的发展繁荣而纳入五城直接管理的区域。城墙使城内外的交流都涌向了城门，因而每一城门内外一向都是繁华之区，特别是城门外更容易自发形成固定的住宅区与商业区。惟外城七门外无相应的统计记载，也恰好证明，内城东西北三面关外之坊是与南面罗城内各坊一致的。嘉靖年间增筑罗城，已将正阳、崇文、宣武三门外关厢纳入城区管理。

城外四关六则人户统计如下[①]：

坊 ＼ 户等	上上	上中	上下	中上	中中	中下	合计
阜成关	2	8	7	38	18	52	125
关外坊	5	21	3	20	23	185	257
朝阳关	5	5	6	14	19	65	114
安定关	无	无	1	1	2	12	16
总　计	12	34	17	73	62	314	512

总计上中六则城居城属人户 10126 户。与六年前万历十年(1582年)统计的上中六则人户 5425 户相比，多出几近一倍达 4701 户。这绝非单纯的人户增加，而是审核严格认真的结果，一是扩大了审编对象将原来的一些优免户与势要之家纳入审编序列，二是辑出一些脱逃之户，三是资产审核标准从严，将处在纳税边缘的人户提等。如果仅从人户自然与机械增长的角度上计算，似可占到二三成，1000 余户而已。

---

① 《宛署杂记》卷十三。

本次审编彻底"革去行户名色，惟查户则，分为九等，输银在官，一应取用，召商买办，不复取之铺户"①。坊巷之民量其财产多寡而划定等级，按等纳银，替代名目繁多的杂泛差役，审编户等簿册，属于"均瑶文册"。这种做法在城市税收管理上是很大进步，操作程序简化，官民两便，降低了管理成本，贯彻了公平原则。下三则人户免征，更是减轻了贫困人户的负担。征税派役不再使用行户名色。

城居之民的显见资产就是房屋。嘉靖七年(1528年)规定：勋戚、司礼监各衙门近侍掌印官、四品以上京籍文官与锦衣卫堂官，凡自居房屋皆免编金，京籍四品以上致仕者同样对待。各监局少监、监丞与京籍文职五品以下常朝官，武职锦衣卫千百户、各卫指挥常朝官并达官指挥、千百户、镇抚等官员可免一所房屋的税金，余皆编金，文官五品以下致仕者同样对待。各卫指挥千百户、奉御、长随、东厂锦衣卫校尉、达舍举人、监生免本身并门房三间。各卫现任千百户、锦衣卫总旗、带俸闲住指挥、千百户、侍卫将军、生员、医生、天文生、铸印局儒士免本身并门房二间，各卫闲住带俸等官只免本身。不属于上述各类人等一律编金。②这些优免户中的全免者只要不参与经营就可以不纳入户则统计，部分免除户在减去优免部分以后视资产状况纳入相应户则征税。

在京官员优免与否，不纯粹依据品级，同时还必须是京籍。非京籍者不能获得优免，因其房屋财产多在家乡，已经在当地获得政策实惠。所以，万历十六年(1588年)的审编人户扩大，自然要包括这样的人户。

① 《宛署杂记》卷十三。
② 《世宗实录》嘉靖四十五年三月辛酉条。

九则人户统计也为今人梳理万历年间北京城居人口数量提供了可靠依据，万历十年(1582年)三等九则统计人户为39802户。①万历十六年(1588年)再次统计，按增长百分之三计算大约1200户，总计41000户上下，如果按户均人口6人计算，则为25万人左右。再加上优免户、酒户、女轿夫户、宦官、僧道、附籍官属匠户、轮班匠户、军户以及短期流动人口等，这些人可能占到城市人口的二三成，那么，万历年间北京城居及其城属人户总计应在55000到60000户，每户按6人计算，人口35万上下。

五、都城与宫城的守护

　　嘉靖朝外城建成后，内外城十六座城门。每门都设置了护卫，不过内城比外城的守护更严。正阳、崇文、宣武三门，因有外城守护，所以每门用军士二百名，各委号头官一员督率，把总官管领。其余朝阳、阜成、东直、西直、安定、德胜六门与外城永定、左安、右安、广渠、广宁、东便、西便等七门，每门守护官军五百名，同各该守门官军共同把守。

　　内城敌台一百七十二座，每座军士十名，垛口一万一千四百处，每一垛口军士一名。外城敌台六十四座，每座军士五名，垛口九千三百五十九处，每一垛口军士一名。逢有紧急军情，俱听兵部总协于班军内照数拨用。平日城上只是巡守而非固守。

　　太监参与城门把守。太监守门系司礼监外差，正阳等九门，永定等七门，正副提督二名，给予关防一颗。内城正阳等九门又各添

---

① 《宛署杂记》卷十三。

设掌司一名。

安全守护城门对于城内治安与宫廷安全至关重要。城墙军事防护功能不是平日所能显现的，而在划定内外居住界线，规范交通流向与防止税收流失等方面的作用却是经常的。

内城正中是宫城与皇城。两城守护从来是都城治安管理的重中之重。弘治朝以前，宫城四周设二十八铺，至万历朝增至四十铺(一说三十七铺)。皇城外周七十二铺。内外皇城值守巡查，兵科职掌的守卫官军揭帖载明：

卫士守宿内门，前班官军校卫四千三百二十四员名。后班少十名。东中门七，玄武门一，北安门二，俱只从本门旗军并随伍内转。午门等四门，除东华、玄武依前后班於随伍旗军内增减十名，余皆定数。各门除东中、玄武、北安如前增减，余亦皆定数，官少则以随伍军旗补之。官军三日一点，揭帖三日一进。如十五日至十七日终者，则十四日早，羽林前、金吾前、虎贲左、燕山前、旗手、济州府军、济阳府军左、燕山左、羽林左、金吾左、府军右、金吾右、府军后、通州、金吾后、大兴左等二十一卫各具官军等项数目，奏本送科，本科攒揭帖，十六日早掌科事官于御前奏进。十八日留守卫具点闸过数目，奏本送科。备照留守，则中前后左右五军轮点，而例不点闸者随驾锦衣卫也。[①]

宫城、皇城一体守护，分四路：

南面午门至长安左右门：午门、阙右门并守铺　阙左门并守铺端门　承天门　长安左门并守铺　长安右门并守铺。

东面东华门至东安门：东华门并守铺　东上门并东上南北门东中门　东安里门　东安门并守铺。

---

① 叶盛：《水东日记》卷二十二，中华书局 1980 年版。

西面西华门至西安门：西华门并守铺　西上门并西上南北门
西中门　乾明门　西安里门　西安门并守铺。

北面玄武门至北安门：玄武门并守铺　北上门并北上东西门
北中门　北安门并守铺。

以上记录的是成化朝以前，皇城内外的守护情形。万历朝以后
稍有变动，除增加了内红铺数目以外，将轮值官员都督一职裁革，
改由五府佥书与一名侯伯勋臣每夜轮班值守。各卫分守区域如下：

午门左至阙左门东第五铺；午门右至阙右门第五铺；端门左至
承天门左桥南；端门右至承天门右桥南；长安左门至外皇城以东第
六铺；长安右门至外皇城以西第十一铺。由旗手、济阳、济州、府
军、虎贲左、金吾前、燕山前、羽林前等八卫官军分守。

东华门左尽左第十一铺至东上门左；东华门右尽右第一铺至东
上门右；东安门左外尽左第十四铺内至东上南北门左；东安门右外
尽第一铺至东上南北门右。由金吾左、羽林左、府军左、府军右、
燕山左等四卫官军分守。

西华门左尽左第一铺至西上南北门左；西华门右尽右第九铺至
西上南北门右；西安门左外尽左第十二铺内至乾明门左；西安门右
外尽右第十铺内至乾明门右；由金吾右、羽林右、府军右、燕山右
等四卫官军分守。

玄武门左尽左第五铺北至北上门、北上西门以左；玄武门右尽
右第四铺北至北上门、北上东门以右；北安门左外尽左第十二铺内
至北上西门外以右；北安门右外尽右第八铺内至北上东门外以右。
由金吾后、府军后、通州、大兴左等四卫官军分守。[①]

各门守卫官员依照辖区，各领铜符。守卫承天门的用承字号；

---

① 《明会典》卷一四三，《守卫》。

守卫东安门的用东字号；守卫西安门的用西字号；守卫北安门的用北字号。铜符号各不相同，意在限定防区，禁止守军越区任意走动，同时，使佩戴一证不能通行皇城，从而提高安全系数。安全保卫从来要治外与治内同时并重，尤其是防卫系统自身的组织严密与监督程序更是皇城安全的基石。

守卫官发放的铜符俱系阳文右比，巡城官领取的铜符俱系阴文左比，"凡守卫官遇巡城官到来，将铜符比验相同，方许点闸(放行)"①。

所谓铺即是守卫值房，每铺十名旗军昼夜看守，另有巡军在夜间巡查。宫城周围四十铺设铜铃四十一，皇城外周七十二铺设铜铃七十八(弘治年间丢失二个而不补，存七十六)。每夜起更时分(晚八时)，内皇城巡军提一铃从阙右门第一铺出发，摇至第二铺，相续传递，绕宫城一周至阙左门第一铺，次日将铃仍送归阙右门收贮。外皇城亦每夜起更时，从西长安门第一铺发铃，相续传送绕皇城各铺一周，至东长安门第一铺。此外，宫城四门，每夜派走更官八名，"司礼监置簿，兵部用印。起更时各赍原领令牌及簿，如左阙门官赴东华门，东华门官赴右阙门，每更各于簿上交互用印，以备查核"②。

守卫官军8333名，三日一轮班，换岗时间为上午九时(辰时)，必待接班人来，值守者方可离去，如有先退后到者治罪。

皇城各门设门吏四十八名，关防三十三颗。午门四名，关防三颗；端门四名，关防三颗；承天门四名，关防三颗；长安左门三名，无关防；长安右门三名，关防三颗；东安门三名，关防三颗；东中

---

① 《明会典》卷一四三，《守卫》。

② 《日下旧闻考》卷四十。

门一名，关防三颗，东上门二名，关防二颗；东上北门一名，关防三颗；东上南门一名，关防二颗，西安门四名，关防二颗；西上门四名，无关防；西中门四名，无关防；北安门四名，关防四颗；北中门二名，关防二颗；北上门四名，无关防。

凡官员人等出入四门者没有牙牌的则需持有附写水牌。每日长安左右门初开，先放常朝及见辞官员，放行之后，方许验牌放进各监局工役人等。如有企图混入或夹带财物入内买卖者，一经查出具奏治罪。弘治元年(1488年)奏准：朝参文武官及随从官吏人等，俱给木牌悬带，守卫辨验放入。其谢恩、见辞、工满匠人、进春、进历、送纳钱粮诸色人等，经该衙门给予牌面，事毕放回，人数多者给印信手本，送守卫官检查放行。

守卫都城皇城宫城的部队皆为上直亲军卫。卫所制是明代军政制度的基础。历史上，兼具军事民生双重功能的屯田制度由来已久。太祖创建的都司卫所制在唐府兵制基础上细化完备，意在分解将领专兵之权。朝廷设中前后左右五军都督府，垂直分层管理地方都司卫所，只管理兵籍、军政、训练等，而无调兵之权。兵部负责军官任命与军令，而不直接管理部队。这是宋代隆崇君权抑制权臣藩镇而使政府职能权限分化的继续。军权分化突出了军事衙门的专业性。专业性愈强就愈加深衙门之间的相互依赖性，愈能发挥权力相互制约作用。

卫所按其统属关系，分成五军都督府下辖的行省都指挥使司卫所系统与京卫系统两类。五军都督府统属二十三都司三百四十七卫。皇帝亲统七十八京卫，分亲军与京营。

皇帝直控的亲军卫，负责护驾、守卫宫禁等事项，洪武十五年(1382年)初创时十二卫，永乐年间增加十卫，宣德年间再添四卫，共计二十六卫，不受五军都督府与兵部管辖。随着英宗以后诸帝不再亲征，除锦衣卫之外，其他二十五卫逐渐划归兵部管理。亲军诸卫衙门皆在内城，簇拥皇城两侧。将士平日驻扎城外，分隶三大营操练。

三大营即所谓的京营，中经土木之变，一度曾变为十二团营。嘉靖二十九年(1550年)撤团营与两官厅，恢复旧制，改三千营为神枢营，五军营、神机营仍旧。在京各卫属于神枢营的是燕山左卫、羽林左卫、锦衣卫、济阳卫、羽林右卫、大兴左卫、武功中卫、虎贲左卫、武功右卫、旗手卫、虎贲右卫、府军后卫、燕山右卫、武骧左卫、武骧右卫等；属于五军营的是府军前卫、腾骧左卫、腾骧右卫、永清左卫、神武中卫、羽林前卫、通州左卫、通州右卫等；属于神机营的是金吾左卫、永清左卫、府军右卫、金吾右卫、燕山前卫、金吾前卫、府军卫、府军左卫、金吾后卫等。

六、宫廷内操太监净军

内操净军是由太监组成的临时部队。

净军之名源于宫廷惩罚性收录自宫净身男子的安置方式。收录之初，"编配口外卫所，名净军。遇赦，则所司按故事，奏送南苑种菜；遇缺，选入应役。亦有聪敏解事，跻至显要者"①。弘治以后，收录自宫人，不再发往口外卫所，而是安置在南海子充净军。一次收录人数最多的是弘治五年(1492年)，收"于刚等二千二百四

---

① 陆容：《菽园杂记》卷二，1985年中华书局版。

十六名年籍相同……发南海子净军种菜"①。

太监不过是对宫廷阉人的统称。实际上，内官职级序列，按职司事务的高低粗细甘苦，分很多级很多叫法，如内官、长随、内使、小火者、净军等。净军处在最低级，分布在宫内、南海子、皇陵、南京、中都与口外卫所等处。职司无非是人所嫌弃的勤杂脏累差事。如清运垃圾、打扫厕所、值班打更、护陵守冢、南海子种菜、南京孝陵种菜等等。

"罚充净军"也是惩罚犯事太监的常用手段。这是对太监尤其是位高者犯罪的法外施恩，体现了皇帝对自家奴才的照顾。譬如：正德十三年(1518年)十月镇守蓟州太监郭原"克索官军银七千余两。执至京下镇抚司鞫实，谪充南京孝陵净军"②。再如，万历四年(1576年)三月"南京内官监奉御靳成盗库银一千一百余两，充净军"③。倘若如此巨额贪污，放到官员身上肯定要判处死罪。

武宗好武，正德七年(1512年)以后，江彬与许泰皆以边将得宠，遂"调辽东、宣府、大同、延绥四镇军入京师，号外四家，纵横都市。每团练大内，间以角抵戏。帝戎服临之"④。正德十一年(1516年)，演操于西苑，帝"自领阉人善骑射者为一营，谓之中军。晨夕操练，呼噪火炮之声达于九门"。⑤将士皆身着黄罩甲，帝亲自检阅。部队甲胄光鲜，望之如锦，故谓之"过锦"。正德十六年(1521年)三月，武宗过世。世宗继位，裁抑太监，停止内操直至万历初

① 《孝宗实录》弘治五年十二月壬戌条。
② 《武宗实录》正德十三年十月壬申条。
③ 《神宗实录》万历四年三月戊戌条。
④ 《明史》卷三百七《江彬传》。
⑤ 《武宗实录》正德十一年二月壬申条。

期。神宗亲政以后，又"集内竖三千人，授以戈甲，操于内廷"①。万历十二年(1584 年)十二月兵部尚书张学颜具题："内操兵虽止三千，而仆从无算，地在内苑。"②天启朝魏忠贤专权，"内操净军三千人"③，旋"增置内操万人"④。崇祯继位，清除阉党，内操罢停。崇祯十一年(1638 年)恢复内操仍为三千人。十四年(1641 年)再停。十六年(1643 年)再复。⑤不久明亡。

周同谷《霜猿集》谓"天启中，魏珰选京师净身者四万人，号曰净军"⑥。这是当代认可明朝太监十万之说，最常使用的重要证据。《霜猿集》系明季史事纪事诗集。周同谷名翰西，号鹤臞，江南常熟诸生(生员)，入史可法幕抗清失败后，流寓昆山，显然是位明代遗民。因此，诗集哀亡国之痛时，离不开对宦官祸国的批判，把净军人数做大，不但能让宦官专权罪恶更加直观，也使批判更具说服力。然而，片言诗注毕竟不是对净军人数做了翔实考察后的结论，只是表达了作者对此痛恨之深。所以，四万之说，绝不可视为信史。不要说是四万，就是《明史》《魏忠贤传》所说的"增置万人"，也很值得怀疑。据《熹宗实录》记录，泰昌元年(1620 年)九月到天启三年(1623 年)五月，不足三年当中，宫廷共收净身男子六次，累计 9890 人。其中天启元年(1621 年)二月收的 2690 人，全部拨给了地方上的王府，留在宫廷的共 7200 人，即使全部用作净军，也离万人之数尚远，遑论四万。

① 夏燮：《明通鉴》卷六十八。
② 《神宗实录》万历十二年十二月壬子条。
③ 李逊之：《三朝野史》卷二，清《荆驼逸史》刊本。
④ 《明史》卷三百五《魏忠贤传》。
⑤ 杨士聪：《玉堂荟记》卷一，1995 年上海古籍出版社版。
⑥ 周同谷：《霜猿集》，1937 年商务印书馆版。

第五章　都城管理

魏氏专权期间，庙堂舆论并没有一边倒，始终存在质疑抨击之声。天启四年(1624年)六月初三日，杨涟弹劾魏忠贤二十四大罪状，其中第二十二款，专门指证内操之害，"忠贤谋同奸相沈淮创立内操，不但使亲戚朋党交互盘踞其中，且安知其无大盗刺客、东酋西夷之人寄名内相家用，倘或伺隙谋乱发于肘腋，智者不及谋，勇者不及拒。识者每为寒心"①。四年过后，崇祯惩办魏氏，所列十大罪状的第三款，也只是说内操之害，"外胁臣民，内逼宫闱，操刀厉刃，炮石雷击，深可寒心"。无论魏得势时遭弹劾，还是失势后被定罪，皆列内操净军祸乱内廷威胁皇权之款。既然如此重视，却都没有涉及人数。倘若魏一改神宗旧例，净军由三千人骤增至万人乃至四万是真事。反魏者是绝对不会轻易放过的。要知道，变乱祖制，是板上钉钉的重罪。单纯指证内操之害只是老生常谈，伴随内操产生就一直遭庙堂舆论批评。可见，变乱祖制，擅自扩军，比一般性指认罪责，更能坐实魏氏居心叵测，威胁皇位的罪行。果真有此现成罪证，批评者岂能视而不见，不昭示于朝野？

内操净军并非常设部队。自正德创始到明亡，时而成军，时而罢停。存在时间远短于罢停时间。天启朝，由于权阉魏忠贤把持，七年当中存在了五年，而随后的崇祯在位的十七年当中，只存在了四年。太监成军，并非在社会上招募自宫人，而是在现有的太监中选取年轻力壮的，犹如抽调服不定期兵役，解散后各归本职。万历朝"选少年强壮内侍三千名，俱先娴习骑射，至期弯弧骋辔，云锦成群，有京营所不逮者"②。即是明证。由于是在现有太监当中抽

---

① 《明熹宗七年都察院实录》天启四年六月初三日条，台湾"中研院"史语所1962年影印版。

② 《万历野获编》卷二。

调，所以，在考察明朝太监人数时，绝不可把净军部队人数，再加到太监总数之中。那样必造成重复计算，使太监总数失真虚高。

显然，内操净军并非常规作战部队，既不参与宫廷日常守卫，也不出征作战，属于张扬皇帝权威的军事礼典性质的表演。

七、城门与税收

城门把城内外连结的大道隔开，变成内外交流的锁钥，让杂乱无序的货物进出及其征税与人员往来纳入官控系统之中。皇朝在城门同时设置税课司，通过严控城门使入城货物难以逃税：

京师九门皆有税课，而统于崇文一司。各门课钱，俱有小内使经营收纳。凡男子曩幞骑驴，例须有课，轮车则计曩幞多少，以为算榷。至于菜茹入城，乡民亦须于鬓边插钱二文，以凭经税小内使径行摘之，彼此不须相问，甚可粲也。鸡豚必察，不知何年经始厉阶，今遂为司农(指户部)正赋耳。又长安大城内(指京师内城)宰猪，例于诸门外屠割，入城每猪税钱二十五文。终朝之人，坊巷间民，暗计用猪多少，以占市事。垄断之用术，不在商而在朝也。[①]

万历朝前期崇文门宣课分司每年征收商税大约 19816 两，铜钱 18877700 文，条税约银 15996 两。[②]据万历八年(1580 年)户部太仓入库登记，崇文门宣课分司当年解进商税正余银约定 16662 两 1 钱 1 分，铜钱 18877716 文，猪牙税银 2429 两。[③]其余部分则解入内库。

---

① 史玄：《旧京遗事》18 页，北京古籍出版社 1986 年版。
② 《明会典》卷三十五。
③ 《春明梦余录》卷三十五。

京师九门并都税司门摊课钞 665120 贯，铜钱 2432850 文。[①]

银、钱、钞皆为流通货币。银作为本位货币，其值相对稳定，而钱、钞折银则相当混乱。明初禁止金银市场流通，恐其妨碍钱钞流通，市场交易百文以上用钞，百文以下用钱。"自天顺以来，钞之用益微矣。"[②]一贯之钞虽然政府当初规定值银一两，但是自发行后一路贬值，至中叶仅能折银二三厘而已，此时若再梦想恢复当初换算标准，以钞一贯折钱一千或银一两，完全是天方夜谭。弘治十六年(1503 年)大学士邱浚建议银与铜钱、宝钞相权而行，每银一分易钱十文；新制之钞，每贯易钱十文；旧钞四角完全未中折者，每贯易钱五文；中折者易钱三文；昏烂而有一贯字者易钱一文。通诏天下以为定制。

按此比价，铜钱 18877700 文折合银 18877.7 两，再加上商税与条税共 54689 两。其后税量渐增，一方面，晚明政治与社会危机日趋严重，财政窘迫捉襟见肘，政府渴望大幅度增加税收，因之，很快走上一再加税重征的老路；另一方面，社会经济总量增长，商业流通愈加繁荣，自然扩大了税源，即使不提高税率与增添税种，也可以使财政收入缓慢上升。当然双管齐下的效果更是立竿见影。万历朝后期崇文门税收总量折银已达到 68929 两，天启五年(1625 年)加增 20000 两，升至 88929 两。崇祯二年(1629 年)又概增南北榷关税额五万两，其中崇文门升至近十余万两。而都税司门摊课钞 665120 贯折银 6651.2 两，铜钱 2432850 文折银 2432.85 两。两项共计 9084.05 两。

---

① 《明会典》卷三十五。

② 《续通典》卷十三，《食货》十三，浙江古籍出版社 1988 年翻印本。

实际上，钱钞折银标准不是仅靠政府立法强制执行就能长久保持稳定的。在市场经济中，货币投放量，政局治乱度，社会心理以及投机行为等等，都将影响钱钞流行的信誉。当政局不稳或通货膨胀时，社会一定是纷纷舍钱钞而就金银，尤其是钞，更不愿意放在手中坐待贬值。宝钞虽然利于携带流通，但是政府缺乏市场预测与统计能力，做不到根据市场需求量匹配供应，常常为了自身利益肆意增大发行量，因此，宝钞作为纸币，信誉度一直呈下降趋势。同样，铜钱的流通也非一帆风顺，政府不能完全控制铜钱铸造与发行。由于有利可图，官铸之外，民间"私铸之广，百倍于官。官非不知鼓铸之利，而苦于铜之不继。不知铜之匮，一匮于器饰，再匮于私铸"[①]。私铸钱质量低劣成色不足，进入流通领域后，自然不能让人按其面值接受。因而中叶以后，铜钱折银按质量分为三等，品质上乘的一钱值 210 文，中等的一钱值 140 文，低劣的一钱值 70 文。"钱之弊在于伪，钞之弊在于多。"[②]此之谓也。

　　万历五年(1577 年)规定：崇文门课税二两以下的尽数交钱，二两以上的银钱对半缴纳。京师各门税课，五城兵马司房号等项一律收钱。次年又将标准放宽到三两。[③]

　　城门实现足额收税的意义不言自明，只要征税官员不从中作弊或网开一面，没有谁能够轻易地通过这道关口。即使有人企图闯入或暴力抗税，面对重兵屯于城门，也只能望而却步。

---

① 《春明梦余录》卷三十八。
② 《续通典》卷十三，《食货》十三。
③ 《明会典》卷三十一。

八、灾异与救助

灾异系指自然灾害与集中爆发的传染病，明代京师顺天府地区，累计发生水灾 95 次，旱灾 157 次，雹灾 45 次，风灾 108 次，蝗灾 49 次，地震 91 次(烈度较大的 7 次)，瘟疫 18 次。[①]

灾异一旦发生就要造成农业减产乃至绝收，民众流离失所陷于悲惨境地。

面对灾异，政府必须负起救助职责。一般来说，每逢灾害降临，朝廷一定祭祀修省，今人也许认为这完全于事无补。其实，神灵膜拜从来是聚拢人心与情感宣泄的复合物，通过肃穆祭祀仪式，消解社会恐惧悲伤心理，以神示唤起人心自省与忧患意识。把灾异看作上天惩罚观念由来已久，祭祀对于调节官民关系，抑制物欲不无帮助。同时也可以减轻政府压力，使人反省，而不过多地关注救助不力问题。根据灾害种类，祭祀相关神灵，诸如城隍、土地、风雨雷电、龙王等等。

实际上，社会恐惧灾异，却不能始终保持神情警惕，只有灾害降临时才异常沉重惶恐。灾害过后，迫切期待神灵庇护的急迫心情也随之烟消云散。一般人对待神灵的态度普遍是实用主义的，完全要视情景、境遇而定，不能长久维持一贯专注精神，但取所需，往往临时抱佛脚。

无论朝廷还是民众，谁也不会完全相信仅靠神灵祈祷，就能渡

---

① 何孝荣：《明代北京地区自然灾害研究》，《西南师范大学学报》(人文社会科学版)2006 年第 6 期。

过难关。针对农业社会最常发生的水旱歉收，早在洪武十年(1377年)，宛平就设置了预备仓专门用于灾荒赈济。永乐迁都，把原属皇室的黄垡庄划归宛平管辖，每亩年征谷三升三合，储存起来用于备荒。①

官仓之外，朝廷通令全国，二三十户结成一社，普立社仓②，根据家庭贫富等级出米，上等户四斗，中等户两斗半，下等户一斗。灾年发放时，上户量贷，荒过等量归还；中下户酌量发放，不必归还。京师各州县亦然。

只要灾异发生，政府救助最常见的措施不外赈济救人，平抑物价，减免赋税，放贷恢复生产，容留难民，施医送药，收养孤独等。

赈济救人乃是急务，必须及时援救，妥善安置，放粮放银。赈济粮钞兼用，譬如：成化六年(1470年)七月，京畿水灾难民流向京师，朝廷赈济成人每口三斗、儿童每名一斗五升；③正德十三年(1518年)正月，发通州大运仓粮三万石，河西务钞关船料银，赈济顺天各州县灾民。④嘉靖三十九年(1560年)三月，对京师现有流民进行登记，每人日供米一升，至四月终止。一月后遣返还乡，家乡超过百里的人给米五升，远者以次递加，最高到二斗；嘉靖四十年(1561年)三月，再发米一万二千石救济饥民，并在进京要道设立赈济站放粮，以阻止流民入京。⑤

平抑物价。农业歉收，极易刺激市场上囤积居奇投机行为。譬如成化六年(1470年)畿辅水患，粮食减产"京城米价高贵"，户部

① 《宛署杂记》卷七。
② 《英宗实录》正统元年七月庚戌条。
③ 《宪宗实录》成化六年七月庚寅条。
④ 《武宗实录》正德十三年正月辛丑条。
⑤ 《世宗实录》嘉靖三十九年三月丁亥条，四十年三月壬戌条、四月壬辰条。

发京通二仓米五十万石平价出售①。同时对囤积牟利者"悉置于法"。

减免赋税。灾重减免赋税，几乎是政府不二选择。京师因是朝廷所在，尤受体恤。譬如弘治五年(1492年)七月，"将夏税照数悉与蠲免"②。再如万历四十二年(1614 年)，京城内外因雨损坏的民居，免房号税四个月；廊店房屋倒坏者查明免租，以前拖欠者悉与蠲免。③

放贷恢复生产。大灾之后，亟需尽快恢复经济。譬如宣德八年(1433 年)春，京东地区因年前涝灾，九千八百六十户饥荒不能及时耕种。官贷仓米豆接济。④

容留难民。大灾让人流离失所，政府出面开设接济站。譬如正统四年(1439 年)六月，京畿水患，民房多有倒塌，朝廷选择京城内外干燥高地与厂房"以居官吏军民之无屋者"⑤。被灾之家给米一石，溺死者加钞五百贯。再如万历三十二年(1604 年)夏，阴雨连绵，京城房塌伤人现象严重，旨令太仆寺发银十万两，损坏房屋每间钦赏银五钱以资修理。⑥

收养孤独。大灾使许多家庭破碎，亲人离去，因而对老幼残疾无助者的供养问题，就必须由政府或社会救助完成。一般送往当地的养济院生活。养济院是常设的慈善机构。天顺元年(1457 年)诏令州县各立养济院。入院者日供两餐，生病医治，死后安葬。天顺六年(1462 年)五月，大兴、宛平两县各设一所养济院。大兴院在靖恭

---

① 《宪宗实录》成化六年九月己亥条。
② 《孝宗实录》弘治五年七月戊戌条。
③ 《神宗实录》万历四十二年四月丙戌条。
④ 《宣宗实录》宣德八年三月戊辰条。
⑤ 《英宗实录》正统四年六月乙未条。
⑥ 《神宗实录》万历三十二年七月辛酉条、戊辰条。

坊(孤老胡同)，宛平院在河漕西坊，各有公府一所，群房十二连。除了灾年收养孤老以外，平日发现流浪乞讨人员，由巡城御史审核属于本地民籍者，送院救助；属于军卫籍者，送往幡竿、蜡烛二寺；非京籍者，查明原籍，官发凭证，遣返本籍养济院收养。

养济院无权自收孤老疾贫，只能听命恩诏，由户部行文至县，方能收进。收容没有规定固定日期与名额。譬如弘治元年(1488 年)宛平、大兴二养济院共有孤老六千一百七十一人[1]。再如万历元年(1573 年)，宛平收一千八十名。万历七年(1579 年)皇上大婚礼成，收五百名。万历十年(1582 年)皇长子生，收五百八十五名。大兴院亦如之。每人月供太仓米三斗，年发甲字库布一匹。[2]

在食物短缺年代，无论灾荒与否，施粥是最常见救济方式。政府、寺庙、社会团体、慈善人士都愿意这么做。嘉靖以后，政府施粥常态化，发放地点固定，东在幡竿寺，西在蜡烛寺。[3]自嘉靖二十年(1541 年)起，每年一月，"日散粥米二百石，丸药六千囊。粥则人给一杓，可三五口供也，药则衣金者百丸，并符篆汤方各一纸。银五分，铜钱十五文，共贮绫锦，计价三钱"[4]。《马氏日抄》言"惜薪司供柴爨。日煮石粟。京师贫丐者，就食者也"[5]。两寺同时也是收养乞讨贫困人员之所。

设立慈善机构难，而使之阳光运作发挥全效更难。嘉靖元年(1522 年)正月，户部报称养济院与蜡烛、幡竿二寺，岁费万金。养

---

① 《孝宗实录》弘治元年十二月丁酉条。
② 《宛署杂记》卷十一。
③ 《世宗实录》嘉靖元年正月丁卯条。
④ 郎瑛：《七修类稿》卷十四，上海书店出版社 2009 年版。
⑤ 马愈：《马氏日抄》6 页"四指挥松"，商务印书馆 1936 年版。

济院采用冒名顶替或空名骗取经费，"二寺复设内官校尉，多干没罔利，民无所依，弊端坐此"①。贪官污吏与奸商从来不放过发难民财，譬如，为救济贫民的平价出售仓米，官商勾结"乘贱居积""转卖以索高价"，②需要救济的人反而很难受惠。

灾荒特别是瘟疫流行，医疗救助十分急迫。昔日北京乱扔垃圾，随处方便现象十分严重，牲畜粪溲随处可见。到了盛夏，臭气熏天，蚊蝇丛生，"虐痢瘟疫，相仍不绝"。有明一代，流行传染疾疫始终困扰着京师人，检索《明实录》可知，重大疫情相隔十五年左右就出现一次。惨烈程度以崇祯十六年(1643年)八月，传染疙瘩瘟疫(肺鼠疫)大爆发最为严重，"九门日出万棺，途行者悉垂首尪羸，淹淹欲绝"③。崇祯帝发内银一千两，令太医院分城救治，另拨银二万两，令五城御史收死者埋葬。④

明承宋元之制，各地广设官办的惠民药局。两京药局由太医院统辖，设大使、副使各一人。负责本地平民医药卫生服务。由于不再像元朝那样提供财政补贴，药局自负盈亏，局面每况愈下，平日勉强支撑，往往有医无药，慈善性质大为减弱。遇到瘟疫流行则情况改善，万历十五年(1587年)五月，京城疫病盛行，诏命太医院参与救治，并通过本局分发药材与救济款，每家两次发银六分，钱百文。共用银 641.94 两，钱 106990 文。药材 14668.8 斤，救治男妇

① 《世宗实录》嘉靖元年正月丁卯条。
② 《世宗实录》嘉靖三十二年十月戊戌条。
③ 宋起凤：《稗说》卷二，"明末灾异"，《明史资料丛刊》第二辑，江苏人民出版社 1982 年版。
④ 孙承泽：《山书》卷十七，浙江古籍出版社 1989 年版。

109590 人。^①

洪武三年(1370 年)通令各州县设立义冢，凡贫不能葬者，均可埋入，并禁止水葬火葬。天顺四年(1460 年)，京师于四城外，各置漏泽园作为义冢。官办之外，寺庙、私人捐助亦多，及至万历年间，阜成门外就达到六所，据《宛署杂记》统计，除官置漏泽园八十亩外，北岔路两所，一处十五亩，另一处一千四百畦，万历二十一年(1593 年)西城御史刘洪科置。马家庙后一所五十亩，万历七年(1579 年)西城御史涂杰置。南岔路一所一千二百畦，万历十九年(1591 年)太监张□施舍，内有地藏庵。

除了自然灾异之外，日常生活生产安全事故与蓄意破坏，亦足以造成人类灾难。譬如，万历三十三年(1605 年)九月二十四日，三大营军官于崇文门内盔甲厂关领火药时，监放内官臧朝、王权因旧药结魂，令工匠以铁斧劈之，突然火发引起爆炸，百步之外烧死九十三人。^②崇祯七年(1634 年)九月初七日，本厂再次爆炸，将石碾远抛于泡子河城墙之下。^③在冷兵器时代，火药厂爆炸也许是最悲惨的人为灾难了。在北京史上，类似事故莫过于王恭厂爆炸案。

王恭厂是火药制造厂，又称火药局，位于内城西南隅。天启六年(1626 年)五月六日，"忽大震一声，烈逾急霆，将大树二十余株拔出土，又有坑深数丈，烟云直上，亦如灵芝滚向东北。自西安门一带皆霏落铁渣如麸如米者，移时方止。自宣武街以西，刑部街以

① 《神宗实录》万历十五年六月戊寅条。
② 《神宗实录》万历三十三年九月丙申条。
③ 刘若愚：《酌中志》卷十六《内府衙门职掌》，道光二十五年海山仙馆丛书本。

南，将近厂房屋猝然倾倒，土木在上而瓦在下……死者之肢体多不全"①。爆炸"响若轰雷，平地陷两坑，约长三十步，阔三五十步，深二丈许"②。自宣武门内大街北至刑部街的房屋，尽为齑粉③。官方统计，本厂尽毁，烧死匠役三十余人，只活一个叫吴二的人。通计损坏房屋 10930 间，死 537 人。④一些私人笔记的记录则有三千余人到万人的说法。发御前银一万两赈济灾民。

爆炸起因，存在人为与地震两说。人为不外操作失误与故意破坏两种，前者无从考证具体细节难以定案，后者当时给事中杨所修与御史王业浩等多名官员怀疑"有奸细私焚火药"⑤，虽经严查密稽，却未见结论。至于地震之说似显牵强。虽当日有"蓟门地震"的纪录，却难以证实与爆炸之间的因果关系。地震可能引起火药摩擦撞击发生爆炸，但需要强震与偶合条件。在一个观察与记录地震十分成熟的国度，蓟门地震只是一次微震，没有像强震记录那样有烈度惨象的描述，还不足以影响到城内。地震与火药安全之间没有想象的那样紧密。永乐迁都以后，火药一直生产，地震也经常发生，火药局也没屡次爆炸。

本厂灾后迁移到西直门内，改名安民厂。崇祯十四年(1641 年)六月二日再次发生爆炸，波及西直门门楼。"时皇上闲居阔宫，惊而徒跣，皇三子跌荡仆地，宫人披发双袒，奔迸四散。发帑金五千两赒死者之室。"⑥

---

① 《酌中志》卷十六。
② 《京师坊巷志稿》卷上引明赵维寰《雪庐焚余稿》。
③ 吴伟业：《绥寇纪略》卷十二，丛书集成初编本，中华书局 1985 年版。
④⑤ 《熹宗实录》天启六年五月乙卯(十三日)条。
⑥ 史玄：《旧京遗事》13 页。

九、流离困苦的自宫遗弃人

明代一直严禁民间自宫行为。历朝皆反复申明"私自净身者，本身并下手之人处斩，全家发边远充军"①禁令，却没能让热度降温。自宫者仍是无所畏惧、前仆后继，最终形成了一个远超宫廷吸纳上限的自宫人群。

究其原因，在于宫廷需要一个适度的阉割青少年后备军。只要不彻底革除太监，宫廷就要随时补充新人，选用现成的自愿阉割投奔者总比拿人强制手术便利得多，具有明显的省时省力省费用优势。只因自宫人口增长过快过多，远远超出了宫廷接收能力，同时搅乱了京师社会秩序，铸成京师特有的社会严重问题，所以，才会不断发布禁令。其实，禁令并非意在杜绝，而在抑制增速过快。每逢重申禁令之际，差不多都伴随收录太监与海户行为。真可谓是抱薪救火，薪不尽而火不灭。自宫历经多年厉禁严惩无效之后，终于在万历十六年(1588 年)不得不开禁，准许家有四五子以上者，可以阉割一子，由官府登记造册，送礼部备选。

一般而论，自宫人群中，出于自我抉择的占比相对少得多。倘若自宫出于成年人自我抉择，倒也无可厚非，毕竟自己身体由自己做主，用不着别人说三道四。但绝大多数是在孩提年纪被胁迫的，并非出于本人意愿，而是由家长决定的。

永乐迁都以前，太监多为福建、岭南与云贵人，主要来源为阉割的战俘与地方文武大员与镇守太监的进献。迁都以后直到正统

---

① 《明会典》卷八十，自宫禁例。

朝，延续这一做法。例如：正统朝，福建总兵宁阳侯陈懋进净身幼男一百八人；云南三司拣选黔公沐斌家阉者十六人进献。景泰朝，镇守福建右监监丞戴细保送净身小口陈石孙等五十九人入宫；永兴王志濮擅收阉者十四人，诏宥其罪，而将阉者收入司礼监。天顺四年(1460年)，镇守湖广贵州太监阮让阉割东苗俘获童稚一千五百六十五人进献。^①基本上不在社会上招募。盖因其时宫廷太监总量尚未急剧攀升。成化以后，随着宦官衙门扩充，太监用量越来越大，改变了以进献为主方式，始从民间大量收录。因之，太监的主要来源也转向了北直隶、山东与河南等地，以京畿地区最多。不是南方从此再无自宫之人，而是个人远距离跋山涉水进京求用，总是不现实的。南方阉人能够大量进京的大都出自政府行为。

古代社会不同区域的生态、风俗习惯、人文传统各具特色。职业追求呈现鲜明地域人文传统特征。昔日平民憧憬富足生活，是以见到的富人为榜样的，京畿地理上的优势，让人近距离感受到了太监事业的个人成就。不可否认，社会心理从来没有丢弃鄙视太监的传统观念。但鄙视归鄙视，太监权势财富的诱惑力实在让人艳羡不已。这更让热衷暴发的贪婪之徒押上儿孙性征与命运前途肆意豪赌。

成化以后，京畿东南府县在乡里太监成功者带动下，自宫以求富贵风气渐长。"习俗移人，贤智者不免。今一衣一帽，一器一物，一字一语，种种所作所为，凡唱自一人，群起而随之，谓之时尚。"^②很快铸成区域性的职业首选太监的潮流。"宦臣收入渐多，及武宗之世，日益昌炽，锦衣玉食之荣上拟王者，为之弟侄者往往坐获封

---

① 《万历野获编》补遗卷一。
② 云栖袾宏：《竹窗随笔》卷二，华东师范大学出版社，2013年版。

拜，而苍头厮养亦复纡金衣紫。是以闾阎小民朵颐富贵，往往自残形体，以希进用。"①宦官宠盛富贵，竟使"愚民尽阉其子孙以图富贵，有一村至数百人者，虽禁之不能止"②。

"阉其子孙以图富贵"是成化以后京畿区域流行的平民改变家族命运的职业选择方式，与通行的教子孙读书科举做官可谓异曲同工。自隋朝创建科举制以来到清末，平民改变命运首选路径就是读书科举入仕。这是民间渴望，朝廷鼓励提倡的。但是科举的投入，对平民来说是难以担负的，起码需要家长的见识，儿童的天资以及必要的经济基础与地域文化背景的支撑。

儒学礼教的最大缺陷就是父子君臣家国同构。家长视儿孙为财产，有权决定其命运。同样设定致富目标，对儿孙投资，选择教育读书科举，投资高，用时长，竞争激烈，实现目标成功率很低。而选择阉割儿孙送入宫中服役，投资低，用时短，成功率相对高得多。阉割只是由儿孙承担了成本与风险，无需家庭太多投入。无论读书科举还是阉割入宫，都是渴求富贵向朝廷靠拢行为。

乡里自宫一旦形成潮流，手术之后如何尽快入职便成关键。宫廷不公开招募，就需要打通私人渠道，无非是通过关系请托谋求进宫。众所周知，关系请托，分直接的、间接的与辗转拐弯诸多层次。谋职者各显其能，展开公关攻势，即便千方百计攀上拥有收录之权的太监，但每次收录人数也很有限。因之，当投身者日益增多，进宫概率就愈来愈低，失败者很快就积累成了规模。必造成阉割人口过剩。

---

① 汪鋐：《题为计处净身以图善后事》，见黄训《名臣经济录》卷四十七，台北文海出版社 1984 年影印版。

② 《万历野获编》补遗卷一。

阉割随时都在发生，宫廷收录却不定期且不能照单全收。选择阉割最大的悲哀莫过于手术之后而无缘进宫，性别牺牲的血泪代价在晋身之途的第一关口就化作了泡影。成为名副其实的自宫遗弃人，从而陷入饱受社会歧视，生活极度困苦的状态。

　　嘉靖朝以后，随着阉割人口越聚越多，进宫愈来愈困难，自宫遗弃群体进一步扩大，宫廷若不集中超量收录，往往超过太监总数。

　　在此选嘉靖七年(1601 年)、万历二十九(1528 年)年与天启元年(1621 年)三个年份，分别比较宫廷集中收录前后，太监与自宫人之间的数量变化。

　　嘉靖元年(1522 年)正月，原充南海子海户净身男子龚应哲等万余人诣阙求收用。为首四人戍岭南，其余尽逐还原籍。[①]

　　嘉靖五年(1526 年)二月，海户九百七十余人复乞收入。尽逐还原籍。[②]

　　嘉靖七年(1528 年)三月，净身男子八千余人守阙奏乞收用。为首十人发边卫充军。其余尽驱逐。[③]

　　七年之间，两次驱逐原充海户与社会上的自宫求进者累计11000 余人，加上守阙奏乞收用的 8000 余自宫求进者，若超越年代简单相加，已近 20000 人。但是，不问年份与具体事由的简单数字相加反映的绝非真实情况。岁月流逝，仍按 3%减员率计算，嘉靖元年(1522 年)的 10000 余人，经六年减员到嘉靖七年(1528 年)约剩8300 余人；嘉靖五年(1526 年)的 970 余人经两年减员到嘉靖七年约剩 915 人；两者合计 9200 余人。不过，绝不能再简单的加上 8000

① 《世宗实录》嘉靖元年正月辛未条。
② 《世宗实录》嘉靖五年二月戊午条。
③ 《世宗实录》嘉靖七年三月壬申朔条。

余人，就得出被宫廷拒收的自宫求进者是 17200 余人的结论。倘若简单相加，会把"人次"混入人数当中，从而产生重复计算问题。嘉靖元年与嘉靖五年相加的 11000 人，中间基本不存在重复计数，盖因第二批 970 余人都是海户奏乞进宫供役。唯有嘉靖七年聚众请求收用的 8000 余人，其中再次求进者必多。自宫人职业出路别无选择，唯一目标就是进宫服役，一旦被驱逐还乡，大都会立刻冲破重重阻碍流回京师重新聚集求进。如果本年剩下的 9200 余人中有六成参与了"奏乞收用"行动，就是 5500 余人，那么 8000 余人当中新增的自宫人只有 2500 余人。粗算嘉靖七年拒收的自宫求进者为 11700 余人，比来年官方公布的宫廷太监 12639 人稍少。

万历二十九年(1601 年)宫廷收录太监 4500 人；拨送地方上的王府 3040 人。两者共收 7540 人。刚刚定居北京的利玛窦事后一年叙述当时"两万人竞相自阉，必备的两个条件是人长得好与口齿伶俐"[①]。收录之后，宫廷太监 12100 余人。20000 余自宫候选者还剩 12400 余人。落选人数与宫廷太监数量依然旗鼓相当。

泰昌元年(1420 年)九月收太监 3000 人，"时民间求选者至二万余人蜂拥部门喧嚷"[②]。不久，天启元年(1421 年)一月又收 1700 人，宫廷太监总数 17800 余人；二月再收 2690 人拨送王府。短短五个月，共收 7390 人。20000 余自宫候选者还剩 12600 余人。落选人数比宫廷太监数量少了三成多。

熹宗继位后连续大量收录太监，必然激起民间阉割热潮，果然如其所愿，两年之后，天启三年(1623 年)宫廷又收了 2500 人。但是，不太可能明显降低自宫落选者 12600 余人的现状。新增的自宫

① 裴化行：《利玛窦评传》(管震湖译)下册 325 页原注，1993 年商务印书馆版。
② 《熹宗实录》泰昌元年九月乙酉条。

人数基本冲销了宫廷的收录人数。

显然，自宫候选者与太监的数量比例升降，要以宫廷集中大量收录为界点前后分别统计，才能得出这一时段的自宫遗弃人与太监的现实数量。嘉靖朝阉割人口尚处于增长温和期，兼之惩罚驱逐坚决，即使不集中大量收录，仅靠平日分散随时补充方式，自宫候选者数量没有超过宫廷太监存量。万历十六年(1588年)自宫开禁以后，阉割人口积累速度进一步加快，宫廷若不能及时吸收消化，数量就要超过宫廷太监存量。

万历二十九年(1601年)到天启元年(1621年)整二十年。两次收录之际，自宫候选者都是两万余人。万历二十九年收录后，约剩12400余人。若减员率仍以3%计，(1-0.03)的20次方约0.54，乘以12400，到天启元年还剩6700人左右。实际情况应该更糟，因为当年入选的多是年轻力壮的，落选的以三十岁以上者居多，二十年过后，即使不弃世，能再次参与天启元年选拔的必定较少。假如其中三成人参加，也就是2000余人。那么新增的则是18000余人。因新增的都是青少年，按年减员率1%计，二十年平均每年新增自宫人口1000人左右。

在此需要特别指出，应召落选的自宫人数量绝不等于自宫遗弃人总量。统计自宫遗弃人数量不像太监与海户，可以通过官方记录梳理出比较准确的年份数字。实际上，阉割人口统计应属户口身份登记范畴，但尚未找到相关历史记录，只好间接推算。无论宫廷公开招募，还是大规模集体求进行动，参加者绝不可能是全部自宫人而无一遗漏，其中必有因各种缘故而缺席的。好在自宫人职业目标追求具有唯一性，所以缺席量不会太大。在此按平均缺席率15%，分别计算以下三个年份的自宫遗弃人数。

嘉靖七年(1528 年)宫廷三次累计拒收的自宫求进者 11700 余人，加上缺席的 1750 余人，自宫遗弃人为 13450 余人。嘉靖八年官方记录的宫廷太监 12639 人加上推算的王府太监内使 1000 余人，共 13600 余人，与自宫遗弃人数量相当。

万历二十九年(1601 年)收录后，落选 12400 余人，加上缺席的 3000 余人，自宫遗弃人为 15400 余人。宫廷太监 12100 余人加上王府太监内使 4290 余人，共 16400 余人，稍高于自宫遗弃人。

天启三年(1623 年)收录后，落选 12600 余人，加上缺席的 3000 余人，自宫遗弃人为 15600 余人。宫廷太监 17800 余人加上王府太监内使 5000 余人，共 22800 余人，差不多是自宫遗弃人的 1.5 倍。

自宫人一旦不能入宫，生活极易陷入困苦，不免为乞为盗为匪。《万历野获编》记录了作者进京途经河间、任邱以北到都城外的见闻：

余入都渡河，自河间、任邱以北，败垣中隐阉竖数十辈，但遇往来舆马，其稍弱者则群聚乞钱；其强者辄勒马索犒。间有旷野中二三骑单行，则曳之下鞍，或扼其喉或握其阴，尽括腹腰间所有，轰然散去。其被劫之人方苏，尚昏不知也。比至都城外亦然。地方令长视为故常，曾不禁戢，为商旅害最酷。因思高皇帝律中，擅阉有厉禁，其下手之人，罪至寸磔。而畿辅之俗，专借以博富贵。为人父者忍于熏腐其子，至有兄弟俱阉，而无一入选者，以至为乞为劫。①

京城内由于锦衣卫、巡城御史与五城兵马司的巡查管控，流浪乞讨的自宫人相对少些。滞留者多在设有澡堂子的寺庙从事搓澡按摩行业，专门为太监沐浴服务，时人谓之"无名白"。由于服务周

① 《万历野获编》卷六。

到，竟使内府官办的混堂司无人再去，不得不停业。"无名白"通过为太监贴身服务机会，而拓展个人入宫机会。"无名白"并非像今人想象的那样，能够投奔京城的权贵之家服役。使用太监是皇室的特权，其他权贵若非恩准，留用视为犯禁。因之，京城权贵收留"无名白"的可能性极小。

明

第六章

京师与京畿

整体社会的广度，曾长期受到交通、通信条件制约，城市与城市，乡村与乡村，城市与乡村之间的往来只能依靠现成的相对简单技术与能量，不能实现快速旅行，人流、物流深受阻滞。皇朝一向重视都城与区域中心城市，都城与边镇之间联络通道的建设，投入达到了现实许可的财政支出与技术支撑的上限。中国历史上自秦统一以后，历朝政府无一例外都精心经营驿道与水运建设，投资巨大，规制缜密，确实收到了消除区域之间的地理障碍，联结不同区域结为一体的效果。

精耕细作的农业提高了产量，剩余产品能够维系脱离农业的城市生活。城市生存与发展不但依赖乡村供给，同时城市之间的人文交流与经济互补也十分重要。朝廷有意地将这种依赖交往关系发展为政治控制关系，朝廷—地方集权统一的行政逐级控制结构，在政治行政系统中表现为都城—省城—府城—州县诸级统辖关系。这些统治网络上的网结城市通过驿道、河流、人工河联结一体，形成以都城为中心的城市层级互动网络。

京畿属于京师延伸的直控区，特指都城周边千里的区域。《周礼》"夏官"谓："九服之邦国，方千里曰王畿。"王畿亦称国畿、邦畿。京畿一词出现于东汉末，意思与王畿相同，潘勗《册魏公(曹操)九锡文》有"遂建许都，造我京畿"①之说。唐都长安设京畿道，宋都东京(今河南开封)设京畿路。京畿又称畿辅，《南齐书》《王融传》："若来之以文德，赐之以副书，汉家轨仪，重临畿辅。"明代京畿系指北直隶，辖区包括今天的北京市、天津市、河北省大部与河南、山东两省小部分地区。

---

① 萧统：《文选》卷三十五，中华书局 1974 年版。

一、驿路交通

任何中心城市对外交通从来呈现散射状态，可以做到四通八达。农耕文明创造的中国城市大都位于小区域的几何中心，极少临海或处于边陲。沿海与边陲城市难于成长为中心城市，就是因为其地理位置上的劣势，难于吸引社会聚焦。近代海上贸易发达以后，社会生活模式巨变，伴随着科技文明、商业贸易及近代工业而成长的沿海城市迅速超过了传统的中心城市，不过是百余年之事。

一座城市与其他城市之间的交通状况是与该城面积、城内交通规模一致的。北京规模宏阔，城内街道呈棋盘式，干道宽阔，支线发达，出城通向皇朝四方同样便利。

明代北京与京外城镇之间道路大都是继承先朝的，城市间的干道走向由来已久，明朝接手不过是整修管理使用而已。古代道路交通总是依地形便利而建，对于道路本身并无太大投资，政府责任就是维持道路畅通，防止挤占，同时在道路两侧植树与设置排水沟。只有在重要路段才有可能用砖石海墁使路面硬化。就北京而言，宋以前通往西南、东南方向的路网要优于东北、西北方向的，多为中原朝廷经营。东北西北方向的路网因是山区相对稀疏，多为辽金经营。永乐迁都以后，继承元大都道路遗产，四至并重，通向东北、西北的道路更具军事意义。

皇朝交通网络畅通是靠在要冲之处设立驿站及递运所实现的。通过驿站与递运所之间的联络而将长途旅行或运输分成若干小段，保障每一小段之间的畅通与安全，也就实现了整体行程的安全。古代道路本身的投资比较少，在平原上是一种社会历史共识，道路走向确定之后，人们就不在这里耕作与建屋，只要保证通畅与基本平坦就足够了。道路发展与交通工具技术状况相一致，在机械技术动力的运输工具出现以前，靠着人力兽力驱动的运输工具不可能实现高速平稳，同时装载量也不可能巨大无比，因而，无需对道路投入巨资，只要保证旅行者或物资运输能在一白天的行程之后，到晚上投宿于安全住所，并且保证在投宿之所可以得到及时补充给养就足够了。山区道路亦复如此，依两山之间的谷底曲行，在万不得已时才凿石或爆炸开道，或依山崖建立栈道。总之，不可能进行大规模的土岩工程，像现代那样移山填海尽量拉直公路、铁道。

中国古代交通干道上的流量，政府所占份额最大，朝廷与地方的公文往返，军事行动，官员进出北京，举子赴京会试以及物资运输等数不清的事项行为都离不开干道驿站。朝廷通过对干道上驿站投资与控制实现全国交通网络畅通，旅行与物流按部就班依序行进。

明代以京师为中心构建四通八达的水、陆驿道，形成严密的驿传制度。京师设会同馆为总驿，由兵部车驾司管理。地方各设水马驿、递运所与急递铺。省由布政使与按察使分别命官监理；府县由主官总领而稽核。

水马驿：水驿按码头设置，每驿置船二十、十五或十只，每船水手十名；马驿，按六十到八十里设置。按地理位置紧要层级，分别配置马八十匹、六十匹、三十匹、二十匹、十匹、五匹。马则根据体能分为三等，各挂等级小牌；递运所，旱路备骡马车辆，水路置船，负责官方粮物、军事物资运输。长途的采用定点集散，接力传送方式；急递铺，洪武元年(1368年)规定十里设一铺，实际设置视情况而定，近城区域多为十里，远城则三四十里设一铺，每铺设铺长一人，州县司吏充之。正统三年(1438年)命各铺添设铺长一名，两京总铺添设三名，各省总铺添设二名，专门负责赍送旨意公文。

公文传递不分昼夜随到随转下铺。为防作伪与泄露内情，公文加盖骑缝半印，凭板"勘合"交接登记。制度要求普通公文步行传递，一昼夜送出三百里。一昼夜划分为一百刻，每刻三里，折合每小时行十二里半。若按设铺间距最短十里最长四十里平均计算，至少要十二位铺兵经手转交。

若是紧急公文或战报，则非马递不可。马递在驿站交接换人换马，昼夜兼程可达六百里，最快八百里。驿站接力式传递显出巨大优势，超越了单体连续奔跑极限，从而保证公文不间断地迅速交接送达朝廷。"驿传犹血脉然，宣上达下，不可一日缓者。"[①]中华大一统文明，皇朝一体化勃勃生机，经久不衰，与邮驿系统的支撑关系紧密。驿卒铺兵原系徭役，在本地粮户内金派。嘉靖朝，改为折役征银，再由官府雇人担当。

旅行享受驿站服务，需有官方发放的执照证明，分为三种：兵部专用的火牌与普遍使用的符验与勘合。一般来说，宣旨及奉旨差遣、飞报紧急军情、亲王使者进京、藩邦属国君长或使臣往来、官员上任超过一千五百里以上者、边远地区举人进京会试、官员亡故灵柩还乡等，皆可驰驿。然待遇因品级不同，提供的住宿、饮食与车马等服务不同。洪武二十六年(1393年)颁布《应合给驿条例》12条，对于擅自使用驿站船马者从严重罚。

万历《明会典》卷一四五至一四七记录了皇朝各府县水马驿、

---

① 胡缵宗：《愿学编》卷下，清宣统刻本。

递运所的名称与数目。水马驿总计 1036 处①，递运所 146 处。据此可知京畿驿站设置状况：

顺天府境内：

　良乡县　固节驿

　通　州　和合驿　潞河水马驿

　三河县　三河驿

　武清县　河西水驿　杨村驿

　昌平州　榆河驿

　顺义县　顺义马驿

　密云县　密云驿

　涿　州　涿鹿驿

　蓟　州　渔阳驿

　玉田县　阳樊驿

　丰润县　义丰驿

　遵化县　遵化驿　石门镇驿

北直隶境内：

　永平府　迁安马驿　滦河马驿　芦峰口驿

　迁安县　滦阳马驿　七家岭驿

　抚宁县　榆关驿

---

① 杨正泰《明代驿站考述要》谓：万历重修《明会典》时未载的嘉靖二十八年裁撤的、未收的军站以及万历十五年以后增设的驿站，总计还有 460 多处。《文博》1994 年第 2 期 22 页。

保定府　金驼马驿　陉阳驿

涞水县塔崖马驿(嘉靖三十六年革)

唐县军城驿(万历九年革)

安肃县　　白沟驿

定兴县　　官化驿

新城县　　汾水驿

庆都县　　霍城驿

雄　县　　归义驿

易　　州　　清苑马驿　　上陈驿(嘉靖三十六年移置紫荆关新城)

河间府　旧有任丘驿、新中驿。

河间县　　瀛海马驿

献　　县　　乐城驿

阜城县　　阜城驿

任丘县　　鄚城驿

交河县　　新桥驿　　富庄驿

青　　县　　流河驿

兴济县　　乾宁驿

静海县　　奉新驿　　杨青驿

景　　州　　东光驿

吴桥县　　连窝驿

沧　　州　　砖河驿

真定府　伏城驿　　恒山驿

井陉县　　陉山驿

获鹿县　镇宁马驿

奕城县　关城马驿

定　州　永定驿

新乐县　西乐驿

赵　州　鄗城驿

栢乡县　槐水驿

顺德府

邢台县　龙冈马驿

内丘县　中丘马驿

广平府

永年县　临治马驿

邯郸县　丛台驿①

　　至于急递铺，也许过多，《会典》未详细登载，沈榜《宛署杂记》卷五《铺舍》记宛平县急递铺共十二处。每铺设铺司(铺长)一名，负责官文书籍登记收发，铺兵三名，轮次传送。

　　自县前铺起：

　　向西：十里至施仁，十里至彰义铺，又十里至义井铺，又十里至卢沟桥铺，又十里至新店铺，通良乡。

　　向南：十里至施仁，十里至高店铺，又四十里至田家庄铺，又二十五里至黄垡铺，通固安县。

　　向北：五里至石牌铺，又十五里至双线铺，通昌平州。

---

① 根据《明会典》卷一四五、一四六相关记载整理。

向东：十八里至胡渠铺，通密云县。

驿站多设在各府县治所或城附近。水马驿与急递铺之外，还有由会同馆管理的专门负责运输朝廷货物的递运所。每递运所设大使、副使各一人。陆运每所置备数目不等的牛马骡车。水运每所置备数目不等的红漆船只，每船水手十至十三名。弘治年间全国尚有324处递运所，以后逐渐萎缩，到万历年间减至100多处，顺天府境内仍存大兴县递运所、良乡县递运所、通州递运所、三河县东关递运所、涿州递运所、蓟州南关递运所、玉田县蓝田与丰润县东关递运所。

为保证驿路畅通，府县提调官必须经常巡视道路桥梁，发现损坏随时维修。[1]平原地区的道路延伸的最大障碍就是河流阻断，古代的技术能量做不到百分之百的遇水搭桥。遇到流量较小河流，可能会修永久性木桥或石桥以利于往来，而流量大且宽阔的河流，只能采用摆渡方式通过。因而渡口也是道路的一部分，为各地方政府所关注。如果政府不能有效地设置管理渡口，那么道路通畅与信息传送就不会像期望的那样顺利。现检一例证，涿州地处京南，"当京国之中，四方所走集，肩鼓相踵。北河胡良之水环郡南北。冬春水涸，可木而梁也，夏秋水淫，涨流弥弥，行者力不能绝冲涛。悍夫乘时操舟重利，人莫不病矣"[2]。于是政府出面，成立渡口站由吏目负责。北河置二艘巨舟，船工三人，四只步舟，船工二人。胡良河渡口设置减半。从此使旅客往来方便。北方地区的河流极具季节性特征。如果造桥，一定要按照夏季流量最大时设计，因此增加

---

① 《明会要》卷七十五，中华书局 1998 年版。

② 《明经世文编》卷二四二，《张龙湖集》：《涿州北河胡良渡舟记》，第三册，中华书局 1962 年版。

了难度与投资，不是朝廷财政所能担负的，同时现实的技术与材料也不能完成跨度太大的桥梁。

古代交通旅行的特点是以旅行人为主体的，旅途主体的消费远远超过道路投资。历史上的长途旅行，旅行主体携带的物品与选择交通工具甚是复杂繁重。当朝廷没有能力对道路进行投资建设之际，异地交流的实现成本，就分散地由出行人担负，譬如雇用马车，出行人只能选择质量上乘耐用的，而不是期待道路平整。

驿站建设也是以政府行政畅通，控制地方为出发点的。克服了道路平整直通方面的缺陷，把线性运动化为对支点的控制，保证流动人或物的接力转送。驿站网络建设体现了先民的行政智慧，为大一统帝国的行政畅通与帝国信息交流提供了技术保障。历史上中国能够超越技术能量与生产技术现状而实现世界上唯一的经久不衰的大帝国，与朝廷控制的交通网络发达息息相关，以农业社会较低的有限税收支撑一个整体畅通的交通网络，走到了行政技术实效的上限。当然也耗费了巨大财政收入。据万历五年(1577年)的统计"原额站银三百一十三万一百七十二两。免编九十五万二千三百四两。实征二百一十八万七仟八百三十二两"①。二三百万银两可占到皇朝财政总收入的四分之一。以这样高的投入维护驿路的畅通，换回了社会一体服从朝廷的效果，有意延伸了都城触角，使朝廷能够尽快周知地方政情民情，及时下达对应指令。驿路投资是皇朝财政的沉重负担，晚明裁撤驿站，就是在重度财政危机中，为了节流而执行的权宜之计，但也促成失去世业的贫民选择了对抗朝廷，最终构成激起晚明民变的重要因素之一。

① 《明会典》卷一四八。

北京的交通往东南为平坦大道，往西北多为崎岖之路。从交通流量上，向南繁忙，而向西、北、东则相对稀少。由于宋以后，战争压力多来自东北，所以通向东北地区道路的军事意义与商业互市作用尤为显著。

山区之路采取依山势走向迂回前进，遇到险要处便形成关隘，俗谓之口。每一个口便是内外交流的一个安全保障。其大略是：居庸关在顺天府北 120 里，昌平州西 30 里，南北两关相距 40 里，两山夹峙，中通一路，谷水旁流，极为险要，为北京通往塞外之要津。

其西，天津关在良乡县北(门头沟区斋堂镇西北)，西至大龙门共 15 口。又由昌平县往西经 27 口至天津关。

其东，黄崖关在蓟州北 40 里，自关以东过 10 口至马兰关，其中著名的是宽佃谷关。马兰峪关在遵化县，自关往东过 31 口至大喜峰口。其中较大的是沙陂谷口、罗义峪口、松楠峪口、龙井儿关、潘家口、团亭寨、杨口。大喜峰口在遵化县北，凡 70 口，至永平府青山口。

其北，古北口在密云县东北 120 里，两崖壁立，中路仅容一车通行，下有涧，巨石磊块，长达 45 里。自此往东过 24 口至峨眉山寨。峨眉山寨在密云县东北，又东至黄崖峪关，中经 5 口，其间较著名者为黄松峪关、将军石关。黄花镇在昌平县东北 90 里，自此往东至古北口，凡 48 关口，其间较著名者有大小峪关、白马关、陈家峪关、吊马峪关。

北京东面险隘关口，据洪武十五年(1382 年)九月，北平都司开报共 212 处。东至山海关西至黄花镇。查是年《太祖实录》九月条即可详知关口之名。

第
六
章

京
师
与
京
畿

二、京畿重镇

北京处于农耕区边缘，北面的燕山山脉划分了两种生活方式，因而保护农耕文明成就，求得政治安定，必须随时阻止骑射游牧民族南侵。传统的守卫措施莫过筑城联守方式，永乐迁都北京以后陆续修建自嘉峪关至山海关的边墙。对于北京而言，边墙的东段大同至辽东一线为其外屏障，而在此之内又修筑内墙环北京北部、西部、东部，从而构成二三层坚固的防御工事。

边镇制度，在塞外的称为"边"，在腹里的称为"镇"。按明绘本《边镇地图》的说法①：九边是辽东、大宁、开平、兴和、宣府、大同、榆林、宁夏、甘肃；七镇是蓟州、内三关、固原、松潘、建昌、麻阳、虔镇。蓟镇乃其翘楚最为重要。

边地卫所之兵起初都是土著与判罚流放之人，遇到边警，则调他卫之兵前来协守。奉调而来的部队，称之"客兵"。永乐朝始改此法，命内地军卒轮番驻守，称为"边班"。其后，边政日益败坏，士卒逃亡渐多，乃有招募、改拨、修守、民兵、土兵等名目。

边镇武官编制序列，总镇一方者称镇守；独守一路者称分守；独守一城一堡者称守备；与主将共处一城者称协守。又有备委、提督、提调、巡视等名目。朝廷特命挂印专职者为总兵，下有副总兵(副将)、参将、游击将军等。

明初于古会州地设大宁都司，为御外藩篱，又以山海关、喜峰口、古北口、黄花镇、潮河为内屏障。永乐朝撤大宁都司，其地划

---

① 黄兆梦：《边镇地图》，南京博物馆藏。

北京城史记　明代卷

298

归朵颜、福馀、泰宁三卫。放弃了御外藩篱，遂使原来的内屏障暴露于外，朝廷再不能继续控制漠南，又不能辅翼辽东，埋下明朝日后屡屡发生战争危机的隐患，被史家称为最失策的战略抉择。

大宁既然弃守，漠南重镇开平、兴和则孤悬于外，因失其羽翼，遂于宣德朝南撤，移守独石口。兴和在万全都司野狐岭之外，元中都之地，宜于耕收，居民繁盛。弃守以后，遂失桓州、兴安、宜兴等沃野边地。

随着外防线收缩，拱卫京师逐渐形成辽镇、蓟镇、昌平、宣府、大同、山西、保定七镇环绕京畿的军事防御体系。

辽镇在山海关外，明初废郡县设卫所，独于辽阳、开原设自在、安乐两州安置归化之人。其东北女直建州、毛怜等卫，西北朵颜、福馀、泰宁三卫，分别授官，通贡互市，一时秩序井然。嘉靖年间边衅始起，以后女直逐渐强大，遂不能尽守辽东，防线逐渐向辽西退缩，最终只能扼守山海关外的宁锦。万历初期，城堡尚存 279 座，空心敌台 31 座，边腹敌台 90 座，墩台 2710 座。

辽镇总兵驻辽阳，后迁北镇。协守一员，参将五员分驻开原等处，游击将军八员分驻前屯等处，守备五员分驻锦州等处。[①]

蓟镇在京城以东。明初设大宁都司、营州等卫，与辽东、宣府，东西并建为外边。同时又从古北口至山海关，增修关隘，巩固防线，以此为内边。永乐朝移大宁都司于保定，空出之地安置兀良哈投奔之人，分朵颜等三卫。嘉靖中三卫叛乱，攻入古北口，京师震动。有鉴于此，蓟镇升为重镇，增设总督，修筑墙台，春秋防守，调其他各镇兵入卫。万历前期本镇边墙城堡 285 座，空心敌台 1240 座；

---

① 《明会典》卷一二六，镇戍一。

昌平段城堡 28 座，空心敌台 250 余座，墩台 169 座。

蓟镇总兵初驻桃林口，后移狮子峪，再迁三屯营。辖区东起山海关，西抵居庸关，绵延二千一百余里。以燕河营、坨头营、石门寨、山海关四路为东路，设副总兵一人；以马兰峪、松棚峪、喜峰口、太平寨四路为中路，设副总兵一人；以墙子岭、曹家寨、古北口、石塘岭四路为西路，设副总兵一人。分守十一员：通州、山海关、石门寨、燕河营、坨头营、太平寨、马兰峪、墙子岭、古北口、石塘岭、喜峰口各驻参将。①

隆庆二年(1568 年)，经蓟辽总督谭纶推荐，戚继光北上总理蓟州、昌平、保定三镇练兵事宜。

戚继光字元敬，号南塘，晚号孟诸，山东登州人，此前在浙、闽、粤沿海征战十几年，历经八十余战，剿平倭寇之患。次年，任蓟镇总兵，巡行塞上，议修空心敌台。台高五丈，中空分为三层，可以住宿百人，并储存铠甲军械粮食。从而解决了"军士曝立暑雨霜雪之下，无所藉庇"②的困境，提高了防御能力。万历元年(1573 年)增修蓟镇、昌平敌台二百座。

昌平镇，在京城西北，初属蓟镇。嘉靖三十八年(1559 年)为加强皇陵守护，从蓟镇分出。总兵驻昌平，听总督节制。分守三员：居庸关、黄花镇、横岭口三参将。游击将军二员：总兵标下、右骑营。守备十员：分守巩华城、天寿山、涿郡城、怀柔、黄花镇、灰岭口、白羊口、镇边城、石峡峪、八达岭等十处。提调官一员驻慕田峪关。③隆庆二年(1568 年)，将蓟、昌两镇分为十二路。同时将

---

① ③ 《明会典》卷一二六，镇戍一。
② 戚继光：《练兵杂记》卷六，台北商务印书馆 1983 年影印《文渊阁四库全书》本。

边墙加厚，两面皆设垛口，冲要之地，间隔五十步或三十步修筑一座墩台，比边墙高一倍，宽广十二丈，可容 50 人，共计 1500 座。万历元年(1573 年)，滦河以东，居庸关以西及松棚诸路再增筑墩台 200 座。于曹家寨、将军坨地跨山横筑内城，筑守城墩台 7 座。四年，添筑墩台 500 座。①

本镇至关紧要的是昌平州西八里的南口到岔道外的防御体系。四十里关沟边墙重绕，四座关城和一座岔道城。顾炎武《昌平山水记》实地考察记之甚详，现摘其要简述于此：

南口《魏书》谓之下口，《北齐书》谓之夏口，《元史》谓之南口。南口以上，两山壁立，中通一轨，凡四十里。《水经注》所谓山岫层深，侧道偏峡，晓禽暮兽，寒鸣相和，羁于游子，聆之者莫不伤国者也。《淮南子》云：天下九塞，居庸其一。《金史》言：中都之有居庸，犹秦之崤函，蜀之剑门。山自太行山以北至此数百里不绝。自麓至脊，皆陡峻不可登，中间为径者八，名之曰陉，居庸其第八陉也。设关于此，不知始于何代，《后汉书》：建武十五年(39 年)徙雁门、代、上谷三郡民置常山居庸关以东。则自汉有之矣。

南口而上十五里为居庸关城，横跨山涧水流。南北二门，以参将、通判、掌印指挥各一人驻守。宣德三年(1428 年)八月，命行在工部侍郎许廓修居庸关城及水门。②城中建过街塔，临南北大路，累石为台如谯楼，而窍其下以通车马。上有泰安寺。

再上行八里为上关小城，南北二门；又七里弹琴峡；又七里为

---

① 《明会典》卷一二九，镇戍四。
② 刘效祖：《四镇三关志》《建置考》记居庸关为洪武元年大将军徐达所建。中国文献珍本丛书，1991 年影印万历原刻本。

青龙桥，道东有小堡；又三里至八达岭关城，南北二门，元人称北口，守备一人驻防。

口外地势趋平缓，五里至岔道，向西通怀来卫、保安州，经榆河、土木、鸡鸣三驿至宣府；向北通延庆州、永宁卫、四海冶。

洪武三年(1370年)设居庸关守御千户所。永乐二年(1404年)设隆庆卫、隆庆左卫。十二年(1414年)在岔道北二十里设隆庆州，东去永宁县三十里。十三年(1415年)在岔道西一百二十里设保安州。宣德元年(1426年)，迁隆庆左卫于永宁县，而居庸关独有隆庆卫。隆庆元年(1567年)，隆庆州、卫并改称延庆。

从八达岭俯视居庸关，若建瓴若窥井，故谓居庸之险不在关城，而在八达岭。

明中叶以后卫所制效能每况愈下，不能及时满足朝廷军事需要，故以招募弥补不足。嘉靖三十七年(1558年)，"蓟镇自于密云、昌平、永平、遵化、通州，募兵一万五千"，[①]而将河南应入卫的民兵改为征银七万五千两，用作募兵之费。

宣府镇在京师西北。辖区东起居庸关四海冶，西至山西阳高县西洋河，长一千零二十三里。明初常遇春攻克元上都，设开平卫，置八驿以通内地。东面有凉亭、沈阿、赛峰、黄崖四驿接大宁古北口，西面有桓州、威虏、明安、隰宁四驿接独石口。永乐弃守大宁以后，开平孤悬于外，亦难独守，遂南撤防线至独石口等处。正统朝土木之变，独石等八城皆破，旋又收复。八城地势险阻，便于防守，距离京师不足400里，且又临近明朝皇陵，所以在土木之变以后，朝廷对此特别关注，投入巨资加固边墙与城堡。

嘉靖二十八年(1549年)，从宣府东路四海冶镇南墩起，西至永

---

① 《明会典》卷一二九，镇戍四。

宁界尽头；北路从滴水崖起往北折东再南，至龙门城，共 700 里，创修石墙，添设墩台。嘉靖四十二年(1563 年)，四海冶以南至渤海所建墩防守。隆庆元年(1567 年)，修筑独石、马营两城。隆庆二年(1568 年)，宣府北路龙门所，自盘道墩至靖胡堡大衙口，修筑一道外边，添筑墩台，将前沿防线推出百里，使东北两路防区径道相通，互为援守。万历初期统计，有城堡 71 座。

宣府镇总兵旧驻宣化，嘉靖二十八年(1549 年)移驻永宁城。协守副总兵一人，分守七参将七人。[①]

大同镇在宣府镇以西，辖区东起山西天镇县镇口台，西至偏关鸦角山(丫角山)，长六百四十七里。明初设镇作为山西屏障，永乐迁都以后，大同的军事地位更显突出，成为阻挡东胜河套地区鞑靼东犯京师的第一道防线。明初，镇城外分三路设防，北设大边、二边，远近联络，随着时间推移，边政日坏，遂不能外守，嘉靖朝虽竭力恢复，终不见效。万历前期统计有城堡 64 座，敌台 89 座，墩台 788 座。

大同镇总兵驻大同。协守副总兵一员驻左卫城。分守参将九人。[②]

山西镇，亦称太原镇、三关镇，在大同镇以南。辖区内城墙曲折纵横交错，西起保德，向北经河曲、偏关等关隘转东至鸦角山，再向东南，历神池、宁武关折向东北，过代县、繁峙抵灵邱平型关。再向南龙泉关、固关而达黄榆岭，蜿蜒一千六百余里。

山西镇总兵驻宁武关，秋防移驻阳方口，冬防移驻偏关。旧为副总兵，嘉靖二十年(1541 年)升格为总兵。协守副总兵初驻偏关，后移驻老营堡。分守参将六人。

---

①② 《明会典》卷一二六，镇戍一。

保定镇，亦称真保镇，在京师之南。明初，从紫荆关往西到故关修筑城墙，以防蒙古族军队取道京南进入腹地。土木之变后，曾派京营兵驻守各关。虽然晚明关外满洲兴起，战争重点已转向东北，但皇太极挥师入关四围北京，也不是仅从东边一线进入的，大军从草原东进，然后再南下走迂回路线见机行事突入京畿。因此，虽然战争压力方向前后变化，但是防御格局始终不能撤一方而专守一方。其实，筑城固守屡次失效都是国力与军事系统效率的真实反映，世间没有一劳永逸之事。边政败坏首先源于政治腐败与行政效能下降。万历前期本镇有边城堡 131 座，城堡 16 座，空心敌台 359 座，旧敌台 291 座，墩台 757 座。

保定镇总兵驻保定，春秋两防期间，移驻紫荆关。弘治十八年(1505 年)，初设副总兵，嘉靖三十年(1551 年)升格为总兵。参将四人分守紫荆关、故关、马水口与倒马关。

辽镇、蓟镇、昌平镇、宣镇、大同镇、山西镇、保定镇七镇环卫京师，维系了京畿安全与漕运畅通。七镇依山势修筑内外边墙、城堡、空心敌台、墩台联络相望，形成坚固防线，贯彻了皇朝御敌于都门之外的军事思想。七镇军事防御体系的硬件投入始终是财政最大经常性支出。七镇合计官军定额 555203 人；万历前期实存 453193 人。马、驼、骡、驴匹原额 243887 匹头，时额 169900 匹头。除去山西镇外，城堡 871 座。空心敌台 1880 座。敌台 470 座。墩台 4924 座。参将分守关口要地 39 处。守备固守 103 处。高端耸立的敌楼、敌台遇到边警时，以烽燧、云板发出警报。

朝廷一方面精心边墙城堡建设，另一方面竭力保护沿线植被。不可否认，迁都工程与人口快速增长，山区超量采薪伐木，致使生态恶化，降低了边墙防御能力。景泰元年(1450 年)二月四日兵部报告：紫荆、居庸、雁门一带等关口绵亘数千里，旧有树木根株蔓延长成林麓，远近为之阻隔，人马不能度越。近来以公私砍伐，斧斤日寻树木殆尽，开山成路，易险为夷。导致虏寇不由关口，俱漫山而入。[1]朝廷为此颁布禁令，沿关州县军民人等不许入山采伐贩卖，一经查出发往烟瘴之地充军。官员渎职革职查办。关口水道设岗盘查，若将私伐放行一并治罪。

七镇守护京师可谓固若金汤，但是仍发生了土木之变，庚戌之变，嘉靖二十一年到隆庆元年俺答屡次侵扰，以及崇祯朝皇太极四围北京的战争危机。最终甲申之变，李自成大顺军突破了三关、大同、宣府、昌平防线，从西北攻下了北京。

在冷兵器时代，也许筑城联防是对付游牧袭击最好的防御方式。然而，朝廷竭尽全力投以巨资经营的防线未能像期待那样，阻敌于边墙之外，军政与军官的腐败大大降低了军事效能，即使拥有地形优势与坚固工事，却在攻击面前毫无招架之功。嘉靖年间"仇钺击寇于万全斩三级；朱晖捣河套亦斩三级"，都被视作"奇功"而获得嘉奖升官发财。

七镇之外，地处京西浑河(永定河)东岸的拱极城值得一叙。近代实测该城东西640米，南北320米。两座城门，西永昌门直望金代建成的卢沟桥，东顺治门。崇祯十年(1637年)十月，由太监曹化淳提议修筑。尽管皇朝形势危如累卵，却没有唤起督工太监的危机意识，仍不忘"侵克工银"[2]，强拉民夫无偿劳作，致使民怨沸腾。

拱极城是朝廷不得不紧缩京师防线的产物，然而，环绕京畿几道坚固防线都不能御敌于外，怎能期待这里许斗城创造奇迹，没过

① 《英宗实录》废帝郕戾王附录，景泰元年二月己卯(四日)条。
② 《山书》卷十。

几年明朝就走到了尽头。随之清朝改称拱北城。清亡，1913年宛平县政府迁入而改称宛平城，以见证日本侵华战争而闻名于世。

三、皇陵与巩华城

皇陵地处昌平州天寿山，正式修建还要早于迁都城建工程。因此，亦可从这一决策中，来体会明成祖当初迁都北京的决心。一般而论，凡是开国之君都要把陵墓安排在京师附近。传统的敬天法祖观念使得开国之君在封赠先祖七代一般为四代以后，便要开创本朝的皇陵制度。无论哪位皇帝总希望死后得到圆满的安置，能够获得子孙祭祀，通过代代生死相传，保佑皇祚绵长。因此，皇陵距京师不能太远，太远徒增奉安、祭陵与维修守护困难。

探讨永乐迁都北京原因时，山陵选择这一极其重要的礼制心理因素，常常被人忽略。无论怎样，成祖的成功毕竟背叛了太祖，让太祖嫡长一系传人断了香火，因此，成祖在登上皇位虑及身后之事时，不在孝陵之侧建陵的意愿油然而生。他深知他的皇位不是来自太祖授予而是夺自子侄。

古代皇位嫡长传承正统观念根深蒂固，不会因为投奔成祖的文人周到的解读就悄然逝去。社会接受政治既成事实的容忍力一向是惊人的，但社会礼制伦理习惯观念的无意识流露同样也是惊人的。特别是当一个人违反了习惯观念，挑战了礼制，却又不能对观念及礼制做丝毫否定之际，其内心的苦楚与无奈可想而知。成祖可以做的或许只有解释与逃避了，一方面，迎合社会礼制思维习惯与价值标准，不厌其烦的论述靖难之役的急迫性与必要性，不但符合正统观念，也确保了太祖开创的皇朝事业；另一方面，离开容易勾起社会记忆的旧都的地理人文环境，到个人龙兴之地方另创一番帝业。

永乐五年(1407年)七月皇后徐氏过世。永乐帝立即命礼部尚书赵羾和舆地学家廖均卿等往北京郊外诸山选择吉地，得吉壤于昌平县东山。永乐亲往视察后，封黄土山为天寿山，永乐七年(1409年)五月开工建造长陵，永乐十一年(1413年)正月完工。随后自南京起仁孝皇后梓宫奉安于此。

永乐五年(1407年)七月，昌平黄土山改称天寿山，应作为北京升为京师的一个标准性纪念日，这一决定，充分显示永乐帝迁都心意已决。永乐二十二年(1424年)七月永乐帝逝于北征途中的榆木川(今内蒙古多伦境内)，十二月奉安于此。自此明朝列宗皆于长陵左右建陵，直至明亡累积帝陵十三座：长陵、献陵、景陵、裕陵、茂陵、泰陵、康陵、永陵、昭陵、定陵、庆陵、德陵、思陵。

陵区地处昌平北部。从昌平州西门往北六里至陵下，汉白玉石坊一座五架六柱，建于嘉靖十九年(1540年)。再北石桥三孔，又北二里至大红门，砖卷式三道，东西三角门，门外置“官员人等至此下马”碑。入门一里，碑亭重檐四出陛，中有穹碑，高三丈余，龙头龟趺，铭文“大明长陵神功圣德碑”，碑文为仁宗于洪熙元年(1425年)四月所撰。立碑则在十年以后的宣德十年(1435年)十月。亭外四隅立石柱，俱雕刻蛟龙盘绕，其东建行宫，清初已废。十三陵只有长陵与思陵的碑亭之碑镌刻铭文，其他十一陵仅置碑而无文字。

过亭，神道两侧对峙四勋臣、四文臣、四武臣共十二翁仲；四马、四麒麟、四象、四骆驼、四獬豸、四狮子，共二十四石兽，以及石柱二座，柱刻云气，皆建于宣德十年(1435年)。再往前二里为棂星门，门亦三道，俗称龙凤门。入门往北一里地坡起，坡西稍南旧有行宫，清初废置仅存土垣，坡北一里五孔桥，再北二百步即七孔桥，过桥便是长陵的陵门。陵区苍松翠柏，树木葱茏。明亡以后，失去守护，遂被砍伐，几于荡尽。

在陵墓规制上，诸陵的空间结构上大同小异，都修建了裬恩门、裬恩殿、明楼与宝顶等，只不过诸帝在位时间不同、俭奢不同、政治局势与财政状况不同，因此，在规模繁简上，各陵显见差异。长陵规制弘敞、用料上乘为诸陵之冠，其次是世宗永陵，以下为神宗定陵。仁宗献陵、宣宗景陵规格局促，显得寒素。思陵乃甲申之变仓促殡葬，定制远非皇陵标准。

长陵位于天寿山中峰之下，正门三道，东西两角门，门内东西神厨各五间，厨前一座碑亭，南向无字。第二道重门为裬恩门，东西二角门，门内有神帛炉东西各一，其正前方享殿，额曰裬恩殿。裬恩是嘉靖十七年(1538年)，帝祭陵时所改，取其祭而受恩之意。裬恩殿重檐九间，制如宫中的奉天殿(皇极殿)，全部以香楠木构架。殿内三十二根巨柱，皆系独木，不加拼凑，尤以中间四柱最为巨大，金莲涂饰，当代测量直径达1.17米，建成于宣德二年(1427年)。殿后有门三道。过殿迎面白石坊一座，又进为石五供，上置一炉、二花瓶、二烛台。再向前即是凝重隆起的宝城。宝城又称方城，城砖砌成，平面呈方形。城内即为宝顶，直径一百一丈八尺，宝顶之下是地宫。宝城下有甬道，内为黄琉璃屏一座，两旁东西石蹬，拾级而上，即为明楼。明楼亦呈方形，内立墓碑，上镌"成祖文皇帝之陵"。此碑在成祖过世之初，由仁宗所建，上谥号为"大明太宗文皇帝之陵"，大明二字篆书，以下楷书。嘉靖十七年(1538年)九月改"太宗"庙号为"成祖"，未重新换碑镌刻，只是在嘉靖十八年(1539年)十月初一日将木刻成祖二字覆盖于太宗之上。到了万历朝，长陵遇火，原碑损坏，才重新镌刻，成为后来的样子。[①]宝城围长二里，下设有水沟。

献陵在天寿山西峰下，距长陵西稍北一里，埋葬着明仁宗和皇后张氏。洪熙帝在位不足一年，享年48岁，子10人，生前未能自己营造陵墓，故其陵在思陵以外的诸陵中最为简朴。

景陵在天寿山东峰下，距长陵西稍北一里半。埋葬着明宣宗和皇后孙氏。宣德帝在位十年，享年38岁，子2人。此陵亦十分简朴，仅比献陵稍强。

裕陵在石门山，距献陵西三里，埋葬着明英宗和皇后钱氏、周氏。英宗在位前后共22年，享年39岁，子9人。

茂陵在聚宝山，距裕陵西一里，埋葬着明宪宗和皇后王氏、纪氏、邵氏。成化帝在位23年，享年41岁，子14人。

泰陵在史家山，距茂陵西稍北三里，埋葬着明孝宗和皇后张氏。弘治帝在位18年，享年36岁，子2人。

康陵在金岭山，距泰陵西南二里，埋葬着明武宗和皇后夏氏。正德帝在位16年，享年31岁，无子。

永陵在十八道岭，嘉靖十五年(1536年)四月改名为阳翠岭，距长陵东南三里，埋葬着明世宗和皇后陈氏、方氏、杜氏。嘉靖帝在位45年，享年60岁，子8人。永陵宝城亦十分宏伟，在诸陵中独树一帜，全部用花斑石砌成。嘉靖十六年(1537年)五月，"时修饰七陵、预建寿宫及内外各工凡十月，每月费常不下三十万金"[②]。

昭陵在文峪山，距长陵西南四里，埋葬着明穆宗和皇后李氏、陈氏、李氏。隆庆皇帝在位6年，享年36岁，子4人。万历元年

---

① 徐学聚：《国朝典汇》卷七，书目文献出版社1996年影印本。
② 《世宗实录》嘉靖十六年五月戊申条。

(1573 年)十二月盘点昭陵营建工程费为五十万一千五十两。①

定陵在大峪口，距昭陵北一里，埋葬着明神宗和皇后王氏、光宗生母王氏。万历帝在位 48 年，享年 56 岁，子 8 人。定陵形制如永陵，其不同者，门内神厨各三间，两庑各七间，三重门两侧各筑墙开门通出入。宝城从左右循蹬道而上。明末大顺军从大同、宣府而下攻打北京，路经陵区，曾将此陵的殿庑焚毁。这倒也不足为奇，古代政治掺入许多神秘色彩，敌对集团之间互挖祖坟的事情经常发生，人们相信破坏对方领袖人物的祖坟，有助于他的失败。

1957 年发掘定陵地宫，让人有机会全面了解其内部的真实状况，而在此以前一直是个秘密。历史上，无论哪一位皇帝都不愿意把修建地宫的真实情况与内部详细构造记录在宫廷档案中。

地宫为拱券式，全部用大理石、汉白玉与砖垒砌而成，分前、中、后、左、右五殿，殿与殿之间用石门隔开。地面多用金砖(又称澄浆砖)墁铺，后殿地面则用打磨光滑的花斑石，总面积 1195 平方米。后殿最高处 9.5 米，其他各殿也达到 7 米。定陵地宫打开时，没有发现塌陷与渗水现象，经历近四百年的风雨，却屹然无损，足见当初修建时工程质量与设计的精巧，地宫拥有通畅的排水系统。

定陵修造了六年，自万历十二年(1584 年)十月(正式开工于次年八月)至万历十八年(1590 年)六月。工程常态使用工匠、军卒为二三万人。②石料取自房山大石窝。工程总计耗银达八百万两。③

庆陵在天寿山西峰之右，距献陵西稍北一里，埋葬着明光宗和皇后郭氏、王氏、刘氏。泰昌帝在位仅一月，享年 39 岁，子 7 人。

---

① 《天府广记》卷二十一。
② 《神宗实录》万历十三年八月丁卯条。
③ 《明史》卷五十八，《礼志》十二。

德陵在檀子峪，距永陵东北一里，埋葬着明熹宗和皇后张氏。天启帝在位 7 年，享年 23 岁，子 3 人俱殇。

思陵在鹿马山。崇祯继位后，再营建陵墓时，天寿山已无穴可选，遂有在遵化县选址之意，[①]未及兴建而国亡。崇祯十七年(1644年)，大顺军攻占北京，崇祯帝煤山自裁，其灵柩与先逝的周皇后被人一道运至昌平鹿马山，葬于崇祯十五年(1642年)过世的田贵妃墓内，"移田妃于右，帝居中，后居左，以田妃之椁为帝椁，斩蓬藋而封之。后乃建碑亭，前后各一座，门三道，殿三间，无陛，两庑各三间，有周垣，而规制狭小"[②]。实是皇朝更替之间，亡国之君的末路结局。

十三陵中长陵、献陵、景陵、泰陵、康陵、德陵等六陵各是一帝一后合葬。裕陵、定陵各是一帝二后合葬。茂陵、永陵、昭陵、庆陵等四陵各是一帝三后合葬。思陵是一帝一后一妃合葬，若非国亡，嫔妃怎么也不能与皇帝共穴。二三后与帝合葬，其间有继立为后而祔葬的，有新皇帝追尊所生母乃至祖母为后而祔葬的，因而才出现一帝二后或三后合葬的情形。这些祔葬的皇后，继立者则出自皇帝生前意愿，曾享受过统摄六宫的尊荣，而被追尊者则是母以子贵，生前从未享受过皇后尊严与权力，有的境遇还十分悲惨。只不过因命运眷属，其子登上了皇位，所以身后享尽人间的荣誉。

皇陵埋葬的十三位皇帝，嫡出者成祖、仁宗、宣宗、武宗，没有追尊生母之需，其余九位中八位为庶出，一位自藩王入承大统，所以，就有追尊生母的义务。至于世宗仅尊崇本生父母是不够的，

① 梁份：《帝陵图说》卷三，线装书局《稀见明史史籍辑存》2003 年影印版。
② 顾炎武：《昌平山水记》卷上，北京古籍出版社 1980 年版。又见凌雪：《南天痕》附录《思陵改葬事》。

还要隆崇自己的亲祖母，不但使尊崇本生父母行为变得合情合理，也让他与皇陵挂上关系。

检之史籍可知一帝二后、三后合葬情况：裕陵埋葬着英宗皇后钱氏和周氏(宪宗生母)；茂陵埋葬着宪宗皇后王氏、纪氏(宪宗生母)和邵氏(兴献王生母、世宗祖母)；永陵埋葬着世宗皇后陈氏、方氏(继立)、杜氏(穆宗生母)；昭陵埋葬着穆宗皇后李氏、陈氏(继立)、李氏(神宗生母)；定陵埋葬着神宗皇后王氏、王氏(光宗生母)；庆陵埋葬着光宗皇后郭氏、王氏(熹宗生母)、刘氏(庄烈帝生母)。思陵则因遭遇国变，仓促收敛，故帝后妃合葬。十三陵共埋葬二十四后妃。

帝后的生存时间不同，因而同时下葬的可能性极小，中国礼仪文化又一向认为对死者应及时入土为安，不能为了同时而让一位先逝者等待。所以，不管帝后谁先过世都要及时下葬。只不过先下葬者不加土，称为待葬，反之则称为下葬。十三陵中只有定陵与思陵是帝后同时下葬的。神宗与孝端、孝靖皇后在万历四十八年十月同时下葬。神宗与孝端皇后同逝于万历四十八年(1620年)，相差仅三月。孝靖皇后原为贵妃，万历四十年(1612年)过世，葬于天寿山东，由于其子常洛做了皇帝，才有机会由原来的陵园迁出，与神宗帝后一道进入地宫安葬。不过追认孝靖皇后，并不是光宗完成的，光宗在位仅一个月，没有来得及追尊生母，就撒手人寰，追赠迁葬事宜由其子熹宗完成。庄烈帝与周皇后在崇祯十七年四月同时下葬于田贵妃墓中。

除思陵外十二陵各有祠祭署与朝房，各有神宫监位于陵下，或左或右，重门厅室毕备，太监居守。永、昭、定、庆四陵神宫监房屋多达三百余间。各陵神宫监设守备太监一人，掌印太监十二人。

各有神马房与果园。

十二陵各设卫所，每卫领左右中前后五千户所，作为各陵护卫常设机构。嘉靖二十九年(1550年)，以四千人建立永安营，三千人建立巩华营，平日在昌平州教场操演训练，遇有敌情警报，开赴各关口把守。

明初有宫人殉葬皇帝制度。这种在汉唐宋已经绝迹的残忍做法，何以到明初又复燃，实在令人费解，也许是金元习俗影响了明初诸帝。殉葬制度废止于明英宗。长陵有东西二井，东井在德陵东南馒头山之南，西向。西井在定陵西北，东向。皆两重门，门三道，殿三间，两庑各三间，绿瓦周垣。《会典》言，成祖十六妃从葬，位号不明，而《李朝实录》记为三十几人，"当死之日，皆饷之于庭，饷辍，俱引升堂，哭声震殿阁。堂上置小木床，使立其上，挂绳围于其上，及头纳其中，遂去其床，皆雉颈而死"[①]。这些从先帝于地下的人，死后的待遇也不能入正式陵寝。所谓井者，即直上直下开墓穴，棺木由绳系下，封土而成。东西井各葬嫔妃八人。

自英宗废止宫人殉葬制度后，那些不能与先帝同穴的嫔妃，死后始在山陵之内或者卜地他山建墓安葬。其位于陵山范围内，自昭陵左侧，九龙池上，南行二里许为苏山，有宪宗万贵妃墓，制如二井，东向；又南为银钱山有神宗郑贵妃及二李、刘、周四妃之墓，形制亦如二井，南向；再南行为襁儿谷有四妃、二太子墓；中间世宗阎贵妃(哀冲太子生母)、世宗王贵妃(庄敬太子生母)，左侧马妃，其次左冲哀太子(载基，生二月而殇)，右侧杨妃，其次右庄敬太子(载壑，嘉靖十八年立为太子，嘉靖二十八年过世)；又南为悼陵，世宗

---

① 《朝鲜李朝世宗庄宪大王实录》一，六年九月条，见吴晗辑《朝鲜李朝实录中的中国史料》上编，第一册320页。中华书局1980年版。

孝洁皇后陈氏陵，初谥悼灵，卜葬于此，世宗过世后迁永陵，而其封兆尚存；旁有沈、文、卢三妃之墓。

另外，有曾为皇后而未与皇帝同入山陵的，也有曾为皇帝而不能入山陵的。前者为恭让章皇后胡氏，其陵在金山，与昌平山陵别为一区，地处京师西山。胡氏为宣宗皇后，体弱多病又未生育，兼之，孙贵妃狡慧美丽专宠且生皇长子又被立为太子，所以自认不敌，于宣德三年(1428年)请去皇后号，逝后葬于金山而无缘皇陵。其墓门三道二重，殿五间，两庑周垣，有碑无字。后者是景泰帝皇后汪氏，亦别葬于金山。陵墓门三道三重，殿五间，周垣内矗立碑亭，碑书"大明恭仁康定景皇帝之陵"。再有以子为贵，身后显荣迁入皇陵的。崇祯即位追赠生母刘氏为皇后，由金山刘娘府迁葬庆陵。

明代诸帝妃嫔、皇子、诸王、公主葬于西山的上百人。从沙河往南三十里的红石山进山，陵冢相望，皆在京师西直门外三十余里之内。该地俗谓之西山，北起鹫峰、温泉南至天台山、石景山、翠微山，东起瓮山、玉泉山、金山西至杨坨、军庄、三家店。该区内以金山为中心，妃嫔、皇子、公主墓林立。事实上，为皇帝广子嗣而设置的众多嫔妃，无论生前死后都不会像想象的那样生而锦衣玉食，死而风光无限。嫔妃倘若得幸生了皇子，境遇还好些，如果未能生一男半女，过世以后，甚至不能独立成墓。例如宪宗昭妃王氏等十三人共葬一墓；世宗静妃陈氏等九人共葬一墓。世宗26妃、26嫔，按9人一墓推算当有6处合葬墓。合葬墓节省了朝廷的丧葬开支。金山陵墓区不属昌平州而归属宛平县管辖。嘉靖十一年(1532年)三月，"敕金山、玉泉山、七冈山、红石山、瓮山、香峪山，皆山陵龙脉所在，毋得造坟建寺，伐石烧灰"[①]。虽与昌平山陵相

_____

① 《昌平山水记》卷上。

隔几十里，但朝廷视为陵区的延伸，故附带简要叙于此。

十三陵环山十口，自大红门东三里的中山口，往东北行六里为东山口，距昌平州东门八里；自东山口往北转西为老君堂口，距景陵北二里，上有老君堂三间；又西十五里为贤庄口，距泰陵北五里；又西三里为灰岭口；又西南十二里为锥石口，距康陵东北二里。三口建城垣，有水门。崇祯九年(1636年)，清兵由此攻陷昌平州。转南十二里为雁子口，距康陵西北三里；又西南三里为德胜口，距九龙池四里，有城垣有水门；再东南十里为西山口，距悼陵南二里，有小红门，距昌平州西门八里；又东二里为榨子口，距大红门三里。凡口皆筑城垣。陵后通黄花城，自老君堂口至黄花城四十里。嘉靖十六年(1537年)三月，将天寿山东西通往黄花镇的路口封堵，以紧缩陵区的防守。今天环陵十口，大都成为旅游风景区，各口树木葱茏，险要挺拔，自然风光与人文遗迹相辉映。面积达40平方公里。陵区的建筑及植被经过甲申之变及清初遭到巨大破坏。虽经乾隆朝一度整修，但毕竟不是清朝的祖陵，得不到像明朝那样的精心呵护，所以江河日下走向衰败在所难免。

陵墓建造不但耗资巨大，平日的维护与每年固定时间祭祀以及守卫更是朝廷财政沉重负担。每年固定的祭典日期是正旦、清明、中元(七月十五)、孟冬(十月)、冬至与诸皇忌辰(逝世纪念日)、圣节(出生纪念日)。其中除诸皇忌辰、圣节为个案举行外，余者统一进行，主祭于长陵，遣官分祭于诸陵。如皇帝亲临，则勋戚、文武大臣、百司官员一体扈从。不然则遣官恭代行礼。嘉靖十五年(1536年)改为春以清明，秋以霜降，遣官行礼，各陪祭，中元、冬至遣官行礼于长陵，不陪祭。

守卫陵区安全至关重要，设立昌平镇目的全在于此。昌平县因陵山而升格为州。旧县在昌平州西八里。县名始见于汉。正统朝调长陵、献陵、景陵三卫于中、东、西三山口及东西二营地方驻扎保护各陵。不久，土木之变发生，景泰元年(1450年)在昌平县以东八里择地另筑新城，迁三卫衙门于城内，名为永安城。景泰三年(1452年)，将昌平县治迁于此。正德元年(1506年)，改县为州，以密云、顺义、怀柔三县属之，仍隶顺天府。昌平州城随着陵山增加而护守卫所增多，显得局促不敷使用，遂将城池向南拓展，最终形成周长十里二十四步的砖石之城。

昌平州升格与迁址并非本地经济、社会发展与物产税收增量促成的，而是纯粹出于朝廷护守陵寝与祭陵活动的需要。州城内驻扎着总督兵部侍郎，整饬兵备山西按察司副使或佥事，昌平镇总兵，标下坐营、左骑营、右骑营、左车营、右车营游击将军各一人，天寿山守备一人，户部郎中或员外郎、主事一人。驻守文官武将各有衙署。城内还设置了专为六部、六科、翰林院、光禄寺等衙门官员从祀时下榻的馆舍。

昌平镇是从蓟镇分出的一个军事重镇，与蓟镇诸险关隘口连环形成对陵山的团守态势。蓟镇始建于嘉靖二十六年(1547年)。嘉靖二十九年(1550年)庚戌之变，俺答铁骑从密云县黄榆沟突入边墙，从古北口涌入，沿潮白河南下破通州，蹂躏京畿之地，使皇陵受到侵扰。所以，事变之后，于昌平建镇，管辖大水口往西经南山口边墙，并与保定镇沿河口下浑河相连。其重要关隘为黄花镇、慕田峪、居庸关、灰岭口、镇边城等。

诸关之中尤以昌平州西稍北的南口至八达岭五道边墙防御体系最为险要。层层设防分道把守，使京师西北及陵区的安全系数增高。

为了皇帝祭陵方便，在德胜门通往山陵途中，修建了一座巩华城。既是圣驾驻跸之所，又是维系山陵南部区域安全的防卫要地。

出京师德胜门往北稍西历清河、玄福宫，行四十五里为沙河店。店南北有河，一是发源于昌平州西南五十里龙泉寺，汇西山诸泉水东流的南沙河，二是发源于昌平州西南四家庄，经双塔村而东流的北沙河。南北沙河东流至窦家庄汇合，向东南流去，至通州界汇入白河。两河上各架木桥，南沙河桥名安济，北沙河桥名朝宗。正统十三年(1448年)九月，命工部右侍郎王永寿建沙河等处石桥。时昌平县报告："沙河等处当天寿山及居庸关要道，旧桥用木，每岁秋架春拆，徒劳民力，况圣驾谒陵，官军经行皆不便，乞如清河甃之以石，庶得坚久。"[1]所以改建石桥。

沙河店地处两河之间，明初永乐北征与后来诸帝谒陵，多驻跸于此。两河相夹，天然围成安全之地，成祖时建有行宫，正统朝为水所毁。嘉靖十六年(1537年)三月，世宗谒陵驻跸沙河店。礼部尚书严嵩建议修复行宫，并筑城守之。嘉靖十七年(1538年)五月，于沙河以东建行宫，嘉靖十九年(1540年)正月完工。赐名"巩华"。

巩华城平面呈正方径直各二里。设四门，南为拱京，制如午门，北为展思，东为镇辽，西为威漠。每门皆立瓮城。行宫居城内正中，平面呈长方形，南北一里，东西稍长一余里，宫内正中建祾恩殿，左右配殿，周围群房。先以勋臣或都督守护，嘉靖二十八年(1549年)改副将，后又改守备驻守。城内设分守署、奠靖所及营房五百间。行宫修成之后，为皇帝谒陵与大行皇帝梓宫下葬途中，提供了驻跸供应之所。

巩华城建成之初，城内主要是驻守官兵与管理行宫太监。隆庆

---

① 《英宗实录》正统十三年九月壬寅条。

朝以后逐渐有居民搬入。清代明以后，本城失去朝廷特殊关照，逐渐走向没落，至今已断壁残垣。不过，城的轮廓与四门遗址遗存尚在，修复起来不算难事。城四周有护城河，各门外建石桥，据云河废弃被埋入地下，稍加清理不难复原。

四、漕运

漕运是京师的经济补给线，没有京杭大运河就不能长久维系京师的生存。非但如此，大运河流域也是皇朝直控区轴线，将两京紧密地联系在一起。大运河是明朝最繁忙的水路，物流充盈，人流如织穿梭如云。

万历二十六年(1598年)，利玛窦自南昌经南京走水路第一次来北京，大运河繁忙景象给他留下深刻印象：

从南京到北京，除去城市之外，沿河两岸还有许多城镇、乡村和星罗棋布的住宅，可以说全程到处都住满了人。沿途各处都不缺乏任何供应，如米麦鱼肉、水果蔬菜和酒等等，价格都非常便宜。漕运为皇宫建筑运来了大量木材、梁柱和平板，特别是皇宫被烧毁之后，而据说其中三分之二都被烧掉。神父们一路看到梁木捆在一起的巨大木排和满载木材的船，由数以千计的人非常吃力地拉纤沿河跋涉。其中有一些一天只能走五六英里，像这样的木排来自遥远的四川省，有时两三年才能运到首都。其中有的一根梁的价值达三千金币之多。有些木排长达两英里。中国人喜欢用砖而不用石，仅为此就使用了许多船只，日夜不断运行。沿途可以看到大量建筑材料，不仅足以建筑一座皇宫，而且还能建成整个城镇。[①]

京师朝廷各衙署，各卫官军的补给，全部仰仗漕河输送。以当时的生产技术而言，京畿地区的耕地物产，不能够支持朝廷巨大的行政开支与庞大驻军对粮食的需求，因此必须依赖江南富庶的产粮区支持。

大运河利用隋炀帝开凿的运道。隋代大运河以洛阳为中心，唐宋沿用，元都大都(北京)，运送粮食物资无须再绕道洛阳，为节省运力，动工将运河尽量拉直，先后开凿了三段人工河，一是至元十八年(1281年)开凿的从任城(济宁)至须城(东平县)安山的济州河；二是至元二十六年(1289年)开凿的从安山至临清的会通河；三是至元二十九年(1292年)开凿的通州至大都城内的通惠河。南北大运河全线贯通，勾连海河、黄河、淮河、长江与钱塘江五大水系。

人工河的特点就是需要经常维修整治，否则很容易淤积或冲毁。人工河一向是逆自然而动的，体现了人类追求实效与方便征服自然的积极精神，当然也付出了极大代价。这一代价既包括对自然水系的改变，变更局部地区的水文结构，同时又要为维持变更而不断地克服自然回复运动。只要这种维系努力不能持久，河道就很快走向淤积荒废。明洪武二十四年(1391年)，黄河在原武(河南原阳西北)决口，裹挟泥沙洪水滚滚北上冲毁会通河多处河段。致使大运河中断，漕粮北运受阻。

明初都南京，北运军粮数量有限，运量巨者如洪武三十年(1397年)，海运粮七十万石往辽东。永乐初，海运、漕运并举，如永乐六年(1408年)，海运粮六十五万石往北京。海运由海路直达直沽，然后再由陆路运抵北京。漕运由淮河至黄河，过阳武入卫河，由卫

---

① [意] 利玛窦，[比]金尼阁：《利玛窦中国札记》326 页，中华书局 1983 年版。

河入白河抵达通州。

永乐五年(1407年)朝廷讨论运粮问题，户部建议在苏州太仓设海道都运使，统辖卫所各海运船只和出海官军。这一建议在朝廷公开讨论时，济宁州同知潘叔正建议疏通运河故道恢复漕运，并援元代运粮经验指出：

元自须城县安山(地处今山东省东平西部)西南行，由寿张(山东省今县)东北至东昌(山东省聊城)，又西北抵临清(今山东临清西南)，三百八十五里，引汶绝济属之卫，即今御河也。建闸三十有一，以时蓄泄，名会通河。时河初开，岸狭浅不能负重载，岁不过运数十万石。故终元之世，倚海运为重。洪武中，会通河故道犹存。迨河决原武，漫安山湖而南，而会通之迹始湮。今海险陆费，而会通河故道淤者三之一，宜可浚以漕，漕成而南北之运通，无穷利也。①

成祖采纳其议，征派山东六郡丁夫十六万五千名，免其赋税，上工二百日，遂将几近湮灭的会通河疏通。运粮需求的增长与运行安全、成本之间的比较，使朝廷决策选定了漕运。漕运可以避免海运风险，节省陆运费用。

会通河恢复以后，原督海运的平江伯陈瑄转而督理漕运。在陈瑄的督理下，疏浚了清江浦，由管家湖引水入鸭陈口直通淮河，以躲避黄河、淮河风涛之险。疏浚了瓜州、仪真二坝河，清潮港之淤，凿徐、吕二洪之巨石，使其水流趋缓，注入沛县昭阳、济宁南旺、高邮瓦社等湖。又修筑长堤蓄水，开泰州白塔河以通长江。凿高邮水渠 40 里以便舟楫通行。自淮河至临清，增筑水闸四十七座以便泄蓄保持运行水位。自淮至通州沿河岸建芦舍五百六十八所，专门设河卒随时疏浚淤积河段。缘河堤种植树木。在淮安、徐州、临清、

---

① 《天府广记》卷十四。

通州设仓，以便于转运。

可以从四个方面探讨明代舍海运而就漕运的历史原因：

(一)防御态势的变化。元无北边之患，其防御重点在畿南。事实上元朝灭亡也是亡于南而非亡于北。明则不同，北边防御极重，故对粮食需求增加，运粮安全与及时变得极其重要。元初运粮额较小，至元三十一年(1294年)才五十万石，其后渐增，最高在天历二年(1329年)达三百五十二万石。而明朝迁都北京以后，北边防务及京师粮饷急需南方产粮区支持，常年需求量在四百万石左右，年运粮最高额曾达600余万石，因而对运粮的安全比之元代更为慎重。

(二)战略控制格局的变化。元一统华夏在于固守大都，统御全国，虽然开凿了会通河，但因地形与供水关系，河道岸狭水浅很难通航巨船重艘，朝廷也未继续投入财政支持加以维系。故终元之世多依海运。明朝则不同，迁都后不忘龙兴之地，遂确立两京一体格局，故倚重大运河程度远远超过元朝。

(三)战略物资供应的需求。如果仅仅为了运粮，海运虽然风险较大，但从投入产出效能比较上却是最经济的，不用对水系运道本身投以巨资不断的整修维护。实际上，整修疏浚大运河，并非仅为运粮，北京营建工程所需建材与朝廷必需物资，都需要可靠的交通干道输送，比较而言，无论单体运量、运费，还是安全舒适，水运远远高于陆运。物资品类繁多、产地不同，皆可直接或间接送至最近的运河码头，再由运河长途输送北京。显然，这是最安全而又经济的。

(四)人文政治与文化地理的变化。两京一体构成明朝直控区的核心轴线，区域之间的联络需要稳定可靠畅通的干道交通作为支柱。两京体制一经确定，南北直隶区域互动与人流物流量猛增。一般来说，古代长途旅行首选水路，舒适平稳、又可免除夜间找店投宿麻烦。与陆路旅行相比，成本低廉，携带行李容量较大。明代官员出入京师、士子赶考、商人长途贩运无不取道运河，即使出发地远离运河，也是先奔往最近的运河码头，然后搭船前往目的地。繁忙的运河容纳了皇朝的财富，体现了皇朝的经济实力。这是明朝人所共依的社会经济命脉，凝聚了皇朝人力、智力与财力，托起朝廷大一统混一局面。因而，比之海运其作用远远超出单纯运粮功能。大运河创造了繁荣活跃的运河经济。

大运河因河道地势高低、流向差异，必须分段设闸蓄水以通航行，"启上闸即闭下闸，启下闸即闭上闸"。时谓航船"一闸走一日"。为维护运河畅通，朝廷投入了巨大人力物力，常设性漕河夫役甚众："在闸者曰闸夫，以掌启闭；溜夫以挽船上下；在坝者曰坝夫，以车挽船过坝；在浅铺者曰浅夫，以巡视堤岸、树木、招呼运船，使不胶于滩沙，或遇修堤浚河，聚而役之，又禁捕盗贼；泉夫以浚泉；湖夫以守湖；塘夫以守塘；又有捞沙夫调用无定；挑港夫征用有时。定役夫自通州至仪真瓜州，凡四万七千四人。"[①]

漕粮北运历经征收、运输与交仓三阶段。漕粮是朝廷征收秋粮中的一部分，由于要把征收的粮食起运至北京，所以，必然要考虑运输成本、缩短运输距离，所以征收漕粮的地区划定在运河流域的南直隶(以南京为中心的江苏、安徽)、浙江、江西、湖广、山东、河南等六省，前四省征收的漕粮谓之南粮，后两省征收的谓之北粮。

运输之法历经三变。弘治以前为支运法，由州县签派的粮长负责征收起运，送至规定的运河沿岸水次仓交纳。即所谓"里甲催征，

---

① 王琼：《漕河图志》卷三，水利电力出版社 1990 年版。

粮户上纳、粮长收解、州县监收"①。永乐初，南京附近的苏州、松江、常州，浙江的杭州、嘉兴、湖州等府起运秋粮送淮安常盈仓交收。镇江、庐凤、淮扬等地秋粮送徐州广德仓交收。官军以船三千艘支淮安仓粮运至济宁，以船两千艘支济宁仓粮运至通州，每年运四次。所谓支运系指运收的接力传递，最终将粮运至北通州。稍后改为兑运法。永乐末年，民运粮至淮安、瓜州等地直接兑给运军，官方付给运民运输费与相应的损耗补偿费。运军各于两地直接收粮北运，免去交仓的周折，此谓之兑运。成化七年(1471年)，停止兑运法改用长运法，又称为改兑法，即运输官军沿运河两岸州县收粮，民根据路途远近预付损耗费，由各卫所官军全部承揽北运业务。其后粮长只负责征收，不再管理起运至仓交收等事项。"官军长运遂为定制。"②

漕运既是朝廷财政经济的生命线，管理必然是朝廷行政的重点。明初设漕抚负责自瓜、仪至通州运河的管理，下设郎中两人分管南北两段，运道上的各洪闸专设主事一人。又设漕运都御史严督各司官与巡河御史，随时筑坡、疏浚，以保障运道畅通。

总督漕运下设十三总，漕军总计121711名。每船十人，每人运正米37石，分仓收贮，共封标记。推一经验丰富老成之人为纲司，其下有拦头、扶柁等名目，共同协办。旗甲总领之。出纳必公开，由纲司记录在案。有盈余共享，亏损共同担责赔偿。由此确保运输途中无盗失现象。

漕船在景泰至天顺年间保持在11775艘。万历朝为10855艘，其中浅船10509艘，遮洋船346艘。遮洋船体量大，原为海运所用。

① 《续文献通考》卷二，浙江古籍出版社1985年版。
② 王在晋：《通漕类编》卷二，国家图书馆出版社2014年版。

海运废置以后，此船用于内河航运多有不便，只用来海运蓟州军粮。

漕船监造，宣德以后，江南、直隶、湖广等三都司浅船各归曹军原卫所自造。嘉靖三年(1524年)以后，北直隶、山东都司浅船与遮洋船，由清江提举司监造，材料由工部提供。

运河沿线分置漕仓，一方面储粮以备战乱或灾荒；另一方面作为接济北京之用。大运河全程通航以前，徐州设永福、广运仓，淮安设常盈仓，临清设广积、常盈仓，德州设常盈仓。永乐初，淮仓之粮自卫河，太仓之粮自海道，俱云于天津仓。天津、德州二仓所收之粮，运于通州。通州再运往京城内诸仓。永乐十三年(1415年)漕河贯通后，沿岸广置水次仓以便民交粮，官军接受后分段支运。淮河以北以徐州仓为中心，联络临清、德州，直达通州、京师。宣德四年(1429年)，增修京、通、淮、徐等仓，拓展临清仓，共可增容储粮三百万石。其后继续扩容通州仓储量。

通州是大运河的终点，漕粮收发要地。在通惠河淤积不畅期间，通州接收的漕粮都是由陆路运入城内的。成化年间朝廷为此数次整修朝阳门至通州的道路。道路约宽四丈，每五里置一铺，凿井派人看守。道路两侧植柳。路面为石板。"敕工部于兔儿山将旧石板可用者，令在京为事官吏运以甃砌，不足则沿河安山、泗州、徐州、龙潭、苏州产石处采运。"[1]

陆运成本极高，"自张家湾舍舟陆运，遇雨泥泞，每车雇银一两，仅载八九石"[2]。巨额费用，让朝廷不得不重新考虑利用元代开凿的通惠河。成化七年(1471年)十月，朝廷派员往昌平勘查元代通惠河引水源泉的白浮泉，以及宛平、大兴、通州等处旧河道，同

---

① 《宪宗实录》成化九年九月乙巳条。
② 《宪宗实录》成化七年十月丙戌条。

时查阅史籍碑文记述。调查结论得出：闸河原有旧闸二十四座仍存，整修复建可以通航。

但是明代都城墙南移与皇城墙东移，使元代入城水道包在城内，漕船已不能入城。故复航规划的起点放到城南三里河。正统年间，为防护城河雨季水涨造成洪灾，于正阳桥东南低洼处开通河道泄洪，由此出现"三里河"之名。从三里河至张家湾运河口六十余里。

重新疏浚通惠河方案，没有再利用昌平白浮泉作为水源，因为引泉水须流经皇陵区，恐对山陵不利，故弃之不用。而改引玉泉、龙泉、月儿、柳沙等泉水。勘查诸臣共议方案后上报皇上：

诸水其源皆出于西北一带山麓，堪以导引，汇于西湖。见今大半流出清河。若从西湖源头将分水青龙闸闭住，引玉泉诸水从高梁河量分其数，一半仍从皇城金水河流出，其余从都城外濠流转通惠，流于正阳门东城濠，再泄入三里河水闸住并流入大通桥。闸河随时开闭，天旱水小则闭闸潴水，短运剥船，雨涝水大则开闸泄水，以行大舟。况河道闸座见成，不用增造，官吏闸夫见有，不须添设。臣等勘时，曾将庆丰、平津、通流等闸下板七叶，剥船一验可行。若板下至官定水则，其大船亦可通行。止是闸座河渠间有决坏淤浅处，要逐加修浚。较之欲创三里河工程甚省。况前元开创此河，漕运七八十年，公私便宜，后来废弛。今若复兴，则舟楫得以环城湾泊，粮储得以近仓上纳，在内食粮官军得以就近关给。通州该上纳粮储，又得运米都城。与夫天下百官之朝觐，四方外夷之贡献，其行李方物皆得直抵城下卸。[①]

工程按这一规划于成化十一年(1475 年)八月开工，由漕督率漕

---

① 《宪宗实录》成化七年十月丙戌条。

卒从下流向上分段疏浚蓄水。为此朝廷还增设工部专理河道官一员，[①]专门管理并提督青龙等桥、广源等闸及西山一带泉源。

工程历时十个月于成化十二年(1476)六月完成。自都城大通桥至张家湾浑河口六十里。动用军卒七千人，用城砖二十万块，石灰一百五十万斤，闸板桩木四万余根，麻、铁、桐油、灰各数万斤。疏浚泉源三处，增加河闸四座。[②]然而，朝廷投以巨资，并未取得预期效果。元朝通惠河引昌平三泉之水作为水源，并非十足充沛，本次疏浚，又将三泉废弃，仅依靠西湖(今昆明湖)补充水量，因供水微弱，兼之河道狭窄，缺乏停船泊位，漕船首尾衔接，进京者仅几十艘而已，不能如数运粮入京。运河水质含沙，易于淤积，遇雨涨溢，旱则水浅，不到两年，便梗阻如旧，通行不畅。

其后屡疏屡阻，漕粮抵城仍依赖陆运，直到嘉靖七年(1528 年)六月再次修浚，才根本改观。本次工程正视了地理水文气候现实，扬长避短获得相当效果。漕粮转运入京的起点也从张家湾改为通州石坝。大通桥至通州石坝四十里，地势西高东低相差四丈有余，中间设庆丰等五闸。[③]各闸设官吏二人，编夫一百八十人。造船三百艘，每艘造价三十五两，每闸内置六十艘，每艘载量一百五十余石，在水量丰沛的五月至九月之间运行。[④]漕船不再启闭闸门通行，而改用翻坝换船接力方式，从而保持运河水位，提高了运输效率。次年运粮一百九十九万石，节省运费十一万三百余两。[⑤]

由于通惠河的疏浚不能一劳永逸，加上水源供应问题，所以终

①② 《宪宗实录》成化七年十月丙戌条。

③ 吴仲：《通惠河志》卷一，齐鲁书社 1997 年版。

④ 《世宗实录》嘉靖七年六月乙巳条。

⑤ 《世宗实录》嘉靖八年十二月丁亥条。

明之世，通州作为漕运终点的收粮、贮存功能一直是举足轻重的。为此通州城的加固与扩建势在必然。

通州城距京师朝阳门四十里，在潞河西岸。洪武元年(1368 年)，裨将孙兴祖因旧址修筑，外砖里土，城周九里三十步，城墙连垛通高三丈五尺。开四门，东为通运、西为朝天、南为迎薰、北为凝翠。门各建城楼。宣德八年(1433 年)重修城楼。正统十四年(1449 年)，粮储太监李德、镇守指挥陈信，以大运、西南二仓地处西门之外，奏请建城保护。新城连旧城西面，周长七里有余。开两门一为南门，一为西门，各建城楼，城高一丈有余，正德六年(1511 年)，巡抚李贡加高五尺。万历十九年(1591 年)，大加整修，城墙连垛通高三丈五尺与旧城一致，墙厚一丈有余，南门题曰望帆云表，西门题曰五尺瞻天。崇祯三年(1630 年)，总兵杨国栋又加厚新城墙体。旧城东北角与新城西南角各建一座空心炮台，宛如扇形弧长十二丈，高三丈七尺，内分三层，各开炮门。护城河长三千三百余丈，与通惠河水相通可以通漕船。①

通州城扩容且屡次整修加固提高城池标准，完全满足了朝廷接收储藏漕粮的安全需要。通惠河通航以前，京、通漕仓储粮比例四比六，通航以后，朝廷要求两地存储比例为六比四乃至七比三。虽然通惠河通航后，京、通两处漕仓储粮比例发生变化，但是通仓实际储粮量一般都要高过京仓。譬如隆庆初期，漕粮储通仓者三百三十余万石，而京仓二百余万石。②

通州拥有的官仓：大运西仓，永乐七年(1409 年)设立，下辖六个卫仓；大运南仓，天顺朝设立，下辖四个卫仓；大运中仓，宣德

① 《光绪顺天府志》《地理志》三，城池。
② 《春明梦余录》卷三十七。

朝设立，下辖五个卫仓；大运东仓，嘉靖朝裁掉，隆庆朝并入大运中仓。通济仓，永乐十三年(1415 年)设于张家湾，七十廒。

张家湾在通州东南，距京城六十里，东南临潞河。"凡四方之贡赋，与士大夫之造朝者，舟至于此，则市马僦车，陆行以达都下。故其地水陆之会，而百物之所聚也。"①嘉靖四十三年(1564 年)筑城，城周九百零五丈有余，厚一丈一尺，高二丈一尺，内外皆砖包，东南滨潞河，西北环开濠作为护城河，设四门及一便门，水关三座。城中建屋若干楹，遇到事变战争，可以贮存漕舟之粮，并可作为躲避战乱人的房舍。该城设守备一人，率兵五百把守。

五、南海子与自宫人海户

海户指的是被朝廷金充在宫廷苑囿南海子服役劳作的人户。南海子地处京师城南二十里，地理区位上对应城内三海什刹海水域而得名，系皇帝游幸狩猎与宫廷畜养禽兽，种植蔬菜瓜果之所。永乐五年(1407 年)始在元朝下马放飞泊基础上营建，永乐十二年"增广其地，周围凡一万八千六百六十丈"②。其后陆续增建行宫、虎殿、寺庙、七十二桥与两提督衙门。周筑土垣拓展到一百六十里。③初"用北京效顺人充役。后于山西平阳、泽、潞三府州，起拨民一千户，俱照边民事例，给与盘缠、口粮，连当房家小，同来分派使用"④。

---

① 徐阶：《张家湾城记》，见《明经世文编》第三册 2575 页，中华书局 1962 年影印版。
② 李贤：《大明一统志》卷一，三秦出版社 1986 年影印本。
③ 《帝京景物略》卷三，南海子。
④ 《明会典》卷二百二十五，上林苑监。

北京城史记　明代卷

328

由上林苑监按业务分类管理。初置十署，宣德十年(1435年)合并为四署：蕃育署，掌管养殖鸡鸭禽类；嘉蔬署，掌管种植蔬菜；良牧署，掌管饲养猪牛羊；林衡署，掌管果树。初期服役民户统称海户，"永乐年间开设苑囿，佥补海户七百九十四户，有丁二千三百余人"[①]。随着调用人户愈来愈多，按专业又细分为养户、牧户与栽户等。"蕃育署畜养户二千三百五十七家，牧地一千八百二十顷三十四亩。……良牧署牧户二千四百七十六家，草场地二千三百九十九顷十三亩。"[②]两者主要分布在京畿区域，不限于海子之内。"凡苑地，东至白河，西至西山，南至武清，北至居庸关，西南至浑河，并禁围猎。"[③]而海户则变成专指在南海子内服役的民户，分隶于嘉蔬署与林衡署，按专业分为养户与栽户。林衡署栽种地一百十八顷九十九亩，岁供宫廷蔬菜十三万七千五百八十三斤与光禄寺青菜二十四万七千五百斤。

上林苑监虽设左右监正(正五品)、左右监副(正六品)等朝廷官员，但以内府管理为主，设"总督太监一员，提督太监四员，管理、佥司数十员，分东西南北四围，每围方四十里，总谓之二十四铺。各有看守墙铺牌子，净军若干人。东安门外有菜厂一处，是在京之外署也，职掌鹿、獐兔、菜、西瓜、果子。……林衡署、蕃育署、嘉蔬署、良牧署，提督太监一员，各有掌署官一员，贴署、佥书数员，职掌进宫瓜蓏、杂果、菜、栽培树木、鸡黄、鹅黄、鸭蛋、小猪等项"[④]。与户部相关事宜，则由贵州司带管。

---

① 《武宗实录》弘治十八年九月辛卯条。
② 谈迁：《枣林杂俎》智集《逸典》，2006年中华书局版。
③ 《明史》卷七十四，职官志三。
④ 《酌中志》卷十六，内府衙门职掌。

天顺以前，海户逃亡，由"民间佥补"①。随着自宫人口膨胀聚集成为严重社会问题以后，自成化始，不再佥补民户充之，而改由录用自宫人弥补海户缺口。从此，民人海户除了原有的佥充民户后代之外，新增的都是自宫人。朝廷十分清楚，自宫人一旦不能进宫，谋生形势必然更加恶化。所以尽量安排他们充当海户苦役，每人每月给米三斗。入选海户看似与宫廷挂上了关系，却基本上断了成为正式太监的希望，偶遇皇上开恩，也只是挑其年轻力壮的发往地方上的王府效力。自宫人一旦成为海户再难入宫。所以称之为太监边缘人。也不宜计入太监总量中。

自从自宫人成为海户唯一来源以后，宫廷越来越倚重这一方式化解自宫人口日益增多的压力，很快由最初的几百人发展到成千上万。在此，按时序罗列几条历史信息：

成化十一年(1475 年)十二月，礼部奏：近有不逞之徒往往有自宫其弟子侄，以希进用，聚四五百人告乞奏收。有旨：此辈逆天悖理，自绝其类，且又群聚喧扰，宜治以重罪。但遇赦宥，锦衣卫其执而杖之，人五十，仍押送户部，如例编发海户当差。②

弘治三年(1490 年)四月，自宫男子六百二十六名，命发南海子编充海户。③

弘治五年(1492 年)十二月，礼部奉旨查奏：周英等八百三十八名无从查核。又杜刚等二百一十二名，不系先年发遣之数。命周英并杜刚等送户部编充海户。④共一千五十名。

---

① 《英宗实录》天顺元年二月丙辰条：内官保受奏：海户逃亡者几三百户，乞行民间佥补。上曰：俟年丰补之。

② 《宪宗实录》成化十一年十二月丁酉条。

③ 《孝宗实录》弘治三年四月乙酉条。

④ 《孝宗实录》弘治五年十二月壬戌条。

正德元年(1506年)二月，南海子净身人又选入千余。[①]

正德十一年(1516年)五月，收自宫男子三千四百六十八人充海户。[②]

嘉靖元年(1522年)正月，原充南海子海户净身男子龚应哲等万余人诣阙，自陈先年在官食粮，今奉诏裁革，贫无所归，乞恩收召供役。为首四人戍岭南，其余尽逐还原籍。[③]

嘉靖五年(1526年)二月，海户九百七十余人复乞收入。尽逐还原籍。[④]

嘉靖十一年(1532年)四月十七日，巡城御史汪鋐等题奏"各将(礼部)查审过净身男子王堂等共八千七百一十二名，陆续开具到(都察)院案查"。审查以本年三月十五日为界限，此前备案的"王堂等三千五百一十五名收充海户"。"余瑾等一千三百六十二名"，挑选其中年力精壮的拟拨各王府效力。其余的给与执照驱逐还乡。三月十五日以后闻风续到的范玹等一千余人尽驱离京城。[⑤]处理的三部分人数，加起来共六千名左右，还有二千余人未见是怎样安排的，估计也是驱离。罗虞臣《中官传》"礼部请收京师内郡自腐者一万余人。第为三等：上等者，给役宫中；次者，留应各王府补缺；又次者，充海户，皆得岁食粟钱如令"[⑥]。所记就是这件事，但人数多了两千左右，变成了一万余人。而且在处理结果的去向上，增

---

① 《武宗实录》正德元年二月丁丑条。
② 《武宗实录》正德十一年五月甲辰条。
③ 《世宗实录》嘉靖元年正月辛未条。
④ 《世宗实录》嘉靖五年二月戊午条。
⑤ 汪鋐：《题为计处净身以图善后事》。
⑥ 罗虞臣：《司勋文集》卷六，见《明文海》卷四百二十五，1990年上海古籍出版社版。

加了"给役宫中"。但实际上，本次宫廷并未收录太监。除了收充海户与拟拨王府外，其余的都是驱离还乡。可见，同一历史事件，经办人的报告与局外人的事后记叙之间的巨大差异。官员文集在叙述历史事件时，不免对厌恶之事夸大。

嘉靖十五年(1536年)六月，二千一名收充上林苑海户。[①]

成化十一年(1475年)收四五百自宫人为海户时，称"如例"发送南海子，那么，肯定是存在先例的。因此，假定当时南海子已有五百自宫人海户，再加上此次新增的，故以1000人作为基数，考察后来历年的增减变化。

弘治三年(1490年)收626人，此去成化十一年(1475年)间隔十五年。减员率仍按0.03%，(1-0.03)的15次方为0.65，乘以1000，约剩650人，加上新增的约1276人。

弘治五年(1492年)收1050人，此去弘治三年(1490年)间隔二年，(1-0.03)的2次方为0.94，乘以1276，约剩1200人，加上新增的约2250人。

正德元年(1506年)收1050人，此去弘治五年(1492年)间隔十四年，(1-0.03)的14次方为0.65，乘以2250，约剩1463人，加上新增的约2513人。时南海子另有民人"海户一千七百余丁"[②]。

正德十一年(1516年)收3486人，此去正德元年(1506年)间隔十年，(1-0.03)的10次方为0.74，乘以2513，约剩1860人，加上新增的约5350人。

嘉靖元年(1522年)清理缩减海户。《世宗实录》所记以海户净身男子龚应哲为首的万余人"乞恩收召供役"的聚众请愿行动，绝

---

① 《世宗实录》嘉靖十五年六月壬辰条。
② 《武宗实录》弘治十八年九月辛卯条。

不可能都是被精简的海户，其中必然加入许多新增的自宫求职者。且请愿目的也非充海户，而是要求入宫供役。如以海户与新增自宫人对半计算，精简的海户约为 5000 人。显然，正德十一年(1516 年)以后仍曾大量收充自宫人为海户，到嘉靖精简以前，可能达到 10000 人左右。

嘉靖五年(1526 年)再次驱逐海户 970 余人。两次驱逐的结果，自宫人海户骤减，到嘉靖十一年(1532 年)"见在者不过三四千人"。[①]

嘉靖十一年(1532 年)收 3515 人，所剩三四千人按 3500 人算。两者相加 7000 余人。

嘉靖十五年(1536 年)收 2001 人，此去嘉靖十一年(1532 年)间隔四年，(1-0.03)的 4 次方为 0.89，乘以 7000，约剩 6300 人，加上新增的共 8300 余人。

梳理成化十一年(1475 年)到嘉靖十五年(1536 年)六十二年间的九条史料，能清晰看出成化以后，面对自宫人愈来愈多，聚众请愿入宫的压力，选充海户，成为宫廷不得已而行之的惩罚性安抚策略。然而，单纯机械增加海户，到了财政难以担负与南海子劳力过剩之际，便走到了尽头。尽管如此，这一安抚措施却与自宫人的职业梦想大相径庭。自宫本是热望进宫谋得一官半职，选充海户苦役真的还不如当初不自宫在家务农打工。因之，入选海户者不可能放弃入宫信念，不然就不会发生集体反复请求入宫行动。至于个人抉择，不外是想方设法脱逃，另谋进宫机会，包括重新加入社会自宫人请愿行动中。

依照嘉靖元年(1522 年)到嘉靖十五年(1536 年)间自宫人海户数

① 汪鋐：《题为计处净身以图善后事》。

量升降推算，直到明末南海子自宫人海户常态存量约 6500 余人；低谷期在 3500 人左右；高峰期在 10000 人左右。

六、京畿移民与宫庄贵胄田庄

农业社会，国民经济就是农业经济。元末历时十几年的战乱，黄河下游、黄淮平原人口急剧下降，"中原诸州，元季战争，受祸最惨，积骸成丘，居民鲜少"[①]。明一建国，为恢复经济，振兴农业，进行了大规模移民运动。检明太祖、太宗《实录》有关移民记录 66 次，多是从山西移向荒地多而人口稀少之地。规模巨大的洪武朝十次，永乐朝八次。洪武朝主要迁向河南、山东、河北、湖广；永乐朝则主要迁向北京地区。

北京地区经元末战乱人口急剧下降，土地荒芜。元末大都路十四万七千五百九十户，四十万一千三百五十口，洪武二年(1369 年)改称北平府的人口下降到一万四千九百七十四户，四万八千九百七十四口。人口流失达到九成。太祖过世，四年靖难战争，华北地区再次遭遇战火蹂躏，刚见起色的经济又陷入困境。永乐登基刻意经营北京，加快移民步伐，而且政策更为优惠。在此剪辑《太宗实录》系年要录于此：

洪武三十五年(1402 年)九月，迁山西太原、平阳二府，泽、潞、辽、汾、沁五州丁多田少及无田之家到北平耕种，发放钱钞购牛、农具与种子，免租税五年。

永乐元年(1403 年)八月，简直隶苏州等十郡、浙江等九布政司

---

① 《太祖实录》洪武十八年十一月乙亥条。

富民实北京。同时沿用洪武时期罪囚流放京畿边关屯田政策，制定"罪囚北京为民种田"条例，凡徒、流罪犯，除乐工、灶户拘役，老幼残疾收赎，其余有罪俱免杖，编成里甲，并妻子儿女遣送北京、永平等府州县为民种田。

永乐二年(1404 年)九月，徙山西太原、平阳、泽、潞、辽、汾、沁民万户实北平。

永乐三年(1405 年)九月，再次迁上述之地民一万户实北平。

永乐四年(1406 年)正月，湖广、山西、山东等郡县吏李懋等二百十四人愿往北京为民。户部发放路费成行。

永乐五年(1407 年)五月，拨山西平阳、泽、潞，山东登、莱等府州五千户，隶于上林苑监，每户发放路费一百锭，口粮五斗赴北京。

永乐十二年(1414 年)三月，迁发山西等处流民充实隆庆(今延庆)，每户给田五十亩。

永乐十四年(1416 年)十一月，迁山东、山西、湖广流民二千三百余户于保安州，免租税三年。

永乐十五年(1417 年)五月，山西平阳、大同、蔚州、广灵等府州之民愿往北京、广平、清河等宽闲之处耕种者，准许迁移，免租税一年。

在元末与靖难两次战争中，山西尤其晋南地区因其山河相夹的地理优势，易守难攻，幸免战乱，兼之又得上苍眷属风调雨顺，五谷丰登，不但人口增长迅速，而且吸纳了许多逃荒避难之人。洪武十三年(1380 年)统计全国人口近六千万，而山西人口四百余万。且集中在晋南，已具备由狭乡迁往宽乡的条件与需要。当时按"四口之家留一；六口之家留二；八口之家留三"标准迁徙。当代北京郊区带有"营"字的村落地名，多与当初晋南移民留居相关，譬如大兴区的石州营、孝义营、沁水营、解州营、蒲州营、绛县营；顺义区的河津营、夏县营、东西绛州营、红铜(洪洞)营等等不一而足，皆以山西家乡各县命名。中国人安土重迁，离乡背井，不忘故土，因之以旧日居所属县标注新居以示由来与寄托思念，再恰当不过了。

移民种田、屯田之外，还有军屯。卫所制是太祖兵农合一的制度实践，军队分为两部分，一是"操守旗军"，职司守御操练；另一是"屯种旗军"，职司耕种。两者比例，根据战略位置的轻重缓急，有一九、二八、三七、四六与对半之分。通常的是边地三分守城，七分屯种；内地二分守城，八分屯种。每名屯军，根据耕地肥瘠、位置，拨给二十亩到百亩的一份耕地。淮河以北卫所，大都是五十亩为一份。苏州、杭州、嘉兴等富庶之区则在十五亩之内。北方边关要塞多是军屯区，由于地广人稀，份地在百亩以上。官方提供耕牛、农具、种子。军户世袭，单独编籍，一旦入籍，难以变更。

屯军缴纳实物地租称"屯田子粒"，永乐时，屯田一份，纳正粮、余粮各十二石。正粮作为本军口粮，余粮用于本卫官军俸饷。缴纳份额约是收成的一半。由于负担过重，其后一再降低，洪熙元年(1425年)余粮部分免一半，只纳六石，正粮、余粮两项共十八石一并缴入卫所粮仓。正统二年(1437年)免除正粮，只征余粮六石。屯军之田属于国家所有的"官田"。屯军实质上是皇朝的佃农。

靖难以后，成祖将四十八万战斗部队缩减为十二万，其余三十六万，分置顺天府境内的七十八卫，拨田屯种或放牧养马。嘉靖四十一年(1562年)清查在京锦衣等五十四卫与后军都督府所属屯田，原额六千三百三十八顷有余，实在五千五十二顷有余，纳粮二万八千二石。京师军屯自永乐初经过一百六十余年已经走向没落。万历七年(1579 年)再查北直隶各卫所屯田，原额一万六十四顷有余，实在四万三千六百七十八顷有余，增加了三万三千六百余顷。可能是张居正改革整饬的成果。纳粮二十一万九千七百八十一石有余。[①]

京畿经洪武、永乐两朝多次大规模移民屯垦、军垦，经济迅速恢复。弘治四年(1491 年)，北直隶顺天府、永平府、保定府、河间府、真定府、顺德府、广平府、大名府、隆庆(后改延庆)州、保安州八府二州，人户三十九万四千五百户，人口二百七十万九千八百七十七人。其中，顺天府一十万五百一十八户，六十六万九千三十三人[②]。田土总数，弘治十五年(1502 年)达到二十七万四千四百三十三顷。[③]其中，顺天府六万八千七百二十顷。

随着经济增长，社会无论贫富再次聚焦土地。与民争利的皇庄、诸王庄田、公主庄田、勋戚庄田、大臣庄田、中官庄田、寺观庄田迅速增加。

京畿地区的皇庄起源，一般认为始自燕王之藩，太祖赐宛平黄垡、东庄营田亩为王庄。成祖即位后改称皇庄。永乐十九年(1421 年)正式迁都后，两处皇庄划归宛平县管理。

皇庄再次出现于成化年间。"宪宗即位，以没入曹吉祥地为宫中庄田，皇庄之名由此始。"[④]其后蓬勃发展，弘治二年(1489 年)畿内之地，皇庄五处占田一万二千八百余顷。正德九年(1514 年)皇

---

① 《明会典》卷十八，田土。
② 《明会典》卷十九，户口一。
③ 赵官：《后湖志》卷二《黄册事产》，南京出版社 2011 年版。
④ 《明史》卷七十七，食货志一。

庄三十余处占田三万七千五百余顷。①近城则有十里铺、大王庄、高密店、三里河、六里屯、土城等九处。每处皇庄设管庄太监统属官校、庄头、伴当等数十人管理征收子粒银,亩征银三分、五分甚至一钱。征收的银两除接济边饷外,用于赏赐与宫廷开销。嘉靖初年给事中夏言查勘皇庄上报,帝命改皇庄为官地,裁撤管庄人员,由辖区州县官代管,并"征银解部",纳入朝廷财政收入系统。

皇庄绝大部分改归官地后,保留了仁寿宫庄、清宁宫庄与未央宫庄。宫庄与皇庄只是名称不同,性质毫无二致,都是皇室自营田亩。仁寿宫庄位于顺天府丰润县,永乐末年建。清宁宫庄与未央宫庄田亩跨丰润、宝坻、河间等府县,宣德年间续增。三宫庄田历经增减,到嘉靖初年共六十三处占田一万六千一十五顷又四十七亩②,征银三万七千百余两。万历六年(1578年)改仁寿宫庄为慈宁宫庄,清宁宫庄为慈庆宫庄,未央宫庄并于乾清宫庄,征银三万八千八百七十两;万历二十九年(1601年)征银五万一千五百八十七两;万历四十二年(1614年)征银四万九千四百二十五两。③

此外,弘治二年(1489)七月,户部统计诸王、公主、勋戚、大臣、中官庄田共三百三十二处,三万三千一百余顷。④嘉靖九年(1530年)统计四百一十九处,四万四千一百二十五顷。⑤万历九年(1581年)统计三万四千二百七十五顷,其中二万二千七百二十五顷属于

① 夏言:《勘报皇庄疏》,见《明经世文编》第三册卷二百零二《夏文愍公文集》,中华书局1962年版。
② 《明史》卷一九一《何孟春传》。
③ 分见《神宗实录》各年十二月条目下。
④ 《孝宗实录》弘治二年七月己卯(二十三日)条。
⑤ 《明会典》卷十七,田土。

冒滥，应追还照例征银解部。①

无论皇庄还是勋戚权要庄田，土地的来源主要是官田、牧场、重新分配的勋戚权要庄田、藩王的辞田、民田投献与极小部分侵占或购买的民田。除了宫庄所属的田亩比较稳定之外，其他庄田的流转换手率较高。权力伴随财富是古代富人最显著的标志，失去权力则失去财富保障。譬如嘉靖十七年(1538年)四月，孝宗张皇后之弟张鹤龄、延龄兄弟获罪，庄田没收，其中二十四处源自皇上赏赐，共三千八百八十余顷；九处系向皇上奏讨得来，共一千四百余顷；两项共五千二百八十余顷。而自置庄田仅一处四十七顷，位于顺义县。②田亩绝大部分来自皇上恩赏，自置面积不足百分之一。

勋戚权要的庄田总量大致是个常量。基本上循权势增长—乞赏聚财—获罪没落轨迹在权势人物之间先后传递。靠权力短期内聚积的巨额财富大都不能传世长久。因而，通过检索《明实录》之类史料的皇帝赐田或贵胄本人奏讨田地的记录，逐次相加，并不能得出勋戚权要庄田总面积的真实数量，其间的同一地块反复收回赐予，很容易造成面积总量暴涨的假象。只有在弄清庄田收放两组数字之际，才能得出庄田的实际状况。

万历十九年(1591年)十二月，定戚臣庄田之数：皇后家留一百顷传五世。皇贵妃、贵妃家留七十顷传五世，驸马留十顷传三世，多余庄田还官。

庄田土地大都来自官地，官地本属朝廷所有。庄田是典型的凭借政治权力占据国有资产，攫取国家利益行为。本来"钦赐田地，佃户照原定则例，将该纳子粒每亩征银三分送赴本管州县上纳，令

---

① 《神宗实录》万历九年四月乙未条，五月丁卯条。
② 《世宗实录》嘉靖十七年四月丁卯条。

各该人员关领，不许自行收受"①。实际上却是庄家自主经营，"自收其课"，并且千方百计地逃避赋税差徭。

庄头爪牙狐假虎威逼勒小民，诛求无厌，额外取利，"凡民间掌驾舟车，牧牛放马，采捕鱼虾螺蚌茺蒲之利靡不刮取"②。庄田农民称为庄客或田客，除了缴纳较重地租外，还要服劳役。

① 《神宗实录》万历四十三年二月辛巳条。
② 夏言：《勘报皇庄疏》。

明

第七章

都城讲学、结社与首善书院创建

都城社会最显著的特征，无论怎样掩饰，皇权影响随处可见。在一个人与人不平等的社会里，权力可以使一个人服从一个自己内心不愿服从的人，做自己本来不愿做的事，这一事实即是权威的感召吸引与影响的力量。

显然，都城社会意识与文化的正统性权威性特征，不管这一特征存在多么深刻的制度渊源，都不得不承认这是权力集于皇帝的结果。虽然颂扬中的皇帝形象并不等于现实生活中皇帝个人真实面目，但只要一提都城文化的权威性，必定是一统之君的。正统权威性揭示了都城社会结构的一个基本事实，即在都城之内存在着一个按政治等级排列符合皇朝章法的角色体系。朝廷全体官员及其依附人口以皇帝为中心组成一个等级森严的都城社会。等级尽管森严，朝廷却从来没有禁止阻碍等级之间流动。

都城文化的正统权威性主要表现在意识形态上。都城意识形态与皇朝意识形态毫无二致，两者是一码事。一般来说，只有民族的哲学与国家的主流意识形态，而少有区域地方哲学与地方意识形态，这也就是为什么把哲学、语音学、语言学、艺术史归类为人文科学，而把政治学、社会学、法学等归类为社会科学的原因。都城社会展示的哲学思想、社会政治思想既是官方的，同时又是民族的。

官方哲学与官方意识不一定就不存在内部冲突，同样是孔孟之道的传人，同样是志在君父的仕宦学者，在对皇朝奉为经典的阐释上就不断产生分歧，甚至针锋相对势同水火。皇朝认可的程朱理学就遭到由理学调教出的文官王守仁心学的挑战。明初诸儒，皆朱子门人之支流余裔，学术之分则自陈献章、王守仁始。献章"孤行独诣，其传不远，而王守仁别立宗旨，显与朱子背驰，门徒遍天下，流传逾百年"①。

心学风行于世，与理学对立，看似能毁掉官方哲学的根基，历史却没有产生如此结果。实际上，心学与理学的冲突始终没有冲破亲亲、尊尊的礼法界线，这是皇朝正统主流意识的内在冲突，因而非但没有减弱道学政治功能，反而促进了正统理论的活力与传播。朝野重要人物大都愿意通过对道学的诠释来树立个人政治形象与社会形象。黄宗羲说"有明事功文章，未必能越前代，至于讲学，余妄谓过之"②。

心学与理学的冲突往往与朝廷朋党集团之间的冲突混在一起。自嘉靖朝大礼仪之争起至万历、泰昌、天启三朝的三案，完全围绕着皇朝礼法与道德这一中心展开。在激烈的争论中，官员学人显然对理论采取了实用态度。心学与理学的选择并不能作为划分朝廷上不同政治集团的标志，相反，不同集团之间的理论思想界限相当模糊。事实上，同一集团内的人大致拥有相似或相同的政治利益，而个人思想境界与理论素养则大相径庭，甚至出现口是心非，貌似理学而内心心学的现象。血缘意识、地缘意识、政治共识、集团利益、个人志向、寻求满足或报复他人、意气相投等等才是团聚朝廷官员结成不同派系集团的纽带。集团的理论价值取向往往采取为我所用的实用态度，而不管其源于理学还是心学。明代学人一再强调的"代圣人立言"立论方式，不过是披上圣人神圣虎皮而自行其是的谦辞而已。

朝廷既然尊经学为官方意识，必定千方百计使之传播深入人心，尤其对士子学人进行道德礼制驯化，朝廷一刻也未放松。

---

① 《明史》卷二八二，《儒林传序》。
② 黄宗羲：《明儒学案》发凡，中华书局 1985 年版。

一、最高规格的讲席——经筵

京师内皇朝最高级的经学讲读空间，首推皇帝的"经筵"。经筵在文华殿举行，其密者每日举行，称之为"日讲"，稀者亦有数年不举行的。一般而论，每年春秋两季间隔十日举行一次。届时，皇帝出席，公、侯、九卿、大臣盛服侍列，羽林之士环列听讲。

朝廷开设经筵在于引导皇上走上经学礼制治国的正轨，要求听讲之际，"凡所未明，辄自清问；若复有疑，更加详诘。讲官或讷，则侍班诸臣佐之而复解详释，旁引曲喻，必待圣心洞然明悟而后已。凡圣贤之旨，帝王之道，与夫理欲危微之所以辨，知行精一之所以尽；以及人臣何者为贤，何者为否；政事何者为得，何者为失；天下因何而治乱，历代因何而兴亡。若此之类，皆必讲之明而无疑，乃可行之笃而无懈"[①]。

经筵讲学实质上是君主与文官集团相互协作、相互制约的政治活动，也是君臣面对现实讨论对策的重要形式。一方面，君主通过经筵获得纳谏好学的圣君形象。皇帝虽然至高无上，但作为一个人，同样需要接受经学经典的训练，皇帝的正确性与能力不可能与生俱来，一定要在与文官集团的有效合作中产生，理论上赋予皇帝的智慧实际上是文官集团的集体智慧；另一方面，文官集团通过经筵达成君臣之间的理论共识。同时也为每一位"学术纯正、才识超卓、持己端方"的人，提供了为君师的机会或希望。虽然经筵更代入值之臣不过一二十位，而且都选自朝中公卿、侍从文学之臣，却足以

---

① 杨守陈：《开大小经筵以讲学疏》，见《春明梦余录》卷三十二。

使全体官员与志在君父的读书人仰慕。因此，虽然经筵实际讲读空间很小，其意义却是社会的，早已越过宫墙、都城的壁垒，变成朝野注目的讲席。科场选士与经筵进读的神圣召唤，激励着士子的志向，鼓励着经久不息的读书仕进的热潮，在这一前仆后继的潮涌中，不知曾埋葬了多少皓首穷经、至死不悔的失败者，但幸运者的辉煌永远光照人间，后来者愿意把他们作为榜样，朝着这一方向做不懈努力。

实际上，政治上的讲学不同于书斋学术，更不同于科学探索。经典文献原经旨式的章句考证或发明并非政治家与官员非追求不可的事业。皇帝与文官集团看重的是法定经典文献的实用性与政治引导力，面对经常出现的政治现实问题，通过援引经典章句，论证对策预案的必要性与可行性。

经筵所讲经典与所有士子学人苦读的经典毫无二致，只不过经筵更突出了政治实用性。经筵开出的经典书目，不外四书五经，诸史则《资治通鉴纲目》等这些皇朝流行的书籍。关键在于详细陈说，反复举证，务必"讲明圣贤之格言，图维治平之要道"①。每次经筵讲学设置的主题都来自现实的政治行政问题，决非泛泛空论。历朝政府与政治家在遇到政治、社会难题时，大都不由自主地选择在历史与道德中寻找解决方法。君臣互动赋予经筵"有资于治"与"惕然警省，务除人欲而循天理"②的期待。皇帝通过经筵为全体臣民树立了表率，从而对社会精神生活产生深远影响，特别是对都城社会的作用更为明显。

经筵进讲是那一时代文官士子终生的信念与梦想。都城内集中

---

① 倪岳：《伏闻圣旨勤御经筵疏》，见《春明梦余录》卷三十二。
② 王鏊：《国家经筵之设疏》，见《春明梦余录》卷三十二。

了皇朝大部分文官与四方来会投身会试的举子。他们无时无刻地把做君师辅朝政兴王业当作人生价值实现的最高目标。只要投身于读书仕进潮流，似乎没有一个人能超出对这一理想的追求，孔孟学说陶冶的社会精英，一时一刻也不能忘记君父与社会责任。经筵讲学无疑有助于正统学说传播与坚持官方理论的权威性与唯一性。

京师之内除经筵而外，尚有为储君、翰林院庶吉士及监生、生员而设的讲学活动。储君是皇位继承人，在他成长过程中，进行严格的礼法教育与政治训练是皇室与皇朝利益的根本需要。若是储君年纪幼小，那么到了八岁左右便一定要出阁讲学，如果届时不行，全体文官便会请求皇上立即举行。

二、都门结社与诗文创作理念歧见

明代诗文风格与创作旨趣，随着时代演进变化而流派纷呈。洪武朝以宋濂、刘基为首的文风现实恢宏；永乐到成化期间，三杨(杨士奇、杨荣、杨溥)台阁体雍容华贵歌功颂德；弘治年间李东阳的茶陵派文风隽永启迪心性；正德前后，以李梦阳、何景明为首的前七子指斥八股文风，首倡复古；不久以王慎中、唐顺之、归有光为代表的唐宋派与之对抗，反对雕琢泥古，主张文必出于心胸；嘉靖到万历期间，以李攀龙、王世贞为首的后七子承继前七子衣钵，主张文必秦汉，诗必盛唐；遭遇袁宗道、宏道、中道三兄弟的公安派与钟惺、谭元春竟陵派的挑战。

京师叱咤文坛的引领人物，身份具有鲜明的共通之处：其一，普遍身兼官员与文人双重身份，青史留名并非源于政绩卓著，而是诗文成就；其二，除了后七子的谢榛与竟陵派的谭元春之外，都是进士出身，前七子中的康海还是弘治十五年(1502年)状元。皆经历过严格的四书八股训练，始终把孔孟之道作为创作的思想源泉，认为道盛则文盛；其三，皆在京师留下深刻足迹。

值得一叙的是成化至弘治年间，李东阳以内阁大学士身份主持诗坛，文人从者如流而形成的以其籍贯命名的"茶陵派"。这是古人重视个人祖宗地缘出处意识的表达方式。其实，李东阳的先世早已迁居北京，其《墓志铭》记其先祖"洪开初以戎籍隶燕山护卫，后改金吾左卫"。李出生于北京，六岁至八岁蒙恩入顺天府学肄业，十六岁顺天乡试中举，十八岁中进士并成功入选翰林院庶吉士。从此一帆风顺，历任朝廷要职，直至大学士，从未外任过地方官职。正德十一年(1516年)过世，葬于西郊畏吾儿村迁京后所建的祖坟(今海淀区魏公村)。因之，与其用"茶陵派"，不如直接用李之号"西涯"冠名，更能体现诗派的源流与特征。

诗以言志，文以载道，诗文创作实际上是个性化的，因而，关于如何表现，如何创作，诗人作家向来各执一端，歧义纷呈。前后七子主导文坛时期，伴随着唐宋派异见，前期王慎中、唐顺之等人指摘李梦阳、何景明等人复古之弊端；后期茅坤、归有光与李攀龙、王世贞等人针锋相对。前后七子皆力主文必秦汉。唐宋派则将唐宋文列入必读范畴，反对一味模拟秦汉文，摒弃佶屈聱牙而提倡文通字顺直抒胸臆，为让唐宋文流行，茅坤编《唐宋八大家文钞》164卷印行。尽管如此，李攀龙、王世贞等后七子因其诗文造诣与身份地位的影响力，深受社会追捧，主导明中后期文风百余年。

晚明诗文复古之风日渐衰微，万历年间李贽、焦竑、徐渭等人主张诗不必古选，文不必秦汉，直接影响了袁氏三兄弟。袁氏三杰因是湖北公安人，故其创作主张称为公安派。宏道乃其翘楚。

袁氏三杰皆是进士出身，都与北京结缘深厚。宗道字伯修，号玉蟠、石浦。万历十四年(1586年)会试第一，选庶吉士，授编修，官至右庶子。居官十五年"不妄取人一钱"，四十一岁去世，囊中余金无几，以致难于归葬。身为长兄，堪称表率。宏道字中郎、无学，号石公、六休。万历二十年(1592年)进士，万历二十三年(1595年)出任吴县知县，两年后辞官而旅行。万历二十六年(1598年)，应长兄宗道之约来京城任顺天府学教授。两年后补礼部主事，旋告病还乡。中道字小修、少修。万历四十四年(1616年)进士，历任徽州府学教授，南京吏部郎中。他曾去湖北麻城拜访过李贽，折服"童心说"。

公安派主张诗文创作"独抒性灵，不拘格套"，作品呈现清新活泼，自然率真特点。追随者有江盈科、陶望龄、黄辉、雷思霈等人。"性灵"系指作家个性真情显露，袁宏道说"出自性灵者为真诗"，而"性之所安，殆不可强，率性所行，是谓真人"。雷思霈说"言人之所欲言，言人之所不能言，言人之所不敢言"。江盈科说"以心摄境，以腕运心，则性灵无不毕达"。公安派打破了七子摹古文体窠臼，然而由于逃避现实，寄情酒色山水，缺乏社会实践，创作题材不免狭小。其文学理论方面的建树超过作品成就。

万历二十三年(1595年)春，袁氏三兄弟相聚京师，与汤显祖、董其昌、王图、萧云等人结社。始从地域亲缘文学结社走向全国。半年后宏道、中道离京。只剩宗道"寻得三四朋友"数日一会，谈学论道。[①]三年后，三兄弟再次相聚京师，遂在西郊崇国寺共同组建"蒲桃社"，同仁诗文唱答，与"七子"针锋相对。此后三年余，

---

① 袁宗道：《白苏斋类集》卷十六，上海古籍出版社1989年版。

有暇"则聚名士大夫，论学与崇国寺之葡萄林下"，至暮始归。①万历二十八年(1600 年)八月，宏道、中道离京。九月，宗道病逝，社务转衰，直至万历三十年(1602 年)受李贽案件牵连，遭到弹劾而终结。

袁氏兄弟记北京景物诗文甚多，譬如宏道的《满井游记》《游高梁桥记》，袁中道的《游高梁桥记》等。满井在东直门外，高梁桥在西直门外。这一东一西游记，记录当时北京的生态环境。满井系指水位高至井口，证实昔日北京曾是一座水源丰沛的城市，物换星移，满井飞泉冬夏不竭的自然景观已经远去。

公安派之后不久，又出现以钟惺代表的竟陵派。钟惺字伯敬、景伯，号退谷、止公居士，湖广竟陵人。万历三十八年(1610 年)进士，授行人，曾任工部主事。他与同乡谭元春继承性灵说之余，却不满意公安派作品的俚俗、肤浅，而以"幽深孤峭"风格匡救，刻意追求字斟句酌，语言佶屈。因之，比起公安派，诗文创作题材更为狭窄，文风走上艰涩隐晦极致之路，追随者有蔡复一、张泽、华淑等人。刘侗《帝京景物略》就是竟陵派典型风格的作品。

三、仕宦讲学与何心隐、李贽悲剧

京师生活着皇朝绝大部分文官，他们大都兼具文人与官员双重角色。农业社会经济模式的单一性，极其缺乏吸纳人才的其他经济部门，上流阶层在非官营事业方面的出路甚少。朝廷容纳了绝大部分社会精英，但并不能保证每位都能有事可做。皇朝需要营造君主

---

① 袁中道：《雪珂斋集》卷十七，上海古籍出版社 1989 年版。

权威与有效的行政系统，同时，为了避免专权，也必须有意拆解官员权力使之相互制约。因此，财政投入的相当部分必定消耗在官员与官员、衙门与衙门之间权力制衡上。追求行政效率是建立在政治系统安全与权力集于皇上基础上的。任何时代，效率追求总要让位于体制安全。在这一意义上，君主专制的延续是靠保持权力制衡格局与牺牲部分行政效率与官员个性获得的。事实上，在皇朝治人行政过程中，不管是否出于自愿，官员常是因循的例行公事的，似乎很少有通过政绩而获取声誉机会。可以确信，官员的剩余精力仍十分充沛，必然要找到释放出口，一般而论，大都释放于诗文、经学、书画、文玩与女色之上。古代许多文官永垂史册，往往不是因为政治军事业绩，而是凭借诗文、经学、书画的伟大成就。

官员自发聚拢讲学与以诗文书画文物自娱有类似之处。同样是宣泄剩余精力，聚众讲学却非纯粹个人学术生活，而是集体的政治生活。讲学内容始终以经学为核心兼援佛道精辟为己所用。宗旨不外乎明德新民与物理伦常。

天启朝以前京师讲学"率寄迹于琳宫梵宇黄冠缁流之所居"[1]。嘉靖十八年(1539 年)，徐阶返京任司经局洗马兼翰林院侍读，与邹守益、罗洪先、端晓、赵时春、唐顺之等结交切磋学问之道。嘉靖三十一年(1552 年)徐阶入阁，与礼部尚书欧阳德、兵部尚书聂豹、吏部尚书程文德在灵济宫聚徒讲学，嘉靖三十三年(1554 年)达于极盛，"学徒云集至千人"[2]。嘉靖三十五年(1556 年)以后，主讲诸公或去或殁，仅留徐阶一人，讲坛不能继续下去。嘉靖三十七年(1558 年)，太仆寺少卿何迁从南京晋京，复推徐阶主盟，仍在灵济

---

① 叶向高：《首善书院记》，见《天府广记》卷三。

② 《明儒学案》卷十七。

宫讲学，然何迁名位不高，资望尚浅，号召乏力，无人响应。①

都城讲学旋寂旋盛，不曾间断。这是都城人文精神展现形式。城市之间的人文精神差异，归根结底取决于常住人口的成分与学养。都城汇集了皇朝精英学者，彰显的文化厚重，学养深邃，学识精道，让其他城市难望其项背。

都城讲学使那些愿意思考、勤于思考的志在闻道之人获得了机缘，带他们走上思想启蒙之旅。其中何心隐、李贽事迹尤受关注。

阳明心学传人流派林立，其中泰州一脉，自王艮开山之始，便力主"明哲保身"之学。可是，泰州再传之人多个性倔强、思想活跃，行为张皇快意恩仇，往往不能善终，与"明哲保身"立意背道而驰。诸如颜钧曾下狱，徐樾疆场战死，何心隐处死，李贽自刎于狱中。个人主张与行为冲破经学樊篱，必定遭到官方打压。

何心隐本名梁汝元，字柱乾，号夫山，吉州永丰人，嘉靖二十五年(1546年)三十岁时中江西乡试解元。闻王艮良知之学，遂投王艮再传弟子颜钧门下。

嘉靖三十八年(1559年)，何心隐曾在家乡永丰构建"萃和堂"聚族而居，"身理一族之政，冠婚、丧祭、赋役，一切通其有无"。②这是《礼记》大同理想社会的一次实践，与意大利文艺复兴时期的康帕内拉"太阳城"乌托邦描述极其相似。只不过，后者还停留在纸上。人类追求平等和谐的理想社会，中外并无差别，差别只能表现在理论依据、文化传统与操作层面上。萃和堂实践可谓是最早的中国式乌托邦，在宗法社会中寻求平等和谐的田园生活。聚族集中缴纳赋役，抵制官府横征暴敛超额盘剥，必然引起官府打压，适逢

---

① 徐学谟：《世庙识余录》卷十，中国书店1991年线装本。
② 《明儒学案》卷三十二。

永丰县强征皇木银两，心隐为此致函讥讽县令，下狱问成绞罪，聚和堂随之解散。

心隐后经同门程学颜营救出狱，随即北上，在京师开馆收徒，四方之士，方技杂流无不从之，甚至还有民间秘密会社人物参加。期间，卷入扳倒严嵩的政治预谋，事泄惧祸改姓更名离京。从此浪迹天涯，萍踪不定，南至八闽，东至杭州，西至重庆，又至道州，后流寓湖北孝感聚徒讲学。时张居正柄政禁止讲学，尽毁天下书院。心隐著《原学原讲》，抨击其禁止讲学政策，并欲再次来京"上书阙下"，遭到朝廷明令通缉。心隐避之泰州，再避之祁门。万历七年(1579年)，在祁门被捕，押解至武昌，九月二日以谋反罪被湖广巡抚王之垣杖杀狱中，时年六十三岁。

何心隐之死是出自张居正指令，还是王之垣献媚权相，难下定论。不过，心隐在此前十九年避难京师时曾与张居正见过面，居正当时任翰林，尚未发达。嘉靖三十九年(1560年)，耿定力居间介绍，张何二人会面，在座的有耿定向、定力兄弟、大兴县令吴哲。叙谈结束，定向提议张何二人相互品评。居正谓心隐"时时欲飞，第飞不起耳"。心隐谓居正"居太学，当知《大学》之道云"。会见结束，心隐出来抚膺高蹈，谓予兄弟曰："此人必当国，杀我者必此人也。"[①]

李贽，字宏甫，号卓吾、温陵居士、百泉居士等，福建泉州人(一说南安人)，回族。嘉靖三十一年(1552年)福建乡试举人，以家贫道远不再上公车，而选择直接进入仕途。他一生四次进京。除第一次守制服满来京候选之外。其余三次，恰是他斑斓悲壮一生的三处紧要节点：志于闻道广学求教蓄积待发；标新立异讲学布道名满

---

① 耿定力：《胡时中义田记》，见《何心隐集》附录，中华书局1960年版。

天下；惊动朝廷下狱自割终了人生。

李贽被视作时代的叛逆者。追溯其思想历程，发端于来京参与讲学。如果没有京师讲学的启迪，李贽就不能成为历史上的李贽。嘉靖四十五年(1566 年)，李贽第二次进京，完全是为了闻道。他自二十九岁至四十岁的十二年当中连丧二子二女，孤楚惨然之状可想而知。为了挣脱内心痛楚，重新思考人生，他毅然来京求学闻道，而不计较官职低收入少。当人生陷于凄凉迷茫之际，处于什么样人文环境与交往什么样人，与平复个人苦楚的关系极大。他在《阳明先生年谱后语》说"余自幼倔强难化，不信道、不信仙释。故见道人则恶，见僧则恶，见道学先生尤恶。年甫四十，为友人李逢阳(字维明，号翰峰，白下人)、徐用检(字克贤，号鲁源，兰溪人)所诱，告我龙溪王先生(王畿)语，示我阳明王先生书，乃知得道真人不死，实与真佛、真仙同"①。

徐鲁源是李贽走上闻道之途的导师。他在京从赵大洲(贞吉，字孟静，号大洲，蜀内江人)讲学，劝李贽参加，而贽不肯同去，遂出示手书金刚经说"此不死学问也，若亦不讲乎"。贽始折节向学。②

除李、徐两人外，李贽闻道还得益于李材。李材(字孟诚，别号见罗，江西丰城人)是阳明亲传弟子邹守益(字谦之，号东廓，江西安福人)的学生，"专发挥阳明先生良知之旨，以继往开来为己任。其妙处全在不避恶名以救同类之急"③。隆庆三年(1569 年)岁末，李材至京任刑部主事，李贽深为其说打动。期间，与师友李逢

---

① 李贽辑《阳明先生道学钞》卷一，明万历三十七年武林继锦堂刻本复印本。
② 《明儒学案》卷十四。
③ 《明儒学案》卷一。

阳、郑汝璧、喻均、黄绰、陈栋等人讲学论道，李贽很快领悟王学良知说宏旨，不久，因"厌京师浮繁，乞就留都"，①离京去了南京任刑部员外郎。

李贽第二次晋京，"五载春官，潜心道妙"，奠定了他日后成为一代思想家的理论基础。这五年讲学活动是北京史上的大事。意识活动主宰了人类物化活动的样式，对社会价值取向、价值判断、审美、情趣等一系列经常发生的选择性行为起着决定作用。潜移默化、不由自主的文化合力，养成了社会思维惯性。而时代思想先驱向来是逆势而上，直面现实，挣脱束缚，挑战传统。

隆庆四年(1570 年)至万历五年(1577 年)的七年间。李贽在南京与焦竑、耿定向、耿定理兄弟、王畿、罗汝芳相识交游。

万历五年(1577 年)李贽任云南姚安知府，三年后离职归隐，万历九年(1581 年)应湖北黄安耿定理之邀，往天台书院讲学。万历十二年(1584 年)十月，移居麻城，次年三月定居麻城芝佛院。万历十六(1588 年)年夏天剃发绝俗，却未受戒，也不唪经。

万历二十五年(1597 年)九月，李贽第三次由山西大同进京，住西直门外高粱河极乐寺。万历二十七年(1599 年)春与焦竑结伴前往南京，期间在济宁、南京曾两次会见利玛窦。万历二十八年(1600年)回麻城，遭灭顶之灾，官方授意暴徒烧毁芝佛院及预造的藏骨墓塔。李贽不得已避居商城黄檗山中。

万历二十九年(1601 年)，李贽第四次进京。革退御史马经纶闻其困境，遂接至通州，住莲花寺。不意此行竟成了他人生归宿之旅。万历三十年(1602 年)闰二月，礼科给事中张问达弹劾李贽，措辞严厉，谓"近闻贽且移至通州。通州离都下仅四十里，倘一入都门，

---

① 何乔远：《闽书》卷一五二，福建人民出版社 1995 年版。

招至蛊惑，又为麻城之续。望敕礼部檄行通州地方官，将李贽解发原籍治罪。仍檄行两畿各省，将贽刊行诸书，并搜简其家未刊者，尽行烧毁"①。随之李贽被捕入狱，三月十五日，呼侍者剃发，夺剃刀自割喉咙，在血污中挣扎了两日，十六日离世。享年76岁。马经纶收尸葬于通州马寺庄迎福寺侧(今通州西海子公园内，墓园尚存)。

李贽思想深受阳明心学与禅宗影响。曾师事王艮之子王襞，服膺何心隐与罗汝芳，发挥良知说而成童心说。童心就是真心、初心，人生初始一念之心，未曾污染的我心，万事万物俱在一念之中。这与心学"吾心便是宇宙，宇宙便是吾心"、禅宗的"万法尽在自心"一脉相承。人生在世倘若长久保持此心必能在做人上绝假还真。

李贽一生以异端自居，主张个性自由、社会平等、功利主义，反对思想禁锢与说教空谈。无论讲学还是著述，始终关怀社会，痛斥批判诸多社会痼疾，尤其厌恶伪道学而不留丝毫情面。不可否认，明代中叶作为官方意识的道学愈来愈僵化，已沦为思想禁锢，欺世盗名，追逐利禄的工具。道学家以"圣教""道统"面孔处世，实际上，却是"辗转反复，以欺世获利，名为山人而心同商贾，口谈道德而志在穿窬"②。道学家说教本就是"但要我说得好耳，不管我行得行不得也。既行不得，则谓之巧言亦可"③。

李贽从不粉饰自己，自我评价称"其性褊急，其色矜高，其词鄙俗，其心狂痴，其行率易，其交寡而面见亲热；其与人也，好求其过，前不悦其所长；其恶人也，既绝其人，又终身欲害其人"。

① 《神宗实录》万历三十年闰二月乙卯条。
② 李贽：《焚书》卷二，"又与焦若侯"，中华书局1975年版。
③ 李贽：《初潭集》卷十六，"隐逸"，中华书局1975年版。

读其文则其人可知，文字激烈犀利，议论横空出世，实是时代先导，让人震撼。同时思想内在抵牾也随处可见。最鲜明的莫过于主张自由却又拥戴君主专制。历史上。排斥禁锢回归人性自由思想诉求比较常见，而在讨论如何实现这一理想时，无不寄希望于权力清明与权力赐予。这一悖论思想之旅曾在历史上徘徊很久而不能冲破君权专制理论牢笼。

李贽与时代的文官学者一样，不管派别如何，意见如何，大都把做君师、辅朝政、兴王业当作人生价值终极目标追求。梳理李贽人生轨迹，思想脉络，理论构架，不难发现他为之奋斗的理论创新与实践，所用概念、范畴与价值观，无一不是儒学传统的。他曾极其自负地宣称"倘有大贤君子而欲讲修齐治平之学者，则余之《说书》，其可一日不呈于目乎？"[1]而对另外一部个人著作《藏书》评价更高，谓之"乃万世治平之书，经筵当以进读，科场当以选士"。[2]可见，这位时代叛逆象征人物，并未摈弃"经筵进读"与"科场选士"期盼，终究还是要在治人之政上实现人生最高境界。

李贽悲剧不仅是个人悲剧，也是那一时代的悲剧，折射出都城精神的博大与肃杀。博大荟萃成就了李贽闻道志向，带他走上思考人生、思考社会之途，满足了他闻道初期的知识需求，儒、佛、道诸家各流派的学说任其学习体会，从而构建思考支点，成就他的汪洋恣肆狂直狷介。然而，肃杀正统断送了他性命，都城讲学脱离不了主流意识形态窠臼。朝廷对危害政治安定的人或事，从不留情面。对于事关政治安全的情报或指责，通常选择宁可信其有立场。皇上及其指派的办案人员不会也不可能通读李贽卷帙浩繁的著作，早已

---

① 李贽：《续焚书》卷二，"自刻说书序"，中华书局 1975 年版。
② 《续焚书》卷一，"与耿子健"。

先入为主做出有罪推定。断章取义一向是政治上排除异己的利器。攻讦者挟朝廷之势，一开始就陷对方于有罪境地。身陷囹圄的被攻者无论怎样辩解，都无济于事。司案人员并不是那些攻讦者，没有兴趣也不具备相应理论素养听懂被攻者的抗辩。他们只是奉命行事量刑惩罚而已。

李贽本不必死，判罚也非要他性命，只是递解原籍交地方官看管。然而，这位年近八十的老人，早已悟彻生命终结意义，此前发下"他日荣死诏狱"宏愿，终于等来了机会，最终选择了自裁，真可谓求仁得仁，死得其所矣。一生抱负才学不能得到皇上知遇，却能死于皇上诏狱，亦是一种"名满天下"的终极荣誉。

四、首善书院

京城文官士子讲学的兴衰与当朝首辅大学士的好恶相关。明代以大学士身份倡导躬行讲学的首推嘉靖朝的徐阶，而同样身为大学士却厉禁讲学的则当推万历朝的张居正。张居正当权年代，曾尽毁天下书院。其时京城内虽无书院，但文官公余聚于梵宫琳宇讲学，亦遭重创，不能继续。一倡一禁的历史过程，折射出当权者个性与价值偏好。任何时代的政治业绩都难以抹掉执政者的个人色彩。实干型政治家大都迷信权力意志，不喜欢众议纷纭，而道德型政治家似乎更愿意保持传统，看重道德稳定社会的作用，从而把聚众讲学视为构建道德社会的重要途径。

对于讲学来说，倡也好，禁也罢，政治社会作用始终是双重的。在思想上，都城讲学能团聚文官集团，使官方哲学在讲解讨论中得到充实与发展，钦定经典的建构更合理更广博，传播更广泛更深入人心，同时为皇朝所有的读书人树立起表率。但是，由于思想的活跃也极易背离讲学主旨而衍生自由主义、泛神主义、怀疑主义等思想倾向，这些思想倾向或思想萌芽向来被朝廷视作洪水猛兽，须臾不能容忍。在政治上，京城讲学活动虽然有助于官员与士子广学博识修身养性，但是，在政治问题常被道德化时代，聚众讲学为热衷道德表现的仕宦提供了表演舞台，往往高谈阔论乃至大言欺世，进而在庙堂上，遇事便道德评价先行，置急务不顾，延误决策行政，让急需解决的具体问题进一步恶化。

都城讲学也是朋党门户朝野相通的渠道，为投机分子谋求晋身加爵提供了攀龙附凤的便利条件，促进意气相投、利益相求之人结成政治同盟。显然，对都城讲学无论提倡还是禁止，同样会使当权者陷于两难境地，无论怎样选择，受益必然付出代价。对于业已形成讲学习惯的仕宦集团来说，禁止要比听之任之难得多。因此，张居正倚仗当国权势厉行禁止，只能暂时奏效，随着他过世便烟消云散了，讲学之风顿时死灰复燃，成燎原之势。

京师首善书院就是在张居正尽毁天下书院以后四十余年，由朝廷一些高级官员共同创建的。这是永乐迁都以后，城内的第一座正式书院：

首善书院，明天启二年(1622年)建，在宣武门内，为总宪(都察院左都御史)邹公元标、冯公从吾讲学之所。京师首善之地，道宫梵宇，鸱吻相望，而独无学者敬业乐群之处。邹公以总宪，冯公以副宪(都察院左副都御史)起，同至京。各道御史购书院一所于宣武内东墙下。两先生朝退公余，不通宾客，不赴宴会，辄入书院讲学。绅衿有志于学者，环而静听，或间出问难，无不畅其怀来，一时转相传说，咸知顾名义，重廉耻，士风为之稍变。未几，逆珰(魏忠贤)用事，郭允厚、朱童蒙辈相继疏论，以讲学为门户。未几杨公涟二十四罪之疏上，附珰者嗾珰，谓此皆门户中人也。党祸大作。倪文焕、张讷等奏请毁书院，弃先师木主于路左。壁有记为叶公向高文，董其昌书，并碎焉。①

书院位于宣武门内东城根，面对城墙，由五厅十三道御史集资一百八十两，购民舍改造而成。讲堂三间，后堂三间供奉先师孔子。书院被毁以后，礼部尚书徐光启曾在此修历，名为历局。清承明后，仍令西洋人居此编制时宪书。东邻利玛窦创建的天主教堂。

自万历十年(1582 年)张居正过世，讲学随之开禁到天启二年(1622 年)首善书院创建的四十年间，万历十一年(1583 年)至万历十三年(1585 年)，仕宦公余讲学在演象所，月有讲会。邹元标、冯从吾入京之初，讲学在都城隍庙百子堂。

中国历史上自宋代始有鹿洞、鹅湖书院聚徒讲学。明代学校—科举制进一步程序化，以词章德行为选材标准，官办学校遍及府县，网罗精英纳入教育系统之中。久而久之，流弊亦生，求学之士往往盯住功名利禄而忘记修身养性。因此，"贤士大夫欲起而维之，不得不复修濂、洛、关、闽之余业，使人知所向往。于是通都大邑所在皆有书院"②。显然，设立书院并非政府行为，而是仕宦名儒号召集资兴建的，意在纠正官方学校育才偏颇，伸张官方哲学宏旨。由于书院以研修理学意趣深精义为宗旨，参与其间的现任或退休官员极多，所以不免讲论朝政与社会现实问题，因之，评论朝政得失与高官政绩操守优劣也就成了晚明书院讲学的重要内容。书院不同

---

① 《天府广记》卷三，《首善书院》，北京古籍出版社 1982 年版。
② 《春明梦余录》卷五十六。

于学校，没有直接与科举选拔挂钩，人文环境相对自由宽松，学生来此研习经典，能够表达个人意见，进行学术争论。从这一视角上考察，明代北京城内长时期没能建起书院也不足为怪，书院极易孕育催生的自由精神、怀疑精神与都城正统意识水火不容。

直至晚明才出现的首善书院存在时间甚短，不过三年。当时的天启帝是一位喜好木工而懒于政事的青年人，因此，才会放任官员自行其是，建起讲学书院。天启四年(1624年)六月初一日，左副都御史杨涟弹劾魏忠贤二十四大罪，被捕入狱惨遭毒刑拷打。天启五年(1625年)八月诏毁天下书院。首善书院首当其冲，率先被毁。

首善书院被毁后，未能重建，不久明朝就走到了尽头。如果从永乐十九年(1421年)正式迁都算起至明亡，都城225年当中，书院历史只是短暂的一页。但这短暂一页留下了深刻历史记忆，仕宦文人笔记文集多有记叙。

在晚明政局纷扰，统治江河日下之际，都城讲学实际上是向社会传递庙堂舆论与党争信息的渠道，通过聚众讲学扶正去邪，弘扬道德精神。然而，历史已不止一次证明，道德沦丧用道德号召振兴，效果总是显得苍白无力。没有哪一个衰败朝代能够通过道德振兴起死回生逃脱灭亡厄运。极具讽刺意义的是，讲学反对者否定讲学同样也在使用圣人之教与皇朝利益作为理由。这一政治冲突纠缠的因素过多，因而，评价时需从政治、社会效果来说明。

假如单纯从道德追求初衷上看，都城讲学有助于官员维系操守，启迪仕宦的政治良知。冯从吾说："宋元不竟，以禁讲学之故，非以讲学之故也。我二祖(太祖、成祖)表章六经，天子经筵讲学，皇太子出阁讲学，讲学为申令。周家以农事开国也，国朝以理学开国，臣子望其君以讲学，而自己不讲是欺也。"①人们在鼓吹自己政治道德主张时，为了推销个人主张往往罗列种种派生利益以证其正确，而不愿深思或公开讨论主张一旦付诸实施将要伴生的弊端。思想主张一旦外化就不再是逻辑演绎，难以逆料之事不免发生，常让主张者措手不及。

明代文官似乎养就了遇事道德先行信念的思维定式，修身齐家治国平天下原则，冲淡了个人、家族乡里、国家、社会诸范畴之间界限，从而把个人道德追求当作一切事业成功的法宝。"人心邪正，系于学术，法度风俗，刑清罚省，进贤退不肖，舍明学则其道无由。"②这种直线式逻辑尽管立意神圣目标高远，但要在实践中全如预想那样，则难上加难。世界上不同价值体系之间存在着相互冲突的立场，面对外部世界复杂与内心冲突的现实，人不得不经常选择妥协与相对主义。指望日常生活都具有道德性质，只能在伪道学家的作秀中找到。讲学鼓吹者所能创造的只会是狂热执着的宗派，而绝对不会有助于皇朝团结。

京城内的经筵讲学、皇太子出阁讲学以及为庶吉士、监生、生员等开的专讲与仕宦公余聚徒讲学，都是朝廷正统意识传播灌注的形式。皇朝有效地建起对都城社会的智力统治与精神统治，君主意识形态渗透整个社会，迫使全体臣民尤其是都城居民接受朝廷的价值、道德、信仰、意识。皇朝通过掌握思想文化主权，诱导被统治者把官方意识形态的一般准则当作生活常识接受下来。

都城社会基本上是政治社会，经济增长并非都城生活追求的首

---

① 《明儒学案》卷四十一，下册。
② 《明儒学案》卷二十三，上册。

要目标。个人命运改观与收入丰厚完全不必依赖社会经济增长,由学入仕与夤缘投机获取富贵是改善个人及其家庭现状最常见方式。两种方式,前者是朝廷提倡社会赞许的,后者则是历史人文传统,广为社会默认。京城内存在诸多"谊"的关系,如乡谊、年谊、姻谊、世谊、师生之谊等,曾为很多人步入上流社会提供了方便,而讲学恰恰为参与者构筑社会关系网络创造了机遇。

明

第八章

学校科举制

一、国子监

明朝拥有严密的官办学校制度。在京师设立国子监(国学)，地方上府、州、县、卫所各设一座官方学校。国学与府县学校相维，创制于唐代，宋元因之，明朝继承这一制度，并且进一步深化完备。永乐迁都北京后，南京作为留都保留了国子监，所以北京的国子监称北监，南京的称南监。

国子监位于城北安定门内，胡同即以本监命名。永乐二年(1404年)二月，正式迁都以前，改北平府学为北京行部国子监。[①]永乐十八年(1420年)改称京师国子监。正统八年(1443年)秋整修"左庙右学，高广靓深"[②]。弘治十四年(1501年)修缮。嘉靖十一年(1532年)重修时，购买附近民地扩建了堂室大门。[③]

国子监正堂彝伦堂七间，即元之崇文阁。中一间设皇帝幸学之座，东一间为祭酒、司业办公之所。堂前为露台，台南中为甬道通向太学门，长四十三尺。甬路东西为墀，监生列班于此。后堂三间，东西各讲堂三间，药房三间。转而东为绳衍厅三间，鼓房一间，率性堂、诚心堂、崇志堂各十一间；西为博士厅三间，钟房一间，修道堂、正义堂、广业堂各十一间，与率性等三堂相对。六堂为诸生读书学习的课堂。

太学门之外为集贤门三间，门前为通衢，东西各立一牌坊，题为国子监。街东西各建一牌坊，题为成贤街。

---

① 洪武元年(1368年)徐达攻克大都，改元国子监为北平府学。
② 《英宗实录》正统九年三月癸丑条。
③ 文庆，李宗方等纂修《钦定国子监志》卷十，北京古籍出版社2000年版。

明代把学校与农桑作为治国要务。朝廷深信"天下未有不教不化而能治者"原则。遍及皇朝府县的学校,接纳通过科举初级考试——乡考的生员。被府县学录取的童生始称生员,俗谓秀才。一个志在公卿的青年学子,仅通过乡考还不能步入政界,若想做官,出路有两条:一是参加乡试,考中举人,由此获得从政与参加会试的资格;另一是被府县学校推荐为贡生,入国子监学习,毕业后通过拔历进入政界。

国子监的学生按其身份与入学方式分为四种,举人称举监,生员称贡监,高官子弟称荫监,捐资称例监。同样是贡监又分岁贡、选贡、恩贡与纳贡四类;荫监又分官生与恩生两种。另外在监读书的还有年龄三十以下的不曾任事的公侯伯与勋臣子弟,以及被称为夷生的藩属与外国学生。

监生中比较特殊的是例监,源于朝廷开纳捐之例,普通富民得以援例出资入监读书。如自景泰元年(1450 年)正值土木之变,边警急迫,遂令捐粮马者入监读书,名额限定一千人。不过,在极为重视科甲功名出身的官场,例监从来不被视作正途出身。所以,在考核录用时也仅能获得州县佐贰官或府首领官之类的低级职位,留京任职者多分配到光禄寺、上林苑监等次要办事机构,自愿赴偏远之地就职的,则任以云南、贵州、广西及各边省军卫有司首领之职。

监生在监读书最初至少要四年。入学之初,已通《四书》而未通《五经》者,入正义、崇志、广业堂学习,一年半过后,文理通畅者升入修道、诚心堂继续研习,再过一年半,经史兼通、文理皆优者升入率性堂。自此开始积分。一年之内考试十二次,满分为十二分。四季轮回,每季的第一个月考经义一道,第二个月考论一道,诏、诰、表内选一道,第三个月考经史策一道,拟作判语两条。判分标准，文理皆优者得一分，理优文劣者得半分，文理俱差者不得分。一年之内累积八分者为及格，准予毕业，不及格者仍留监肄业。

监生毕业分配到各衙门实习，称为历事；指定某位监生到哪个衙门见习称为拨历。历事制度始自洪武五年(1372 年)。建文二年(1400 年)修订《监生历事考核法》，将监生历事成绩分作上、中、下三等，上等选用，中下等仍旧实习一年再考，再考列上等者选用，中等者依才任用，下等者回监继续读书。

监生获取拨历资格，一开始以入监年月作为依据，但入监时间早，不见得在监时间就多，有的人因丁忧、省祭，在家滞留长达七八年，一旦回监，即得拨历，明显有失公允。针对这一弊病，朝廷屡次整饬，但终因技术能量缺失，"文移往来，纷错繁揉，上下伸缩"，而不能彻底根除这一弊端。天顺朝以后，根据监生多少与朝廷现实需求而定拨历坐监年限长短。一般来说，监生多时采取历事法定时间长的选用坐监时间短的，反之，历事时间短的，选取坐监十年以上的。

明初，监生仕途比较通畅。时值政权开创之际，百业待举，对官员需求量较大，所以经过短期训练的人才，很容易找到或被分到合适位置。当朝廷的行政系统已经全面形成之后，对官员的需求就会锐减，机构人员编制一定，年补充官员人数就接近一个常量。同时，常量增幅中的配额比例随着历史推移也发生了变化，朝廷愈来愈重视进士的选任，而对监生愈来愈轻视。另外，与监生同在一途的举人，仕途资格要优于监生，构成对监生出路的威胁，分去的配额也比较大。因此，监生不可能梦想再像明初那样受到朝廷的特殊关照。

监生社会政治地位下降，仕途不畅，必然导致社会竞争监生兴趣的降低与朝廷缩减监生名额。譬如正统朝压缩了府县学校岁贡监生的名额，规定府学每年贡一人，州学三年贡两人，县学两年贡一人。洪武、永乐朝在监读书的监生保持在几千人，多时近万人，而降低输送名额以后，低谷时在监读书的仅六百人。因此，不久就又恢复了洪武二十五年(1392年)旧制，府学每年贡二人，州学两年贡三人，县学每年贡一人。即使如此，监生总量也未达到极盛时期。

岁贡名额一经确定，这部分监生的年输送量也就随之固定。影响监生总量起伏的因素来自优贡、恩贡与例贡。朝廷为化解府县生员贡监名额过紧的压力，常常每隔三五年在法定名额之外再增选一些人入监读书。这样本年的监生总量必定增长。不言而喻，为朝廷庆典或新皇登极而新增地方恩贡与开捐新增的例监，都要促使当年的入监人数猛增，而如此一年的增量将影响几年乃至十几年在监读书的人数。朝廷体恤士子优待生员的做法与解决财政危机的举措，虽然可以展示皇恩获取拥戴与缓解燃眉之急，但是政策激动人心的效果总是短暂的，那些有幸成为监生的幸运者，不可能一直保持满足幸福心情而不发生变化，不久就陷于出路问题的困扰。无论如何，府县学通向国学并不是监生的最终梦想，只有顺利毕业找到合适职位才是人生读书学习阶段的终结。

历朝在监人数究竟如何，选取几年数字开列如下：

永乐十九年(1421年)9884人；

宣德四年(1429年)4893人；

正统十四年(1449年)4426人；

景泰五年(1454年)5179人；

天顺八年(1464年)5833人；

成化二年(1466年)6020人；

正德三年(1508 年)1326 人；

嘉靖十九年(1540 年)2151 人。

从以上各年监生总量比较，可以看出成化以前为四五千人，正德以后在一千多人到二千多人。①

监生总量并不等于实际在监人数，按照国子监的建置规模与宿舍状况容纳四五百人已显拥挤，极限也就是千人左右。决不可能容纳四五千人一同就读。景泰四年(1453 年)"国子监监生不下二千余人，俱仰给官廪，费用实繁，乞存留年深者一千人听候差用，其余年浅取拨未到者，俱令回还原籍，依亲读书"②。五千余名监生，只有一千人在监，而且还包括历事者。

这一国子监建筑空间人员起居容有量的推证，还可以从清代扩建国学的事例中得到证实。清代继承了明代国子监，雍正九年(1731 年)，此去明亡 87 年，祭酒孙嘉淦疏奏："直省拔贡必须在监居住者三百余人，六堂难于栖止，查国子监门外方家胡同官房一所，旧有三百余间，今只存一百四十二间，与国子监相去数武，恳恩赏给国子监衙门。臣等于每年公费银两内动支修葺，令拔贡及助教等居住其中，就近肄业。诏从之。"③六堂原来已有三百人，再加三百人，校舍即难容纳，可见，几千人无法集中同时在监读书。事实上，监生未得正式官职以前，拥有监生身份可以长达几十年，朝廷允许监生依亲、存省或在家读书，因此，平日在监的人数并没有想象的那样多，通过毕业出监与轮换在监读书来解决校舍不足的困难。

监生历事分正历与杂历，在京衙门各有分配名额，历事性质不一，期限不同：

---

① 《春明梦余录》卷五十四。
② 《英宗实录》《景泰附录》景泰五年三月戊午条。
③ 《钦定国子监志》卷十。

衙门	工作内容	名额	时间	备注
吏部		41	3个月	
户部		53	3个月	
礼部		13	3个月	
大理寺		28	3个月	正历满日上选
通政司		5	3个月	
行人司		4	3个月	
五军都督府		50	3个月	
户部	写本	10	1年	
礼部	写本	18	1年	
兵部	写本	20	1年	
刑部	写本	14	1年	
工部	写本	8	1年	杂历年满日上选
都察院	写本	14	1年	
大理寺	写本	4	1年	
通政司	写本	4	1年	
都察院	随御史出行	42	1年	
衙门未注	清黄	100	3年	
各色办事	写诰	40	3年	万历时改为一年满
	续黄	50	3年	日上选
	清军	40	3年	
天财库	办事	10	3年	
承运库		15	1年	
司礼监		60	1年	原为短差满日上选
尚宝司		6	1年	
六科		40	1年	
都察院	随御史刷卷	178	不定	事完上选
工部	清匠	60	不定	
礼部	写民情条例	72	半年	
光禄寺	刷卷	4	半年	
	修斋	8	半年	
	参表	20	半年	短差满日回监
	报讣	20	半年	
	斋俸	12	半年	
锦衣卫		4	半年	
兵部	查马册	30	半年	
工部	大木厂供事	20	半年	
后府	磨算	10	半年	
御马监		4	半年	
正阳门		4	半年	
崇文门		3	半年	
宣武门		3	半年	短差满日回监
朝阳门		3	半年	
东直门		3	半年	
阜成门		2	半年	
西直门		2	半年	
安定门		2	半年	
德胜门		2	半年	

合计名额：正历 194 人，杂历 134 人，办事、短差及专项等 599 人，历事日满回监 228 人，合计 1155 人。所谓满日上选，系指考核合格送吏部候选，遇有空缺，依次授官；考核平常者则需在原衙门重复历事一回；差者仍回监继续读书。不过，绝大部分历事监生都能获取合格的考定。各衙门也不会故意从中作梗，毕竟监生的仕途出路不由历事衙门决定。衙门只是监生见习的单位，即使该衙门相中某人才干，也无权将其留下。监生历事考核合格即可视为正式毕业，拥有了做官资格，但毕业是一码事，谋到职位又是另外一码事。弘治朝"监生在监者少，而吏部听选至万余人，有十余年不得官者"①。究其原因，乃是成化朝监生人数过多造成的。监生仕途壅滞，候选人员过多，是由入监人数与毕业年限不确定决定的。监生入学量增加必然造成就业压力自不必言，而在监时日不确定，则必然铸就毕业出监量的波线，从而在峰值时，候选人员骤增。

　　监生享受官费生活。永乐二年(1404 年)，北京国子监生按京师(南京)国子监生待遇标准补助：一年之中，三月至十月底，每日三餐，每人供米一升；十一月至次年二月底，每日二餐，每人供米八合五勺。如监生有家小，本人日支米，三月到十一月期间由一升减至六合九勺，十一月至来年二月不减，其家每月可领米六斗。集体用餐，每人每天按标准供应：食用青菜三两、腌菜一两五钱、黄豆一合磨成豆腐、盐三钱，酱二钱、花椒五分、香油三分、醋每四人一瓶，面三天一餐每人八两、做馒头肉馅四两、酒糟三钱、豆粉一两做汤，干鱼三日一食，每人二两，每人日支柴二斤。宣德三年(1428 年)停止集体会餐，用作馒头馅的肉，逐月依照时价折钞发给监生，由顺天府都税司门摊课钞内支取。干鱼椒盐等料仍支取本色。正统

---

① 《明史》卷六十九，《选举志》一。

七年(1442 年)，鱼料亦折支钞贯，其他粉汤、豆腐等一律折支麦豆。

监生读书至晚须照明，灯油每日支用五钱。夏季昼长夜短，五月中至八月中期间则不提供。课仿纸大尽(三十天的月份)三十一张，小尽(二十九天的月份)三十张。

正统十年(1445 年)规定，监生之家优免二丁二石赋役。

监生生病死亡，相应医疗与料理措施齐备。正统十年(1445 年)，令顺天府派十二名医生，监生生病于本府医治给药。弘治十四年(1501 年)又规定，监生病故，由国子监移文顺天府，发放银三两购置殓具。兵部给予口粮与脚力费，递送回乡安葬。[①]

监生生活状况大抵处在都城社会中等水准。监生还不是官却享受官费与准官员待遇，乃是官之下，民之上阶层，因此，这一亦官亦民，非官非民，处于流动状态的人群，恰恰可以用作判别都城社会阶层生活水准的参照标准。

国子监管理是衙署式的，其主官不但管理教学、教务行政等校内之事，还要参与朝廷礼仪事务，并可以对朝廷要事决策发表意见，其职司繁重：

祭酒，掌国学举人、贡生、官生、恩生、功生、例生、夷生、幼勋臣教训之事。司业为之二。修古乐正成均之政令，造以明体适用之学，以孝弟、礼义、忠信、廉耻为之本，以六经、诸史为业，以升堂、积分、及格、叙用之法而励翼之。不率者，扑之，不悛者，徙谪之。以廪饩膳师生，以力役给厨膳，以赐予示恩赉，以宁假悉人情，以拨历练吏事，以考选汰冗滥。岁仲春秋上丁日祀先师，则总其礼仪。上谒先师，幸太学，祭酒、司业执经进讲，有讲章。

其属有监丞，坐绳愆厅，参领监事。诸师生怠教，不率教，及

---

① 《明会典》卷二百二十，《国子监》。

膳廪不洁，并纠惩，书识之，而坚明其约束。博士坐博士厅，分经训授。助教、学正、学录坐正义、崇志、广业、修道、诚心、率性六堂，专教诲，严课程，讲说经义，导纳之规矩。典簿典出纳文移，受支金钱，为师生馔，季报诸生课业仿书以听于翰林，岁杪奏上。典籍掌经史子集及制书。掌馔掌饮食。[①]

　　了解国子监组织结构与教育行政内容，就不难体会皇朝投资培养监生的政治目的，经典与伦理构成监生必修之课，而民生技术等则不在学习范围之内。这是标准的政治训练班而非近代国民教育意义上的学校。国子监被纳入皇朝礼制机构序列中，与礼部、翰林院、詹事府、司经局声息相通，诸司官员号为清望官，升迁补职较快，乃至入阁为相。

二、顺天府学

　　除国子监以外，京师最重要的学校就是位于内城东北教忠坊的顺天府学。

　　洪武朝北平府学利用的是元朝的国子监。永乐初，改北平府为顺天府，北平府学升为顺天府学，并依京师首县不设学例，撤消宛平、大兴两县学，将两县学生员一并归入顺天府学，并迁址于大兴县学。大兴县学系由元朝太和观改建而成。府学改名搬迁以后，原北平府学仍恢复旧用成为北京国子监。顺天府学建立后，历朝不断修葺扩充。

　　永乐九年(1411 年)，同知甄仪建明伦堂，东西斋舍。永乐十二

---

① 《春明梦余录》卷五十四。

年(1414年)，府尹张贯建大成殿，并于明伦堂后建楼作为宿舍。宣德三年(1428年)，府尹李庸重新修缮，并请大学士杨荣题记。随着时间推移，校舍"日就颓毁，无以称京学当先之意。……顾其旧址，四边多为军民侵，而不足以扩充堂构"①，正统十一年(1446年)七月，府尹王贤重修，工程浩大，正统十三年(1448年)十二月完工。学校扩大，设施完备，虽然不能与国子监相比，但比起地方府县学则宏伟壮丽，堪称京师一处胜景。成化元年(1465年)，府尹张谏、阎铎相继修拓，并请大学士商辂题记，记叙扩建工程：

顺天府儒学，永乐初改建，至是几七十年，虽数加葺治，率因陋就简，未能侈前规者。乃成化改元，府尹张君谏，相旧斋庑逼近堂庙(明伦堂、大成殿)，辟东西地广之，堂之北创后堂五间，左右房各九间。庙之外，戟门、棂星门皆撤而新之。学之门，树育贤坊二，东西对峙，示壮观也。张去，继为尹者阎君铎，锐意学政。凡前工未毕者，既皆足之，复念士乏栖止，劳于出入，择堂斋前后隙地，悉建号房，通五十余间。重建学外门。三门、庙各庑皆易朽以坚，而加藻饰焉。学后而北，民居错杂，购而拓之为厨库，为射圃。崇墉广厦，焕然一新。②

万历八年(1580年)，督学御史商为正再次重修。万历十六年(1588年)督学御史杨四知建尊经阁。万历十八年(1590年)，暑雨淹旬，庙学损坏，府丞李桢重建。万历四十一年(1613年)，府尹乔维升又大修。历朝修建扩充始能保持学校的规模。综计殿堂房舍，大成殿、明伦堂而外，东西庑各九间，东西斋各十五间，尊经阁五间，省牲所、致斋所、文昌阁、名宦祠各三间，另有敬一亭、魁星楼等。

① 陈循：《重修顺天府学记》，见《光绪顺天府志》《经政志》八。
② 商辂：《重修顺天府学记》，见《光绪顺天府志》《经政志》八。

府学隶属于顺天府，设儒学教授一人，训导四人负责教务教学。普通府县学生员定额：府学 40 名，州学 30 名，县学 20 名。但顺天府为朝廷首府，故其名额扩大为 60 名。

顺天府学生员与地方的府县学一样，法定名额内的生员，官方每月补助粮六斗，故称之廪膳生员，简称廪生。随着历史推移，后来之人倍感进学困难，为此朝廷不得不普遍成倍扩招，只不过财政投入未相应提高，扩招进学的称增广生员，简称增生，同时不再发放补助。扩招后，府县学在学人数翻了一倍，府学 80 名，州学 60 名，县学 40 名，顺天府学 120 名，有效缓解了读书人进学的压力。为时不久，名额又满，朝廷再次走上扩招之路，也不再限定名额，凡考试合格者即可入学，称为附学生员，简称附生。增生、附生虽不能获得官费补助，按照嘉靖二十四年(1545 年)《优免则例》规定，与廪生一样享受免二石二丁赋役的优惠。①增生、附生入学后只要在岁考中，成绩列在一等前几名，视廪生有空缺，依次递补，附生补增生，增生补廪生。顺天府学廪生 60 名，增生 60 名，附生不限名额，如果以 150 到 200 名计算，府学生员常态保有量在三百名上下。

顺天府学生员入学，须通过州县、府考试后，最终由提学御史(又称督学御史或提督学政)考试决定。宛平大兴两县因无县学，属籍童生直接参加府试。正统元年(1436 年)始置提学官专使提督学政。南北直隶俱用御史。天顺六年(1462 年)颁布提督敕谕十八条。

府学之外又有社学。社学是里坊之间的学校，与私塾、家塾等私人学校家馆性质相通，是儿童读书发蒙的学校。明代地方政府在提督学政的推动下，于乡里俱设社学，"择立师范，明设教条，以

---

① 王圻：《续文献通考》卷二十一，优免则例，北京现代出版社 1986 年版。

教人之子弟。年一考较，择取勤效，仍免为师之人差徭"①。城内三十六坊，每坊设立一所社学。早在明初北平府时期社学即已创立。

国子监、顺天府学、京师各坊社学以及地方上的府县学，皆非现代国民教育意义上的学校。学校设置的课程与考试是地地道道的政治伦理事务，教学由官方指定有功名的人充任讲师，绝无宗教神职人员参与其间。当世俗与宗教的理性法学与理性神学为了理想目标，成为社会需要时，欧洲中世纪的基督教大学应运而生了。②中国古代的学校虽然产生甚早，但是学校的官办性质与办学方针、目标、任务、内容，都注定这样的学校不能发展为容纳数学、自然科学、地理学、语言学等等综合多学科教育的学校。

皇朝牢牢地把握经学礼制传统，精神工具现实之极，清醒之极。长期运用圣教充满智慧的格言，囿于注解发挥，不利于其他学科理性工具思维的发展。世界上，那种公开演说反复论辩相互碰撞的理性工具，最早在希腊城邦国家萌芽成长，中国春秋战国时代亦产生过类似的文化现象。然而，在没有形式司法只有礼法相合相依治国模式的后来历朝中，春秋战国时代那种碰撞激发的理性工具未能深入升华，形成独立的方法系统。不过在同样意义上，礼制伦理逻辑却发挥得淋漓尽致，思维缜密、论理条格十分清晰。皇位制度、科举制度、文官制度均认为对礼制伦理以外的任何政治方案、理论、技术的探讨，都不合时宜于事无补，而且还可能搅乱政局威胁皇朝安定，进而引起社会对制度存在合理合法性的深度怀疑，因此，断然拒绝争鸣讨论。

---

① 《提督学校官敕谕》，见《春明梦余录》卷五十五。
② 〔德〕马克斯·韦伯：《儒教与道教》，王容芬译，178页，商务印书馆1995年版。

三、京卫武学

明初都南京时，建文四年(1402年)始置京卫武学。不久永乐登极予以废止。

迁都北京后，宣德十年，英宗继位即昭告天下卫所皆立学。正统六年(1441年)五月设京卫武学，隶属兵部，置教授一人，训导六人，由提学御史兼管。创立时学员有都指挥官纪达等五十一人以及幼官朱广等一百人。两个月后再增选都督以下各官子弟才气兼优、家道殷实者四十人入学。

武学分成六斋，正堂为名伦堂，六斋名居仁、由义、崇礼、弘智、惇信、劝忠。教材有《四书》《武经七书》《百将传》《大诰》《武臣历代臣鉴》《古今名臣嘉言善行》等。学员每人每月支米三斗。①补助仅是顺天府学廪生的一半。俗谓穷文富武，系指习武之人的身体消耗及衣帽鞋袜的消费远在习文之上，需要较多投入。可是朝廷却没有作出较大的财政支持，恰好反映了皇朝重文轻武的传统治国路数。

武学初设，未见专门的建校工程，时各衙署建设方兴未艾，尚不及此。八年之后，发生土木之变，英宗被俘，武学遂废。天顺八年(1464年)十一月恢复京卫武学，选择城东太平侯张軏旧第作为校址，②地处黄华坊禄米仓东侧，从此留下因学而名的武学胡同。成化元年(1465年)四月重申旧规，斟酌增减，教官、学员每月补助仍

---

① 《英宗实录》正统六年七月壬寅条。
② 《宪宗实录》天顺八年十一月丙辰条。

维持米三斗。学员大都来自幼官勋臣武官子弟。一般年龄在十五岁到二十五岁。幼官源自武官世袭制度。京卫武官故去，应袭职子弟年幼，先令其读书，待到十五岁正式袭职。至于学制年限并未做出严格规定。在校学习期间，随时可以参加科举、武举以及会举。

嘉靖十五年(1536年)四月，兵部以武学规模狭小，报皇帝批准，将武学迁至皇城西南隅大兴隆废寺。①

伴随武学恢复，同时重开武举考试。洪武元年(1368年)开始文武分科取士，洪武二十年(1387年)七月停止了武科。天顺八年(1464年)制定武科选举法。京师武科考试分为策略问答与弓马两项。答策二道，骑射中四箭，步射中二箭以上者，官自本职量加署职二级；旗军舍余人授以试所镇抚，民人授以卫经历，月支米三石。答策二道，骑射中二箭、步射一箭以上者，官自本职量加署职一级，旗军舍余授以冠带，总旗、民人授以试卫知事，月支米二石。

成化六年(1470年)武举会试，取中刘良、鲁广等六人为武进士。武科会试虽然恢复，但时举时停，远不如科举制度严密规范。录取名额起伏较大，成化年间多者七名，少者二名。弘治年间多者三十二名，少者十五名。

弘治六年(1493年)始定武会试间隔六年，在九月举行。弘治十七年(1504年)缩短为三年一次。考试分作两场进行，初试策略，再试弓马骑射，头场未通过，不能参加二场考试。正德十四年(1519年)增为三场，第一场验骑射，靶距35步；第二场验步射，靶距80步；第三场策略问答一道。嘉靖元年(1522年)规范武科乡试、会试时间。乡试在子午卯酉年的十月九日、十三日、十五日三天举行。中选者，次年的四月九日、十三日、十五日三天参加会试。嘉靖十

---

① 《世宗实录》嘉靖十五年四月甲午条。

七年(1538年)再改武科会试日期于九月。会试在北京举行，由兵部负责，翰林官二人为考试官，给事中、部曹官四人为同考官。武会试录取名额万历三十八年(1610年)定为一百人。

崇祯四年(1631年)仿照科举殿试之例，首开武会试殿试。录取120人。经过殿试，钦定一甲三人：王来聘、翁英，张再庚。随即金殿传胪唱名。王来聘立授山东副总兵。此前武科没有殿试程序，会试第一名会元即称状元，其余考中者都称武进士。经过殿试的武状元，王来聘是第一位。

崇祯帝提高武会试等级的做法，乃是急需优秀军事人才平定内忧外患战乱所作的选才努力，不过未经几科，明朝就走到了尽头。

武学及武举选拔并没有像朝廷期待的那样，训练选拔出优秀军事人才，"学虽立，而卒无干城出其中者"[①]。在现代军事出现以前，文官重科甲资历，而武将重行伍。著名将帅多出自行阵军伍的历练之中。

四、功名层级与录取比例

科举考试分三级：乡考、乡试与会试。乡考是府县与提学官的考试，录取生员(俗称秀才)进入府学或县学；乡试是各省从生员中录取举人的考试，三年一次，每逢子午卯酉年的八月初九日、十二日、十五日在省会举行，时值仲秋，故称秋闱。北直隶八府两州录取举人的考试称作"顺天乡试"，辖区涵盖今天的京津、河北大部与河南、山东两省小部区域；会试是从举人中录取贡士的国家考试，

---

① 《春明梦余录》卷五十五。

间隔也是三年，每逢丑、辰、未、戌年的二月初九日、十二日、十五日在北京举行，时值仲春，俗称春闱。会试由礼部主持，所以又称礼闱。

通过乡考进入府县学校的生员若想再考举人，必须要通过提学官的"科考"才能获得参考资格。朝廷派往各省的提学官一任三年，举行两次重要考试：一为岁考，关乎附生、增生、廪生之间的递补与黜落；二为科考，这是生员参加乡试的资格考试，取中者称"录科"，才能参加乡试。录科人数基本上是按乡试额定录取人数的二十到三十倍划线，宽严各朝有所不同。显而易见，录科生员再参加乡试的中举率分别为：二十倍的 5%，二十五倍的 4%，三十倍的 3.3%。乡试名额扩大，科举生员才能放量。以北直隶顺天乡试为例，乡试录取名额：洪熙元年(1425 年)50 名；宣德七年(1432 年)增至 80 名；正统六年(1441 年)增至 100 名；景泰四年(1453 年)增至 135 名；隆庆五年(1571 年)增至 150 名；万历二十二年(1594 年)增至 170 名；天启二年(1622 年)增至 190 名。乡试定额扩大，科举生员入围人数随之增加。实际上，早期的准考生员入选率较低，因而中举率相对较高。譬如，成化二十二年(1486 年)与弘治七年(1494 年)顺天乡试，录科生员皆为 2300 人，取 135 人，差不多是 17 人录取 1 人。乡试中举率达到了 5.8%

录科生员的中举率并非全体生员的中举率。若以全体生员视角审视中举率，随着附生招收不再限额，乡试中举率变得更低。景泰以后，全国生员总量很快超过二十五万。因之，乡试贡额逐渐放量，增量间隔在景泰朝以前大约 15 年左右，其后，每次增额大都集中于两京与云贵。以两京为例，洪熙元年(1425 年)北直 50 名，南直 80 名，天启元年(1621 年)分别增至 190 名和 160 名。尽管如此，但乡试贡额扩充始终赶不上附生扩招，因此，乡试参考资格的录科考试就把更多的生员拒之门外。嘉靖以后，录科入选率平均约 10%，全体生员的中举率千分之四左右。

南北两直隶相比由初期的南多北少，到正统六年(1441 年)南北持平皆 100 名，再到万历元年(1573 年)变成南 160 名北 170 名。这一变化反映了被选作都城的城市发展与朝廷决策之间的关系。南直地理物产得天独厚，人文荟萃，且初为都城后又为陪都，拥有较多的解额顺理成章。北直若非京师所在地，无论如何也不会获得如此厚待。明代顺天府共考取举人 2084 名。①

乡试成功中举，来年春天便可上京参加会试。参加会试，最初无磨勘之制，随着举人名额的扩充，考试作弊滥竽充数着日渐增多。所以，考前磨勘之制应运而生。万历十三年(1585 年)二月，礼部会商建议执行核卷制度：

为照士子三试墨卷誊写送部，名为公据。朱卷犹未解部也。续经言官建议，朱墨二卷一并解部，不许誊写，真迹尚在，一有物议，即可取而评之，公私立辨，法甚当也。顾行之未久，旋复如故，殊失解卷初意。今科臣万春象议要于各省直揭晓之后，即将朱墨真卷解部，本部会同该科辨验是否原卷，通行严阅，如有文理不通者，量行奏斥一二，以示戒惩，相应依拟。……即于揭榜三日之内，发解试卷。

磨勘原卷之外，礼部又建议增加会试前的复试：

锁院复试，关防搜检，一切如故。……试题大要明白正大，经书论策四篇而止，比照中式卷不甚相远，即准中式，其荒谬不堪者，

---

① 张吉午：《康熙顺天府志》卷七，中华书局 2009 年版。据明代进士与举人名录统计相加而成。除特例外，进士皆曾是举人。

请旨斥落为民。被参举人，或有当年丁忧与自揣不堪迁延规避不赴会试者，行原籍起送。如中途称病及到部称病不出或被参在逃者，即行除名，不必复试，并咨到司，坐以应得之罪。[①]

磨勘、复试制度建立以后，确实让一些侥幸或作弊中举的人恐慌，为他们参加会试增添了麻烦。举人若想放弃会试选择直接做官，只有愿充当县学教官，方可不参加会试，若不想做清苦的教官，则必须参加会试，不中，方可赴吏部听选。然而磨勘、复试制度设计虽然精妙缜密，但毕竟要增加朝廷投入，因而实行起来不能一以贯之，常常是事急则行，事缓则止，直至清朝才明确立法全面推行。

明代会试录取名额历朝不同，最少的一次为洪武二十四年(1391年)，取许观等31人。最多的为洪武十八年(1385年)与永乐四年(1406年)，皆取472人。不过这两次记录都是在应天贡院产生的。

会试北京始于永乐十三年(1415年)，廷试于奉天殿，录取陈循等351人。特别需要指出的是，当时迁都北京营建工程尚未开工，所谓奉天殿并非后来的宫中正殿(今故宫太和殿)，而是原燕王府的承运殿。其后，永乐十六年(1418年)取李骐等250人，永乐十九年(1421年)取曾鹤龄等201人。永乐以后各朝或一百名，或二百名，或三百五十名，增减不一，皆临考之前请旨定夺。成化十一年(1475年)以后大抵在三百名左右，遇有庆典则恩诏加五十名或一百名。譬如嘉靖、隆庆两朝首科皆为四百名。

会试参考人数由新科举人与往届下第举人再考者组成。在乡试录取额小步放量，会试录取名额相对固定的条件下，必然降低会试考中率，大致从初期的32%降到后期的17%。俗称"金举人，银进

---

① 王世贞：《弇山堂别集》卷八十三。

士"，就是从功名升级难度上比较的，二三十位科举生员才能产生一位举人，而明朝历科累计平均计算，四位举人即可产生一位进士。

宣德年间，为克服区域间社会文化水准之间差异带来的入选比例失衡，正式实行分区域定额录取制度，将南直应天等府及浙江、江西、福建、湖广、广东列入南卷；北直顺天等府及山东、山西、河南、陕西、辽东划归北卷；再将经济文化相对落后的四川、广西、云贵等地归入中卷。会试每录百人，限定南卷五十五名，北卷三十五名，中卷十名。

科举考试本就是政治行为，因而不惜打破成绩上的录取公平，从而避免政权为某一区域人把持，有效调和了异乡士子之间渴望晋身的社会矛盾。洪武三十年(1397年)春，翰林学士刘三吾、王府纪善白信蹈主持会试，取中五十二名皆为南人。落第北方举人联名上疏，指斥刘三吾偏袒南人。案发几经周折，太祖亲自重新殿试，录取六十一名皆为北人。史称"南北榜"或"春夏榜"之争。太祖的做法并非着眼于考试成绩，而是矫枉过正笼络北人，限制南人的政治平衡术。他的后代受此启示最终选择了科举分区录取制度。清朝因之，直到当代的高考分省定额录取亦然。

明代北直隶八府二州共考取 2393 名进士，约占进士总数 24878 名的十分之一。其中本地籍 1482 名，卫所 681 名，附籍 230 名。[①] 八府之一的顺天府 956 名[②]。

会试得中者称会士或贡士，一个月后经过殿试排名(不再黜落)，才能称进士。分三甲，一甲仅三名赐进士及第，即状元、榜眼、探

---

① 吴宣德：《明代进士的地理分布》附录一"明代进士分布表"，香港中文大学出版社 2009 年版。

② 据《康熙顺天府志》卷七明代进士名录统计而成。

花。二甲若干名赐进士出身，第一名称传胪。三甲若干名赐同进士出身。

进士等级名次揭晓称"传胪"。典礼当天，皇帝御中极殿(今故宫中和殿)，读卷官按钦定的三鼎甲拆卷，在先期已填好的二、三甲进士姓名的黄榜上填上一甲三人姓名，随后尚宝司盖印。执事官卷起黄榜交与翰林院官捧至皇极殿(今故宫太和殿)敬候。皇帝御皇极殿升座，文武百官侍立，全体贡士在丹墀排列。执事官将黄榜案放于丹墀御道，传制官赞"有制"，遂唱名，只读一甲三人与二甲、三甲第一名共五人的姓名。读罢，进士行四拜礼。随后，执事官出宫张黄榜于长安左门外，进士退出观榜。仪式结束，顺天府派官率伞盖仪仗队护送状元回第。通常所说的"状元及第"包含两重意思，一是指仪仗护送回到住所，状元在长安左门外上马，披红簪花，沿途吹打，引得世人奔走围观，谓之夸官。这是三年一次的京城盛事；二是指从即刻起已是正式官员。

放榜第二天，礼部会宴，进士们各簪花一枝上系铜牌镌恩荣宴三字，独状元银枝翠羽，银牌抹金。教坊司演奏助兴。宴毕，赴鸿胪寺习仪。第三天，赐状元冠带朝服一袭，进士每人宝钞五锭。第四天，状元率全体进士上表谢恩。第五天，谒孔庙，行释菜礼。释菜又作"舍菜"，相习甚久，系古代入学祭先师孔子之礼。新科进士行此礼，取其释褐之义，铭感先师眷属，脱去布衣换上官服。随后工部在国子监树题名碑。

几百名进士中，三鼎甲令人称羡，当即获得官职，状元授翰林院修撰，榜眼、探花授翰林院编修，而其他人尚需实习等待，才能获得实职。

明初二三甲进士选派进入六部等衙门与翰林院见习者，入六部的称观政进士，入翰林院的称庶吉士。永乐二年(1404年)，翰林院接纳庶吉士演变成专门的制度，时谓"馆选"，选用初无一定之规，或内阁自选，或礼部选送，或会吏部同选，或限年岁，或拘地方，或采誉望，或就廷试卷中查取，或别出题考试。弘治六年四月(1493年)，依大学士徐溥等建议，始定一科一选。殿试之后，"待进士分拨办事之后，行令有志学古者各录其平日所作古文十五篇以上，限一个月里投送礼部。礼部阅试讫，编号分送翰林院考订，文理可取者，按号行吏部该司，仍将个人试卷记号糊名封送内阁，照例于东阁前出题考试"①。内阁会同吏部、礼部选庶吉士成为制度，庶吉士入翰林院继续学习，三年后"散馆"(毕业)分授实职。入选庶吉士，俗称点翰林，这是新科进士梦寐以求的，荣耀不亚于中了三鼎甲。

　　有明一代殿试89科②，其中56科进行了馆选，共录1322人，平均每科选取不足24人。起初不见得非经过考试不可，后来为体现公平而增加了考试程序。譬如，嘉靖十四年(1535年)四月七日，"上谕大学士李时、尚书夏言曰：今科进士，考选庶吉士送翰林院，命教习读书，于(四月)十五日举行"③。清代明以后延续了馆选制度，并且规范细化，创立"朝考"制度选庶吉士。"殿试传胪后三日，于保和殿举行进士朝考，专为选庶吉士而设。"④钦派大臣评判试卷，成绩分三等。一等前十名试卷进呈御览，第一名称"朝元"。

---

① 《天府广记》卷二十六。

② 龚延明：《明代登科进士总数考》，浙大学报(人文社科版)2006年第三期。

③ 《世宗实录》嘉靖十四年四月丁酉(七日)条。

④ 商衍鎏：《清代科举考试述录》157页，天津百花文艺出版社2005年版。

馆选塑造了忠于君主、忠实经典的高级"职业政治人"。他们簇拥君主周围，通过治人行政，一方面挣得生活所需与社会体面，另一方面也获得理想的生活内容。[1]馆选庶吉士继续学习是都城特有的政治文化现象，也是京师的耀眼徽记。

由于馆选是公认的宰辅摇篮，"庶吉士始进之时，已群目为储相。通计明一代宰辅一百七十余人，由翰林者十九"[2]。据当代统计明代大学士拥有翰林身份的一百三十一人，中了进士未能入选庶吉士的二十一人。两者共一百五十二人。可见翰林头衔的耀眼。因之，在北京史研究中，就不能不予以关注。庶吉士群体是影响这座城市未来发展的潜在权力因素。不管怎样说，朝廷决策与权力始终是都城发展变迁的第一要素。因而，身处决策集团握有顶级权力人的价值观、信仰、审美情趣足以影响城市的布局走向与风格。

五、标准化考试的八股文

考试规定以八股文形式答题，士子莫不以练习制艺之文为人生仕途的必由之路。即使有人想逃脱这一束缚，也要在成年之后有意为之，方能减弱一二，若想完全摒弃，则难上加难，八股文风早已融进血液之中。自幼习文就整日泡在制艺文海中，无论如何也无法在文化思维形式与表达方式已经习以为常的情境中，突然脱胎换骨变成另外模样，即使那些批评八股的犀利之文，也不免透着八股风

---

① 参阅马克斯·韦伯《学术与政治》(冯克利译)61 页，三联书店 1999 年版。
② 《明史》卷七十，选举志二。

韵。晚清民初，八股已然废除，"而流风余韵，犹时时不绝流露于作者字里行间。有袭八股排比之调，而肆之为纵横跌宕者，康有为、梁启超之新民文学也。有用八股偶比之格，而出之以文理密察者，严复、章士钊之逻辑文学也。论文之家，知本者鲜。独章炳麟与人论文，以为严复气体比于制举；而胡适论梁启超之文，亦称蜕自八股。斯不愧知言之士已"[①]。

八股文为世诟病，显有缺陷自不待言。但是科举制为什么选择了八股作为考试唯一文体，而一旦结合则经久不衰，寻觅个中原因很是耐人寻味。事实上，八股文并非伴随科举制产生，历史曾存在着科举考试选择其他文体的机会。为什么科举制在深化整合过程中，考试文体选择了八股，这需要从皇朝需求与考试技术保证考试结果公平等方面说明。

明朝以《四书》为官方经典，是士子入学仕进必读必考之书。《四书》本身篇幅不算大，不过几万字，倘若一个人自幼发蒙识字，经过十年研习，不难背诵且精透其中奥妙理念。然而研习《四书》，只能训练读书人的忠义价值观与君父政治伦理信念，却难以培养行政能力以及处理归纳事务能力。科举制最终选拔的是官员，官员道德政治信念固然重要，但若缺乏思维条理性与遇事分类归纳概括能力，显然皇朝行政就要瘫痪。八股训练恰恰能弥补这一缺陷。

当背诵默写《四书》已不是什么新鲜事时，就不必再纠缠对《四书》忠实热爱程度。谁都明白个人道德与政治信念是否高尚是否坚定很难通过纸上答问判别高下，纸上只能创造道德宣言与信誓旦旦。然而，一个人思维逻辑性的强弱，通过试卷是可以识别优劣的。

---

① 钱基博：《现代中国文学史》，317页，上海辞书出版社2004年版。

八股考试命题通过截取或肢解《四书》章句、搭配组合出题，用以检测考生的应变、构思、归纳、排比以及演绎的能力，而这正是官员行政办事所必须拥有的本领。"八股文能使心思入细，理路清晰，其至于滥恶，末流之弊耳。"[1]选拔官员首重思想规范，再重表达清楚与按部就班、照章办事的能力，而不重思想活跃标新立异。长于思考富于创新或激情四溢之人，未必擅长治人行政。

八股考试命题形式，诚如费孝通所言，犹如给出一个谜底，让人制作一个谜面。既可以考察应试者对四书熟悉程度，又可检测应试者的语言智慧、归纳表达能力与对四书融会贯通程度。农业社会单一的国民经济部门与舒缓的经济增长以及低速弱小的社会流动，让那些拥有坚定四书信念与相应表达组合能力之人，能够胜任任何行政事务而不感到陌生困难。

中国历史上没有形成单独的逻辑学。但是离开了逻辑，社会就不能组织，政治行政就无法进行，思想交流也无法做到碰撞或融合。明代社会盛行的是四书逻辑，兼具理念与方法双重功能。八股文体正是训练逻辑思维四书性质的方法。八股文盛行必然铸成社会逻辑思维习惯，必然渗透到一切文化艺术形式之中。譬如诗歌创作，就有这样的事例：

予尝见一布衣有诗名者，其诗多有格格不达，以问汪钝翁编修，云：此君坐未尝解为时文故耳。时文虽无与诗古文，然不解八股，即理路终不分明。近见王恽《玉堂嘉话》一条，鹿庵先生曰：作文字当从科举中来。不然，而汗漫披猖，是出入不由户也。[1]

---

① 徐凌霄 徐一士：《凌霄一士随笔》《八股文优劣》，第四册1367页。
① 王士禛：《池北偶谈》卷十三，中华书局1982年版。

八股与诗文"暗中消息，有贯之理"[①]。推而论之，其训练个人逻辑思维、排比分类与概括总结能力不言自明。所以，明清两朝卓有建树的思想家、政治家、文学家、艺术家以及晚清的洋务派、改革家与实业家，大都经历过科举八股考试，非进士即举人，最差也是个生员，这就不令人奇怪了。结果并不全如批评的那样，八股禁锢人心、呆板空泛只能造就庸才。类似例证举不胜举，连被公认最不守理学绳墨的李贽竟然也是位举人。这一历史悖论，让人看到八股文体作为考试手段与追求目标之间的差异。只要事关公众事务的立法，形式从来是首要的，八股文体在形式管住内容方面走到了制度选择的极致，因此满足了参考人权益保障与皇朝的政治伦理需求，从而使筛选机制平稳运行。

八股考试早已成为历史，抛开其礼制禁锢意义，仅就标准化考试形式而言，确实缩小了阅卷官评判成绩优劣的随意性，让不同的阅卷官批阅相同试卷，有了能够操作的统一标准，克服了考官个人偏好可能造成的成绩不公。这也是科举制为什么非选择八股文体的重要原因，不但限制了考生，同时也规范了阅卷过程。从技术视角上看，八股文作为考试手段乃是人类制度文明史中最早出现的最接近现代客观考试的方法。

伴随八股考试的历史行程，始终存在以策论或荐举代替八股的呼吁。明清两朝都曾做过试验，最终还是放弃了。如果策论优于八股，皇朝不会在经久的历史呼吁中完全无动于衷拒绝接受，毕竟策论直斥的是八股而非要动摇皇朝理论根基。之所以未能改变，还需要从比较当中考察：一方面，策论可能比八股更有利于检验考生的

---

① 袁枚：《随园诗话》卷一，线装书局2008年版。

真才实学与想象力，然而任何规定时间内的书面考试，都不可能借此完全了解考生的品质、才能与个性。其实，"策论"应答方式同样也是纸上谈兵，只不过放宽了自由发挥幅度，策题答案能否解决策问的实际问题，仍然是个疑问。呼吁策论代替八股的历史情结往往忽略了一个急需正视的现实，参考者大都是青年人，缺乏社会政治实践，因而面对策问，往往是只有想法而不可能有具体办法，同样也逃脱不了空泛厄运；另一方面，策论考试大幅提高了阅卷评判难度。由于阅卷官个人好恶难以通过量化标准控制，也就容易损害成绩结果的公平，不同阅卷官之间会对同一试卷的成绩高下发生争执，甚至各不相让。以个人想法好恶判别试卷成绩等级时，一向是仁者见仁智者见智的，策问答题的立意观点变成考官意趣偏好争论的焦点。阅卷官与答卷者虽未直接对面，但卷面信息可以导致两者之间的情感共鸣或冲突，从而影响成绩高下。因此，策论考试远远达不到制度设计的期望值，徒增操作技术难度与阅卷官之间争执而已。

一般而论，性格放达、孤傲自视、诗意思维的人与被八股文完全左右的腐儒俗儒很少有在八股考试面前不败的纪录。而那些自八股考试脱颖而出的诸家学者，留给后世的著作，却不被认为沾染了八股习气。考试制度严谨完备，筑起坚固的君主与士子之间桥梁，让那些极具潜质才学而缺乏社会关系的人得以平步青云。

社会普遍认同服从科举制，在于程序制度的公正合法与合理性。因而，皇朝与所有志在君父的读书人，都把这一制度看作是皇朝延续与价值实现的生命。尽管不少仁人志士曾对八股痛心疾首，以为"所习惟在于词章，所志惟在于名利。……其以学术杀天下后世"①。但是，经过历史磨炼与各类选拔方式的反复比较，在找不到更为理想同时又富于操作性的方法以前，科举八股考试在保障贯彻皇朝政治意志、礼法制度与人才筛选机制的公正、公平、公开方面，走到了现实条件可供选择的制度效能的极点。

科举考试技术与实质内容都是极其世俗的，乃是士子进身的文化政治考试。但是民间观念与此不同，社会普遍认为科举考试既神圣又神秘，虽然民众大都没有参与科考经历，却不妨碍这一制度及其筛选产生的仕宦集团展示的政治文化警示人心的震撼力。在识字率很低时代，普通人往往把获得功名之士，看作是具备了特殊道德品质与非凡神灵气质的人，就像宗教神职人员拥有布道权力与虔诚信徒一样，广为社会另眼看待。功名之士在得到社会普遍尊重的同时，也就容易将儒学君父价值观推向社会。

六、贡院与偷盗功名

皇朝既重学校、科举，必然对实现考试的场所倾注心血。因而考试场所——贡院，成为都城与省府城市重要的国家建筑。考试公平性与结果真实性，向来依靠制度完备与忠实法规操作程序以及相应技术能量的支撑。贡院属于考试技术能量供给范畴，建筑构思无不追求严密森严，内外隔绝，预防作弊的理念。

贡院又称举场，位于内城东南，今建国门内北侧尚存贡院东西两街南北走向的胡同。明清贡院即在两街所夹区域内。永乐十三年

---

① 李颙：《二曲集》卷十二，《匡时要务》，清咸丰五年刻本。

(1415年)，在元礼部衙门旧址上改建贡院，坐北朝南，大门、二门皆五楹、内有龙门、明远楼、致公堂、内龙门、聚奎堂、会经堂、十八房等建筑，考棚号房比较简陋，为木席结构。天顺七年(1463年)因失火大修。嘉靖四十三年(1564年)始扩充，拓东西牌楼相距三十二丈，大门向南拓十二丈，坊牌外征民房改造为官厅三间，东西夹道各开广一丈五尺，围墙拓十二丈。本次工程，史家多以为是议而未行。[1]但考之万历二年(1574年)再次拓展贡院工程前丈量的现状，似可证实工程并非只是意向，不然，《会典》亦不可将其事登载在案。[2]万历二年(1574年)三月，工部就"文场狭隘，宜加增廓"的提案向皇上报告了扩建方案：

签量应建堂宇号房规制，各增加深广，重新建造。其应拓址，除北面原有空地十二丈外，今东面展开十丈，西面展开八丈，南面展开八丈。应拆民间房屋五百九十五间，从公估计价值给散。其合用钱粮，照事例本部六分，顺天府四分支给，并咨兵部拨班军三千名，用工上紧做造。[3]

贡院整修后平面呈方形，南向。径广一百六十丈，两重围墙，外墙高一丈五尺，内墙高一丈。两墙之间，填充荆棘，故举场又称"棘闱"。大门南向，门外左、中、右各建牌坊，左名虞门，右名周俊，中名天下文明。坊内大门五间，即为正门。门内左右各有厅，二门称为龙门，过龙门直对明远楼。再北正中为至公堂七间。堂东

---

① 《春明梦余录》，卷四十一。
② 《明会典》卷一八七。朱国桢《涌幢小品》记贡院扩建在正统年间。实际上是天顺七年二月春闱遭遇大火，举人死伤甚众，贡院被毁。当年五月重修，但未见扩充，估计只是修复而已。
③ 《神宗实录》万历二年三月庚寅条。

为监试厅，又东为弥封、受卷、供给三所。堂西为对读、誊录二所。堂后为燕喜堂三间，东西室共十六间为书吏工匠所居。燕喜堂之后为会经堂，堂东西经房相连共二十三间，为同考官居之。围墙四角设瞭望楼。

用于考试的号舍分列大门至公堂甬路的两侧，东西共七十区，每区七十号，共四千九百号，号舍成排，按千字文排号，字号内再按数码排序。清代全盘继承了贡院，并有所扩大。号舍原为木板搭建不利防火，万历二年(1574年)扩建时，全部改作砖木结构，隔墙与后檐墙均改为砖砌。每间号房，前高约六尺后高约八尺，房顶单坡向前倾斜，宽三尺，进深四尺，无门。号内东西两墙离地面一尺许至二尺许之间分别留有砖槽，木板两块，内板固定，外板可以移动，考生入场，答题、休息皆赖此完成。白天将外板放置上槽形成桌面用以答题，晚间放回下槽形成床铺用以休息。每排号舍的入口处设栅栏，巷尾处设厕所。考生入场后，即将栅栏闭锁，不到放人时刻不能开启。[①]

顺天贡院三年当中只使用二次，每逢子、午、卯、酉年的秋天举行北直隶的乡试；丑、辰、未、戌年的春天举行全国的会试。平日锁闭，派工役四名看守，营缮所一名官员掌管锁钥，不被挪作他用。如果从建筑投资效益上看，显然是一种极大的资源浪费，但是考场专用则体现皇朝对抢才大典的重视。

倘若没有恩科，寅、巳、申、亥年则全年闲置，相邻两年的秋闱与春闱相距半年，因此春闱以后等到下次秋闱要历时二年半。闲

---

① 号舍尺寸，依据清代的记载，清沿明制，其形制大小通高，变化不大，可供参考。

置期间空荡无人，风雨相蚀，必使房屋受损，庭院杂草丛生。因此每逢考试之前，都要整修。整修费用初由工部、顺天府按六、四比例分摊。嘉靖二十八年(1549年)始定工部出二千七百两，顺天府出一千八百两，共四千五百两，用作维修费用。[①]

实际上，君主与文官集团的契约协作是以科举制为媒介的。而贡院正是实现这一契约的通道。京师集中了皇朝大部分高级文官，其中是进士者一定经历过贡院三场考试的洗礼，有的可能不止一回。朝廷顶级职位如大学士、六部尚书侍郎、九卿主官几乎都是进士出身。明代官员入仕升迁虽说是进士、举贡、杂职三途并用，但自永乐以后，进士日重，举贡、杂职日轻。举贡、杂职出身者只能充中下级官员难以升至高位。

皇朝抡才吸纳精英，士子平步青云梦想最终在贡院三场考试中实现。没有什么朝廷机构，曾经容纳过两京十三省数千名精英共聚一处的经历，也没有哪一个衙门或组织能够留下一代皇朝几乎所有高官巨宦、名儒学者的足迹。贡院小天地浓缩了大千世界的人生追求与进退荣辱悲欢离合。因而，京师贡院是这座城市极其重要的人文标志，虽然平日里寂静无声，但三年之中的秋闱则牵动北直各府县生员的心弦，春闱则聚集皇朝各处的目光，成为皇朝与志士之间互动的支点。贡院沉积的历史信息深厚广博，因而，在研究本城历史时，不能不给予足够的关注。

贡院在考试进行中曾发生过三次火灾。第一次，正统三年(1438年)八月顺天乡试，首场刚结束，半夜起火，烧毁试卷多份。遂于二月十五日重新举行首场。第二次，天顺七年(1463年)二月会试，

① 《明会典》卷一八七。

首场狂风大作，当晚失火，烧死举人九十余人，景象惨烈，死者面目乃至不能辨认。官方置棺木收葬于朝阳门外。考试被迫停止。当年五月起工修缮。八月重新会试，次年二月殿试胪唱。第三次，正德三年(1508年)二月会试，末场刚刚结束，火发于内，幸亏事先防备充分，力救而止。但至公堂被毁，随之修缮。

功名利禄绑在一起与读书人出路的单一性，势必让人在考试时投机取巧作弊偷盗功名。尽管科场纪律森严，考生入场要解衣脱帽，由两位特派御史督导搜检，一经查出违纪，轻者黜落，重者充军，但也斩不断欲望膨胀下的侥幸心理。作弊方法五花八门，诸如夹带、请托、枪替、传递、贿买、漏题等名目繁多。随着作弊之风日趋严重，原本偶尔使用的复试走向常态化，"士子被言者，必再试，至成(化)弘(治)而后，则愈毖矣"①。

单纯的技术性作弊，如无内应很难成功，内外勾结，内应的权限越大，成功率越高。科场案大都与权力眷属、权力寻租、庙堂政争，门户倾轧息息相关，有的竟变成历史疑案，让后人争相解析争论不休。

权力打开攫取功名方便之门，官级愈高愈便捷。沈德符《野获编》统计永乐二年(1404年)至嘉靖四十五年(1566年)历届考试，当权高官的子婿、弟侄几乎都能得中，据不完全统计累计达六十余人。权贵子弟不见得都需要权力眷属才能获取功名，其中天赋才学俱佳者不乏其人。但经常发生权力干预考试结果的事实，让舆论普遍质疑权贵子弟高中是否真的出于才学。反之，权贵子弟落选，又让权贵愤愤不平。这是情感与制度，权力与舆论，公正与私利之间的纠

---

① 《万历野获编》卷十六。

缠。在此捡拾几例略加说明。

权贵子弟高中舆论哗然案例。天顺元年(1457年)会试，阁臣许彬子起、忠国公石亨侄俊同登进士，舆论哗然，时有俚诗讽刺"阁老贤郎真慷慨，总兵令侄独轩昂"[①]。虽怨谤四起，但皇上未予理睬，最终不了了之。同样情形，嘉靖朝首辅翟銮两子高中却没如此幸运。嘉靖二十三年(1544年)会试，主考礼部尚书张潮刚进贡院即病故，副主考江汝璧遂主事，录取翟銮两子汝孝、汝俭兄弟。再经殿试，汝孝位列一甲三名。八月二十八日，言官弹劾江汝璧、沈坤等五人"朋私通贿，大坏制科"，谓翟氏兄弟年前一起乡试中举，今又一起中进士，事太蹊跷必有隐情。[②]皇上下令彻查，审查结果：汝孝、汝俭兄弟乡试时，正副主考秦鸣夏、浦应麒献媚其父翟銮而特意录取；会试时，江汝璧等特地安排翟氏兄弟与其老师崔奇勋、汝俭同窗兼亲家焦清等四人同坐一号。阅卷时，经欧阳焕辨认字迹，彭凤录取翟氏兄弟与崔奇勋；沈坤录取陆炜；高节录取江一中，并受贿五百两银而录取彭谦。

案情大白，将翟汝孝、汝俭兄弟、崔奇勋、焦清、彭谦、彭凤、欧阳焕削职为民。江汝璧与秦鸣夏、浦应麒未查出受贿情节，各杖六十，革职闲住。沈坤、陆炜、江一中未见劣迹，留用原职。高节、张岳充军。负责监察会试的御史王珩、沈越各降一级调用。

子弟落选权贵发难案例。景泰七年(1456年)顺天乡试，太常寺少卿刘俨为主考，大学士陈循子瑛、王文子伦落选。陈循、王文愤恨不平，上疏指斥刘俨"出题偏驳犯宣宗御讳"请旨彻查。经皇上

---

① 《万历野获编》卷十五。
② 《世宗实录》嘉靖二十三年八月甲午(二十八日)条。

批准，大学士高穀会同礼部进行"复验"，结果是"刘俨等考试不精，罪不容逃。但无私弊"。为了安抚两位大学士，特准落选的陈瑛、王伦参加来年的会试。乡试不第而直接参加会试，权力亵渎科考程序与公平，也只能在朝廷顶级权力中实现。可惜次年正月，英宗复辟，陈循遣戍，王文被杀，二子无缘会试。再如嘉靖十三年(1534年)顺天乡试，吏部尚书汪鋐以子未中举，乃弹劾考官廖道南、张衮舞弊而使之罢职。

考生招摇引发官场构陷案例。弘治十二年(1499年)会试，大学士李东阳、礼部右侍郎程敏政为主考。考毕尚未发榜，二月二十七日，户科给事中华昶弹劾程敏政将三场考题皆泄露于外，称"江阴县举人徐经、苏州府举人唐寅等狂童孺子天夺其魄或先以此题骄于众，或先以此题问于人"①。

唐寅字伯虎，又字子畏，号六如居士、桃花庵主等，苏州吴县人。弘治十一年(1498年)南直应天乡试解元。次年与江阴徐经搭伴进京会试。徐经字衡父，又字直夫，自号西坞，南直江阴(今江苏江阴市)人，弘治八年(1495年)应天乡试举人，家资万贯，家富藏书，自幼乐学不倦，专致功名举业。两人联袂进京赶考，不想陷入科场舞弊案之中。

华昶弹劾后，徐经、唐寅被捕入狱一再拷问。最终为了定案，华昶与程敏政在午门前对质，也难以证实程敏政受贿作弊。再次拷问徐经的供词称："来京之时，慕敏政学问，以币求从学，问讲及三场题可出者，经因与唐寅拟作文字，致扬于外。会敏政主试所出题有尝所言及者，故人疑其买题，而昶遂指之，实未尝赂敏政。前

① 《孝宗实录》弘治十二年二月丁巳(二十七日)条。

惧拷治，故自诬服。"①最后敏政以"临财苟得，不避嫌疑，有玷文衡，遍招物议"之罪致仕，归家四月郁郁发疽而亡；华昶则以"言事不察"调南京太仆寺；徐经、唐寅革去举人功名充当吏役而结案。

本案源于徐经携金拜会程敏政求学与唐寅的名士做派。"六如文誉籍甚，公卿造请者阗咽于巷。徐有优童数人，从六如日驰骋于都市中，都人瞩目者已众矣。"②因之，容易让人合理推测，用作官场排挤名正言顺的由头，不过，华昶也是太过急迫草率，未等发榜就提前弹劾，不免自陷被动之地。事实上，程敏政并没有录取徐、唐二人，即便收受了徐经钱财，也无从证明出卖功名而领受惩罚，只能算作寻常馈赠而已。况且徐经拜会程敏政时，朝廷尚未发表本科主考、同考名单，程敏政还不是主考。之所以让人深信考试过程一定存在舞弊，在于考题过于冷僻，"程敏政会闱发策，用刘因(静修)《退斋记》为问，时罕知者。徐经、唐寅坐是得祸"③。

违规录取门生案例。万历三十八年(1610年)会试，吏部侍郎萧云举、王图主事。左春坊左谕德汤宾尹任同考官，越房搜卷，强行录取受业子弟浙江归安人韩敬。在判卷录取过程中，"敬卷在徐銮房中，已涂抹矣。宾尹遍往各房搜阅诸卷，识敬卷于落卷中，移归本房。潜行洗刷，重加圈点，遂取中本房第一。复以敬故，于各房恣意搜阅，彼此互换，以乱其迹"④。韩敬取中贡士后，在殿试前，以银四万两进奉权要，殿试时，内阁拟定钱谦益第一名，最终神宗拔韩敬为状元，谦益为探花。

---

① 《孝宗实录》弘治十二年六月己丑朔条。
② 蒋一葵：《尧山堂外纪》卷九十一，清同治三年学识斋复印本。
③ 黄景昉：《国史唯疑》卷四，上海古籍出版社2002年版。
④ 文秉：《定陵注略》卷九，"庚戌科场"，北京大学出版社1984年影印抄本。

当时庙堂上朋党门户林立，诸如东林党、齐党，楚党，浙党、宣党、昆党等，倾轧攻讦不已，宣党首汤宾尹字嘉宾，号睡庵，别号霍林，安徽宣州人。万历二十三年(1595 年)榜眼。他自从走上仕途，就爱惜人才喜收门徒，在朝廷朋党争斗中独树一帜二十年，虽然他从不承认存在什么宣党，却被朝野普遍认作宣党领袖。

汤宾尹越房搜卷是严重的违规行为，亵渎了程序正义。明代科场评判试卷制度规定，无论乡试还是会试，同考官又称房官、分校官，只能评定分派到本房的试卷，绝无到其他房中检索试卷权力。汤宾尹越权搜取并强逼主考录取自己门人为第一名的做法，实在是嚣张霸道，同时也反衬主考的软弱无能，或是与他暗地里做了交易。如此足证晚明官场腐败，制度松弛形同儿戏。因而导致"榜发，士论大哗"①的结果。知贡举吴道南本想弹劾，但惧怕得到"挤排前辈"恶名，故隐而不发。结果竟然让韩敬在殿试时获得了状元。然而，事情并没有就此罢休。万历三十九年(1611 年)正逢东林党人主持京察，三月二日察疏上奏，汤宾尹等七位浙、宣、昆三党骨干名列其中。时内阁叶向高一人独相，认同考核结果，五月旨意下发，汤宾尹以"不谨"而被免职还乡。不久旧事重提，多名御史疏论其科场违规之事，南京给事中张笃敬证指出："方宾尹之分校也，越房取中五人，他考官效之，竟相搜取，凡十七人。"万历四十年(1612 年)十一月，礼部会同吏部、都察院、吏科、河南道等官审议庚戌科场舞弊案，处理结果是"汤宾尹之于韩敬门墙之谊，通国所知，搜卷他房，确乎可据。惟是受财未有实迹，宾尹业坐不谨姑免再议。韩敬形迹已彰，纵恣更甚，应合关节、官箴并论，以不谨例冠带闲

---

① 《明史》卷二百三十六，《孙振基传》。

住"①。其余十七人待核查后分别议处。韩敬还算幸运，只是丧失了仕途前景，落得冠带闲住，而未遭严厉的割去功名的惩处。

买通胥役传抄试卷案例。万历四十四年(1616年)二月会试，吴江人沈同和贿赂胥役，三场考试皆被安排与同邑姻亲赵鸣阳紧邻号舍，由鸣阳代为拟文传抄。发榜以后，同和名列第一，鸣阳第六。士论哗然，满城风雨，争传同和泥污榜名，是位"白丁会元"。主考大学士吴道南题请复试获准。三月十六日复试，题目《贤君必恭俭礼下》，沈同和答卷"文理荒悖，《经》《孟》题懵不知所出"②。遂拘押拷问，承认其卷乃同榜第六名进士赵鸣阳传递。议处结果，沈同和遣戍，赵鸣阳杖责除名。

---

① 《神宗实录》万历四十年十一月丁亥(二十八日)条。
② 《神宗实录》万历四十四年二月戊辰条。

明

都城主要的社会交汇空间

一、官店、廊房、塌房

官控工商业制度一经确立，必然促使政府对于商业设施投资。一方面，为流入浮居客商提供方便；另一方面，又能使四方来人立即纳入京城的行政管理组织系统。城门设置的税课司与官店相表里，朝廷通过城门，不但足额征税，而且立即把入境客商纳入官方管控之中。

明初对商业征收官店钱，太祖即位改在京官店为宣课司，府县官店为通课司，税率三十分之一。改动以后，官店并未消亡，渐变成官方垄断商贸的组织机构，"于正课之外复营私橐，则贻害商民无已时也"①。

官店最高者莫过于皇室直营的店铺，正德五年(1510年)刘瑾创设。②择北方商贾辐辏之地，如京师九门、鸣玉、积庆二坊、戎政府街、卢沟桥与张家湾、河西务等地设店。由内府派太监提督管理。不但自营项目无所不包，而且凭借权势拦截商贾强征税费。

万历朝是京师皇店的黄金时代。万历头十年的权阉"冯保八店，为屋几何，而岁有四千之房课。解进之数，既有四千，征收之银，岂止数倍"③。万历二十四年(1596年)福德、宝源等七店，在张家湾、河西务等码头货船征银每只五两。天启以前，宝和、和远、顺

---

① 焦竑：《澹园集》卷十三，《答李户部》，中华书局1999年版。
② 另有太监于经创于正德八年之说。
③ 吕坤：《去伪斋集》卷一，"为冒死竭诚直陈天下安危疏"，中华书局2008年版。

宁、福德、福吉、宝延等六店为宫廷经管各处客商贩来杂货，如貂皮、狐皮、布匹、北丝、江米、芝麻、瓜子、酒茶、油、烧酒、牛羊、骡马、宝石、南金丝珠、铅铜、汞砂等难以尽数。一年征银几万两。"除正项进御前外，余者皆提督内臣公用。"[1]六店皆坐落在戎政府街，今东城灯市口大街。提督太监驻宝和店总统之。

皇室带头，权贵之家当然不甘落后，明中叶以后，朝廷所属的官店越来越多地通过奏乞、赏赐变为权贵财产，"京城官店塌房，多为贵近勋戚所有。兵科都给事中叶盛等言：贵近勋戚高爵厚禄而又侵利于国，贻害于人。乞将在京官店塌房尽数勘实，籍记在官，按季收钞，以资军饷"[2]。建议虽被采纳，但整顿效果未能保持长久，成化时故态复萌。景泰朝还官的官店又"皆归于权要之家"[3]。官店在市场经济运行中侵夺了商民利益，挤占了商业资本的发展空间。

出于对物流的关注与对客商的管理需要，朝廷还修造了大量塌房与官店相辅相成。

塌房又称塌店、塌坊、邸店。系寄存货物与用具之所，官私皆可开设塌房，但京师塌房大都为官店控制，一方面，按月收取房租寄存费与货物搬动费；另一方面，将流动客商纳入官方控制系统之内。宣德四年(1429年)六月定例：塌房、库房、店舍停塌客商货物者，每间月纳钞五百贯；骡车受雇装载货物，或出或入，每辆纳钞二百贯。[4]官方经营塌房过程中，弊端丛生，权要乘机谋取私利，

---

① 《明宫史》木集。
② 《英宗实录》附录景泰二年四月辛巳条。
③ 《宪宗实录》成化七年十二月庚寅条。
④ 《宣宗实录》宣德四年六月庚子条。

譬如正统初年，太监僧保、金英等恃势私设塌店十一处，各令无赖子弟霸集商货，作恶多端为害甚剧。①

塌房之外还有廊房。永乐迁都之初，商贾未集，市廛尚疏。于是在"皇城四门，钟鼓楼等处，各盖铺房召商居住，总谓之廊房"②。房视所处地理位置分三等，到万历年间，宛平县共有廊房801间半，店房16间半，召商居货。其中大房443间，每季纳钞45贯，钱90文；中房29间，每季纳钞30贯，钱60文。每季共收钞30718贯，铜钱61436文，解往内库、天财库。大兴县历来商业比宛平县繁荣。由于西城的西苑与海子水面占据相当面积，故人口与商业，宛平县历来不如大兴县。依据万历十六年统计，宛平县上中六则人户3361户与大兴县上中六则人户6253户之比为1∶1.86，那么依据这一比例，做保守估算，大兴县的廊房总数，至少在1400间以上。两县共2200间以上。

承租廊房的人，政府指定其中有力者作为廊头，负责收取钱钞。其下又有副廊头与各处小廊头。宛平县分区分段设小廊头31人：北安门东三名，北安门西三名，海子桥东一名，海子桥西一名，鼓楼东三名，鼓楼西三名，钟楼东四名，钟楼西四名，安定门一名，德胜门一名，德胜门里一名，德胜门外一名，西直门外一名，阜成门里一名，阜成门外一名，宣武门里一名，四牌楼店房一名。③小廊头在本地段内各户轮值。

官控工商业越严密，工商业自生组织越不容易成长。政府参与市场经营的最大优势不在于资金与人力方面，而在于能够轻易地榨取私人经济的合理利益，拒绝商人的合理诉求与摧毁自发形成商业维权组织。

---

① 《英宗实录》正统二年四月壬申条。
②③ 《宛署杂记》七卷。

二、乡谊会馆与工商会馆

追溯北京会馆历史，当代人往往明清并论，不免造成明代北京会馆十分发达的社会印象，仿佛清末的 445 处会馆[①]都可以追溯到明代似的。然考之史籍与碑板，情形迥异。综观明清京师会馆的发展历程，可以粗分为明初的发轫期，正德朝至清前期的扩充期与清中后期的繁荣期这三个阶段。而同样也被称作会馆的工商行会组织的行馆，则产生年代较晚，最早不会超过明末。

无论乡馆、试馆，还是同业行馆，都是以地域同乡为纽带的。试馆仅是因其接待赶考士子的功能而得名，与乡馆性质毫无二致。实际上，单纯不被挪作他用的试馆难以长久存在。明清两朝三年一乡试与会试的固定机制，必使纯粹的试馆在考试结束后，进入空寂期，客房使用率迅速下降。因此，试馆只不过是一种在科考期间优先接待参考者的乡谊会馆而已。而行馆的性质与乡馆不同，乃是居京商人，同行或几行成立的商业组织，具有同业流通有序、利益平衡的功能。虽有官府背景却含有自治趋势，是中国工商行会的雏形。

会馆这类城市公共空间的出现与发展，一方面是都会商业繁兴，流动人口增多，社会流动性增强的结果；另一方面，又反映出城市公共设施的匮乏。流入京师人口，即使得到官方附籍许可，在这座城市生活多年，往往也不自认是本地人，在乡情精神慰藉、权利保障与流动暂居人群习惯寻求投亲与乡谊帮助的双重需求下，建

---

① 据《光绪顺天府志》统计。

立以地域为特征的公共空间，就由士绅与巨商发起而出现。国人的血缘意识与地缘意识十分顽固，在异地生活的人不可能拥有太多的血缘宗亲，因此，同乡便上升为首选的信任伙伴。无论是谁都很难抛开个人地域习俗传统，立刻融入另一个乡土社会中去。当社会未能建立健全普遍信任机制，又缺乏公认合法的公共媒介空间时，人们就不得不依赖地缘历史文化渊源，通过同乡这一实实在在的关系作为港湾与媒介，尽快找到实现人生角色的舞台或渡过眼前的难关。异地生活的人群，同乡很容易结成一体，形成同乡小社会。"一城亲属人数往往不多，无力维持一个有相当规模和力量的组织，但实际上，无论姻亲关系还是血缘关系，都被纳入同乡关系并且加强了这一关系。"①会馆是社会血缘意识、地缘意识的物化象征。

乡谊性质的会馆产生年代可以追溯到唐代。明代京师会馆伴随永乐迁都出现。以往中外学界，大都依据崇祯年间刊行的《帝京景物略》"尝考会馆之设于都中，古无有也，始嘉、隆间"。以此判定京师会馆产生的年代。然而，世间著作汗牛充栋，遍检不易，北京会馆起于永乐年间的历史记载早就存在，只不过流传不远，不易查到而已。近年《北京会馆档案史料》编辑出版，为学界厘清这一问题带来极大方便。查二十世纪五十年代北京民政局对 391 处会馆的调查报告可知：始建于明朝的 33 处，建于清朝的 341 处，建于民国初年的 17 处。②

明朝 33 处会馆当中，明确记载始建于永乐年间的两处，分别

---

① 施坚雅主编《中华帝国晚期的城市》(叶光庭等译)，643 页，中华书局 2000 年版。
② 北京市档案局编《北京会馆档案史料》(以下简称《会馆档案》)，5 页，北京出版社 1997 年版。

是江西南昌县馆与安徽芜湖会馆①。

"1941 年北京特别市会馆名称地址一览表"中有两处冠以"南昌"的会馆，一是"南昌会馆"位于外一区长巷四条 3 号；二是"南昌县馆"位于外一区长巷下头条 48 号。②而到 1947 年再次登记时，只剩下南昌县馆取代了南昌会馆。考其变化原因，可能是馆务萧条，经济拮据，故两馆合并缩小规模，而将原县馆房屋售出补贴馆务财政。以县馆冠名，一方面，表明接待范围变小，由府变成了县，可以有理由拒绝同府异县人的求助；另一方面，县馆的历史早于府馆，或者说府馆就是县馆扩充物，可以由之做出终决。本馆"明永乐年间，南昌县同乡共同购置"③。

另一处建于永乐年间的芜湖会馆也是一座县馆，位于前门外兴隆街高庙 17 号。"明永乐间邑人俞谟舍宅为会馆。清嘉庆间改建。咸同间馆舍为京民侵占，光绪十一年(1885 年)讼官仍还会馆，然房屋摧毁，基地亦失一半，翌年重建。民国五年(1916 年)复改建。"④相比之下，本馆的登记资料流传有序，远比南昌县馆翔实。同时也印证了《芜湖县志》的记载。⑤

---

① 〔美〕何炳棣：《中国会馆史论》据 1919 年版《芜湖县志》证明，永乐正式迁都之后不久，北京即产生乡谊会馆。13～14 页，台北学生书局 1966 年版。

② 《会馆档案》820 页。

③ 《南昌县馆总登记表》，《会馆档案》，919 页。

④ 《芜湖会馆总登记表》，《会馆档案》，903 页。

⑤ 〔美〕何炳棣：《读史阅世六十年》："从 50 年代大量方志札记中找出民国 1919 年版《芜湖县志》，内有可以互相印证的记录两则，确切地证明明永乐迁都北京(1420 年)后即有芜湖人工部主事俞谟在北京前门外长巷三条胡同购置房产，随即捐为芜湖会馆。可见会馆的起源要比一般中、日学人所采取的年代要早 130 多年。芜湖并不是唯一的实例，清初周亮工《闽小记》林金宪条讲到至晚在明武宗(1506—1521)时，京师已有福州会馆了。就性质与功能而言，京师最早的会馆属于本籍京官俱乐部应无可疑。"365 页，广西师范大学出版社 2005 年版。

此外，《登记表》虽未记载始建确切年代，却能找到旁证证实始建于永乐年间的是江西浮梁会馆。本馆分为两处，其中位于前门外东河沿 53 号的一处，自报"建自明代"而无具体年代。《乾隆浮梁县志》则谓："京师会馆二所。在北京正阳门外东河沿街，背南向北；其一在右。明永乐间邑人吏员金宗逊鼎建。"[①]

南昌县馆、芜湖会馆、浮梁会馆这三所会馆有历史资料证明创建于永乐年间。而另一座也被当代认作创建于永乐时期广东会馆，则是盲从轻信以讹传讹，背离历史真相甚远。

清末历任安徽、山西、贵州巡抚的广东顺德籍封疆大吏邓华熙所撰北京《广东旧义园记》：广东会馆"永乐间王大宗伯忠铭、黎铨部岱屿、杨版曹胪山所倡建。厥后会馆改建于达摩(打磨)厂"。今人读之，不假思索照单全收，凭此断定广东会馆创于永乐年间。

其实，邓华熙之说存在年代错乱的硬伤，引用者轻信其说，从而导致谬误流传。大宗伯系指礼部尚书；铨部与版曹分别指吏部与户部普通官员，用以尊称黎岱屿与杨胪山，乃是当时官场称谓的敬语习惯，论其官职最高不过部郎而已。检《明史》"七卿年表"，永乐朝历任礼部尚书中，不要说不见王忠铭，就连一位王姓者都没有。明史上确实有一位做过南京礼部尚书的王忠铭，但出生于嘉靖二十一年(1542 年)，广东琼州府定安(今海南省定安县)人，嘉靖四十四年(1565 年)进士，万历十七年(1589 年)晋升南京礼部尚书，万历二十七年(1599 年)致仕。忠铭本名弘诲，字绍传，号忠铭，常以号行世，譬如《利玛窦札记》讲，他在 1598 年 6 月，跟随南京礼部尚书王忠铭由南昌来到南京。黎岱屿与杨胪山二人详细资料一时难寻。但三人同省籍相熟稔则无疑问，王曾与黎游广州海珠寺并和

---

① 程廷济：《浮梁县志》卷七，建置志，乾隆四十八年刻本。

诗唱答。显然，本馆果系王忠铭等三人倡建，也不会早于隆庆朝。1941年会馆名称地址一览表中，崇文门外打磨厂179号粤东会馆应该就是本馆。而1947年的登记表则缺此馆信息。

既然永乐迁都之际就出现了会馆，为什么生活在明末的刘侗、于奕正专门编辑帝京景物时，经过考证之后，做出了始于嘉隆间(1522—1572年)的结论。检其原因，一方面，是受调查技术与能量的限制，在一个信息分散闭塞的时代，信息资源不但缺乏，而且不能公共化，以个人之力做不到深入广泛地细致调查；另一方面，也表明会馆自产生后发展极为缓慢，尚不足以构成令人注目的城市文化现象。

虽然《帝京景物略》关于京师会馆起源年代不准确，但是对于会馆产生原因、功能和与政府之间关系等方面的论述，堪称入木三分：

盖都中流寓十土著，游闲厮士绅，爰隶城坊而五之，台五差，卫五辑，兵马五司，所听治详焉。惟是四方日至，不可以户编而数凡之也。用建会馆，士绅是主，凡入出都门者，籍有稽，游有业，困有归也。不至作奸，作奸未形，责让先及，不至抵罪；抵于罪，则籍得之耳，无迟于捕。

内城馆者，绅是主；外城馆者，公车岁贡士是寓，其各申饬乡籍，以密五城之治。[①]

显然，面对流向京城的人口压力，政府再依靠巡城御史，锦衣卫与五城兵马司尽数编辑在案，已力不从心。因此不得不借助同乡组织的力量维系都城社会的安定与秩序。"京师五方所居，其乡各

---

① 《帝京景物略》卷四。

有会馆，为初至居停，相沿甚便。"①

　　会馆缘起一般通过三种形式：官员捐赠住宅改建；士绅发起，同乡集资购置或修建；旧馆扩充，异地增建新馆。创建早期，京宦乡土名士的筹划运营，功不可没。任何时代，乡贤名士在公众事务中，总是极具号召力的。

　　粤西会馆是创建的年代较早的一座，建于正德十二年(1517年)，比流行的京师会馆最早创设于嘉靖三十九年(1560年)之说，还要早43年。②大学士蒋冕购民房为住宅，假归捐为省馆。清初被有势者占据，经同乡京官控告，刑部、都察院判决返还。康熙年间逐渐修筑扩充。乾隆年间大学士陈宏谋等重修。③本馆位于前门外銮庆胡同9号。1947年会馆登记期间，计有粤西会馆、广西中馆、广西新馆三处。其所有不动产五处，分别位于銮庆胡同23号；北柳巷4号；延旺寺街46号；永光寺街2号；椿树上三条1号。可见会馆产生以后日渐繁盛的历程。④

　　岭南会馆与粤西会馆缘起的情形类似，也是出自高官捐赠。创于嘉靖四十五年(1566年)，广州人锦衣卫指挥使麦祥捐赠，房屋市值估价320两。隆庆三年(1569年)"鸠工一修，颜曰嘉会"。其后岁月流逝，馆舍易朽，修缮更新之资皆由旅居京师粤籍仕宦"如例助费"。三次修缮耗资180两。⑤

①　《万历野获编》卷二十四。
②　《读史阅世六十年》："杨联陞尾随仁井田升，据道光(1834)《重修歙县会馆录》所保存的原序，认为会馆最早创设于嘉靖三十九年，在国际上几成定论。" 364页。
③　民国三十七年一月二十六日《粤西会馆总登记表》，《会馆档案》，1020页。
④　《会馆档案》，1020页。
⑤　郭尚宾：《重修深沟岭南会馆碑记》，《会馆档案》，1363页。

比起捐赠与集资合建方式，更值得注意的是旧馆扩充或建立附馆方式。主附馆相连的会馆群现象比较普遍，大都以大带小，省馆附带府馆；府馆附带县馆。例如上述岭南会馆，自创设以后，经广东南海人太仆寺卿郭尚宾的努力，在万历天启年间，陆续维修创建广东乡馆七处。资金来源或捐赠或集资或使用馆内余资。

七处之中，广州会馆完全使用旧馆资金。天启四年(1624年)七月，吏科给事中南海人陈熙昌撰《广州会馆记》回顾了其经过：

京师之有会馆，犹传舍也。传舍之则，晨主暮客，君子之至于斯也，以为是不昧席之地，而役役焉。代所不知之人，先之劳之，作居停主，非拙则迁，以是易创易湮，人日更，费日冗，而讫无定址。夫仁人长者爱一乡，必并其风尘鞅掌之劳而惜之，营一事必并其经久不坏之策而筹之，则冏乡(卿)①郭公噩吾偕吾曹所置广州会馆意也。先是粤东不乏会馆，大都门以内缙绅迭主之，门以外士商与谒选皆得主之。庶几有即次之安矣。独入都之税驾，与出都之饯别，莫便于宣武门外，而未有善地。于是冏卿毅然力任。适广州内馆积有余资，遂于宣北坊之北得第一区，为费四百金有奇。其居东向，自堂而室凡三层，层各五间。左右为厢房两庑，厢房亦如之。房具轩敞，宜燠宜寒。迤东而北抵通衢，仍其故，可十廛岁入子钱若干。惟前带益崇尺许，而以迤北一间为门楼，颜其首曰"广州会馆"。今而后无论仕宦公车，携家单骑望门投止，出者有渭城杯酒之饮，而入者无邦畿至止之怅。歌骊折柳赍相望焉。则皆郭公之功也。吾乡会馆，自辛亥(1611年)以后创置凡七，而皆就绪于公之手。因思

① 乡应作卿。可能是编辑《北京会馆档案史料》时的过录疏漏。冏卿系指太仆寺卿。《书》冏命序：穆王命伯冏为太仆正。所以后世以冏卿称太仆寺卿。明代官场流行以古称代替现实的官职。无非为了显示训雅。

是役也，有三善焉。馆中岁输例金，铢积寸累，或假托非人，漏卮辄尽，而公自为给谏，至今官始终担任稽数，核精严不入蠹腹，故有成功之逸，而无派敛之烦，一也；捐金购地，则心力目力手力种种殚竭纤悉，零杂咸登记籍，不耗有用于无用，故物力省而结构精，二也。至鸠工庀材，必择饶有心计者责成之，又自身董率，且夕靡间，故受事诸役，无苟且塞责之念，而不以易隳之业遗后人，三也。①

馆建成后"旁缭斗舍十楹税之市人。岁入其值充馆费"②。以出租房屋于商人的收入，作为补助馆舍维修经费。清初馆务萧条，遂被一武人强占。康熙四年(1665年)，粤籍官员数人联名控告，经刑部、都察院命所司审理再三，终于返还，但断壁残垣，破败不堪，因之开工修理，历时三月，耗资三百四十余两。康熙七年(1668年)七月暴雨毁坏房屋，修缮费一百五十余两。康熙九年(1670年)三月治左庑三间，又耗资一百一十余两。三次费用，皆由争回馆权的发起人程可则提供。③康熙十二年(1673年)六月，程可则将出任桂林，行前撰文树碑追述本馆兴废变迁，并期待接管诸人"相与努力，京华骧首衢路以无失相成之意"④。本馆位于和平门外西草厂胡同97号。1947年会馆登记，房屋32间。与初建时相吻合。⑤惟总馆已不在此处，早已迁至前门外草厂头条20号，房屋90余间。

无论捐赠还是集资修建的会馆，日后维持馆务经费的来源，不

① 陈熙昌：《广州会馆记》，北京市档案馆，档号２－７－１３０。
② 程可则：《重修广州会馆记》见北京市档案局编《北京会馆档案史料》，1367页。
③④ 《北京会馆档案史料》，1367页。
⑤ 民国三十六年十一月二十一日《广州会馆总登记表》，见北京市档案局编《北京会馆档案史料》，999页。

外乎房租、捐款、同乡例费、投资收益与承办活动的收入。

会馆在异地开辟了一处语言、民俗、祭祀、偏好与时尚同一的乡土场景，身临其境，仿佛跨越了时空，进入浓郁的乡土乡情氛围。在山水阻隔，回乡往返旅行艰难与成本过高的时代，对于生活在异乡的人，会馆不失为一种精神补偿。"鸣玉而结轸于斯，在帝乡犹故里也。于以敦桑梓之欢，而发弹冠之庆，实惟馆是依。"[①]

会馆同时也是异地同乡人维护自身权利，发展自身势力的组织，扮演了异地同乡人救助机构与保险机制的角色。当同乡人之间发生纠葛时，会馆能够在诉讼前充当调解角色；而在本乡人与异乡人发生冲突时，会馆又是本乡人的诉讼争斗靠山。会馆因其功能与主持人的官方背景而被政府认可，因之，一经出现畅行无阻。

但是，同样被称作会馆的工商业行会性质的组织，其产生发展却没能像乡馆、试馆那样幸运。京师工商会馆产生年代至少要比乡谊会馆晚二百年。

说起工商会馆的起源，不能不放在明代的城市管理结构与工商政策的背景中考察。朝廷用牌铺组织把居民纳入程序控制系统中，必然挤占城市自治生长空间；用铺行将社会各行各业归类编制管控，必然极大抑制各业同行之间自行创立行会的可能性。

实际上，工与商并不能相提并论。京师手工业者绝大多数属于匠户，朝廷控制得远比商户严格。一般而论，京籍与附籍匠户必须每月到指定机构、厂局上工应役，不但流动性不能与商人同日而语，就是社会交流与同业团聚的机会也比较差。因而，行会性质的会馆在创建之初，乃是源于纯粹的商业。

在商业流通方面，朝廷不但尽可能地把商人纳入铺行管理之

---

① 《北京会馆档案史料》，1368 页。

中，而且投资设立官店、塌房环环相扣，官店与塌房是铺行制度的补充，对于短期留京的流动商人，不能纳入铺行永久管理，就要对其商业流程进行全程监控。官店控制货物的流向与物价，客商一入京立即掉入牢笼之中。塌房为流入浮居客商提供了存储货物方便，同时官方也实现了强制性房租收入以及对货物总量与去向的记录。

然而，变化是生活的准则，世间没有一成不变的管理模式。企图以一成不变的政策管理日益复杂的世界，总是一厢情愿的。随着京师商业流通与商业规模日益增大，政府往日的全程管理模式越来越力不从心，难以奏效，不得不顺应形势，重新整合政策。万历十六年(1588 年)"革去行户名色"[①]。彻底废除了铺行征派制度，才使得行会性质的会馆萌生成为可能。

铺行一经废除，商人才有机会团聚填补政府留下的空白。以往同业之间利益冲突与行市行情等事宜由政府统一管理协调，政策变革后，政府只按每户贫富等级征收相应的银两，而不再对各业进行编行登记。所以，为了共同利益，各业同行之间在经历了多年自行其是恶意竞争之后，最终选择妥协会商方式解决同行之间的利益纠纷。最初集体会议之所不一定非要建专门馆舍，毕竟社会有现成场所可以借用。不过，"在没有找到更多的资料以前，还得从清代前期行会本身的传统来考虑，这种传统是从来没有人主张起源于明代后半叶以前的"[②]。

京师商业行会性质的会馆，最早产生年代不会早于明朝晚期。有人根据原存前门外中芦草园四号颜料会馆内乾隆六年(1741 年)

---

① 《宛署杂记》卷十三。
② 〔美〕彼得 J 戈拉斯：《清代前期的行会》，见〔美〕施坚雅主编《中华帝国晚期的城市》(叶光庭等译)，663 页，中华书局 2000 年版。

《建修戏台罩棚碑记》碑文，推断京师商业会馆产生于明嘉靖年间。这一推断似乎存在着对碑文的误解。既谓之存在误解，就有必要过录碑记原文于此：

> 我行先辈，立业都门，崇祀梅葛二仙翁，香火攸长，自明代以至国朝，百有余年矣。[①]

问题关键在于对碑文上推年代起点的确定。如果选择清定鼎北京之日，那么，颜料会馆可以上溯至明嘉靖年间，甚至更早的正德或弘治朝。不过这样逆推有悖于碑文撰写人的立场。一般而论，撰写人在叙述介绍某一人文建筑时，总要追溯其历史，因之，其出发点是现实，如不做特别说明不太可能变换追述的起点。本碑"百有余年"之下，紧接着记录了康熙十七年(1678 年)、四十九年(1710年)两次修缮情况，恰是百有余年历史细节的变化。倘若本会馆历史果真可以追溯到明中叶以前，其行文完全可以用二百有年矣，或几二百年矣的表达句式，大可不必惜一字之差，徒增阅读理解困惑。以国人固有的越古越好的思维定式而论，偏爱用历史绵远来证明认可事物的厚重，断不会在篇首画龙点睛之处，放过能够表达历史凝重深厚的良机。显然，乾隆六年(1741 年)才是上推历史的起点，"百有年矣"时间范围当在 101 年至 109 年之间，即以 109 年计算，也只能推到明崇祯五年(1632 年)。

工商会馆出现在崇祯年间，恰恰与万历十六年(1588 年)废止编行，实施有年相吻合。很难想象政府管控政策一变，正式商业会馆就立即产生。其间必定经历同行之间的多年冲突与磨合，始能整合团聚，形成规章合理，各方认同的协调组织。从万历十六年(1588年)到崇祯初年(1628 年)，差不多四十余年。

---

① 李华：《明清以来北京工商会馆碑刻选编》1 页，文物出版社 1980 年版。

颜料会馆内另一通立于道光十八年(1838年)二月的碑文,能够佐证该会馆创立不会早于明末,其文曰:

尝往考颜料行会馆中碑记所载,重修肇在康熙十七年(1678年)。馆之建始,上莫之考。次则乾隆六年(1741年),添造戏台罩棚,后立有碑记可考,且记内载明馆地四至。迨下考暨于嘉庆二十四年(1819年)重新碑记,并知将与会馆仙翁庙毗连之火神庙,一律修整。①

碑文作者正白旗满洲铁林,嘉庆十六年(1811年)进士,是位饱学之士曾任翰林院侍讲。他经过考证,没有采信创自明代的说法,只用"上莫之考"带过。如此模棱修辞虚文,却得到了会馆主持者与捐修者的认可,不然碑不能镌刻,亦不可能树立。可见会馆主人也不认为馆史能追溯到清以前很远。

颜料会馆创制时期依仙翁庙集会,通过祭祀行业神形式,起到同业之间情感交流与信息相通的作用。社会愿意选择寺庙作为集体会议的场所,一方面,表明城市缺乏巨型公共建筑空间,寺庙肩负了相当一部分本应由社会提供交际场所的功能,同时,寺庙也愿意承担此任以增加经济收入;另一方面,商人对行业神、财神的崇拜,使他们在神灵面前不由得不产生肃穆敬畏神情,因而可以避免某些在寻常场合容易发生的过火行为。在管理制度、行规疏阔与普遍缺乏公共意识的时代,被公推的行首等人无不希望借助神灵权威达到管理目的,利用与会者祈佑神眷、畏惧神罚心理,制造神圣静穆气氛,让人在心灵净化中自我抑制,从而协调各方利益。颜料行业人士选择崇祀梅、葛二仙翁集会,久而久之,在其地集资修建了永久性会馆。

---

① 《明清以来北京工商会馆碑刻选编》7页,《颜料行会馆碑记》。

辨明工商会馆产生年代固然重要，但厘清工商会馆的组织性质、社会作用与发展变化更重要。工商会馆自产生后，始终没有脱离地缘与类似宗法管理的特征。会员制度是建立在同乡关系基础上的，会员资格必须由具有本地正式户籍的高层人士与熟稔会员介绍始可获得。

工商会馆脱胎于乡馆，为汇聚同乡同业之所。因之，同业是地域特征下的同业，而非异地之间的同业。虽然在其发展过程中，曾经跨过同乡界线，但跨越幅度一般比较小，到会馆没落的时代也没能形成涵盖范围较广的统一组织，始终难以摆脱地域特征。

一地同乡同业会馆一旦形成，必定要谋求遏制异地同业在同一城市中的发展。如此，同样都把同乡关系视作发展信任的基础，同样都企图垄断或控制相关行业的一切事务，势必会引发异乡同业组织之间经常发生冲突。在通常情况下，异乡同业组织之间冲突很少出现一方完胜结局，往往是始争而终和，因此，才会出现打破地域界限的同业会馆。不过这已是很晚的事情了。

即使在万历十六年(1588年)废止了行户与当行制度之后，出现了同乡同业会馆，政府也不会听任行业自治权力自由发展，乃至与官方分庭抗礼分享政府利益。尽管政府已经做不到深入行业内部总揽一切事务，却拥有在货物流通的终点控制货主与交易的能力。朝廷从来没有把商业流通看成纯粹的经济事务，因而，对待商人须臾不可离的同时，又始终保持政治警惕与制度限制。

当然，政府设计的制度目标是一码事，而在制度操作过程中实现程度又是另一码事。即使制度实现过程难尽人意，但制度表达的朝廷意志足以使商人同业联盟活动举步维艰。因之，商人自治努力是在渐进的政策变革后缓慢逐步实现的。随着京师经济增长商业流通日益繁荣，政府有限的行政能力投入到税保障收上，而对商人管控逐渐放松。因之，商人同乡同业会馆才可能在乡馆模式基础上增添维护同业权利的内容。不过相比之下，早期出现的商业会馆在为客商提供诸如住宿、存货、询价交易信息与同业之间联谊聚会等方面的方便，远远超过维护争取商人集体权益方面的努力。

无论哪种性质的会馆都能在城市管理中，弥补行政资源不足，在治安、救济、互助、防灾、救灾等方面发挥显著作用。

清代会馆发展极为迅猛，都集中于前门、崇文、宣武三门外，除了工商业发展、人口增加、流动量增大等原因外，还与明清两朝京师管理制度变化有关。顺治五年(1648年)八月发布旗汉分住令，顺治七年(1650年)以后，[①]内城变成了纯粹的旗城[②]。在搬迁过程中，内城原有的会馆，必然改作他用或被毁。旗、汉分城而居，内城采用八旗制度管理，较为严格；外城沿用明代五城坊铺制度。在行户政策完全废除与国家税收货币化的双重刺激下，奠定了工商会馆的政治基础，迎来会馆竞相建设的春天。无论仕宦商人，旅京人士更加倚赖会馆的帮助。

清代的会馆都建在外城，待到内城再次出现会馆时，清朝统治已江河日下，很快走到了尽头。从清中晚期到民国肇建的百年之间，道光朝《都门杂记》统计的会馆为324处；咸丰朝《朝市丛载》统计为391处；光绪朝《顺天府志》统计为445处；民国初年统计为

---

① 《清世祖实录》顺治五年八月辛亥条记是月发布满汉分住令，搬迁时限为次年岁末，共十六个月。那么到顺治七年，内城才能成为旗人世界。

② 旗城：满汉分住以后，人们多称内城为满城。从严格意义上讲，不如用"旗城"更为合理。八旗按方位居住，包括八旗满洲、八旗蒙古和八旗汉军，共二十四旗。

395 处。从中亦可明显看出会馆放量增长与呈现停滞衰败的历史轨迹。其中工商会馆五十余处，占会馆总数的八分之一左右。

查 1947 年各省会馆总登记表可知，凡是登记创设于明朝的，其中大部分始建时间不超过明万历年间。如：越中先贤祠，旧名稽山会馆，位于宣外虎坊桥东一一四号；延平会馆，位于和平门外粉房琉璃街八十四号；赣宁会馆，位于崇文门外西珠市口三十四号；富平会馆，位于和平门外南新华街十四号；黄安会馆，位于前门外打磨厂新开路十六号。以上会馆的登记表，在自述历史沿革时，都使用了建于明末之类的字眼。

有确切年代的是：九江会馆，位于前门外西珠市口三十五号，建于明万历三年(1575 年)；上新会馆，位于前门外长巷四条二十号，建于万历三十三年(1605 年)五月。有确切朝代而无具体年分的是：汀州会馆，位于崇文门外长巷二条二十六号、三十六号；安陆会馆，位于前门外新开路五号。皆自陈建于明万历年间；而位于宣武门外铁门八号的宣城会馆，系明末宣城人施愚山故宅，清顺治年间回籍，舍宅为会馆。严格说不能算做明代会馆。

更多的会馆创建年代不确切，如：前门大栅栏十八号临汾会馆；前门外打磨厂一百二十号临汾乡祠；前门外王广福斜街七十一号汾阳县旅平同乡会；前门外长巷四条二十一号贵池会馆；前门外杨梅竹斜街一三四号和含会馆；前门外草厂八条三十七号汉阳会馆；前门外草厂二条黄冈会馆；前门外平乐园十号荆州会馆；前门外东河沿五十三号浮梁会馆；前门外草厂十条五号、二十八号长沙郡馆；崇文门外大席胡同十一号石埭会馆；崇文门外麻线胡同郢中会馆；宣武门外珠巢街三号成都郡馆；宣武门外南柳巷六十四号华州会馆。都使用了"创自前明"之类的笼统文字。其中江西浮梁会馆有该县《县志》旁证建于永乐年间，其余的可能创设年代也很早，但在没找到可靠资料实证之前，一般来说，这些会馆的始建年代很难早过万历时期。

导致明代京师会馆历史细节信息贫乏的原因，粗略归纳至少有五个方面：(1)岁月流失，丧失传世与口碑相承资料；(2)发生变故中途关闭；(3)清初旗汉分城之际，内城会馆在迁建过程中，某些会馆没有异地再建；(4)时间紧迫条件下的房屋迁建行动，极易损失建筑的历史文化信息，主观上也没有注意保存历史资料，甚至异地重建以后，不再延续原来名称；(5)明代京师会馆本来就不像想象得那样多。因此，明代京师会馆留下的历史记忆虽然深刻，最早伴随永乐迁都之际发生，却不能像清代会馆研究那样具体细微。

京师会馆是极其重要的城市公共空间。在这一公共空间中，积累了太多的历史人文信息，构成北京史特有的历史文化现象。在技术、生产低下，社会流动艰难时代，京师是最富吸引力与容纳四方涌入之民的城市，"都城之中，京兆之民十得一二，营卫之兵十得四五，四方之民十得六七"①。来自皇朝各地的流入人口或暂住或附籍定居，促使京师生活模式愈加色彩斑斓。各地民风民俗，如饮食、方言、服饰、禁忌、时尚、艺术等等在离开原生地伴随着迁徙人群在异地维系许多代。会馆是同乡在异地维系乡土文化的中心与载体。虽然担当文化传播与居停、商业媒介，却多少有悖于社会普遍信任机制的成长，助长固化乡土观念的排他性，构成社会一体化进程的障碍。因而，最终萎缩，退出历史舞台。

---

① 于慎行：《谷山笔麈》卷十二，《明史资料丛刊》第三辑，江苏人民出版社1983年版。

三、寺庙宫观

明代是北京寺庙宫观续旧建新的黄金时代，据成化十七年(1481 年)统计，都城内外多达六百三十九处。[①]此后寺庙建设更是方兴未艾，到万历朝仅宛平境内即达到五百七十五处，城内二百五十一处。其中寺二百一十一处，城内七十二处，城外一百三十九处。庵一百四十处，城内七十七处，城外六十三处。宫六处，城内三处，城外三处。观二十一处，城内七处，城外十四处。庙二百零六处，城内七十七处，城外一百二十九处。[②]现撷撮其要，对佛教、道教、伊斯兰教寺庙宫观做简约叙述。

明代诸帝除世宗以外，大都崇佛礼佛，这与成祖得僧道衍(姚广孝)之助夺得帝位不无关系。历朝诸帝崇佛事件层出不穷，信手拈来几例足见一斑。正统年间，王振诱导英宗把皇城西南角的庆寿寺扩建成大兴隆寺，"壮丽甲于京都内外数百寺"，树牌楼号"第一丛林"。景泰年间，太监兴安"佞佛甚于王振，请帝建大隆福寺"，宏阔壮丽与大兴隆寺媲美。成化年间佛寺兴建持续高涨。皇上宠幸僧人继晓，为建大永昌寺。弘治年间，"道教置不谈，而佛氏为中宫及大珰所信向""创修寺观遍天下，妄造经典多于儒书"[③]。正德年间，武宗自号"大庆法王"同样热衷寺庙建设。万历年间，慈圣太后李氏，出身宫女，母以子贵，自称九莲菩萨转世，大兴土木，

---

① 《宪宗实录》成化二十一年正月己丑条。
② 《宛署杂记》卷十九。
③ 《明会要》卷三十九。

广建佛寺，万历四年(1576年)在海淀西八里庄，耗巨资建慈寿寺豪华富丽，现存十三级永安寿塔。万历五年(1577年)在白石桥西长河北岸建万寿寺以贮汉经。

宦官群体信佛钟情寺院建设经久不衰，也是京师寺院激增的主要原因。"中官最信因果，好佛者众，其坟必僧寺也。"①检其原因，太监身份特殊不同于常人，即使发达上进享有权势，也难衣锦还乡，因而，投资修庙建立养老义会，以备日后颐养天年与安置后事，就是最佳选择。太监建庙修寺拥有便利条件，容易直达天颜获得特许，同时，佛教也愿意鼎力相助。"京师诸刹，凡属中贵供奉者，即以中贵为主人。"②太监笃信佛教创建寺庙事例枚不胜数。如正统九年(1444年)，宦官王振在东城禄米仓东，仿唐宋伽蓝七堂之制建庙，御赐"报恩智化禅寺"。经橱、佛像与转轮藏的雕刻古朴。以佛乐空灵典雅闻名于世。

道教的宫观庙顶主要有白云观、东岳庙、朝天宫、五顶碧霞元君庙。

白云观，在西便门外，承元之旧。成吉思汗西征期间，丘处机得蒙恩宠，自雪山东返燕京居太极宫，后改称长春宫，过世后，门人尹志平等在宫东侧建白云观藏长春真人之遗蜕，因此声名远播，成为道教全真派三大祖庭之一。

洪武二十七年(1394年)，燕王之藩，整修白云观。洪武二十八年(1395年)正月十九日"丘真人降诞之辰"，燕王亲自降香瞻礼。次年(1396年)同日，又派世子高炽瞻礼。③迁都以后，本观成为"首

---

① 《酌中志》卷十六。

② 释明河：《补续高僧传》卷十八，《宽念小师传》，上海古籍出版社2011年版。

③ 胡濙：《白云观重修记》拓片。

善之区"第一道观。宣德、正统、景泰、弘治、嘉靖诸朝，数经修葺。

东岳庙，在朝阳门外，承元之旧。始建于元延祐六年(1319年)，元仁宗御赐"东岳仁圣宫"，主祀泰山东岳大帝，是正一派畿辅地区最大道观。洪武三年(1370年)改称"东岳庙"，永乐迁都后，指派南京朝天宫清微派道士来此住持。"岁时敕修，编有庙户守之。"[1] 正统十二年(1447年)曾"益拓其宇。两庑设地狱七十二司，塑各种鬼物，须眉活现"[2]。尽管如此，东岳庙道教活动已不再像元代那样由官方主导，逐渐向民间转化。

朝天宫，在白塔寺西垣外，至今其地仍存宫门口、东廊下，西廊下等地名。昔日皆在宫围之内。宫本为元天师府，宣德八年(1433年)改建。香火盛于世宗热衷道教炼丹长生之术期间，斋醮无虚日，奉礼与皇城内大高玄殿相仿。天启六年(1626年)六月二十日遇火被毁，后未再建。

五顶碧霞元君庙。东岳泰山天仙玉女碧霞元君，俗称"泰山奶奶"，自明以后畿辅地区民众顶礼膜拜经久不衰，逐渐形成了社会普遍认可的五处元君庙，俗称"五顶"。庙定期开市，集商贸、还愿、乞子、祈福、玩耍一体。西顶在麦庄桥；中顶在草桥；东顶在东直门外；北顶在安定门外。[3]南顶在左安门外弘仁桥(今通州区马驹桥)，清代南顶移至大红门外，故称明代南顶为"大南顶"。[4]关于北京五顶的文献记载甚丰，但位置并非尽同多有歧义。《酌中志》

---

① 《宛署杂记》《长安客话》亦称"累朝岁时敕修，编庙户守之"。
② 汤用彬等编著《旧都文物略》"坛庙略"，中国建筑工业出版社2004年版。
③ 《帝京景物略》卷三。
④ 励宗万：《京城古迹考》"东城"，北京古籍出版社1986年版。

谓西顶在蓝靛厂。北顶，一说在北土城东北三里，一说在德胜门内路东。[1]

明初从燕王之藩到称帝迁都，回族迁居北京再次迎来高潮。"燕都之回族，多自江南、山东二省分批来者，何也？由燕王之国，护围(卫)军僚多二处人故也。"[2]据传京籍回族凡姓任、沙、刘、李、马、金、霍者，追溯祖籍大多来自南方。回民的姓氏堂号许多保留着家乡痕迹，如西门刘家(南京水西门)、大同马家、泊头曹家、韦河张家、沧州刘家、陈家、陕西古家等等。明代卫所制与军人世袭促成回族人聚族而居，从而出现回族营。

牛街礼拜寺，在西城牛街，建于辽代统和十四年(北宋至道二年996年)，阿拉伯学者纳苏鲁丁创建，明成化十年(1474年)敕赐"礼拜寺"。

东四清真寺又名法明寺，在东四南大街，建于元至正六年(1356年)，明正统十二年(1447年)重修。无梁结构的穹隆顶窑殿高深玄奥，乃是建筑艺术奇观。

花市清真寺，在西花市大街，规模次于牛街礼拜寺，建于永乐十二年(1414年)，传说原为常遇春府第。崇祯元年(1628年)重修。

锦什坊街清真寺又名普寿寺，在西城锦什坊街。建于宣德四年(1429年)，正统七年(1442年)重修。成化十年(1474年)敕赐"礼拜寺"。

宗教建筑向来是审美情趣与建筑艺术的标志，融入绘画、雕刻、泥塑、装饰等艺术成就。京师宗教建筑文化荟萃，集汉族、蒙古族、藏族、回族、维吾尔族等民族建筑精华，同时也杂糅了朝鲜、越南、

---

① 分别见于《燕京岁时记》"北顶"条，及《都市丛载》"寺观"条。
② 《冈志》33页，北京出版社1990年版。

印度、尼泊尔等异域艺术风格。明末随着利玛窦进京，又创建了罗马式天主教堂。足以展现京师博大包容精神。

永乐朝铸钟厂铸造的大钟，重八万七千斤，内外布满华严经八十一卷。[①]先置于内府汉经厂，遇吉庆节日，鸣钟作佛事。万历三十五年(1607年)移置万寿寺。雍正十一年(1733年)，再移觉生寺，并专门修建一座上圆下方的两层钟楼，用以悬挂大钟。

隆福寺藻井，外圆内方，开如伞状，构建三重天宫楼阁，中心方井刻有楼阁、舞人。其他如石景山法海寺、阜成门外宝塔寺、西直门外大慧寺、东四牌楼清真寺无梁顶窑殿、北海天王殿的壁画彩绘；拈花寺琉璃群佛；长春寺金塔；摩诃庵石经；五塔寺石像；万寿寺蟠龙鼎炉等等，无论工艺还是构思创意，都堪称精美绝伦世所罕见。

永乐初年，印度僧人班迪达来京，献五尊金佛与印式"佛陀伽耶塔"图样。赐地西直门外长河北岸建真觉寺。成化九年(1473年)前后，依图建造金刚宝座塔，高台上五座小塔团立。俗称五塔寺。香山洪光寺建于成化元年(1465年)，由朝鲜人郑同监造，模仿了金刚山毗卢阁圆殿形制。[②]

宫观寺庙中有一类虽非宗教建筑，但也是朝廷推崇，民众认可的，诸如孔庙、关庙、药王庙等等。类似庙宇供奉、祭祀的历史人物不一，政治等级不一。一般而论，这类庙宇的建筑结构布局与寺观没有什么区别，民众常把它与宗教寺观当作一码事。善男信女在顶礼膜拜之际，祈求的福禄寿喜，往往与教义布道的友爱与献身精神大相径庭。逢神必拜，有神必尊，祈祷内容因人而异，但朝拜对

---

① 让廉：《春明岁时琐记》，北京双肇楼1938年校印"京津风土丛书"。

② 《帝京景物略》卷六。

第九章　都城主要的社会交汇空间

象之间的差异，并非朝拜者所关心。朝拜者关心的是神灵庇护神灵赐福而非神灵的来龙去脉、类别与教义精髓。

明代宫观寺院以及神职人员皆须登记，延续历代宗教官控制度。洪武十五年(1382年)礼部设僧、道录司分理佛道事务，主官称正印、副印，秩同正六品，选教中德高望重者充任。僧录司在崇国寺(护国寺)千佛殿之后，道录司在朝天宫后天师府内；在地方上，府设僧道纲司，州设僧道正司，县设僧道会司。从朝廷到地方，形成四级管控体系。各级僧道司官不设专署，均在充任者所住持的寺观之内。

礼部祠祭司，总揽宗教政令，掌管度牒核发、僧尼道士女冠名册、司官选补等。僧道司只负责具体事务，如僧道人口调查，编制寺院总册，主持经试，惩治违规犯法教内人员。显然，僧道司官是朝廷特殊的佐杂吏差。

明代定期汇总编制僧道名籍册与天下寺观花册，严禁私创寺观，私度教徒。洪武五年(1372年)"令给僧道度牒、罢免丁钱。僧录司道录司造周知册颁行天下寺观。凡遇僧道即与对册，其父兄贯籍、告度日月如有不同，即为伪冒"①。度牒是礼部签发的僧道(包括尼姑、女冠)身份执照，上面注明姓名、年纪、法号、字号、剃度日期等信息。

洪武年间规定三年一经考核发度牒，府四十名，州三十名，县二十名。成祖崇佛，后来诸帝莫不如此，正统年间不但屡兴巨刹工程，而且僧道度牒发放失控。远远突破定额，如正统五年(1440年)六月，礼部报告："今岁例度僧道天下僧童至者三万七千有奇。有旨止度一万余，令俟后再度；道童先至者二千三百俱度矣，今至者

----

① 《明会典》卷一百四，僧道。

又二千五百，宜令俟后再度。"①景泰二年(1451 年)正月"奉皇后懿旨度僧三万"②。四月增道士两千人。其后，社会上拥有度牒的僧道越来越多。弘治九年(1496 年)五月工科都给事中柴昇言："臣于今岁二月以来，切见四方僧道妄议今年例该给度，俱会聚京师，时有一二言官奏行驱遣。祖宗朝僧道各有额数，迄年增至三十七万有余。"③

面对僧道人数猛增，朝廷采取的抑制措施不是严控名额，而是拉开考发度牒的间隔。弘治九年(1496 年)六月礼部就僧道度牒发放过滥问题，向皇上建议："太祖皇帝有三年一给度之制，以后日渐增多，故太宗皇帝改为五年一度，天顺二年(1458 年)因冒滥益甚，英宗皇帝复改为十年一度。皆斟酌多寡因时制宜，初无一定之制，况三年所度止三五百人，则三十年不过三五千人；五年所度止一万人，则五十年不过十万而止。使此制常行则额数必不过滥。……请定为经久之计，自后或二十年、二十五年一次开度。……旨准京师准度八千名，南京五千名。"④

嘉靖十八年(1539 年)核发度牒，定京师考录二千名，南京一千名。每名纳银十两。嘉靖三十七年(1558 年)再发度牒，每名减银四两。隆庆六年(1572 年)，礼部印发空头度牒通行各处召纳，如有来京请给者，赴户部纳银五两，发号纸送礼部给牒。⑤度牒管控进一步放宽，申请人只要纳银如数便可如愿。不过五六两银子在当时不是小数目，如果在产粮区，丰年时一两银子可买七八石粮食。

---

① 《英宗实录》正统五年六月乙酉(十五日)条。
② 《英宗实录》景泰附录，景泰二年正月甲子条。
③ 《孝宗实录》弘治九年五月庚戌(四日)条。
④ 《孝宗实录》弘治九年六月辛卯(十六日)条。
⑤ 《明会典》卷一百四，僧道。

四、街市、庙市与世相风情

京师街市集中在皇城四门、钟鼓楼、东四西四牌楼、以及内城九门内外，其繁华者为正阳门与大明门之间的棋盘街、灯市、城隍庙市、内市与崇文门市。

棋盘街市地处大明门左右，常年定点市场，又称日日市，士民工贾云集，肩摩毂击，百货充盈，竟日喧嚣。

灯市，每年正月初八开市，十七日结束。百货云集，男女混杂人潮如涌。以纨素珠玉与华丽妆饰为主，以及猥杂器用饮食及假古铜器。[①]日暮张灯，灯则烧珠；料丝则夹画、堆墨等；纱则五色，明角及纸及麦秸；通草则百花、鸟兽、虫鱼及走马等。演出分鼓吹、杂耍、弦索。鼓吹则橘律阳、撼东山、海青、十番；杂耍则队舞、细舞、筒子、筋斗、蹬坛、蹬梯；弦索则套数、小曲、数落、打碟子等。烟火施放则以架以盒，架高且丈，盒层至五，其所藏械寿带、葡萄架、珍珠帘、长明塔等。永乐七年(1409 年)，令元宵节赐百官假十日。今市十日，赐百官假五日。[②]唯禁止高级官员与太监前往灯市。然微服私观者，仍屡禁不绝。

为能忠实体现《周礼》的前朝后市宫阙之制，在宫城玄武门外，安排了一处定期市场，每月逢四开市贸易，谓之内市。交易以文玩古物为主，以及貂皮、狐皮、平机布、棉花、酒、药材、犀象等。天启元年(1621 年)因辽东战事吃紧，努尔哈赤步步紧逼，为保宫廷

---

① 谢肇淛：《五杂俎》卷八。
② 《帝京景物略》卷一。

安全防范奸细混入，提高了门禁保卫等级，而将内市移至北安门外，每月仍照内市日期交易，不久又移至皇城东侧靠近灯市之地。天启七年(1627年)五月明军在山海关外取得宁锦大捷后，内市又回归玄武门外。

京师是天下商货汇聚之地，"市肆资迁，皆四远之货，奔走射利，皆五方之民"①。"都人不善居室。富者一岁止计一岁之用，恣浪费，鲜工商胥吏之业，止作车夫、驴卒、煤户、班头而已，一切工商胥吏肥润职业，悉付外省客民。"②

崇文门、正阳门外地区由于靠近通惠河码头，商业发展迅速。正阳门外有穷汉市，乃是一般人家交易的晚市。批发流动的同业商人往往容易聚合促成固定市场，因而产生诸如猪市(今北京珠市口)、揽杆市、骡马市、煤市、柴市、米市、蒜市等市场。崇文门内外，因宣课司所在，外省进京货物必经之地，很快形成繁华商贸区。

街市之外是庙市。宫观寺庙不仅是社会精神生活与民众信徒祭祀祈祷之所，同时也担负诸多社会功能，如集市贸易、旅行食宿、社会救济、集会、文化交流、游览观光等等。神俗静闹融合得如此巧妙，到了浑然不觉的境地。其实也不足为奇，寺庙宫观离不开经济支撑，除了那些拥有官方背景的巨刹之外，一般庙宇必须依靠自有资产与香火收入，才能维持日常开销，并在承担各项社会功能，满足社会各类需求过程中实现稳定收入与增长。

不言而喻，寺庙作为社交公共空间的作用极其显著。同时还经常用作城市地标，至今旧城内外仍存在许多冠以寺庙的地名，如土地庙、真武庙、娘娘庙、药王庙、关帝庙、龙王庙、观音寺等数不

---

① 《五杂俎》卷八。
② 王士性：《广志绎》卷二，中华书局1981年版。

胜数的街巷胡同。时过境迁，寺庙大都湮灭，名称却深深印在社会记忆中。

寺庙贸易市场，集交易、娱乐、游览、祈福于一炉。分两种形式：一是宗教节日庆祝盛会；二是定期举行的市场。

佛教方面，二月十九观音菩萨诞日、四月初八释迦牟尼佛诞与七月十五盂兰盆节，寺院皆诵经聚会，信徒踊跃。在各寺庙外面，自然形成娱乐交易场所。类似佛事往往持续多日，参与者众多，自然产生各类服务需求，商业、演艺、杂耍等行业出自追逐人群聚集之区天性，久而久之，不管是临时的还是固定的，一定促成庙前市场的形成。

道教方面，以白云观"燕九节"、东岳庙"掸尘会"与五顶碧霞元君庙会引人注目。

燕九节是长春真人丘处机诞辰纪念日，丘处机字通密，生于金皇统八年(1148 年)正月十九日。"相传是日，真人必来，或化冠绅，或化游仕冶女，或化乞丐。故羽士十百，结圜松下，冀幸一遇之。"[1] 倘若幸遇，可驱病延年。当日，车水马龙，游人潮涌。随着时间推移，内容扩充，遂成为京师一大定期盛大庙会。

东岳庙掸尘会，每年三月二十八日东岳仁圣大帝诞辰，举办盛大的大帝巡游仪式，所过之处，士商妇孺，争相观看。庙会从三月十五日开始，到二十八日达于极盛。期间，人潮如流，商贾云集。

五顶碧霞元君庙，以南顶香火最盛。"泰山顶碧霞元君，宋真宗所封，世人多以为泰山之女，后之文人知其说之不经，而撰为黄帝遣玉女之事以附会之，不知当日所以褒封，固真以为泰山之女

---

① 《帝京景物略》卷三。

也。"①封号虽始自北宋，但是泰山之女的说法晋代已然出现。四月十八日碧霞元君诞辰，自初一日起到十八日，进香男女络绎不绝。从左安门至弘仁桥(今通州区马驹桥)四十里，路上"舆者、骑者、步者、步以拜者、张旗幢鸣鼓金者"②熙熙攘攘，蔚为壮观。西顶、中顶次之，东顶、北顶稍差。

定期举行的庙市以都城隍庙最盛，每月逢五开市。"西至庙，东至刑部街止，亘三里许。其市肆大略与灯市通。"③商贾云集，"凡百般货物俱赶在城隍庙前，直摆到刑部街上来卖，挨挤不开，人山人海的做生意"④。商品丰富，日用所需，精粗毕备。"羁旅之客，但持阿堵入市，顷刻富有完美，以至书画古董真伪杂陈，……剔红填漆旧物，自内廷阑出者尤精好，往时所索甚微，今其价十倍矣。至于窑器最贵成化，次则宣德，杯盏之属……每对至博银百金。"⑤天启年间建成的崇文门外药王庙，每月初一、十五定期开市。大有后来居上趋势，百货云集，人流潮动，热闹非凡。

都土地庙市。在宣武门外槐树斜街，旧为老君堂，万历四十三年(1615年)重修，每月逢三开市，谓之外市。交易以平民日常用品为主。

街市庙市一向集购物吃喝玩乐于一处，少不了文娱消费。市场演艺追逐人稠之区出于天性。京师街面集市艺术消费形式五花八门，诸如说书、杂耍、武术、琵琶小曲、扒竿、筋斗、倒喇、筒子、

① 顾炎武：《日知录》卷二十五，上海古籍出版社1985年影印本。
② 《帝京景物略》卷三。
③ 《日下旧闻考》卷四十五引孙国敉《燕都游览志》。
④ 冯梦龙：《二刻拍案惊奇》卷三，人民文学出版社1996年版。
⑤ 《万历野获编》卷二十四。

马弹解数、烟火水嬉等。说书分两种，一种只说不唱，宋元平话之流韵；另一种说唱兼备，男女瞽者多以琵琶伴奏演说古今小说故事，"北方最多，京师特盛"[①]。扒竿即攀三丈多高的立杆做悬挂各种姿势表演。倒喇，插科打诨掐拨数唱。筒子即活变鸽子、猴子的戏法。解数分马解与弹解两种，各有二十四招数。马解是在奔驰的马上做各式高难动作。弹解是弹打难于命中的目标，如飞丸等。

嘉靖到万历年间，有身怀绝技的八位艺人号称"八绝"：李近楼号琵琶绝，能于弦中作将军下教场鼓乐，炮喊之声，一时并作。与人言以弦对，字句分明，俨如人语，或为二三人并语，或为琴为筝为笛皆绝似；王国用号吹箫绝，箫声清韵彻室，飘飘然若有凌风之意；蒋鸣岐号三弦绝，能于弦中作琴笛等声，可与李近楼争胜；刘雄号八角鼓绝，击鼓轻重疾徐，随人意作声，或以杂丝竹管弦之间，节奏曲合，更能助其清响云；苏乐壶号投壶绝，能以己意创出新奇诡名异法，至数十种，皆古所无。其尤难者，双飞倒卷，数折而同入者曰卷帘，三矢并投而分中三孔者曰写字，背身投矢命中不失者曰仙人背剑；郭从敬号踢球绝，自弄一球，能使球沿身前后上下，终日飞动不堕，或兼应数球，能随诸敌人缓急轻重，应接不谬；阎橘园号围棋绝；张京号象棋绝。[②]

街市表演俗称撂地艺术，一般是划地露天演出，稍具规模的演艺团队可能就要搭建临时席棚帷幕以保证收入。尽管上述京师八绝不见得都能出现在街市庙会，却反映出这八种娱乐技艺普及与受人喜爱的程度，唯有从业与追捧者众，才能在竞争中造就艺绝之人。

---

① 《万历野获编》卷二十四。
② 《宛署杂记》卷二十，志遗八。

庙市盛衰是京师经济、商业的晴雨表，有"庙市穷，则京师遂大穷"之说。"庙市乃为天下人备器用、御繁花而设也。"①开市期间，世所罕见的外国珍奇、内府秘藏之物，令人目不暇接。碧眼胡商、漂洋番客亦赶来列肆商贸。

国家博物馆收藏的绢本《皇都积胜图》长卷，纵高 32 厘米，展开 2182.6 厘米。描绘了自卢沟桥经广宁门(今广安门)入外城，再经正阳门，棋盘街，大明门，承天门等节点，北至居庸关的社会风情，人物百态。画卷表现的街上车水马龙，行人熙熙攘攘，酒肆茶楼店铺林立，行商小贩充盈，街头演出围观喝彩等节点场景极为生动鲜活，士农工商兵、官员、艺人、外国人等群像毕至。

画卷概括了京师街道、建筑、商贸、世情等文化成就，让今人直观感受昔日京师的繁华与民风敦厚和谐。然而，这毕竟是跨越时空的艺术创作，绝非历史动态生活的全部。

京师天气与街市的脏乱始终让人厌烦无奈。万历二十六年(1598 年)利玛窦第一次晋京，这位域外陌生人的见闻记录很是具体细微：

北京很少有街道是用砖或石铺路的，也很难说一年之中哪个季节走起路来最令人生厌。夏季的泥和冬季的灰尘同样使人厌烦和疲倦。由于这个地区降雨量少，地面上分离出一层尘土，只要微风一扬，就会刮入室内，覆盖和弄脏几乎每样东西。为了克服这种讨厌的灰尘，他们有一种习惯，或许任何其他地方都不知道的。这里在灰尘飞扬的旺季，任何阶层的人若要外出，不管步行还是乘交通工具，都要戴一条长纱，从帽子前面垂下来，从而遮蔽脸部。面纱的质料非常精细，可以看见外面，但不透灰尘。它还有其他好处，即

---

① 花村看行侍者：《花村谈往》，说铃清道光五年聚秀堂刊本。

一个人只有在他愿意被人认出时才能被认出，避免了无数的招呼和问候，并可以根据他喜欢的任何方式和任何价钱出行。中国人并不认为在城里乘马车旅行是奢侈的。……别的城市几乎很少有这样普遍乘马或其他乘坐工具旅行的。到处都是等候受雇的马车，在十字街头，在城门，在御河桥和人流汇聚的牌楼处。雇一辆车一整天也花费不了多少钱。城里的街道非常拥挤，以致赶脚人必须用缰绳领住牲口穿过行人。他们知道城市的每一街道和每位著名市民的住所。他们还有指南，上面列出城里的每个地区、街道和集市。除去骑马旅行而外，到处都是抬官员们和要人们的轿子。北京的这种乘坐工具要比南京或者中国其他地方的花费大得多。①

　　北京曾长期流传的"无风三尺土，下雨一街泥"民谚，正是昔日街道的真实写照。"冬月冰凝，尚堪步屦，甫至春深，晴暖埃浮，沟渠滓垢"②。管理保洁状况十分糟糕。尽管"车牛不许入城"③，但是，城内须臾不离的骡马牲口车穿梭于街巷之间，路面粪溲仍随处可见。兼之，垃圾收集清运与厕所等公共设施缺失，乱扔垃圾，随处便溺更是司空见惯。一到盛夏，臭气熏天，蚊蝇丛生，"虐痢瘟疫，相仍不绝"④。

　　北京也是流民涌向之地，街头流浪乞丐成群结伙屡禁不止，随捡几则《明实录》记载便一目了然：景泰七年(1456 年)十月，"东安门外夹道中，日有颠连无告穷民，扶老携幼，跪拜呼唤乞钱。一城之内，四关之中，无处无之"⑤。弘治六年(1493 年)十二月，"贫

---

① 《利玛窦中国札记》331 页。

② 《万历野获编》卷十九。

③ 顾炎武：《日知录集释》(黄汝成集释)卷十二，"街道"。

④ 《五杂俎》卷二，中华书局 1959 年版。

⑤ 《英宗实录》景泰七年十月辛亥条。

民流移来京者以万计"①。正德十三年(1518 年)正月，"京师流民相属于道"②。嘉靖三十二年(1553 年)十月，"四处饥民来京求食，一时米价腾贵"③。万历四十年(1612 年)三月"饥民流移，填集京师"④。万历四十七年(1619 年)三月，"四方饥民就食来京者不知几千万，游食僧道十百成群"⑤。尽管朝廷恩威并用，一方面体恤救济尽量遣返疏散，另一方面增加兵力巡逻驱赶。但是饥民乞丐麇集、游食僧道仍随处可见。饥民衣食无着，贫病相加，尤其隆冬时节冻饿而死者多矣。翻检《明实录》，流民乞丐冻饿而死事例俯首可拾，譬如成化四年(1468 年)"京城内残废无告之徒，朝暮哀号，排门乞食，往往冻饿死于道路"⑥。嘉靖三年(1524 年)"岁饥，京城内外，人当隆冬时，冻饿死者相望"⑦。

京师世相风情绝非只有祥和繁荣，有明一代，市容市政、流行传染病、流民乞丐等诸多政治、社会问题始终困扰着朝廷与京师人。

五、西教西学的输入与天主堂

西教西学传入中国，明代并非首次出现。"即在先朝拜十字教遍于十五行省和远东，此外，还有滚滚而至的希腊分裂派教徒，计

---

① 《孝宗实录》弘治六年十二月庚申条。
② 《武宗实录》正德十三年正月壬寅条。
③ 《世宗实录》嘉靖三十二年十月戊戌条。
④ 《神宗实录》万历四十年三月丙午条。
⑤ 《神宗实录》万历四十七年三月戊戌条。
⑥ 《宪宗实录》成化四年五月甲戌条。
⑦ [意]利玛窦，[比]金尼阁：《世宗实录》嘉靖三年十二月丁未条。

有匈牙利人、鲁特纳斯人、阿尔明尼亚人、格鲁吉亚人，尤其是阿兰人，都受到各汗雇佣从事军事或行政工作。最后以方济各会士的英勇牺牲为代价，在天朝创建一个天主教会，然而，随着明朝的建立，这个正在发展的事业中断了，从而不为人所知。"①

明中叶以后，天主教耶稣会士络绎来华达数百人之多，促成西学东渐高潮。万历九年(1581 年)，意大利天主教耶稣会士利玛窦(Matheo Ricci)号西泰，又号清泰、西江，抵达澳门，从此开始了漫长传教生涯，历驻肇庆、韶州、南昌、南京等地，最后定居北京。

利玛窦在广东肇庆，根据佛兰德斯地图学家奥特里(Abraham Ortelius，1527—1598)1570 年印行的世界地图，绘制了一张用中文标识的世界地图。地图采用了易于理解的整体坐标系统，不像中国传统地图那样着重地貌描绘与配以文字注解。利玛窦在罗马学院曾学过天文学与地理学，因而绘制地图不算难事。为了迎合中国人地处世界中心观念，改变了欧洲人把欧洲置于地图中心的画法，而将中国放于地图靠近中心的位置，左侧是欧洲、非洲，右侧是美洲。地图包含大量明朝人未知的世界地理历史文化信息。肇庆知府王泮立刻感到地图的特殊意义，出资刻印数百份分发官员与读书人，很快引起朝野文官学士的极大兴趣。其后，随着利玛窦迁徙，又多次修订再版，主要有万历二十八年(1600 年)，吴中明在南京刻制的《山海舆地全图》；万历二十九年(1601 年)，冯应京在北京刻制的《舆地全图》；万历三十年(1602 年)，李之藻在北京刻制的《坤舆万国全图》。三个版本皆是六条幅接连，地图呈椭圆形。另有万历三十一年(1603 年)，李应试(保禄)在北京木刻八幅《两仪玄览图》。

① ［法]裴化行：《利玛窦评传》下册 576 页。

利玛窦像

利玛窦在肇庆绘制的《全图》是不是他在奥特里图基础上的创作，是不是中国历史上最早出现的世界地图，当代学界对此多有异见。李兆良《坤舆万国全图解密——明代测绘世界》认为，利氏《全图》的蓝本是一直以为失佚的郑和地图，利玛窦时代应该还存在。其他当时西方的世界地图均不同程度抄自郑和时代遗留在外的中国资料或地图蓝本。利玛窦来华后，西方地图按中国的世界地图更正，而没有相关的勘察文献。

学术争论将会继续。然而，地图绘制的来龙去脉是一回事，而地图的影响力则是另一回事。最早者不一定最有价值，要看其是否处在历史节点而发挥了作用。历史节点是一种被社会关注的情景，没有被社会关注的事件便构不成历史事件。有情景才有细节，历史意义在历史情景中获得的。历史留下鲜明的印记是利玛窦到来制图以后，才出现了追慕者印制世界地图的热情。从这一意义上说，这是中国人改变天圆地方，认识世界格局的开始。

1598 年(万历二十六年)6 月 25 日利玛窦、郭居静(Lazzaro Cattaneo)与南京礼部尚书王忠铭①一道离开南昌，7 月初抵达南京，随之，王忠铭走旱路，利玛窦等人与忠铭家人仆从乘船沿大运河北上，9 月 7 日(万历二十六年八月七日)至通州上岸入京，时值"壬辰倭乱"，援朝抗倭战争期间，京师戒备升级，对于异域人士尤为注意。利玛窦等人虽几经努力，而留居意愿未取得丝毫进展，兼之盘缠不足，不得不于 11 月返程，次年 2 月 6 日回到南京并留居。期间，利氏通过瞿太素结识许多名士，如南京礼部侍郎叶向高、李贽、徐光启等人。并在正阳门(今光华门)内洪武岗西崇礼街建天主教堂。

1600 年(万历二十八年)5 月 18 日，利玛窦与西班牙耶稣会士庞迪我(Diego de Pantoja)自南京第二次进京，到达天津时被宦官马堂拘押，不久得旨入京，于 1601 年 1 月 24 日(万历二十八年十二月二十日)②抵达京城，下榻于城厢一位太监宅邸。教团把进贡的礼物整理齐备，以待随时进献。

万历二十九年二月初一日，伴随利玛窦进京的天津御用监少监马堂解进大西洋国利氏所进的贡品与行李。负责接待番国贡使的礼部在查看贡品与行李之后提出对待意见：

《会典》只有西洋国及西洋琐里国，而无大西洋，其真伪不可知。又寄住二十年方行进贡，则与远方慕义特来献琛者不同，且其

---

① 王忠铭本名弘海，字绍传，号忠铭。海南定安人。嘉靖四十四年进士，历任南京吏部右侍郎、礼部右侍郎兼侍读学士、吏部左侍郎、南京礼部尚书。万历二十七年(1599 年)致仕。万历十七年(1589 年)，他与利玛窦相识在广东韶州(韶关)，是引领利玛窦进京的关键人物。

② [意]利玛窦，[比]金尼阁：《利玛窦中国札记》402 页。

所贡天主、天主母图，既属不经，而随身行李有神仙骨等物。夫既称神仙，自能飞升，安得有骨？则唐韩愈所谓凶秽之余，不宜令入宫禁者也。况此方物未经臣部译验，径行赍给，则该混之非与臣等溺职之罪，俱有不容辞者。又既奉旨送部，乃不赴部译而私寓僧舍，臣等不知其何意也。但查各贡夷必有回赐，贡使必有宴赏，利玛窦以久住之夷，自行贡献，虽从无此例，而其跋涉之劳，芹曝之念，似宜加赏赍，以慰远人。乞比照暹罗国存留广东有进贡者赏例，仍量给所进行李价值，并照例给与利玛窦冠带回还，勿令潜往两京与内监交往，以致别生枝节。不报。[①]

礼部只是以寻常进贡者来对待利玛窦等人的到来，察觉不到也无从觉察这一事件的真实意义，对于利玛窦等人不遵旧例的行为，以不知其来意而采取断然拒绝态度。幸好报告没有立即得到万历帝批准，被搁置起来，从而成就了利玛窦在京传教事业。有意思的是天主教向东方传播初期，在日本遭到实权人物丰臣秀吉厉禁。对比之下，明朝人特别是都城人对外来文化的心态，在游移之间的确显得宽容。

1601年是不平静的一年，其历史意义远胜于现实感受，一位来自异域的传教士竟然引起了深宫内皇上的浓厚兴趣。也许正是这位被烦闷困扰的皇帝的兴趣，才成就了一位传教士留在北京的意愿，检之《利玛窦年表》[②]可知：

1月25日或28日，太监马堂携贡物来到皇宫，呈献皇上。

1月底至2月，利玛窦、庞迪我两位神父多次应召入宫调试自鸣钟。皇上数次派太监询问欧洲事物，并命制造钟楼安装自鸣钟(可

---

① 《神宗实录》万历二十九年二月庚午朔条。
② [法]裴化行：《利玛窦评传》附录，下册638页，639页。

能是在交泰殿)。庞迪我教授四位太监学习西琴，随后利玛窦谱写了"西琴八曲"呈进。

2月底，利玛窦向官方表达了定居北京意愿，结交祁光宗等士大夫，再与李贽交往。

3月2日，礼部主客司蔡郎中下令逮捕利玛窦、庞迪我等人，审问清楚后，于本月中旬送四译馆居住(按：四译馆在东安门外路南)。

3月下旬，奉诏在午门外"参拜龙座"，然后两神父拜谒署尚书事的礼部侍郎。礼部表奏，认为传教使团不宜留居京师，应该遣送去广州，押解登舟回国。皇上将表奏留中不发。

5月28日，迁出四译馆，租房居住，皇室提供食物。稍后，利玛窦往狱中探望与奸党冲突的冯应京(慕岗)，两人遂成莫逆。冯为利氏著作写序称之为"利进士"。

6月至9月，各衙署官长拜会利玛窦。武英殿大学士沈一贯接见利玛窦，互有馈赠。期间交往的还有礼部尚书冯琦、尚书李戴、肖尚书、王侍郎等显宦。与居于北京的南京工部主事李之藻过从甚密。

此后，利玛窦在京广交达官贵人，名流学者。通过交流介绍西方科技文明与天主教义，不但新出版了自己的著述，并与追慕者一道再印先时旧著。其中万历三十二年(1604年)，李之藻再版《舆地图》尤为注目，有三种版本在京流传。

西方科技文明作为宗教传播的媒介，深深地吸引了一些睿智的文人学者。同时，他们也对天主教义产生浓厚兴趣。有的人干脆把博爱直接等同于中国儒学的仁爱，邹元标说："欲以天主学行中国，此其意良厚,仆尝窥其奥,与吾国圣人语不异。"①万历三十四年(1606年),利玛窦发表《畸人十篇》,先是以手稿在京传抄争阅,次年刊印。李之藻为之作序极力推崇:

睹其不婚不宦,寡言饬行,日惟潜心修德,以昭事乎上主,以为是独行人也。复徐叩之,其持义崇正辟邪,迄今近十年,而所习之益深,所称妄言、妄行、妄念之戒,消融都静。……盖尝悲之,死之必于不免,且不能以迟速料也。上主临之,临汝而不可贰也;获罪于天莫祷也;恶人斋戒之可以事主也。童而习之,智愚共识。然而迷谬本原,怠忽其事;年富力强,而无志迅奋;钟鸣漏尽,而尚讳改图者众也。非谭玄以罔,世有是哉。②

当然,并非所有的文官学者都众口一词赞同利玛窦之学。反对者呼其为"利妖",认为,"利妖之灭太极,即灭中庸也"。林启陆作《诛夷论》,黄贞刊《破邪集》,皆攻利氏之学。尽管如此,西学西教的否定者之中也不乏宽容自信之士,以为:"其教可斥,远人则可矜也。……且以中国之尊,贤圣之众,圣天子一统之盛,何所不容?"③

利玛窦在京以其人格魅力、宗教献身精神与西学科技常识,打破了僵局,使传教事业获取长足发展。万历三十四年(1606年8月27日),迁入所购宣武门内东侧大小房共四十余间的房舍内。随后,徐光启每日来此三四小时,与利氏合作,于次年5月下旬完成克拉韦乌斯神父编选的欧几里得《几何原本》前六卷的译制工作。万历三十

① 邹元标:《愿学集》卷三,《答西国利玛窦》,台北商务印书馆1983年影印《文渊阁四库全书》本。
② 方豪:《中国天主教史人物传》上册115页,光启出版社1970年版。
③ 蒋德璟:《破邪集序》,见《春明梦余录》卷六十六。

六年(1608年)夏天某日，利氏入宫进献六轴十二幅绸印《坤舆万国全图》，并得到随时入宫维修自鸣钟或者做类似技术工作的特许。①

1610年(万历三十八年)5月11日利玛窦病逝，赐葬阜成门外二里沟(今车公庄大街北京市委学校院内)。临终指定意大利耶稣会士龙华民接任教职。利玛窦居京十年，发展天主教徒四百余名，占全国两千余名教徒总数的五分之一。利玛窦逝后不久，比利时耶稣会士金尼阁(Nicolas Trigault)来到北京，整理了利玛窦意大利文的遗稿，并译成拉丁文。1612年，金尼阁返回欧洲，身着中式服装宣讲利玛窦等传教士在华的成就，1615年在德国奥格斯堡出版利玛窦遗作，命名《基督教远征中国史》，今汉译作《利玛窦中国札记》。由此引发欧洲的"中国热"。年轻传教士纷纷申请赴华。1620年，金尼阁率22位耶稣会士再次来华。途中因瘟疫、风暴与海盗侵袭，航船抵达澳门时仅幸存五人，其中就有德国耶稣会士汤若望(Johann Adam Schall von Bell)。

1623年1月25日，汤若望到达北京，不久成功地预测了当年10月8日的月食，居京四年，转去西安任教职。崇祯三年(1630年)，经礼部尚书徐光启推荐，回京供职于钦天监，译著历书，崇祯七年(1634年)，协助徐光启、李天经编成《崇祯历书》一百三十七卷。后又奉旨设厂铸西式火炮，两年中铸造可装40磅炮弹的大炮二十尊，小炮五百余门，并就火炮铸造、火药配制、点燃发射等技术原理，讲解口述，由焦勖记录整理成《火攻挈要》二卷与《火攻秘要》一卷。明亡以后，汤若望继续供职清廷。

随着利玛窦传教士使团进京，京师出现了新式宗教建筑——天主堂：

① [法]裴化行：《利玛窦评传》下册，641页，附录。

天主堂，在宣武门东。构于西洋利玛窦，自欧罗巴航海九万里入中国，崇奉天主。所画天主乃一小儿；妇人抱之曰天母。其手、臂、耳、鼻皆隆起，俨然如生人。所印书册皆以白红一面反复印之，字皆傍行。其书装法如宋板式，外以漆革护之，外用金银屈戌钩络。所制有简平仪、龙尾车、沙漏、远镜、候钟、天琴之属。①

今天仍屹立在北京宣武门内东侧罗马式建筑风格的天主堂(清代谓之南堂)已非利玛窦创建时的原壁。教堂在清初顺治、康熙两朝扩建重修，乾隆四十年(1775年)毁于火灾，于次年重建。《日下旧闻考》记录本堂创建于明万历二十八年(1600年)。这比实际创建时间提前了六年。②万历二十八年十二月二十日，利玛窦刚刚抵达北京尚不知能否留居。教堂创建是万历三十四年(1606年)购房迁入以后的事，迁入之初，利玛窦为了免除房产税而奔走于权贵之间，终于得到"永远蠲免"的官方特许。由于缺乏资金，教堂不得不因陋就简，只是把两幢三开间的房屋改为两层楼房，视野因之开阔，可以望见城墙。

由于教堂狭小，无论严寒酷暑教徒多时只能在院子里做礼拜。为此，利玛窦决定建造一所宽敞大厅，原拟采用造价相对低廉的中式风格，恰好李之藻(教名利奥，故又称利奥进士)捐助50两，所以神父会商决定引进他们的建筑式样，以便让人一眼即能看出教堂与

---

① 《天府广记》卷三十八。
② 于敏中等编纂《日下旧闻考》卷四十九：天主堂，明万历二十八年建。本朝顺治十四年修，康熙五十一年重修。乾隆四十年毁于火，四十一年重建。门额曰通微佳境，并亭内碑铭均世祖章皇帝御制。殿中扁曰万有真元。联曰：无始无终，先作形声真主宰；宣仁宣义，聿昭拯济大权衡。圣祖仁皇帝御书。西偏为时宪书局，即明末首善书院，后礼部尚书徐光启借院修历，名曰历局。本朝仍令西洋人居此，治理时宪书。

寺庙的差别。①

　　因地皮与资金限制，教堂设计体量不可能过于宏大。利玛窦指定熊三拔(Sabbathin de Ursis 意大利耶稣会士，字有纲)负责建筑工程，教堂规模"大厅长 70 尺，宽 35 尺，门楣、拱顶，花檐、柱顶盘悉按欧式；唱诗班席升上三级台阶"②。工程仅用了 20 天。教堂建好后，引起了公众好奇，来观看的人极多，大都比较喜欢。官方对此保持沉默，也就鼓励了神父们日后采取同样的方法，构筑阜成门外二里沟的墓地与建造南京的教堂。③

　　这是明代京师第一座欧洲风格的建筑，抛开了中国佛道寺观千篇一律的中路对称的建筑风格。异国风情的宗教建筑在毫无阻力的状态中诞生，引起社会关注，并不能因此表明京师人在心理上完全接受了教堂背后的文化。文化碰撞交汇浸染过程向来复杂多变，不是一座教堂就能说明的。一般而论，社会普遍拥有猎奇心理，见所未见必感稀奇，在大饱眼福之际，很难激起对教堂背后的文化深思。即使有人产生思索欲望，也无从入手无从深入，徒增困惑而已，就像李卓吾见到利玛窦充满了疑问一样，始终搞不明白他到中国究竟为了什么。

　　当两种文化交汇碰撞之际，排斥往往要多于融会。在一种文化沐浴中过活人群遭遇另一种文化浸染时，总是有被感召的自愿接受者。然而，这种纯粹的、零散的个人自愿行为若要变成群体行动，没有组织团体的倡导推行，没有志愿者的努力，没有政府的支持，

① [法]斐化行：《利玛窦评传》下册。
② [法]斐化行：《利玛窦评传》下册，译者注①：罗马尺，约合 0.24 米。据此换算，教堂大厅长约 16.8 米，宽约 8.4 米。
③ [法]斐化行：《利玛窦评传》下册，评传原注：《利玛窦文集》第 1 卷 615 页。616 页注②。

就难迅速凝聚扩充形成潮流。晚明徐光启、杨廷筠、李之藻等人的努力，面对凝重的本土文化制度也不可能创造什么奇迹。汇集了礼仪、法律、宗教、风俗等诸多要素的礼制文化体系会有意无意地保护自身及其信仰者、追随者，保护文化要素的纯正与避免遭到破坏或被歪曲。因而，当西学东渐之初，和风细雨的浸润，不可能造成太大麻烦。但随着时间推移，文化转移深度与幅度增强，实质性碰撞发生，必定迎来难以逆料的各式各样抵抗与冲撞。明朝人还不能全面理解外来文化要素的基本意义、性质与目的，在普遍缺乏预后证明依据的历史阶段内，外来文化因素的移植可能性必然遭到坚决抵制或无情冷遇。或许有人天真地认为可以仿照当初对待佛教佛学方式来同化改造西教西学，使之成为皇权附庸。但是，这些中国人完全陌生的传教士，虽然可以谓之"西僧"，其引进的宗教哲学、伦理、文化模式却是与本土文化格格不入的。因而，短暂温和相处的面纱不久就要揭去。

明

明北京史事系年简表

洪武元年(1368 年)

八月二日，徐达率军攻占元大都。随即整修城垣，南北取径直，东西长 1890 丈，城周四十里，除了新筑北城墙外，东西南三面仍沿用大都旧城，只不过陆续增添了墙体外侧的砖包。

八月十四日，诏改元大都路为北平府。

洪武二年(1369 年)

三月十九日，设北平行省，领府八、州三十七，县一百三十六。

十二月，北平行省参政赵耀奏进北平(元)宫室图。太祖令依元旧皇城宫苑改建燕王府。

洪武三年(1370 年)

四月，太祖分封诸子。封第四子朱棣为燕王，时年 11 岁。

洪武八年(1375 年)

十月，设北平都指挥使司。

洪武九年(1376 年)

六月，改北平行中书省为北平承宣布政使司。

洪武十二年(1379 年)

十一月，燕王府完工，燕相绘图上报。

洪武十三年(1380 年)

三月十一日，燕王朱棣之藩，时年 21 岁。赐中、左、右三卫将士五千七百七十人。

洪武十五年(1382 年)

九月，北平周边设关隘一片石、黄土岭等二百处，分兵驻守。

洪武十七年(1384 年)

十月，徐达上报北平十七卫官兵十万五千四百七十一人。

洪武二十年(1387 年)

九月，置北平马驿系统。

洪武二十三年(1390年)

八月,置北平都司儒学。

洪武二十四年(1391年)

十二月"天下郡县更造赋役黄册"记:北平布政使司,户三十四万五百二十三,口一百九十八万八百九十五。

洪武三十一年(1398年)

闰五月初十日亥时,太祖在金陵逝世。皇太孙朱允炆即位,以明年为建文元年。

建文元年(1399年)

闰五月,以谢贵任北平都指挥使,张昺为北平布政使。二人奉帝命,加意笼络燕王府官员,监视王府动静。未几,削藩诏公布。

七月,燕王与朱能、张玉等人计议,发动清君侧的军事行动,史称靖难之役。

建文四年(1402年)

六月十三日,北军攻入金陵,六月十七日,朱棣即皇位,七月初一日告祀天地于南郊,祝文称以是年为洪武三十五年,明年为永乐元年。

永乐元年(1403年)

正月十三日,礼部尚书李至刚等言:自昔帝王或起布衣平定天下,或由外藩入承大统,而于肇迹之地皆有升崇。窃见北平布政司,实皇上承运兴王之地也,宜遵太祖高皇帝中都之制,立为京都。制曰:可。其以北平为北京。

二月三日,设北京留守行后军都督府、北京行部、北京国子监。改北平府为顺天府。

五月十八日,革大兴、宛平二县学,而以大兴县学为顺天府学。

永乐四年(1406 年)

闰七月初五日，遣工部尚书宋礼诣四川，右侍郎师逵诣湖广，户部左侍郎古朴诣江西，右副都御史刘观诣浙江，右佥都御史仲成诣山西，督军民采木，人月给五斗，钞三钞(锭)。命泰宁侯陈珪，北京行部侍郎张思恭督军匠造砖瓦，人月给米五斗。命工部征天下诸色匠作，在京诸卫及河南、山东、陕西、山西都司、中都留守司、直隶各卫选军士，河南、山东、陕西、山西等布政司、直隶凤阳、淮安、扬州、卢州、安庆、徐州、和州选民丁，明年五月，俱赴北京听役，率半年更代，人月给米五斗。其征发军民之处一应差役及闸办银课等项，悉令停止。

永乐六年(1408 年)

六月十日，命户部尚书夏原吉自南京到北京，缘大运河巡视军民运木烧砖。

八月，改顺天府燕台驿为北京会同馆。

永乐七年(1409 年)

五月初八日，营山陵于昌平县。

八月三十日，设北京五城兵马指挥司。

永乐九年(1411 年)

二月，疏通大运河会通河段以通漕运。

永乐十年(1412 年)

三月三十日，阰顺天府为正三品，官制视应天府。大兴、宛平二县俱升正六品。

永乐十三年(1415 年)

二月，会试在北京举行。

三月十九日，诏修北京城。

五月，开凿大运河清江浦段以通漕运。

永乐十四年(1416 年)

八月十八日，诏天下军民参与北京营造者分番赴工，所在有司给钞五锭为路费。

八月二十八日，西宫工程开工。按：所谓"西宫"即是原燕王府扩建工程。自从燕王登基之日起。世间就不再有燕王府之称，而上升为宫殿。

永乐十五年(1417 年)

四月二十七日，西宫完工。其制：中为奉天殿，殿之侧为左右二殿。奉天殿之南为奉天门，左右为东西角门。奉天门之南为午门，之南为承天门。殿之北为后殿，凉殿、暖殿及仁寿、景福、万春、永寿、长春等宫，凡为屋千六百三十余楹。

永乐十七年(1419 年)

七月初八日，平江伯陈瑄所统运粮军士俱赴北京营造，岁用粮储，令各处粮户自输北京。

十一月二十四日，诏拓北京南城计二千七百余丈。

永乐十八年(1420 年)

九月二十三日，以明年正月初一日始，北京为京师，不称行在。各衙门印有行在字者悉送印绶监。令预遣人取南京各衙门印给京师各衙门用。南京衙门皆加南京二字。

十二月二十九日，营建北京，凡庙社，郊祀、坛场、宫殿、门阙规制悉如南京，而高敞壮丽过之；复于皇城东南建皇太孙宫，东安门外东南建十王邸。通为屋八千三百五十楹。自永乐十五年六月兴工，至是成。

永乐十九年(1421 年)

正旦，成祖御奉天殿受贺。

四月初八日，奉天、华盖、谨身三大殿遭雷击第一次被毁。内廷乾清宫、交泰殿、坤宁宫随三大殿一起焚毁。

永乐二十二年(1424 年)

七月，成祖崩于北征途中的榆木川。

九月，成祖葬于长陵。

洪熙元年(1425 年)

三月二十八日，令六部衙门悉加"行在"二字，复建北京行部及行后军都督府，时"上决意复都南京"。

五月，仁宗崩于钦安殿。皇太子继位，以明年为宣德元年。终宣德朝十年，北京始终称"行在"或京城，南京则称京师。

宣德元年(1426 年)

九月，修文明门桥梁。

宣德七年(1432 年)

六月，拓展皇城东墙。

宣德八年(1433 年)

九月，修安定、德胜、西直等门楼及铺舍。

宣德九年(1434 年)

二月，北京城东南门楼火。

十月，修北京文明门外桥及南门外减水河闸。

宣德十年(1435 年)

三月，京卫七十七所，官军二十万三千八百人。

八月，裁光禄寺厨役四千七百余人，留五千人。

正统元年(1436 年)

十月二十九日，命太监阮安、都督同知沈清、少保工部尚书吴中率军夫数万人修建京师九门城楼。

正统二年(1437 年)

正月三十日，修葺北京城楼开工。

十月初八日，京城门楼、角楼及各门桥完工。改丽正门为正阳门。

正统三年(1438 年)

正月二十一日，朝阳门、东直门城楼工程开工。

四月十二日，修缮护城河完工。

六月初十日，修德胜等门城楼。

八月，秋闱贡院失火。

正统四年(1439 年)

四月，修造京师门楼、城濠、桥闸工程全部完工。正阳门正楼一，月城中、左、右楼各一。崇文、宣武、朝阳、阜成、东直、西直、安定、德胜八门各正楼一，月城楼一。各门外立碑楼，城四隅立角楼。又深其濠，两涯悉甃以砖石。九门旧有木桥，今悉撤之，易以石。两桥之间各有水闸，濠水自城西北隅，环城而东，历九桥九闸，从城东南隅流经大通桥而去。

正统五年(1440 年)

三月，起工复建三大殿。用工匠官兵七万余人。

正统六年(1441 年)

五月，创设京卫武学；大兴、宛平两县各设一所养济院。大兴院在靖恭坊(孤老胡同)，宛平院在河漕西坊，各有公府一所，群房十二连。

九月，复建三大殿完工。

十一月，复都北京，撤文武衙门"行在"之称。

正统七年(1442 年)

四月，建宗人府、吏部、户部、兵部、鸿胪寺、钦天监、太医院于大明门之东，翰林院于长安左门之东。初，各衙门自永乐间皆因旧官舍为之，散处无序。至是，上以宫殿成，命即其余工以序营建，悉如南京之制。礼部建于宣德六年。

八月，建中左右前后五军都督府、太常寺、通政司、锦衣卫于大明门之西，行人司于长安右门之西。以是日兴工。同时又建刑部、都察院、大理寺于宣武门内西街。詹事府于玉河桥之东。

正统十年(1445 年)

六月，以京师城垣其外周固以砖石，内惟土筑，遇雨辄颓毁，于是命太监阮安、成国公朱勇、修武伯沈荣等督工修葺之。至此，城垣内壁始用砖包。从洪武元年八月起，经洪武、永乐、正统三朝的改建、整修历经七十八年，北京城垣建制方完备。

正统十三年(1448 年)

九月，改南北沙河两木桥为石桥。南沙河桥名安济，北沙河桥名朝宗。

正统十四年(1449 年)

八月，土木之变，英宗被俘。

十月，也先辗转攻德胜门、西直门，均失败。

景泰元年(1450 年)

正月，于昌平县以东八里另筑新城，周十二里，赐名永安城，迁三卫衙门于城内，后昌平县治移此。

十月，也先放归英宗。

景泰四年(1453 年)

三月，建成大隆福寺。

十月，选京营三大营十万人，立十团营保卫京师。

天顺元年(景泰八年 1457 年)

正月，夺门之变，英宗复辟，改元天顺。

天顺五年(1461 年)

七月，太监曹吉祥率从子钦谋叛，攻东西长安门不果，纵火，遂败。

天顺七年(1463 年)

二月，贡院会试火灾，死参考举人九十余位。

天顺八年(1464 年)

十月，颁布《武举法》始开武举，史称当年无人应试。

成化六年(1470 年)

五月，武科会试正式举行。

成化七年(1471 年)

九月，定漕运长运法。

成化八年(1472 年)

是岁定年运漕粮四百万石。

成化十年(1474 年)

定西侯蒋琬请增筑京师外城。

成化十一年(1475 年)

八月，开工疏浚通惠河，增设工部专理河道官一员，专门管理并提督青龙等桥、广源等闸及西山一带泉源。

成化十二年(1476 年)

六月，疏浚通惠河完工。自都城大通桥至张家湾浑河口六十里。疏浚泉源三处，增加河闸四座。

弘治十六年(1503 年)

九月，吏科左给事中吴世忠再请增筑外城以固京师。

正德二年(1507 年)

九月，于西苑造密室勾连排列，名曰豹房。

正德七年(1512 年)

十月，扩建豹房二百余间。

正德八年(1513 年)

三月，改太平仓为镇国府。

正德九年(1514 年)

正月，宫中张灯为乐，引发大火，乾清门以内，化为灰烬。

十二月，起工修复内廷两宫一殿。

正德十六年(1521 年)

三月，武宗过世，无子。大学士杨廷和与张太后定策，迎兴献王之子朱厚熜继位。

嘉靖元年(1522 年)

五月，复改镇国府为太平仓。

九月，内廷两宫一殿完工(其中乾清宫完工于正德十六年十一月)。

嘉靖七年(1528 年)

六月，再次整修通惠河。大通桥至通州石坝四十里，地势西高东低相差四丈有余，中间设庆丰等五闸。各闸设官吏二人，编夫一百八十人。造船三百艘，每闸内置六十艘，每艘载量一百五十余石，在水量丰沛的五月至九月间运行。

嘉靖九年(1530 年)

五月，开工新建圜丘(大祀殿南)、方泽坛(安定门外)、朝日坛(朝阳门外)、夕月坛(阜成门外)。

嘉靖十年(1531 年)

正月，议修帝王庙。

二月，在西苑豳风亭之西，建帝社帝稷坛。

三月，圜丘、方泽坛、朝日坛、夕月坛完工。

六月，在西苑仁寿宫东侧建先蚕坛。

嘉靖十一年(1532 年)

八月，帝王庙完工。

十月，在圜丘泰元门东南建雩坛。

嘉靖十三年(1534 年)

二月，圜丘改称天坛，方泽坛改称地坛。

七月，建神御阁(皇史宬)于南内。

嘉靖十五年(1536 年)

四月，移武学于皇城西南隅大兴隆寺旧址。

十一月，分建九庙，改建世庙。改建后群庙各名"都宫"，庙
门东西相向，门内前殿后寝皆南向。

嘉靖十七年(1538 年)

五月，于沙河以东建谒陵行宫。

嘉靖十九年(1540 年)

正月，沙河行宫完工。赐名"巩华"。

嘉靖二十年(1541 年)

四月初五日夜，宗庙起火，八庙毁损，尤以成祖、仁宗二庙为
甚，独睿庙(兴献帝)幸免。

嘉靖二十一年(1542 年)

四月，建大享殿。万岁山西大高玄殿完工。

七月初十日，掌都察院事毛伯温等请筑外城。

十月，宫婢之变。

嘉靖二十二年(1543 年)

十月，太庙重建，恢复旧制。

嘉靖二十四年(1545 年)

六月，重建太庙完工。

靖二十九年(1550 年)

八月，土默特部俺答汗率军由古北口入，侵扰京师，史称"庚戌之变"。

嘉靖三十二年(1553 年)

闰三月十九日，增筑外城正式开工。原计划四面合围，因财政窘迫，开工不久，改为仅筑南面。

十月二十八日，外城完工。城周二十八里，开七门：南墙正中永定门、左左安门，右右安门；东墙广渠门；西墙广宁门；北面接内城两段城墙，东段开东便门，西段开西便门。

嘉靖三十六年(1557 年)

四月十三日，三大殿第二次火灾。在当日申刻(下午 4 时)雷雨大作，戌刻(晚 9 时)火光骤起，由正殿延烧至午门，楼廊尽毁，大火一直烧到次日辰刻才熄灭。旋即修复。

嘉靖三十六年(1557 年)

十一月，建成万寿宫之西的大光明殿。

嘉靖三十七年(1558 年)

六月，重建午门楼、朝门、东西角门等完工，奉天门改称大朝门。

嘉靖四十一年(1562 年)

三殿修复完工。大朝门(奉天门)改称皇极门，奉天殿改称皇极殿，华盖殿改称中极殿，谨身殿改称建极殿。改动后的殿名更突出了皇权的唯一性与至高无上。又改文楼为文昭阁，武楼为武成阁，左顺门为会极门，右顺门为归极门，东角门为弘政门，西角门为宣治门。

嘉靖四十三年(1564 年)

正月二十八日，永定门等七门瓮城工程开工。

六月二十七日，外城城门工程完工。每门各设单檐门楼一座，共七座。每门各筑月城，月城门与城门直对，门上无箭楼。城垣四角各设角楼一座。东便门东西、西便门东，各设一座水关，皆为三孔洞，每洞内外均有铁栅共三座。城垣周筑墩台(马面)六十四座，上顶筑铺舍四十三所，墙顶外侧建雉堞九千四百八十七垛，内侧建女儿墙。便门城楼、角楼均设箭窗。外城垣周长约二十八里，城高二丈，基厚二丈，顶收一丈四。雉堞四尺。南墙二千四百五十四丈四尺七寸，墙面一千八十五丈一尺，西墙一千九十三丈二尺。

本年扩充贡院，拓东西牌楼相距三十二丈，大门向南拓十二丈，坊牌外民房改造官厅三间，东西夹道各开广一丈五尺，围墙拓十二丈。

嘉靖四十四年(1565 年)

八月，重建大明门内千步廊。

隆庆元年(1567 年)

十一月，避新皇纪元之故，改隆庆州为延庆州，卫则改称延庆卫、延庆右卫。

隆庆五年(1571 年)

八月，蓟镇总兵戚继光，修空心敌台一千二百座。台高五丈，中空分为三层，可住百人，并储存铠甲军械粮食。从而解决了"军士曝立暑雨霜雪之下，无所藉庇"的困境。

万历元年(1573 年)

四月，增修蓟镇、昌平敌台二百座。

万历二年(1574 年)

三月，再次拓展贡院。径广一百六十丈，两重围墙，外墙高一丈五尺，内墙高一丈。两墙之间，遍覆荆棘。大门南向，门外左、中、右各建牌坊，左名虞门，右名周俊，中名天下文明。大门五间。门内左右各有厅，二门称为龙门，过龙门直对明远楼。再北正中为至公堂七间。堂东为监试厅，又东为弥封、受卷、供给三所。堂西为对读、誊录二所。堂后为燕喜堂三间，东西室共十六间为书吏工匠所居。燕喜堂之后为会经堂，堂东西经房相连共二十三间，为同考官居之。围墙四角设瞭望楼。

万历四年(1576 年)

阜成门外八里庄建慈寿寺。

万历五年(1577 年)

太监冯保督建万寿寺，悬永乐大钟。

万历二十四年(1596 年)

三月八日，内廷两宫第三次发生火灾，火发坤宁宫，延及乾清宫，一时俱炽。

万历二十五年(1597 年)

正月，起工修复内廷两宫。

六月十九日，三大殿第三次火灾。

万历二十六年(1598 年)

正月，起工修复三大殿。

万历二十八年(1600 年)

十二月二十日(1601 年 1 月 24 日)，利玛窦、庞迪我(Diego de Pantoja 西班牙耶稣会士，字顺阳)等人自天津奉旨入京(这是利氏第二次进京，于 1600 年 5 月 18 日，从南京启程)，下榻于城厢一位太监宅邸。他们把进贡的礼物整理齐备，以待随时进献。

万历二十九年(1601 年)

二月初一日,伴随利氏进京的御用监少监马堂解进大西洋利玛窦进贡的物品和行李。

万历三十二年(1604 年)

三月,三大殿、乾清宫等竣工。

万历三十三年(1605 年)

九月,盔甲厂火药爆炸,死 72 人,重伤 21 人。

万历三十四年(1606 年)

1606 年 8 月 27 日,利玛窦迁入所购宣武门内东侧大小房共四十余间的房舍内。随即创修罗马式建筑风格的天主教堂。

万历三十五年(1607 年)

七月,京师久雨,东华门宫城与德胜门城垣多处被毁,皇木厂大木漂尽。

天启二年(1622 年)

建首善书院,在宣武门内,由五厅十三道御史集资一百八十两,购民舍改造而成。书院被毁以后,礼部尚书徐光启曾在此修历,名为历局。清承明后,仍令西洋人居此,编制时宪书。其东侧即利玛窦进京购置改建的教堂。

天启五年(1625 年)

二月,起工修复三大殿。

七月,诏毁首善书院。

天启六年(1626 年)

五月,王恭厂爆炸,损坏房屋 10930 间,死者 537 人,自宣武门内大街北至刑部街的房屋,尽为齑粉。

天启七年(1627 年)

八月，修复三大殿竣工。共用银五百九十五万七千五百九十余两。

崇祯二年(1629 年)

十一月，皇太极率八旗兵临城下，史称己巳之变。

崇祯三年(1630 年)

加厚通州新城墙体以保护粮仓。按：通州城，洪武元年因旧址修筑，外砖里土，周长九里三十步；宣德八年(1433 年)重修城楼；正统十四年(1449 年)，西门外扩充城区，建城守护粮仓；正德六年(1511 年)加高城墙五尺；万历十九年(1591 年)整修。另：嘉靖四十三年(1564 年)在通州城东南张家湾筑城，以便储存漕粮。

崇祯四年(1631 年)

九月，仿照科举殿试之例，首开武会试殿试。钦定一甲三人：王来聘、翁英、张再庚。

崇祯七年(1634 年)

九月初七日，盔甲厂火药爆炸，将石碾远抛于泡子河城墙之下。

崇祯十年(1637 年)

十月，新筑拱极城(今宛平城)。

崇祯十一年(1638 年)

六月，西直门内安民厂爆炸，毁城垣，伤人甚众。

八月，安定门内火药局爆炸。

崇祯十六年(1643 年)

二月至七月，疙瘩疫(肺鼠疫)爆发，死者无算，史称"日出万棺"。

崇祯十七年(1644 年)

三月十九日，大顺军攻占北京。史称甲申之变。

四月二十九日，大顺军撤出北京。

明

主要参考书目

《明实录》，台湾"中研院"史语所 1962 年影印本。

〔清〕汪楫辑《崇祯长编》，台湾"中研院"史语所 1967 年影印本。

《清实录》，中华书局 1986 年影印本。

《万历起居注》，北京大学出版社 1988 年影印抄本。

《元史》，中华书局标点本。

《明史》，中华书局标点本。

〔清〕傅维鳞：《明书》，商务印书馆国学基本丛书本。

〔清〕谷应泰：《明史纪事本末》，中华书局 1977 年版。

《明会典》，中华书局 1988 年版。

《续通典》，浙江古籍出版社 1988 年版。

《续文献通考》，浙江古籍出版社 1985 年版。

《元一统志》，中华书局 1966 年版。

《大明一统志》，三秦出版社 1986 年影印本。

〔明〕王圻：《续文献通考》，现代出版社 1986 年影印本。

〔明〕张学颜：《万历会计录》，《北图古籍珍本丛刊》第五十二、五十三册，书目文献出版社 1989 年版。

〔明〕郭正域：《皇明典礼志》，万历四十一年刊本。

〔明〕林尧俞：《礼部志稿》，《文渊阁四库全书》影印本，台北商务印书馆 2008 年版。

〔明〕陈子龙　徐孚远：《皇明经世文编》，中华书局 1962 年版。

〔清〕于敏中等纂修《日下旧闻考》，北京古籍出版社 1981 年版。

〔清〕文庆　李宗方等纂修《钦定国子监志》，北京古籍出版社 1998 年版。

〔清〕龙文彬：《明会要》，中华书局 1998 年版。

〔清〕缪荃孙抄永乐大典本《顺天府志》，北京大学出版社 1982 年版。

〔清〕张吉午：《康熙顺天府志》，中华书局 2009 年版。

〔清〕周家楣，缪荃孙：《光绪顺天府志》，北京古籍出版社 1987 年版。

〔清〕薛允升：《唐明律合编》，中国书店 1990 年版。

〔明〕黄训：《名臣经济录》，台北文海出版社 1984 年影印版。

〔明〕徐学聚：《国朝典汇》，书目文献出版社 1996 年影印本。

〔明〕邓士龙：《国朝典故》，北京大学出版社 1981 年版。

〔明〕沈节甫：《纪录汇编》，中华全国图书馆文献微缩复制中心 1994 年影印本。

台湾"中研院"史语所刊行《明清史料》辛编，中华书局 1987 年影印本。

沈云龙编《明清史料汇编》八集，台北文海出版社 1973 年版。

吴晗辑《朝鲜李朝实录中的中国史料》，中华书局 1980 年版。

彭泽益辑《中国工商行会史料集》，中华书局 1995 年版。

李华辑《明清以来北京工商会馆碑刻选编》，文物出版社 1980 年版。

北京市档案局编《北京会馆档案史料》，北京出版社 1997 年版。

北京市档案馆编《北京寺庙历史资料》，中国档案出版社 1997 年版。

〔元〕熊梦祥《析津志辑佚》(北京图书馆善本组辑)，北京古籍出版社 1983 年版。

〔元〕陶宗仪：《南村辍耕录》，中华书局 1959 年版。

〔明〕萧洵：《故宫遗录》，北京古籍出版社 1980 年版。

〔明〕黄佐：《革除遗事》，北京大学出版社 1981 年版。

〔明〕谢蕡：《后鉴录》，《明史资料丛刊》第一册，江苏人民出版社 1981 年版。

〔明〕都穆：《都公谭纂》，中华书局 1985 年版。

〔明〕郎瑛：《七修类稿》，上海书店出版社 2009 年版。

〔明〕张瀚：《松窗梦语》，中华书局 1985 年版。

〔明〕黄瑜：《双槐岁钞》，中华书局 1999 年版。

〔明〕刘辰：《国初事迹》，野史集成本，巴蜀书社 1993 年版。

〔明〕尹直：《謇斋琐缀录》，《原国立北平图书馆甲库善本丛书》第 553 册，国家图书馆出版社 2013 年影印本。

〔明〕马愈：《马氏日抄》，商务印书馆 1936 年版。

〔明〕张爵：《京师五城坊巷胡同集》，北京古籍出版社 1982 年版。

〔明〕王琼：《漕河图志》，水利电力出版社 1990 年版。

〔明〕吴仲：《通惠河志》，齐鲁书社 1997 年版。

〔明〕于慎行：《谷山笔麈》，《明史资料丛刊》第三辑，江苏人民出版社 1983 年版。

〔明〕余继登：《典故纪闻》，中华书局 1981 年版。

〔明〕郑晓：《今言》，中华书局 1984 年版。

〔明〕陈霆：《两山墨谈》，惜阴轩丛书光绪二十二年长沙重刻本。

〔明〕陆容：《菽园杂记》，中华书局1986年版。

〔明〕何良俊：《四友斋丛说》，中华书局1982年版。

〔明〕冯应京：《月令广义》，《文渊阁四库全书》影印本，台北商务印书馆1983年版。

〔明〕沈德符：《万历野获编》，中华书局1959年版。

〔明〕徐復祚：《花当阁丛谈》，借月山房汇钞1920年上海博古斋本。

〔明〕徐学谟：《世庙识余录》，中国书店1991年线装本。

〔明〕戚继光：《练兵杂记》，《文渊阁四库全书》本，台北商务印书馆1983年影印版。

〔明〕沈榜：《宛署杂记》，北京古籍出版社1980年版。

〔明〕王世贞：《弇山堂别集》，中华书局1985年版。

〔明〕熊明岐：《昭代王章》，玄览堂丛书本。

〔明〕顾起元：《客座赘语》，中华书局1987年版。

〔明〕叶盛：《水东日记》，中华书局1980年版。

〔明〕王士性：《广志绎》，中华书局1981年版。

〔明〕赵官：《后湖志》，南京出版社2011年版。

〔明〕刘效祖：《四镇三关志》，中华全国图书馆文献缩微复制中心1991年影印万历原刻本。

〔明〕李贽：《焚书》，中华书局1975年版。

〔明〕李贽：《续焚书》，中华书局1975年版。

〔明〕李贽辑《阳明先生道学钞》，明万历三十七年武林继锦堂刻本复印本。

〔明〕许弘纲：《群玉山房疏草》，载《四库未收书辑刊》第五辑第24册，北京出版社2000年版。

〔明〕章潢：《图书编》，扬州广陵书社 2011 年版。

〔明〕朱国桢：《涌幢小品》，中华书局 1959 年版。

〔明〕朱国桢：《皇明大事记》，《四库禁毁书丛刊》史部第二十八册，北京出版社 2000 年版。

〔明〕谢肇淛：《五杂俎》，中华书局 1959 年版。

〔明〕何乔远：《闽书》，福建人民出版社 1995 年版。

〔明〕王在晋：《通漕类编》，国家图书馆出版社 2014 年版。

〔明〕陆启浤：《客燕杂记》，《文渊阁四库全书》本，台北商务印书馆 1983 年影印版。

〔明〕叶权：《贤博编》，中华书局 1987 年版。

〔明〕袁中道：《游居柿录》，青岛出版社 2010 年版。

〔明〕霍冀：《九边图说》，《玄览堂丛书》初集本，1941 年。

〔明〕王世德：《崇祯遗录》，中国书店 2007 年影印线装本。

〔明〕王锜：《寓圃杂记》，中华书局 1994 年版。

〔明〕冯梦龙：《古今谭概》，中华书局 2007 年版。

〔明〕何士晋：《工部厂库须知》，书目文献出版社 1992 年版。

〔明〕茅元仪：《武备志》，江苏广陵古籍刻印社 1998 年影印版。

〔明〕胡应麟：《少室山房笔丛》，上海书店出版社 2001 年版。

〔明〕张萱：《西园闻见录》，哈佛燕京学社 1940 年版。

〔明〕黄景昉：《国史唯疑》，上海古籍出版社 2002 年版。

〔明〕宋懋澄：《九籥集》，中国社会科学出版社 1984 年版。

〔明〕宋应星：《天工开物》，中国画报出版社 2013 年版。

〔明〕范景文：《南枢志》，台北成文出版社 1983 年版。

〔明〕毕自严：《度支奏议》，上海古籍出版社 2008 年版。

〔明〕史玄：《旧京遗事》，北京古籍出版社 1986 年版。

〔明〕刘侗 于奕正：《帝京景物略》，北京古籍出版社 1980 年版。

〔明〕蒋一葵：《长安客话》，北京古籍出版社 1980 年版。

〔明〕蒋一葵：《尧山堂外纪》，清同治三年学识斋刻本，后收入《续修四库全书》子部，上海古籍出版社 1992 年影印版。

〔明〕刘若愚：《酌中志》，《海山仙馆众书》本，道光二十五年海山仙馆丛书本。

〔明〕李清：《三垣笔记》，中华书局 1982 年版。

〔明〕沈国元：《两朝从信录》，崇祯刻本，收入《近代中国史料丛刊》，台北文海出版社 1973 年影印版。

〔明〕吕毖：《明朝小史》，玄览堂丛书本。

〔明〕吕维祺辑《四夷馆增定馆则》，沈云龙辑《近代中国史料丛刊》三编第三十一册，台北文海出版社 1985 年版。

〔明〕王宗载：《四夷馆考》，1924 年东方学会丛书初集本。

〔明〕杨士聪：《玉堂荟记》，上海古籍出版社 1995 年版。

〔清〕钱士馨：《甲申传信录》，1982 年上海书店版。

〔清〕李逊之：《三朝野史》，清《荆驼逸史》刊本。

〔清〕孙承泽：《春明梦余录》，北京古籍出版社 1992 年版。

〔清〕孙承泽：《天府广记》，北京古籍出版社 1982 年版。

〔清〕孙承泽：《山书》，浙江古籍出版社 1989 年版。

〔清〕黄宗羲：《明夷待访录》，中华书局 1981 年版。

〔清〕黄宗羲：《明儒学案》，中华书局 1985 年版。

〔清〕黄宗羲：《南雷文定》，《国学基本丛书》商务印书馆 1936 年版。

〔清〕顾炎武：《昌平山水记》，北京古籍出版社 1980 年版。

〔清〕顾炎武：《日知录集释》(黄汝成集释)，上海古籍出版社 1985 年影印本。

〔清〕顾炎武：《音学五书》，中华书局 2005 年版。

〔清〕吴伟业：《绥寇纪略》，《丛书集成初编》本，中华书局 1985 年版。

〔清〕谈迁：《枣林杂俎》，中华书局 2006 年版。

〔清〕余怀：《板桥杂记》，上海古籍出版社 2000 年版。

〔清〕史惇：《恸余杂记》，中华书局 1959 年版。

〔清〕张怡：《玉光剑气集》，中华书局 2006 年版。

〔清〕文秉：《定陵注略》，北京大学出版社 1984 年影印抄本。

〔清〕文秉：《烈皇小识》，神州国光社 1951 年版。

〔清〕宋起凤：《稗说》，《明史资料丛刊》第二辑，江苏人民出版社 1982 年版。

〔清〕梁份：《帝陵图说》，线装书局《稀见明史史籍辑存》2003 年影印版。

〔清〕褚人获：《坚瓠广集》，浙江人民出版社 2006 年版。

〔清〕刘尚友：《定思小纪》，上海书店出版社 1994 年版。

〔清〕张尔歧：《蒿庵闲话》，《文渊阁四库全书》影印本，台北商务印书馆 1983 年版。

〔清〕毛奇龄：《明武宗外纪》，神州国光社 1951 年版。

〔清〕毛奇龄：《胜朝彤史拾遗记》，中华书局 1991 年版。

〔清〕王士禛：《池北偶谈》，中华书局 1982 年版。

〔清〕高士奇：《金鳌退食笔记》，北京古籍出版社 1980

年版。

〔清〕袁枚：《随园诗话》，线装书局2008年版。

〔清〕赵翼：《陔馀丛考》，河北人民出版社2007年版。

〔清〕励宗万：《京城古迹考》，北京古籍出版社1981年版。

〔清〕程嗣章：《明宫词》，北京古籍出版社1987年版。

〔清〕程廷济：《浮梁县志》，乾隆四十八年刻本。

〔清〕姚元之：《竹叶亭杂记》，中华书局1982年版。

〔清〕陆以湉：《冷庐杂识》，中华书局2007年版。

〔清〕《冈志》，北京出版社年1990版。

〔清〕朱一新：《京师坊巷志稿》，北京古籍出版社1982年版。

〔清〕让廉：《春明岁时琐记》，北京双肇楼1938年校印"京津风土丛书"本。

〔明〕程敏政：《篁墩集》，上海古籍出版社1990年版。

〔明〕严嵩：《钤山堂集》，清嘉庆十一年刻本。

〔明〕王守仁：《王阳明全集》，线装书局2012年版。

〔明〕张居正：《张太岳集》，上海古籍出版社1984年版。

〔明〕袁宗道：《白苏斋类集》，上海古籍出版社1989年版。

〔明〕袁中道：《珂雪斋集》，中华书局1990年版。

〔明〕焦竑：《澹园集》，中华书局1999年版。

〔明〕吕坤：《去伪斋集》，中华书局2008年版。

〔明〕邹元标：《愿学集》，台北商务印书馆1983年影印《文渊阁四库全书》本。

〔明〕《徐光启集》，中华书局1963年版。

〔清〕李颙：《二曲集》，清咸丰五年刻本。

〔清〕全祖望：《鲒埼亭集》，商务印书馆国学基本丛书本。

汤用彬等编著：《旧都文物略》，中国建筑工业出版社 2004 年版。

徐凌霄，徐一士：《凌霄一士随笔》，山西古籍出版社 1999 年版。

花村看行侍者：《花村谈往》，清道光五年聚秀堂说铃本。

钱基博：《现代中国文学史》，上海辞书出版社 2004 年版。

柴小梵：《梵天庐丛录》，山西古籍出版社 1999 年版。

陈宗蕃：《燕都丛考》，北京古籍出版社 1991 年版。

李家瑞：《北平风俗类征》，商务印书馆 1937 年版。

商衍鎏：《清代科举考试述录》，天津百花文艺出版社 2005 年版。

张江裁：《燕京访古录》，中华印书局 1934 年版。

方豪：《中国天主教史人物传》，光启出版社 1970 年版。

梁思成：《中国建筑艺术图集》，百花文艺出版社 1999 年版。

陈正祥：《中国文化地理》，三联书店 1983 年版。

彭信威：《中国货币史》，上海人民出版社 2007 年版。

梁方仲：《梁方仲经济史论文集》，中华书局 1988 年版。

梁方仲：《中国历代户口、田地、田赋统计》，上海人民出版社 1980 年版。

何炳棣：《中国会馆史论》，台北学生书局 1966 年版。

付公钺：《明代的北京城垣》，北京文物研究所 1983 年铅印本。

梁家勉：《徐光启年谱》，上海古籍出版社 1981 年版。

侯仁之主编：《北京历史地图集》，北京出版社 1988 年版。

中国艺术研究院编，萧默主编：《中国建筑艺术史》，文物出版社 1999 年版。

吴宣德：《明代进士的地理分布》，香港中文大学出版社 2009 年版。

《利玛窦中国札记》，何高济等译，中华书局 1983 年版。

〔葡萄牙〕曾德昭(奥伐罗·塞默多)：《大中国志》，何高济译，上海古籍出版社 1998 年版。

〔法〕裴化行：《利玛窦评传》，管震湖译，商务印书馆 1993 年版。

〔瑞典〕奥斯伍尔德·喜仁龙：《北京的城墙和城门》，许永全译，北京燕山出版社 1985 年版。

〔德〕马克斯·韦伯：《儒教与道教》，王容芬译，商务印书馆 1995 年版。

〔德〕马克斯·韦伯：《学术与政治》，冯克利译，三联书店 1999 年版。

〔法〕莫里斯·迪韦尔热：《政治社会学》，杨祖功等译，华夏出版社 1987 年版。

〔美〕彼德·布劳：《社会生活中的交换与权力》，孙菲等译，华夏出版社 1988 年版。

〔美〕施坚雅主编《中华帝国晚期的城市》，叶光庭等译，中华书局 2000 年版。

〔美〕黄仁宇：《十六世纪明代中国之财政与税收》，三联书店 2007 年版。

学术期刊、丛刊论文参考目录散见各章脚注。

明

附录

北京城门拆毁表①

内城

城门名称		拆毁时间	拆毁原因	备注
正阳门	城楼			1900年八国联军焚毁；1903年重建；1965年国家决定保留；1988年1月13日被公布为第三批全国重点文物保护单位；1991年城楼大修。
	箭楼			同上
	瓮城	1915年		闸楼一并拆除
崇文门	城楼	1966年	筑地铁	
	箭楼	1900年	毁于八国联军炮火	
	瓮城	1901年	英军筑铁路穿行，于瓮城东西两侧开子门	同时在城门两旁各辟修门洞一个
		1950年5月	拆除瓮城东西两侧之铁路洞子门及残存瓮城以筑路	
宣武门	城楼	1965年	筑地铁	
	箭楼	1920年至1921年	作为危险建筑拆除，木料被售卖	箭楼城台一并拆除；城砖被用于改筑南河沿河暗沟
	瓮城	1932年12月	筑路	
朝阳门	城楼	1956年10月	年久失修危破，拆除后材料保存	
	箭楼	1958年	在下水道施工中作为危险建筑拆除	
	瓮城	1915年	筑环城铁路	

① 摘自2003年3月20日《南方周末》第18版，张英《北京开门》一文。个别内容有所增加。

城门名称		拆毁时间	拆毁原因	备　注
东直门	城楼	1965年	筑地铁	木料均为楠木
	箭楼	1927年	作为危险建筑拆除，木料被售卖	
	瓮城	1915年	筑环城铁路	
安定门	城楼	1969年	筑地铁	箭楼南之真武庙1958年拆除，闸楼一并拆除
	箭楼	1969年	筑地铁	
	瓮城	1915年	筑环城铁路	
德胜门	城楼	1921年	梁架朽坏，作为危险建筑拆除	城台及券门于1955年拆除
	箭楼			1979年经全国政协委员郑孝燮等呼吁得以保留
	瓮城	1915年	筑环城铁路	
西直门	城楼	1969年	筑地铁	拆除时城台内发现元大都和义门
	箭楼	1969年	筑地铁	
	瓮城	1969年	筑地铁	
阜成门	城楼	1965年	筑地铁	仅存城台；闸楼同时被拆除
	箭楼	1935年	失修残破被拆	箭楼城台同时被拆
	瓮城	1953年	筑路	
西南角箭楼	箭楼	20世纪30年代	失修残破被拆	仅存城台
	城台	1969年	筑地铁	
东南角箭楼				因地铁拐弯，若拆除会影响铁路运行而幸存；1982年2月23日被公布为第二批全国重点文物保护单位
东北角箭楼	箭楼	1920年	失修残破被拆	
	城台	1953年	筑路并取砖土	
西北角箭楼	箭楼	1900年	毁于八国联军炮火	
	城台	1969年	筑地铁	

外城

城门名称		拆毁时间	拆毁原因	备注
永定门	城楼	20 世纪 50 年代末	筑路	为恢复北京城建中轴线景观，2004 年 9 月，在原址复建永定门完工。因交通原因，未恢复箭楼与瓮城
	箭楼	20 世纪 50 年代末	筑路，水道取直	
	瓮城	1951 年	筑路	
左安门	城楼	20 世纪 50 年代末	筑路	
	箭楼	20 世纪 50 年代末	筑路	1950 年已坍塌大半
	瓮城	1953 年	筑路	
右安门	城楼	20 世纪 50 年代	筑路	
	箭楼	20 世纪 50 年代中期	筑路	
	瓮城	1953 年 12 月	作为危险建筑拆除	
广渠门	城楼	20 世纪 50 年代末	失修残破、拆除筑路	
	箭楼	20 世纪 50 年代末	失修残破被拆	1950 年楼顶已塌损大半，挑檐大部分缺损
	瓮城	20 世纪 50 年代	筑路并取砖土	
广安门	城楼	1956 年	失修、筑路	
	箭楼	1955 年 3 月	作为危险建筑拆除	
	瓮城	1955 年	筑路	
东便门	城楼	1958 年	建北京火车站铁路线	
	箭楼	20 世纪 50 年代末	筑路	
	瓮城	1951 年 12 月	修筑铁路	

城门名称		拆毁时间	拆毁原因	备注
西便门	城楼	1952 年	筑路并取砖土	
	箭楼	1952 年	筑路并取砖土	
	瓮城	1952 年	筑路并取砖土	
西北角箭楼	箭楼	1957 年 8 月	因架线工程通过而被拆除	
	城台	1957 年 8 月	同上	
西南角	箭楼	20 世纪 30 年代	失修残破被拆	
	城台	1953 年	筑路并取砖土	
东南角箭楼	箭楼	20 世纪 30 年代	倾圮	
	城台	1955 年	筑路并取砖土	
东北角箭楼	箭楼	1900 年	毁于八国联军炮火	
	城台	20 世纪 30 年代	建铁路复线	

京师主要城建、宫殿、坛庙土木工程(嘉靖朝)

建筑名称	地址	缘由	起工时期	竣工时间	现状	备注
乾清坤宁等宫	内廷	火灾后重建	正德十四年八月	元年九月	今存	
仁寿宫	内廷景运门以东	奉养皇伯母昭圣皇太后			清改建扩充今存	
世庙	太庙东侧	为奉祀嘉靖帝生父献皇帝	四年十月	五年六月	无存	先是仁寿宫与世庙并建，终因材料缺乏而缓建仁寿宫
先蚕坛	西苑	皇后亲蚕之所	九年二月		无存	
天坛	前门外路东	规整祀典天地分祀	九年五月	十年三月	清因之今存	十三年二月乙卯始更圜丘为天坛
地坛	安定门外路东	规整祀典天地分祀	九年五月	十年三月	清因之今存	十三年二月乙卯始更方泽坛为地坛
朝日坛	朝阳门外	规整祀典	九年五月	十年三月	清因之今存	
夕月坛	阜成门外	规整祀典	九年五月	十年三月	清因之今部分损坏其址仍存	天地日月四坛共耗银四十六万两
历代帝王庙	阜成门内	奉祀历代开国明君	十年三月	十一年八月	清因之今存	今已重新修整
帝社帝稷坛	西苑		十年三月	十年十月	无存	隆庆元年，礼官议罢

建筑名称	地址	缘由	起工时期	竣工时间	现状	备注
崇雩坛	圆丘坛元门外东南	祈雨	十年十月议修来年春动工	十一年	无存	
天鹅亭飞霭亭等	西苑河东岸			十三年六月		
西海神祠	北闸口	祭积水潭水源之神		十四年八月	清因之今存	
启祥宫	内廷西六宫之一	以皇帝本生父的出生地而重修之		十四年十月	清因之今存	
清虚殿鉴戒亭等	西苑兔儿山			十五年六月	无存	
皇史宬	东华门外南池子路东	尊藏列圣御容训录等		十五年七月	清因之今存	
慈宁宫	内廷隆宗门以西			十七年七月	清因之今存	耗银四十八万两
慈庆宫	内廷景运门以东		十六年	十九年六月	清改建	耗银七十一万两
沙河行宫	沙河南岸	谒陵驻跸休憩之用	十七年五月	二十年十二月	清以后渐次毁坏今存部分残垣	
九门坡垣		大修	当在十七年七月	十七年十一月以后至来年春	清因之今存正阳门及箭楼、德胜门箭楼、东南角楼及一段残城墙和西南角一段城墙	《实录》：先是，已派银十五万两，工部复请派十五万两。报以待来年春钱粮解至通融计算，果不足用方行奏处

建筑名称	地址	缘由	起工时期	竣工时间	现状	备注
皇穹宇	天坛以北	祈天礼神为民求福	十八年八月	十九年七月	清因之今存	用百余万工，耗银十万有奇，物料运价之费不在其内
大高玄殿	北上西门以西		二十二年十月	二十一年四月	清因之今部分损坏	
大享神御殿	天坛以北	火灾被毁后重建	二十二年十月	二十四年六月	清因之今存	
太庙	承天门东侧	重建	二十八年六月	二十四年六月	清因之今存	今天安门东侧的劳动人民文化宫
圆明阁	大高玄殿西	因元之旧受灾重建		二十七年八月	清因之今已存	
都城隍庙	内城西南	保护前三门外的商业区提升都城的安全系数	三十二年闰三月	三十二年十月	清因之今已存	原拟四面围筑，但因财政原因仅包正南一面
京师外城	围包正阳、崇文、宣武三门关厢地区					
大光明殿	西苑西部明初西宫范围内			三十六年十一月	清康熙后渐次毁坏今已无存	
午门及阙左右门等		火毁重建	三十六年八月	三十七年六月	清因之今存	
大朝门（奉天门）		火毁重建	三十六年十月	三十七年六月	清因之今存	军夫十万人分四班应役，又雇民夫四万八千余人

建筑名称	地址	缘由	起工时期	竣工时间	现状	备注
玉熙宫	团城西部			三十九年九月	无存	
永寿宫	西六宫之一			三十九年十月	清因之今存	
万春宫	万寿宫之东		四十年三月	四十年七月	清康熙后渐次毁坏今已无存	
仁和宫	万寿宫之东		四十年六月			
万寿宫	西苑西部明初西宫范围内	四十年十一月辛亥夜遇被火立即重建	四十年十二月	四十一年三月	清康熙后渐次毁坏今已无存	本成祖旧邸，永乐十五年改建为西宫。嘉靖十九年三月重修，自壬寅宫婢之变后，世宗移居于此
奉天殿 华盖殿 谨身殿	三大殿	遭火灾重建	三十六年十月 四十年四月迎梁	四十一年九月	清因之今存	重建之后三大殿改名为皇极、中极、建极
外城七门	永定、左右安等七门	增筑瓮城	四十三年正月	四十三年六月	清因之今已无存	今已复建永定门
清馥殿	北海之西		四十四年四月			
万法宝殿	北中门以西	重建	四十四年八月			
乐成殿	中海西岸		四十四年九月			
大明门内千步廊	大明门内	遭火灾重修	四十四年八月		清因之今已无存